跨文化视界中的巴赫金丛书 周启超 王加兴 主编

剪影与见证：当代学者心目中的巴赫金

M.M. Бахтин глазами современных ученых

周启超 编选

南京大学出版社

“巴赫金学”与其新世纪的新进展

——写在《跨文化视界中的巴赫金》面世之际

周启超

（一）

“巴赫金学”（Бахтинология，Бахтинистика，Бахтиноведение；Bakhtinology，Bakhtinistics，Bakhtin Studies），巴赫金研究也。

学术生产中，对于影响甚大的一代大家或读者甚众的一部经典的研究本身已具有偌大规模，已产生广泛影响，而成为一代代学人悉心勘察的对象，成为不同国度的学界长期瞩目的现象，成为学术再生产的一种平台，才可被冠之以“××学”。在外国文学研究界，莎士比亚研究就被冠之以“莎学”，陀思妥耶夫斯基研究就被冠之以“陀学”；在中国文学研究界，“红楼梦研究”就被冠之以“红学”。在外国文论界，巴赫金研究也被冠之以“巴赫金学”。

如果说，“莎学”主人公——英国剧作家莎士比亚，“陀学”主人公——俄罗斯小说家陀思妥耶夫斯基，“红学”主人公——中国古代小说名著《红楼梦》，都是经历了相当长的时间检验的世界文学创作中的经典作家或作品，那么，“巴赫金学”主人公——苏联学者巴赫金，则是20世纪60年代以来将近50年对整个世界的人文研究产生了广泛而深刻的持续性影响的一代大家。巴赫金学说的原创性，巴赫金思想的辐射力，巴赫金理论的再生产能量，使得巴赫金理论的“跨文化旅行”确乎成为一种世界性现象。巴赫金理论的“跨文化之旅”，其覆盖面之广，其持续性之长，其可操作性之强，恐怕是当代世界人文学界别的明星难以比肩的；正是巴赫金理论之旅的世界性、丰富性、戏剧性，使得我们可以也应该来考察“跨文化视界中的巴赫金”，来梳理巴赫金学说在不同国度被译介被接受的旅行路径，来勘探巴赫金理论在不同文化圈里被解读被征用的命运轨迹。

"跨文化视界中的巴赫金",便是自有旨趣、自有规模、自有机制、自有形态的巴赫金研究——"巴赫金学"的一个基本主题。

巴赫金研究之规模在当代世界人文学界是屈指可数的。截止到2000年,被统计到的研究巴赫金的文章与著作数量惊人:用俄文撰写或译成俄文的至少有1465种;用英文、法文、德文、意大利文、西班牙文撰写的至少有1160种;截止到2009年,用汉语撰写的研究巴赫金的文章与著作至少也有600种。据不完全统计,2001—2008年间,中国期刊上发表的以巴赫金研究为题的文章有308篇,居于德里达研究(295篇)、福柯研究(274篇)之上。

巴赫金研究作为学术生产自有机制。有一群学人,有几份学刊,有定期的学术年会。

世界上竟有两份专门以巴赫金研究为主题的刊物。

1992年,第一份俄文版的以巴赫金为对象为主题的杂志《对话 · 狂欢 · 时空体:研究米 · 米 · 巴赫金生平、理论遗产与时代的杂志》(*Диалог. Карнавал. Хронотоп. Журнал научных разысканий о биографии, теоретическом наследии и эпохе М. М. Бахтина*)在白俄罗斯维捷布斯克国立大学面世;该刊由尼古拉 · 潘科夫(Николай Паньков)主编,后来移至俄罗斯,在莫斯科出版;该刊每年出4期,一直发行到2003年;在英国谢菲尔德大学,1994年由英国著名巴赫金专家D.谢泼德(David Shepherd)建立的"巴赫金中心",也于1998年创办了一份英文版的以巴赫金研究为主题的刊物《对话主义:巴赫金研究国际杂志》(*Dialogism, An International Journal of Bakhtin Studies*),该刊已出版4卷,发行到2000年。

国际巴赫金学术年会自1983年启动,每隔两三年举行一届(前12届均是每两年开一次;自第13届起,改为每三年开一次),已经自成传统。这个盛会每次有150位左右的国际巴赫金专家们参与其中,每届会期5天。国际巴赫金年会一直在引领巴赫金理论的跨文化之旅,其旅行路经加拿大至意大利,从意大利至以色列,从以色列至南斯拉夫,从南斯拉夫至英国,从英国至墨西哥,从墨西哥至俄罗斯,从俄罗斯又到加拿大,从加拿大到德国,从德国到波兰,从波兰到巴西,从巴西到芬兰,从芬兰到加拿大,从加拿大再到意大利,从意大利到瑞典。巴赫金理论之旅已持续30余年,穿越欧美10多个国家,其覆盖面之大,十分罕见。这里，加拿大、意大利的人文学界表现尤为突出，多次担当国际巴赫金学术年会东道主，与美国、英国、俄罗斯、中国一起成为国际“巴赫金学”的重镇。

犹如大树的发育生长自有其年轮，“巴赫金学”的生成发展也有几个节点。

1983 年，这是巴赫金理论“跨文化之旅”的一个新的起点。这一年，北美、英伦、中国的人文学界几乎不约而同地将视线投向巴赫金这位苏联学者。这一年 10 月，在加拿大，克莱夫·汤姆逊（Clive Thomson）发起举行第一届巴赫金学术国际研讨会，创办用英文、法文、德文、意大利文、日文（后来则有斯拉夫语）等多种文字出版的《巴赫金研究通讯》（*Le Bulletin Bakhtine/The Bakhtin Newsletter*），率先以大学学报专辑刊发研究巴赫金的文章（*The University of Ottawa Quarterly*，1983. *Vol*.53.*NO*1：*The Work of Mikhail Bakhtin*）；这一年 9 月，在中国，巴赫金成为首届“中美双边比较文学研讨会”的一个重要话题，钱中文遵照钱钟书的嘱咐，在这年年初就着手准备并于 9 月在北京召开的这个研讨会上宣读了题为《“复调小说”及其理论问题——巴赫金的叙述理论之一》论文；这一年 12 月，美国各地、各学科的巴赫金专家首次在《批评探索》（*Critical Inquiry*）上举办以巴赫金为专题的研讨会；这一年，在英国，第一部《巴赫金学派论文》英译本（《俄罗斯诗学译丛》第 10 辑）由安·舒克曼（Ann Shukman）编选，由牛津大学出版社推出。这一年 10 月，在德国，主题为“小说与社会：米哈伊尔·巴赫金国际学术研讨会”在耶拿举行。这次会议是受联合国教科文组织委托，由“斯拉夫文化互动国际学会”组织，来自东德、西德、奥地利、匈牙利、保加利亚、法国、荷兰、加拿大、苏联诸国高校的学者出席了这次学术研讨会。…… 如今回溯巴赫金接受史，1983 年堪称“国际巴赫金年”。如果说，20 世纪六七十年代里，巴赫金理论经历“第一次”被发现：她走出苏联，被法国的结构主义与后结构主义理论界所关注，被意大利的符号学界所关注，她的跨文化旅行还只是局部性的。那么，及至 20 世纪 80 年代，巴赫金理论经历了“第二次”被发现：她的旅行路径已然进入多线并进的新格局，她已经不再驻足于法兰西与意大利。她越过大西洋，进入北美；她由欧陆潜入英伦；她还向东方进军。这样多方位的旅行，已然几近于环球之旅。巴赫金研究由此而发展成为专门性很强而又拥有广泛影响,跨语种跨学科跨文化,覆盖面大、辐射力强而富有生产性的一门学问。还在 1986 年,美国著名巴赫金专家 G. S. 莫尔逊(Gary Saul Morson)就曾戏称巴赫金研究已成为"巴赫金产业"(The Baxtin Industry)。"巴赫金热"使得"巴赫金学"成为当代世界人文研究的一门显学。

1995 年,巴赫金理论的跨文化之旅,在 20 世纪 90 年代进入如火如荼的旺季,在巴赫金百年诞辰(1995)前后进入巅峰状态。与此同时,"巴赫金学"也进入对其自身的成果与问题予以清理总结、对巴赫金研究史接受史予以梳理审视的历史性反思之中。

1995 年 7 月 26 日—30 日,第 7 届国际巴赫金学术年会在莫斯科师范大学举行;50 位俄罗斯、白俄罗斯、乌克兰学者,80 位来自英国、德国、丹麦、以色列、加拿大、意大利、墨西哥、新西兰、波兰、美国、土耳其、芬兰、韩国、日本 14 国的外国学者,共聚莫斯科。这届年会设有 19 个分会场:"对话哲学"、"审美活动"、"哲学语境"、"对话与文学"、"文学与狂欢"、"文本问题"、"哲学复兴"、"修辞学与/或对话学"、"长篇小说理论"、"翻译与'可译性'"、"巴赫金与俄罗斯文化"、"巴赫金与后现代性"、"女性主义视界"、"体裁诗学"、"巴赫金与诗歌"、"与巴赫金一同解读"、"文化的相互联系"、"教育学与心理学"、"社会文化语境中巴赫金的生平"。这届年会上有 123 个发言,这些发言可以概括为三个系列:"巴赫金与某一位哲学家"、"巴赫金与某一位作家"、"巴赫金与某一个问题"。第一个系列中的哲学家名单,从凯尔克戈尔与叔本华一直到福柯与德里达;第二个系列中的作家名单里,则有维吉尔、米尔顿、菲尔丁、果戈里、伍尔芙、纳博科夫、里尔克、普拉东诺夫、奥尼尔、帕斯捷尔纳克、米洛什、康拉德。巴赫金思想辐射的"光谱"十分宽阔。

在莫斯科年会开幕式上作报告的三位学者,分别来自意大利、美国与俄罗斯。美国学者 K. 伽德勒(K. Gardner)、俄罗斯学者 B. 马赫林(Виталий Махлин);威尼斯大学教授——维托尼奥·斯特拉达(Vittorio Strada)的报告是《"发现"米哈伊尔·巴赫金对于世界文化的意义》。在西方斯拉夫学界中最早"发现"巴赫金的这位意大利学者,论述了 20 世纪 60—90 年代的"巴赫金热"及其原因与可能有的学术成果。他认为,在近二三十年里被重新发现的俄罗斯思想家当中,没有一个像巴赫金这样产生那样大的影响;B. 马赫林的报告是《面对面:即将完结的百年之未完成的历史上的米哈伊尔·巴赫金》;美国学者 K. 伽德勒的报告是《论第三个千年的哲学:抑或东西方之间的米哈伊尔·巴赫金》;这届年会上,莫斯科大学图书馆向与会学者播放了由 B. 杜瓦金采访的巴赫金回忆涅维尔生活的谈话录音,以及巴赫金当年朗诵 A. 费特的一首诗的录音。在这届年会闭幕式上作报告的,有美国著名巴赫金专家、普林斯顿大学斯拉夫学者凯瑞尔·爱默森(Caryl Emerson),她的发言涉及当代西方巴赫金研究的两个层面,其一,与狂欢的思想相关联;其二,是对巴赫金的内在之“我”三个模型的接受:对话性的、狂欢性的、构筑性的。她指出,俄罗斯的巴赫金学在 5 年里追赶上 30 年的西方巴赫金学。这要归功于巴赫金著作的出版中心与研究中心的努力:这些中心的领衔人物是 K. 伊苏波夫(彼得堡)、B. 马赫林(莫斯科)、H. 潘科夫(维捷布斯克)和 И. B. 彼什科娃(莫斯科);摩尔多瓦大学也是巴赫金学的一个基地。这位美国学者特别强调在巴赫金研究领域俄罗斯与西方进行对话的巨大意义与教益。英国巴赫金学会会长大卫·谢泼德(David Shepherd)因故未能与会,他的报告被安排在闭幕式上,其题目是《没有对话,没有对话主义:俄罗斯学界接受视野中的西方巴赫金学》。

B. 马赫林在会后的报道里指出,莫斯科年会的特点有三:其一,不同的人文学科与不同的视界之交锋互动;文学学论题十分广泛,但已不再占据主导;占据主导的是一般的人文理论兴趣,其中有迫切的哲学、文化学问题,例如,“巴赫金与后现代性”第二次分组会听众爆满;会上第一次在巴赫金研究中用世俗语言谈论神学或准神学话题。其二,与会学者构成上的新旧更替。这届年会上,很少看到 20 世纪 60 年代甚至 80 年代的巴赫金学首倡者的身影,来自西方的寥寥几个,莫斯科本土的竟一个也没有与会。甚至那些在巴赫金学中出道成名的研究者(主要是文学学家)如今也离去了(抑或“内在地离去”)。如今对巴赫金感兴趣的已然是另一波学者。其三,俄罗斯本土的巴赫金学与国外的巴赫金学之间如果不说是对话,至少也是在对接上有可观的进步。巴赫金学的这两个方阵之最初的“接触”曾暴露出完全的不对接性:1991 年曼彻斯特巴赫金年会上,一位英国与会者(“后马克思主义者”)谈到其印象时一针见血地指出,看上去仿佛“至少同时是在开两个会”。首先立刻出现语言壁垒;更折磨人的则是不同世界不同的“话语”之间——似乎是在对同一个概念进行阐述中的不同"话语"之间的壁垒。马赫林认为,如今世界性的巴赫金学一个众所周知的特点,可以见之于学术争鸣中的不同声音(如果愿意——就是"多声部"与"杂语");这不仅从"意识形态"方面来看是有成效的,而且从"专业化"方面来看也有成效。"文学学家"与"哲学家"在巴赫金学中或隐或显的冲突,几乎不可避免;在一些根本性的事情上仅仅"依据专业"的交谈就显得不够了,共同的对象要求有共同的交谈语言。马赫林认为,有别于在西方,"巴赫金与文学学"这一题目,在俄罗斯尚未成为严肃认真的谈论对象。俄罗斯另一位著名巴赫金专家 H. 鲍涅茨卡娅(Наталья Бонецкая)在谈到莫斯科年会印象时认为,作为哲学家的巴赫金,在研究者的心目中似乎彻底占据了作为文学学家的巴赫金的上风,出现了作为神学家的巴赫金之新形象,虽然是很模糊而有争议的。这是曼彻斯特巴赫金年会、墨西哥巴赫金年会都不曾出现的。

值得注意的是,在莫斯科年会上,已经有一些学者看出巴赫金学的危机。有人提出,巴赫金之异常流行,在其自身隐藏着危险:巴赫金这一个对话性真理的代言人,曾超越了自己的时代,但也会成为一个实质上的独白主义者。应当记住巴赫金本人说的这句话,"他大于自己的命运且高于自己的时代"。有专家坦言巴赫金学的困惑:感觉出视界、主题、论域均已枯竭;巴赫金学能否克服这一危机,找到新的路向?有学者提出,巴赫金以其社会责任性原则展现为一个很好的节制者。"参与而应分"的自由哲学,理应来取代无边无界的、无应分而不去分担的自由哲学。那样,我们就能重构巴赫金思想的全部厚度与深度。而目前,在现如今的危机状态,整个巴赫金学——不论是本土的,抑或是外国的——都深陷其中的这个状态,让人有必要在方法论意义上有系统地克制使用由巴赫金所引入,已成为畅销的概念——对话,狂欢,时空体……

1995 年 7 月,在英国曼彻斯特大学的"巴赫金中心",举行了主题为"巴赫金:一个世纪的反思"的学术研讨会。

1995 年 11 月,在中国,北京的巴赫金学者在纪念巴赫金百年诞辰的研讨会上,在对巴赫金研究中的问题进行反思时形成了一个共识:巴赫金研究要深入下去,就要以对巴赫金文本的系统掌握为前提为基础;要组织力量编选翻译出版巴赫金文集。

1996 年,在俄罗斯,在莫斯科,俄罗斯科学院世界文学研究所理论部巴赫金研究群体在纪念巴赫金百周年诞辰之后,很快就推出巴赫金文集第一卷。

1997 年,在英国,《面对面:巴赫金在俄罗斯与在西方》(*Face to Face: Baktin in Russia and the West* , Sheffield University Press.)由曼彻斯特大学"巴赫金中心"推出;同年,在美国,C. 爱默森的(Caryl Emerson)的专著《巴赫金的第一个百年》(*The First Hundred Years of Mikhail Bakhtin*, Princeton University Press.)在普林斯顿大学面世。两年后,英语世界里第一部《巴赫金研究文选》(Emorson, C. ed. *Critical Essayson Mikhailt Bakhtin*, New York: G. K. Hall. 1999, 418p.)作为"世界文学研究丛书"的一种,也在纽约与读者见面了。C. 爱默森为这部文选写了一篇导言,其题目引人入胜:"巴赫金是谁?"(*WHO IS BAKHTIN*?)巴赫金其实具有多面性与悖论性,无法将他纳入任何一个被严格界定的系统,无论是结构主义、符号学,还是解构论。巴赫金是一个文学学家、语言学家、语文学家,还是一个哲学家、美学家? 抑或是一个以文学研究者的角色出场的哲学人类学家? 对巴赫金学术身份的定位可谓众说纷纭,至今仍是巴赫金学面对的热点话题。

红红火火的"巴赫金学",堪称 20 世纪下半叶当代世界人文学界的一道亮丽风景。俄罗斯科学院院士,著名符号学家、语言学家、文学学与人类学学者维亚切斯拉夫·伊凡诺夫观察到,及至 20 世纪末,巴赫金已成为世界上被阅读最多、被征引最多的一位人文学家。当代国际人文学界的风云人物,诸如,法国的克里斯特瓦、托多罗夫、巴尔特,德国的尧斯,意大利的埃科,英国的威廉姆斯、伊格尔顿,美国的德·曼、布斯,更不用说苏联的洛特曼、利哈乔夫、阿韦林采夫等名家,均发表过谈论巴赫金的文章,都曾与巴赫金进行对话与潜对话。当代国际人文学界如此红火的"巴赫金热",使得《巴赫金通讯》(*Le Bulletin Bakhtine/The Bakhtin Newsletter*, 5)能够及时地推出主题为"环球巴赫金"(Bakhtin around the World)特辑,收入其中的文章有:《意大利人所阅读到的巴赫金》、《在法国与在魁北克的巴赫金》、《以色列的巴赫金研究》、《波兰对巴赫金的接受》、《德国学术界视野中的巴赫金》、《西班牙对巴赫金的评论》、《日本对巴赫金的接受》、《与另样的世界沟通之际——俄罗斯与西方最新的巴赫金研究在狂欢观上的对立》。而在此之前,1995年,克雷格·布兰迪斯特(Craig Brandist)已发表《英国巴赫金学概览》一文。巴赫金理论在其覆盖面甚大、辐射力甚强的跨文化旅行中,已成为当代国际人文学界话语实践与学术生产的一个"震源"。

(二)

进入21世纪之后,"巴赫金学"的境况怎样?新世纪以降这15年,"巴赫金学"有什么新的气象?或者,经历了持续几十年的开采,巴赫金这一理论矿藏是不是已经几近枯竭?"巴赫金学"在达到其波峰之后有没有跌入波谷?这是巴赫金研究者要自然面对和反思的一个问题。2002年3月1日—2日,在美国,在耶鲁大学举行的斯拉夫文论研讨会上,在主题为"巴赫金:赞成与反对"(Bakhtin: Pro and Contre)的分会场,来自普林斯顿大学的凯瑞尔·爱默森的报告是:"走红之后的巴赫金:某些曾经有争议的要素与它们会引向何方?"(*Bakhtin after the Boom: Some Contested Moments and Where They Might Lead?*),来自谢非尔德大学的大卫·谢泼德教授的报告也是:"巴赫金在/与危机:长远时间的问题"(*Bakhtin in/and Crisis: Problem of Geat Time*)这两个报告出自美英学界多年潜心于"巴赫金学"的学者之手,体现出美英巴赫金研究者对"巴赫金学"中的问题进入自觉的反思阶段。2003,在俄罗斯,《巴赫金术语辞典》以俄罗斯人文大学的期刊《话语》专辑(2003/11)面世;该辑以C. H. 布罗伊特曼的文章《巴赫金的学术语言与术语:某些总结》开篇。第1部分为"巴赫金的学术概念之系统性描述辞典材料";第2部分为"美学史与语言哲学史上的巴赫金"。这里对巴赫金"学术概念"的系统性描述,是1997年问世的《巴赫金术语辞典·材料与研究》的续篇。俄罗斯人文大学的巴赫金研究群体,在"巴赫金学"达到波峰状态之际就已开始自觉地反思"巴赫金学"的两种危险:其一,有些谈论巴赫金的文章与著作的作者其实不过是以巴赫金为"话由"而在进行自我表现,那些自我表现与巴赫金本人的思想几乎是毫无关系;其二,一些巴赫金研究者只是做了巴赫金思想的"主人公",并不能够占据"外在于它且有理据而能应答的"立场。《巴赫金术语辞典》,是俄罗斯人文大学巴赫金研究群体持续10年的项目成果。1993年2月1日—3日,在该校举行的"巴赫金与人文科学的前景"学术研讨会上曾讨论过这个项目，讨论了“词汇表”。

人文大学的“巴赫金学”成果表明，上世纪启动的巴赫金研究在新世纪还在延续。新世纪以降的俄罗斯“巴赫金学”，至少有10部著作值得关注。

2003年，《对话·狂欢·时空体》发行最后一期（第39/40期）——专辑《世界文化语境中的巴赫金》；之后，该刊主编尼古拉·潘科夫潜心于专著写作。2010年，推出其巴赫金研究总结性著作《巴赫金的生平与学术创作中的问题》。该书聚焦于20世纪30年代末、40年代初巴赫金的学术生涯，梳理巴赫金论拉伯雷一书的写作史，披露当年巴赫金以这部著作进行学位答辩的过程，苏联学术界知名学者当时对巴赫金的不同评价，以及20世纪60年代里巴赫金的几位“发现者”与巴赫金本人的通信。

2011年面世的《巴赫金的〈话语创作美学〉与俄罗斯哲学—语文学传统》，是著名巴赫金专家纳丹·塔马尔钦科在巴赫金学园地耕耘多年的收官之作。作者的观点是：要揭示出巴赫金所写下的文本之原初的含义，学者本人置于其思想之中的那份理解，只有在这一条件下才有可能：将巴赫金的那些思想作为诗学概念的体系——这些概念形成了一种独一无二却至今尚未得到充分评价的文学理论——来研究。作者驻足于巴赫金的思想与其本土的、欧洲的美学之历史经验的关联性，这些思想与他那个时代的哲学和他之前的哲学在语境上的内接性，以及它们对这一语境之改造性的梳理。巴赫金的学说，作为他那个年代那些标志性的美学理论与文化学理论之强劲的“契合应和的对话”而得以揭示。在这本书里得到呈现的对话的主要参与者——巴赫金与弗洛连斯基，巴赫金与别雷，巴赫金、E.特鲁别茨科伊与弗拉基米尔·索洛维约夫，巴赫金与罗赞诺夫，巴赫金与布捷波尼亚，巴赫金、梅列日科夫斯基与维亚切·伊凡诺夫，巴赫金与斯卡夫迪莫夫，巴赫金与A.维谢洛夫斯基；国外的人物是黑格尔、康德、洪堡、尼采、弗洛伊德、维特根斯坦、施宾格勒、卢卡契。这些学者的哲学理论，在这里被置于它们与巴赫金着重于长篇小说形成过程之诗学概念体系相互作用的层面而得到分析。H.塔马尔钦科这一整串的对比性研究，开采出巴赫金在长篇小说体裁领域的那些发现的多维度性与深度。特别有趣而有意义的是，书中讨论白银时代的宗教哲学与文化学的章节，白银时代的长篇小说理论乃是巴赫金的长篇小说学说的先声。

2009 年,伊琳娜·波波娃(И. Л. Попова)的专著《巴赫金论弗朗索瓦·拉伯雷一书与其对于文学理论的意义》由俄罗斯科学院世界文学研究所出版;

2007 年,亚历山大·卡雷金(А. И. Калыгин)的专著《早期巴赫金:作为伦理学之超越的美学》由俄罗斯人文学会出版;

2005 年,弗拉基米尔·阿尔帕托夫(В. М. лпатов)的专著《沃罗希诺夫、巴赫金与语言学》由斯拉夫文化语言出版社发行;

2013 年 8 月,笔者在莫斯科出席"俄罗斯形式论学派 100 年国际研讨会"之际,在书店里看到这年刚出的一本新书:《米·米·巴赫金与"巴赫金小组"现象:寻找逝去的时光·重构与解构·圆之方》。该书的主题是对巴赫金与其最为亲近的朋友——В. Н. 沃罗希诺夫与 П. Н. 梅德维捷夫(他们之间的友情合作如今已被称之为"巴赫金小组")——的生平与创作中那些很少受到研究、有些部分已然成为难解之谜的问题,加以清理辨析。该书作者 Н. Л. 瓦西里耶夫生活于巴赫金曾在那里工作多年的萨兰斯克,且就在巴赫金曾在那里多年主持俄罗斯文学与外国文学教研室的国立摩尔多瓦大学执教。该书是作者几十年(1985—2012)来的巴赫金研究成果之汇集。作者对"巴赫金的语言学思想"、"作为文化史现象的巴赫金主义"、"苏联(俄罗斯)的巴赫金学现象"进行了阐述,对"有争议的文本"之著作权问题与版本问题,对 В. Н. 沃罗希诺夫的生平、В. Н. 沃罗希诺夫与米·米·巴赫金的关系、同时代人对 В. Н. 沃罗希诺夫的评价进行了考证,尤其是提供了中学教师巴赫金、大学教师巴赫金、巴赫金与其研究生、巴赫金的"萨兰斯克文本"等珍贵史料的描述。

俄文版的这些研究巴赫金的论文与专著之不断面世,是国际巴赫金学在新世纪不断推进的一个缩影。其他文字如英文版、中文版的研究巴赫金的论文与专著,新世纪以来也在不时地与读者见面。限于篇幅,这里不再列举。通过对新世纪以来国际"巴赫金学"重要成果的跟踪与检阅,我们看到的是:巴赫金理论作为学术时尚其风光已然不再,巴赫金理论的跨文化之旅已进入常态。

这种常态,体现为"巴赫金学"的学术交流一如既往。国际巴赫金学术年会以其已自成传统的节奏,定期举行。新世纪以来,不同国度的巴赫金研究者先后相聚于波兰(2001)、巴西(2003)、芬兰(2005)、加拿大(2008)、意大利(2011)、瑞典(2014),6 届国际巴赫金学术年会成为新世纪巴赫金理论之旅的驿站;由这一盛会所引领的巴赫金理论的跨文化之旅,在继续播撒其辐射力,在不断拓展其覆盖面。

这种常态,体现为“巴赫金学”的文本建设不断拓展。新世纪以来,巴赫金著作之多个语种的译文以单行本、文集甚至全集的形式在不断面世。2009 年,中国著名巴赫金专家钱中文主编的中文版《巴赫金全集》7 卷本面世,这是对 1998 年出版的中文版 6 卷本《巴赫金文集》的增订;2013 年,意大利著名巴赫金专家奥古斯都·蓬佐主编的意俄双语版《巴赫金文集(1919—1929)》问世;2012 年,由俄罗斯著名巴赫金专家谢尔盖·鲍恰罗夫担纲的俄罗斯科学院版《巴赫金文集》(6 卷 7 册)这一“巴赫金学”基本建设工程终于竣工。这一工程始于纪念巴赫金百年诞辰的 1995 年;第一卷出版于 1996 年,整个文集的编辑出版持续了整整 16 年!以俄罗斯科学院的巴赫金专家为主体的这个巴赫金研究集群,以其十分严谨而执着的治学精神,投入了巴赫金理论遗产之精细的注疏、深度的开采。

这种常态,体现为“巴赫金学”的文献整理进入收获季节。随着巴赫金学的发展,对“巴赫金学”成果的检阅、清理、审视、集成,作为巴赫金研究之研究,自然也成为一项不可或缺的工作。新世纪伊始,俄文版 2 卷本《巴赫金研究文选》在彼得堡问世;2010 年,俄文版 1 卷本《巴赫金研究文选》也在莫斯科发行了。2003 年,英文版 4 卷本《巴赫金研究文选》与英语世界的读者见面了。经过长达 5 年的编选、翻译、编辑,中文版 5 卷本《跨文化视界的巴赫金》,也于 2014 年金秋时节呈现在汉语世界的读者面前。

由此,我们至少可以从这 3 条路径看“巴赫金学”在新世纪这 15 年来的新进展:可从近 6 届“巴赫金年会”看新世纪以来国际学界对巴赫金理论的解读与征用;可从俄文版 6 卷本《巴赫金文集》看新世纪以来国际学界对巴赫金文本的开采与注疏;可从俄文版、英文本版、中文版 3 种《巴赫金研究文选》看新世纪以来国际学界对“巴赫金学”成果的梳理与集成。

(三)

从“巴赫金年会”看新世纪以来,国际学界对巴赫金理论的解读与征用

新世纪第一届国际巴赫金年会(波兰,格丹斯克大学,2001 年 7 月 23 日—27 日)。会后,波兰著名巴赫金专家鲍古斯拉夫·祖尔科(Boguslaw Zylko)教授编选了这届年会论文选《巴赫金与其学术氛围》(2002)。书中收入 22 篇论文,以这届年会上几个分组会的主题分成 8 个单元:第 1 单元“巴赫金的变体”收入《巴赫金与人文科学的方法论:文本问题》、《形象中的时空体》;第 2 单元“长远语境与当下语境中的巴赫金”收入《“长远时间”观照下巴赫金对话主义的一些根源》、《米沙与柯利亚:思考的兄弟/他者》;第 3 单元“巴赫金与文化研究”收入《巴赫金与小说诗学:一种批评的融合》、《巴赫金的“受话性” 与早期现代主体的形成》;第 4 单元“巴赫金语言学的哲学来源”收入《巴赫金对话与言谈理论的哲学根源》、《符号、言谈与话语:寻找新的方法论的种种可能》、《沃罗希诺夫与卡西尔:论语言与现实的关系》;第 5 单元“巴赫金与文学批评”收入《巴赫金理论视域的文学原型问题》和《尼采、维亚切·伊凡诺夫与巴赫金的“小说与悲剧”问题》;第 6 单元“巴赫金哲学人类学的伦理与美学”收入《对话与文学作品:它们在巴赫金话语创作美学中的相互关系》、《跨文化,跨种族:巴赫金与“文学地看”的独特性》、《作为伦理学范畴的复调》。

新世纪第二届国际巴赫金年会(巴西—库里蒂巴,2003 年 7 月 21 日—25 日),来自 19 个国家的 184 位学者与会,工作语言为葡萄牙语、西班牙语、英语、俄语;加拿大著名巴赫金专家克莱夫·汤姆逊在年会上作了《巴赫金国际学术研讨会 20 年》报告;巴西年会的一个亮点是语言学。会上重要的报告有:《巴赫金与本维尼斯特》、《巴赫金、马尔主义与文化革命的社会语言学》、《圣礼的与日常的:巴赫金、本雅明、布伯与维特根什坦对语言的关注》、《巴赫金与梅洛-庞蒂的语言现象学》、《巴赫金与索绪尔——超越对立》。专门讨论巴赫金著作的文学学与哲学层面的论文较少,与会学者的发言中最为流行的术语是对话与对话主义。

新世纪第三届国际巴赫金年会(芬兰—韦斯屈莱大学,2005 年 7 月 18 日—22 日),来自 20 个国家的 90 多位学者与会,工作语言为英语、俄语。与会的俄罗斯学者人数仅次于英国、美国。俄罗斯巴赫金学的主将鲍恰罗夫、马赫林、尼古拉耶夫、瓦西里耶夫、波波娃等 11 位与会。会间,举行了题为“巴赫金学的未来”的圆桌会议。芬兰年会的亮点是当代国际巴赫金学的大腕几乎全都与会。谢·鲍恰罗夫的大会报告《作为语文学家的巴赫金:论陀思妥耶夫斯基一书》提出,“文学学领域里这么多的成就与其大名相关联的这位学者,就其方法论而言首先是一位哲学家”。弗·扎哈罗夫的报告是《巴赫金“学派”中的体裁问题》,对“фабула”、“сюжет”、“жанр”这几个术语的使用进行对比分析,认为巴赫金并不是在严格的文学学意义上使用这些术语,他更像是一位哲学家,而不是一位职业语文学家。加拿大学者肯赫施考普(Ken Hirschkop)的报告是《巴赫金、索绪尔与苏联语言学:我们怎样理解“语言社会学”?》,美国学者彼得· 希区考克(Peter Hitchcock)的报告是《理论之后的巴赫金》,俄罗斯学者叶萨乌洛夫的报告是《作品艺术整体中作者的“位置”与读者的立场》,芬兰学者米·德·米基耶尔(M. ДеМикиель)的报告是《论巴赫金与翻译哲学》。

新世纪第四届国际巴赫金年会(加拿大—伦敦城,2008 年 7 月 28 日—8 月 1 日),来自 23 个国家的 100 多位学者与会;这届年会的主题是讨论“巴赫金小组”的学术探索。工作语言为英语、俄语、法语。俄罗斯学者 H. 瓦西里耶夫在会上的报告是《“巴赫金小组”集体创作语境中 П. 梅德维捷夫的〈文艺学中的形式主义方法〉一书的语言学内容》,英国学者大卫·谢泼德在会上宣读了 Ю. П 梅德维捷夫与 Д. А. 梅德维捷娃合写的论文,该文探讨了“巴赫金小组”的遗产,尤其是 П. 梅德维捷夫的学术探索。

新世纪第五届国际巴赫金年会(意大利—贝尔蒂诺罗城,博洛尼亚大学,2011 年 7 月 4 日—8 日,来自 23 个国家的 100 多位学者与会。时任罗马大学客座教授的美国著名巴赫金学者凯特琳娜·克拉克(Katarina Clark)出席了这届年会。与会学者中,数量上仅次于东道主意大利学者的是巴西学者,有 20 多位;这届年会议的一个特色是同声翻译全覆盖,同时用三种语言(俄语、意大利语、英语),大会发言 45 分钟,分组发言 30 分钟。有足够的时间提供给听众提问与有效的讨论。

会上报告中，研究巴赫金理论本身的话题相对较少，主要有《巴赫金小组：对这一现象的论证》、《尼古拉·巴赫金与米哈伊尔·巴赫金：协和与对位：哲学立场之比较分析》、《巴赫金论弗朗索瓦·拉伯雷一书：透过文本史的棱镜来看思想与概念的起源》、《巴赫金超语言学之源头》、《巴赫金笔下之自己的话语与他人的话语》等；会上更多的是一些"泛巴赫金"层面的报告，且带有哲学的或文化学的偏向。不少发言者对先前的"巴赫金学"建树不甚了了，甚至不了解某一论题的基本文献，不了解巴赫金生平的重要细节。巴赫金的大名在不少学者心目中，沦为可以就任何论题而进行自我表达的"话由"。

新世纪第六届国际巴赫金年会（瑞典—斯德哥尔摩，皇家艺术学院，2014 年 7 月 23 日—27 日）。这届年会的主题是"作为实践的巴赫金：学术生产、艺术实践、政治激进主义"。来自不同国度的 150 多位学者与会。会议安排的主旨发言，有美国学者凯瑞尔·爱默森的《巴赫金与演员：主要以莎士比亚为例》，意大利学者奥古斯都·蓬佐（Augusto Ponzio）的《巴赫金论科学、艺术、政治与实践》，英国学者加林·吉哈诺夫（Galin Tihanov）的《"世界文学"历险记：巴赫金与俄罗斯形式主义回顾》。未能与会的俄罗斯学者谢尔盖·鲍恰罗夫为本届年会准备的特别演讲《哲学家巴赫金与语言学家巴赫金》，由其女玛丽亚·谢尔盖耶夫娜·卡西扬在会上做了专场宣读。会上设立的"圆桌讨论"，有"俄文版 6 卷本巴赫金文集"（加拿大学者肯·赫施考普主持、英国学者加林·吉哈诺夫与俄罗斯学者伊琳娜·波波娃参与讨论）、"对话的自由"、"立场之异同：对人文学科不同领域里的现象进行对话性理解的可能性及视角"（加林·吉哈诺夫主持）、"巴赫金小组与尤里·帕甫洛维奇·梅德维捷夫"（英国学者克莱格·布兰迪斯特主持；加拿大学者肯·赫施考普、克莱夫·汤姆逊，英国学者加林·吉哈诺夫，俄罗斯学者尼古拉·瓦西里耶夫参与讨论）。参加圆桌讨论的学者一半来自不同学科。以吉哈诺夫主持的圆桌会议为例，参加的学者来自哲学、社会学、历史学、文学、设计等多个领域。

这届年会，共收到各类学术论文 150 余篇，均安排在专题分会上进行发言和交流讨论。为此，大会安排了 48 场专题分会。专题分会的组织基本以与会学者提交的论文所涉及主题为依据，主题内容相同、相近的列为一组。专题分会规模大小不等，有的仅有两位发言人，而规模较大的专题分会则有六七位发言人。每场专题分会均设有主持人和点评人。除主旨发言外,圆桌会议和专题分会均在同一时间段设三至五场,供与会学者自由选择参加。这届年会为期 5 天,每天的研讨会在时间上分 3 单元,在 5 个平行的分会场同时举行;每天有 15 场;这些分会的主题有“巴赫金与神学”、“巴赫金的学习原理”、“巴赫金论(民族)政治学”、“颇成问题的若干巴赫金所用概念”、“巴赫金与复调:他者的在场”、“巴赫金对公众性与公共空间的分析”、“巴赫金的言语体裁理论与文化语用学”、“巴赫金的言语理论与其研究古典修辞学的方法”、“‘我’与‘他者’:巴赫金交往语言学核心”、“巴赫金与文学理论”、“‘南部欧洲’对巴赫金的接受”、“巴赫金的理论与歪曲、篡改:关于对话论的历史符号学”;“巴赫金与语言理论”、“巴赫金、神学与马克思主义”、“跨文化学习与语言”、“异见的政治文化:对狂欢化认同之历史性的细察与异见之语言、音乐与电影中的巴赫金对话主义”;“狂欢艺术”、“巴赫金、当代社会运动与全球民主斗争”;“巴赫金与公民教育”、“巴赫金与哲学问题”;“美学理论与实践”(以巴赫金的理论来阅读马列维奇的艺术方案,艺术即席创作中巴赫金的对话学说与狂欢学说)、“以巴赫金学派的理论来进行诗歌阅读与教学”、“巴赫金与语言研究”;“怪诞与对话论:用巴赫金的理论来看艺术”、“当代艺术与狂欢化”(当代音乐中巴赫金的狂欢化与讽拟)、“从前:巴赫金与儿童文学”、“巴赫金、疗法与呵护”(在音乐治疗领域里即席创作中巴赫金的学说“对话与狂欢”)、“巴赫金与笑文化”(巴赫金的笑哲学语境中当代乌克兰的幽默文化);“巴赫金、诙谐与怪诞”、“精神分析实践与巴赫金的理论”、“巴赫金论所谓下等人”、“巴赫金与社会批判”、“巴赫金的政治理论”(作为哈贝马斯的公共领域之选项的巴赫金的公共空间概念)、“巴赫金的理论与学校教育实践”、“巴赫金与本维尼斯特:在有关主体与阐释(意指)概念上可能的交接”(“巴赫金与本维尼斯特笔下的意指:一个出发点,两个构型”)、“巴赫金与本维尼斯特:关于意指与意思上的交接”、“巴赫金与维戈茨基:自我与他者之地位”。

瑞典年会在专题设定上有重叠之处,涉及巴赫金与神学、教育、语言教学、精神分析、心理治疗的分会场专题讨论甚至有好几轮,说明如今的巴赫金研究者对这些论题的兴趣甚为浓厚。瑞典年会的议题可谓斑驳杂多。从这些议题可以看出,巴赫金的哲学理论、美学理论、文学学理论、语言学理论等“巴赫金学”中的传统论题,现如今继续受到国际巴赫金学者的关注与研究;同时,巴赫金与教育学、心理学、政治学、文化学,与艺术、医学,甚至与心理保健的关联,也成为今日巴赫金学的话题。国际学界对巴赫金理论的研究既在走向人文研究的纵深层面,也在走向泛文化研究之无边的解读与无界的征用之中。

瑞典年会上,国际巴赫金学界5位元老再次发声:俄罗斯的鲍恰罗夫、德国的拉赫曼(Renate Lachmann)、意大利的蓬佐、加拿大的汤姆逊、美国的爱默森;五位中年学者十分活跃,引人注目:英国的吉汉诺夫、布兰迪斯特,加拿大的赫施考普,俄罗斯的波波娃,芬兰的拉赫汀马基。老一辈巴赫金研究者仍在耕耘不辍,中年一代的巴赫金学者风头正健。

应大会组委会邀请,中国社会科学院外国文学研究所周启超、复旦大学外文学院汪洪章、南京大学外国语学院王加兴、北京师范大学外国语言文学学院夏忠宪、中华女子大学陈涛五位中国学者向瑞典年会提交了论文并参加了此次大会。这是中国大陆学者首次出席国际巴赫金年会。五位中国学者根据个人学术兴趣选择参加了相关圆桌会议及其他专题分会,并于7月25日下午围绕“巴赫金与当代中国人文科学”主题在会上作了报告。报告的题目分别是《“复调”、“对话论”及“狂欢化”之后:当代中国巴赫金研究的最新进展》、《巴赫金著作中的读者之地位》、《试论巴赫金对俄语准直接引语的理论贡献》、《〈红楼梦〉与狂欢化及民间幽默诙谐文化之关系》、《凯瑞尔·爱默森论巴赫金的“外位性”:以〈米哈伊尔·巴赫金的第一个百年〉为例》。

瑞典年会上,艺术家和艺术研究家联手举办了多场艺术活动,如“微观历史与影像叙事的尝试”、“狂欢的艺术”、“当代艺术与狂欢化”、“从殷红的鲜血到调味番茄酱:赫尔曼·尼彻和保尔·麦卡锡的艺术作品展映”等。这些活动试图将诸多与巴赫金有关的当代艺术理论问题与实践相结合,以现场展示的方式予以对话性探讨,这是本届年会的另一特色。7月25日晚间,由瑞典的巴赫金介绍研究第一人拉斯·克莱博格改编并导演的“巴赫金同志的论文《现实主义历史中的拉伯雷》答辩会”,对1946年11月15日巴赫金在高尔基世界文学研究所的答辩场景进行模拟再现。加林·吉哈诺夫等六位巴赫金学者分别扮演了当年的答辩会上的相关角色。

(四)

从俄文版《巴赫金文集》看新世纪以来国际学界对巴赫金文本的开采与注疏

俄罗斯《文学问题》2013 年第 4 期的一则报道称:俄罗斯哲学家与语文学家米哈伊尔·米哈伊洛维奇·巴赫金(1895—1975)的科学院版 6 卷本文集编辑出版竣工了。在长达 16 年里(1996—2011),谢尔盖·鲍恰罗夫领衔的团队——C. 阿韦林采夫(C. C. Аверинцев)、C. 鲍恰罗夫(C. Г. Бочаров)、Л. 戈戈吉什维里(Л. А. Гоготишвили)、Л. 杰留金娜(Л. В. Дерюгина)、B. 柯日诺夫(B. B. Кожинов)、B. 里亚普诺夫(B. B. Ляпунов)、B. 马赫林(B. Л. Махлин)、Л. 梅里霍娃(Л. C. Мелихова)、H. 尼古拉耶夫(H. И. Николаев)、H. 潘科夫(H. A. Паньков)、И. 波波娃(И. Л. Попова),以其对哲学、语言学、文学学诸学科的穿越,似乎是在为学界不知不觉之中对巴赫金的全部文本进行重读、重新核校、注疏,以及重新出版。厚重的大部头的 6 卷 7 册编出来了,每一卷都有篇幅甚大的附录。从今往后,人们不仅可以阅读巴赫金,而且可以真正地研究巴赫金了,也就是说,可以新的视界去理解去"运用"——即使读者的人数,进而研究者的人数在近 20 年里大大地减少了。人人竞相征引巴赫金的时髦是不是已经过去了?今天人们甚至带着比过去的年月里更多的信心,来重复谢尔盖·阿韦林采夫几乎是在 40 年前(1976)表达的一个思想:巴赫金从来就不曾是一个赶时髦的人,他又从哪里会变成不再时兴的呢?

《巴赫金文集》,6 卷 7 册(莫斯科,俄罗斯辞书,斯拉夫文化语言,1996—2012)。

卷一:《20 世纪 20 年代的哲学美学》(2003,957 页,谢·鲍恰罗夫与尼·尼古拉耶夫编);这一卷是思想家之路的开端,或者不无遗憾地说,这是流传到我们手中的这位思想家之路的开端。该卷收入巴赫金早年写的、在生前不曾刊发的哲学论著。这些论著在巴赫金去世之后的刊发(1975,1979,1986)在版本学上是不完备的。现在这个版本采用的文本,据手稿进行了核对,增补了一些新的片断。巴赫金早年的 3 部论著《艺术与应答》、《论行为哲学》、《审美活动中的作者与主人公》在这里以修复的版本——实际上是新的文本得以呈现;这一卷的文本附有详尽的逐页注释。正文 237 页,注释则有 535 页!

卷二:《陀思妥耶夫斯基创作问题·论托尔斯泰·俄罗斯文学史讲座笔记》(2000,799 页);这一卷由 C. 鲍恰罗夫、Л. 梅里霍娃编,收录 20 世纪 20 年代里巴赫金有关俄罗斯文学的论著:论陀思妥耶夫斯基的专著第一版——《陀思妥耶夫斯基创作问题》(1929);论列夫·托尔斯泰创作的两篇文章——为《列夫·托尔斯泰文学作品全集》撰写的两篇序言——《剧作家托尔斯泰》、《列夫·托尔斯泰的思想小说》(1929);本卷附录里刊发了 P. M. 米尔金娜当年所做的"巴赫金的俄罗斯文学史讲座"笔记(1922—1927)——涉及 19 世纪俄罗斯文学与 20 世纪苏俄文学;还刊发了巴赫金当年为其论陀思妥耶夫斯基那部专著的写作而准备的对德国哲学与语文学著作(M. 舍勒、L. 施皮策)所做的摘录、翻译、注释。

卷三:《长篇小说理论》(1930—1961,2012,880 页);这一卷由 C. 鲍恰罗夫与 B. 柯日诺夫编。该卷首次全面地收录 20 世纪 30 年代里巴赫金所写的长篇小说理论方面的论著,从长篇小说的文体修辞问题到这一体裁的基本哲学问题。收入《长篇小说的文体修辞问题》、《长篇小说的话语》、《教育小说及其在现实主义历史上的意义》、《论情感小说与家庭传记小说》、《长篇小说中的时间形式与时空体形式》、《小说话语的史前史》、《长篇小说的理论问题》、《作为文学体裁的长篇小说》、《小说理论与小说史问题》。巴赫金论长篇小说的 4 篇主要论著最早于 20 世纪六七十年代发表过,现在收录在第 3 卷里的则是"已知著作的新文本"——这些文本都根据巴赫金文档里的手稿做了核校;这一卷还刊布了与长篇小说这一主题相关的大量的文献资料。

卷四:巴赫金论拉伯雷一书及其相关史料,由 И. 波波娃编。该卷分为两册。

卷四第 1 册:《现实主义历史上的弗朗索瓦·拉伯雷(1940)·论拉伯雷一书的材料(20 世纪 30 年代—50 年代)·注释与附录》,2008,1120 页。这一册刊布了 20 世纪 30—50 年代的文本与资料:文本与资料各占全书篇幅的一半。文本有两部分:论拉伯雷一书第 1 个版本《现实主义历史上的弗朗索瓦·拉伯雷》(1940)对第 2 个版本《拉伯雷的创作与中世纪及文艺复兴时期民间文化问题》的补充与修订(1949—

1950)、早期版本的资料(1938—1939)对《拉伯雷》的补充与修订(1944),以及相关的准备性材料与提纲。除了1944年的那篇文章,巴赫金的这些文本在这里都是第一次刊布。注释部分有《拉伯雷》的写作史:1930—1950;附录部分有四种:围绕《拉伯雷》的命运20世纪40年代里巴赫金的通信;Б. В. 托马舍夫斯基与 А. А. 斯米尔诺夫当年为巴赫金的《拉伯雷》一书给国家文学出版社写的鉴定意见(1944);巴赫金当年以《现实主义历史上的拉伯雷》进行学位答辩的材料(1946年11月15日);苏联最高学位委员会对巴赫金学位论文的审查材料(1947—1952)。

卷四第2册:《弗朗索瓦·拉伯雷的创作与中世纪以及文艺复兴时期的民间文化·拉伯雷与果戈里(话语艺术与民间笑文化)》,2010,752页;第2册刊布的是巴赫金论拉伯雷那部书的第3版《弗朗索瓦·拉伯雷的创作与中世纪以及文艺复兴时期的民间文化》(1965);由该书第1版结尾所衍生出的文章《拉伯雷与果戈里》(1940,1970);注释与附录部分有《拉伯雷》在20世纪60年代的写作史,有对这部书自20世纪30年代的草稿直至1965年的版本中基本思想与概念的历史的梳理;这部书的写作所采用的那些资料、它的“对话化的背景”、它的基本术语(“狂欢”、“梅尼普”、“哥特式[怪诞的]现实主义”、“笑文化”)的起源与意义在这里均得以重建与复原。

该卷编者 И. 波波娃提出,“不仅是思想史,而且基本概念史都应该透过文本史——从20世纪30年代里最初的底稿、草稿、手稿到1965年版书稿——来加以梳理”。“狂欢”这一概念是论拉伯雷一书里的中心概念,建构得最为充分的概念。巴赫金是在狭义与广义两个层面上使用“狂欢”的;狭义的狂欢——节日,大斋前禁止食肉的那一周里的节日。广义的狂欢——这是一个思想—形象体系,其基础是一种特别的生活感与历史感。广义的狂欢之普遍性的形式,是原本意义上的“节庆”生活,那是在其整体上的,在其全部存在之中的,在其各种关联与关系之中的对上帝与人的关系,对空间与时间的关系,对肉体与心灵的关系,对食物与饮料的关系,对笑谑与庄严的关系。在《狂欢思想》草稿中,“狂欢”这一概念的语义得到了广义的界说。它既涵盖语言、作家的“文体面貌”(作为“话语的狂欢”的拉伯雷的文体面貌),也涵盖现实主义的特征,后来他将这一现实主义称为“哥特式的”,再后来易名为“怪诞的”。“狂欢的现实主义”思想,恰恰是狂欢的、乌托邦的现实主义,是为文艺复兴时代(薄伽丘、莎士比亚、塞万提斯、拉伯雷)所典型的。作为没有框框的景观(广场上与街头的)的狂欢,狂欢的笑,狂放的相对性——乃是对所有历史地形成的形式之相对性、所有的等级关系之相对性的一种特别的感觉,乃是对于从这些形式、这些关系中解放出来的一种特别的感觉,同所有的东西进行游戏——一切皆可游戏的那种感觉——狂欢的自由。狂欢节的“自由与平等”具有乌托邦性。例如,“狂欢的广场”、“狂欢的自由”、“狂欢的任意”、“狂欢的身体”、“对时间之狂欢式的接受”、“对世界之狂欢式的思索”、“对历史之狂欢式的思索”。巴赫金曾一直不停地提醒这些术语自身具有“假定性”:“我们的术语——‘怪诞’与‘狂欢’——之有条件性。”及至1949—1950年《拉伯雷》第2稿本里,巴赫金引进“狂欢化”这一概念,它一直保存到1965年论拉伯雷的书稿里,并被吸纳进《论陀思妥耶夫斯基诗学》那本书里被修订的第四章之中。“意识的狂欢化”、“世界的狂欢化”、“思想的狂欢化”、“话语的狂欢化”,以及“地狱、炼狱、天堂的狂欢化”、“言语的狂欢化”,从官方的世界观那种充满敌意的、阴沉的严肃性之中解放出来,同样也从流行的真理与流俗的见解之中解放出来。

卷五:《20世纪40年代—60年代初论著》(1996,732页);该卷是最早出版的一卷,由C.鲍恰罗夫与Л.戈戈吉什维里编,该卷收录巴赫金的学术生涯中最鲜为读者所知的一段岁月,即20世纪40—60年代初的论著。其中的许多文本在这里首次刊布;之前已经刊发的文章也是以新的文本与新的结构在这里呈现:编者根据巴赫金文档里的手稿,对这些文本进行了校核。整卷堪称文献性的。在这一卷的材料里,巴赫金学术探索的一些基本主题——哲学人类学、语言哲学、人文学科的哲学基础、言语体裁理论、陀思妥耶夫斯基与拉伯雷,还有莎士比亚、果戈里、福楼拜、马雅可夫斯基的诗学,以及感伤主义问题与讽刺问题,均得以呈现。全书文本378页,注释354页;这里的文本(除了1954年刊发在报纸上的一篇短文《玛丽·都铎》)在作者生前均未刊发。其中的一半是作者去世后才刊发的,有两个文本只是片断,12个文本在这里首次刊发。例如,《论人文学科的哲学基础》,之前发表的只是其片断《论人文学科的方法论》,现在这里得以全文刊布;对《文本问题》一文,Л.戈戈吉什维里所做的注释竟有83条!

卷六:《陀思妥耶夫斯基诗学问题 · 20 世纪 60—70 年代论著》(2002,800 页)。该卷由 C. 鲍恰罗夫与 Л. 戈戈吉什维里编,收录巴赫金晚年的论著。其主体是论陀思妥耶夫斯基的那部专著的增订版(1963)与 20 世纪 60—70 年代初,巴赫金的 4 本工作笔记。(这几本笔记在这里首次得以全部刊发,而在《话语创作美学》里只是刊发了部分相关手稿。)这些晚年的笔记,提供了巴赫金一生都在思索的论题的具体语境——在那个对于苏联人文科学是个转折的年月里,巴赫金在哲学与语文学(文学学与语言学)思想之现实的语境中,对这一现实境况的反应、对新的学术趋向与运动(其中包括对苏联最新的结构主义)的反应。这一卷收录的基本材料——一是作者生前发表的,另一份是作者留下的手稿:1963 年那部书的手稿,一则札记的手稿(《谈唯灵论》;两份已发表的文本的手稿,一是《答〈新世界〉编辑部问》的笔谈,对苏联文学学现状的评价,一是[波兰记者对晚年巴赫金的]访谈,谈陀思妥耶夫斯基小说的复调性)。

值得特别关注的是,该卷编者 C. 鲍恰罗夫在其对《陀思妥耶夫斯基诗学问题》的注释里,披露了这部著作 1963 年面世时在苏联文艺界所引起的反响的具体细节。鲍恰罗夫指出,《陀思妥耶夫斯基诗学问题》1963 年面世后,在学界引起的“震惊”是双重意义上的:一是意识形态上的,一是学术研究上的。A. 迪米什茨的《独白与对话》,И. 瓦西列夫斯卡娅与 A. 米亚斯尼科夫针对该文而为新书进行辩护的《让我们来弄清实质》,B. 阿斯穆思、B. 叶尔米诺夫、B. 皮尔佐夫、M. 赫拉普钦科、B. 什克洛夫斯基 5 人给《文学报》编辑部的联名信,以及 A. 迪米什茨对这两篇文章的回应《夸奖还是批评?》大多是意识形态层面上的“反应”;研究陀思妥耶夫斯基创作的专家们的反应则大多是学术性的。Г. 弗里德连杰尔在《论陀思妥耶夫斯基的几本新书》中指出,复调性长篇小说这一学说本身是“经不起批评的”;Б. 布尔索夫在《回到争鸣上来》一文里指出,巴赫金这本书从其第一页就惹人争议,挑起人家要与之争论,在另一些场合下甚至是对之反击。反击点不再是作者的“形式主义”,而是其总体上对文学史元素的缺失。Ф. 叶甫林在《关于陀思妥耶夫斯基的文体与诗学的几个问题》一文里中指出,复调性长篇小说这一学说妨碍着对陀思妥耶夫斯基的遗产进行思想上丰满的、历史上真实可信的研究;Д. 利哈乔夫在《文学作品内容与形式统一的研究中的历史主义原则》里认为,沉醉于自己所做出的发现之中的巴赫金,将“复调主义”摆在“独白主义”之上,这是个错误。没有一个方法可以被置于另一个方法之上。总体而言,巴赫金这部书的基本“纲领”不曾获得最早对它发表评论的这批批评家当中任何一个人的接受,尽管这些人对之予以高调评价。理论家Г.波斯佩洛夫在其《由于沉醉而夸大》一文里甚至断然指出:复调思想与“艺术创作的基本原理与规律”本身就是不可能兼容的。

巴赫金当年对所有这些批评不曾有什么回应。在其一生最后十年里,他在自己的陀思妥耶夫斯基如是观与复调理论上一往直前地继续思考;他对这一理论不仅没有局部的放弃,且也不曾尝试去寻找与其论敌进行缓和性的妥协。在1971年接受波兰记者波德古热茨的访谈时,巴赫金完全肯定自己的见解。在巴赫金70年代初的笔记里,会发现他对复调说之潜在能量加以尖锐化,会发现其理论的激进主义在晚年更为剧烈,甚至出现有关艺术家—作者笔下的“自身话语”及“原则上就是缺失的”这一最为激进的提法。1970年8月26日,巴赫金在莫斯科郊外克里莫夫卡小镇敬老院里为波多尔斯基区教师做过一次讲座。鲍恰罗夫出席了这次讲座,他当时做了笔记。这份笔记佐证了巴赫金的这次讲座对其复调理论的坚持。

同样值得我们深思的是,在第六卷里,Л.戈戈吉什维里在其对巴赫金第3本笔记的注释中,梳理了20世纪六七十年代苏联文学学界对巴赫金的复调说进行批评的具体细节。Л.戈戈吉什维指出,整体上可以说,及至70年代初,“复调”范畴已被接受且牢固地进入了术语流通,但在那个年月的文学学界,它已失去巴赫金本人赋予“复调”这一范畴之实体性概念的地位,转而进入文学文本之偶然属性的领域。到处开始将“复调主义”作为文学文本的品质之一,但没有什么地方将之作为形式构建的实质性品质。这种降低复调之观念性意义的评价,在Г.弗里德连捷尔、Б.梅拉赫、В.日尔蒙斯基三人合写的文章《巴赫金著作中的诗学与小说理论问题》(1971)中得到了最清晰的体现。这三位作者明确表态:不存在纯粹的“独白小说”,也不存在纯粹的“复调小说”。在任何一部小说中——在陀思妥耶夫斯基的小说中则甚至比起许多前辈与同时代人更强烈地响起作者的“声音”;甚至在巴赫金之积极的追随者口中,也出现了针对巴赫金之复调性长篇小说中作者的立场学说而提出的批评：指出巴赫金对"作者"这一术语的使用上有些"不加区别"（柯日诺夫）；巴赫金则在70年代初的笔记里继续思考"复调"：它不是这一或那一小说片断的局部性品质——在那种情形下，作者只是出于现时的策略性目标，而将意义的生发源头交到"不同人的手里"（赋予不同的声音）；巴赫金的"复调"已成为作者著述之新的体裁样式的学说。这一作者著述之新的对话性体裁样式，并不是倾心于复调性的作者杜撰出来的；它，一如独白性样式，基于原型。这里的新颖之处，并不在于（像当年大多数人对巴赫金理解的那样）作者进入与主人公的对话（这样的对话元素，据独白性小说来看也是十分清楚的，巴赫金本人在其论长篇小说的文章里也写过），而是相反，对话在这里被选定为描写对象。为了去描写这对话，作者作为审美主体，作为作者著述之审美功能的责任载体，就应当走出这对话，而放弃所有直接的与间接的表达自己立场的形式，这一立场，身为作者的功能，是不可能不在作品里占主导的，进而会破坏复调性构思。在第3种笔记里，复调理论已得到更准确的建构：在复调中作者立场之观念性的、体裁上的条件——并不是恰恰以作者身份出场的作者与主人公们的对话（作者只是在功能上被改造之后——作为客体化的人物，才可能进入所描写的对话），而是作者从对话中走出来（"自我消除"、"虚我"）而自觉地放弃所有的自身话语样式。

同样精细而到位的注疏，还见之于"外位性"（Л. 戈戈吉什维里）、"构造学"（В. 里亚普诺夫）、"参与性"（应分的参与、有分担的参与，参与而应分的自由，В. 马赫林）等核心话语的注疏。

新一代巴赫金学者在老一代巴赫金专家（鲍恰罗夫、阿韦林采夫、柯日诺夫等）的带领下，以巴赫金文本为据点，致力于重构巴赫金思想由生成的时代的学术语境，而进入巴赫金学说的思想史、概念史、话语史的建构，使得巴赫金理论遗产的开采与整理进入成果丰硕的收获季。

正是在这个意义上，我们可以理解，《文学问题》的编辑何以怀着兴奋的心情祝贺《巴赫金文集》终于出齐而宣称：从今往后，不仅可以阅读巴赫金，而且可以真正地研究巴赫金了，也就是说，可以新的视界去理解去"运用"了；

正是在这个意义上，我们才可以理解，多年研究巴赫金的塔玛尔钦科，何以在其最后一部书里声称：我们正处于巴赫金遗产研究新阶段的前夕——摆脱过分的评价性与文学学，以及哲学思想领域里时髦风气的影响,而去“深思熟虑而客观地”考量巴赫金的文本。

显然,俄文版《巴赫金文集》以其对巴赫金文本如此精细的注疏,以其对巴赫金思考的语境如此有深度的开采,会将巴赫金理论的研究推向纵深,会使“巴赫金学”更上一层楼。

耐人寻味的是,在如今书已出齐的这部俄罗斯科学院版 6 卷本《巴赫金文集》中,不再有其著作权“有争议的”那几部著作——《弗洛伊德主义批判》、《文学学中的形式主义方法》与《马克思主义与语言哲学》。也许,正是由于不收录这几部著作,原计划出 7 卷的《巴赫金文集》现在且以 6 卷竣工了。

(五)

从《巴赫金研究文选》看新世纪以来国际学界对“巴赫金学”成果的梳理与集成

新世纪伊始,彼得堡“俄罗斯基督教人文学院出版社”在“俄罗斯之路”丛书里推出俄文版二卷本《巴赫金研究文选》:**《巴赫金:赞成与反对:俄罗斯与世界人文思想界评价中的巴赫金的个性与创作》**(文选),康斯坦丁·伊苏波夫(Константин Исупов)编选(2001—2002);这部文选共有 1264 页。

第一卷,**《巴赫金:赞成与反对:俄罗斯与世界人文思想界评价中的巴赫金的个性与创作》**,2001,552 页;该卷分为 3 编。第 1 编:**“在志同道合者的圈子里”**,收入《Л. В. 蓬皮扬斯基笔记中巴赫金 1924—1925 年间的讲座与发言》、《不是我们那个年代的人们》(Ю. М. 卡甘)、《艺术的两种追求》(М. И. 卡甘)、《帕乌尔·纳托尔普与文化危机》(М. И. 卡甘)、《涅维尔学派:巴赫金小组》(В. Л. 马赫林)、《离去者之一:尼古拉·巴赫金的生涯与命运》(О. Е. 奥索夫斯基);第 2 编:**“思想的命运:对话、复调、时空体”**,收入《论陀思妥耶夫斯基的“多声部性”:由巴赫金的〈陀思妥耶夫斯基创作问题〉谈起》(А. В. 卢纳察尔斯基)、《(评)巴赫金的〈陀思妥耶夫斯基创作问题〉》(Н. Я. 别尔科夫斯基)、《(评)巴赫金的〈陀思妥耶夫斯基创作问题〉》(П. М. 比兹伊里)、《(评)巴赫金的〈陀思妥耶夫斯基创作问题〉》(А. Л 贝姆)、《(评)米·巴赫金的〈陀思妥耶夫斯基创作问题〉》(Р. В. 普列特涅夫)、《陀思妥耶夫斯基笔下的空间与时间》(节选)(Г. 沃罗申)、《陀思妥耶夫斯基研究的新课题 1925—1930 第 2 部分》(节选)(В. Л. 柯马罗维奇)、《陀思妥耶夫斯基研究新书》(Д. И. 契热夫斯基)、《巴赫金,话语、对话与小说》(Ю. 克里斯特瓦)、《陀思妥耶夫斯基的诗学与神话思维的远古模式》(В. Н. 托波罗夫)、《巴赫金论符号、表述与对话的思想对于当代符号学的意义》(Вяч. Вс. 伊凡诺夫)、《巴赫金的对话诗学》(К. 汤姆逊);第 3 编:**“思想的命运:狂欢文化”**,《世界文学研究所学术委员会会议速记稿:1946 年 11 月 15 日,巴赫金以〈现实主义历史上的拉伯雷〉为题的学位答辩》、《对巴赫金的〈拉伯雷的创作与中世纪及文艺复兴时期的民间文化〉一书的鉴定》(Л. Е. 平斯基)、《庞努尔格的笑与哲学文化》(Л. М. 巴特金)、《弓上的弦·论相似中的不相似·弗朗索瓦·拉伯雷与米·巴赫金的书》(В. Б. 什克洛夫斯基)、《古罗斯的笑》(Д. С. 利哈乔夫)、《巴赫金,笑,基督教文化》(С. С. 阿韦林采夫);第一卷附录:《米·米·巴赫金的生平与活动编年》(В. И. 拉普图恩编)。

第二卷,**《世界文化语境中巴赫金的创作与遗产》**,2002,712 页;康斯坦丁·伊苏波夫编选,该卷收录俄罗斯本土与域外的研究者围绕巴赫金的遗产的多方面论争;该卷的任务——展示巴赫金的思想对于当代人文智力圈的世界性意义。有关巴赫金理论之接受的系列特写——在俄罗斯、在法国、在英国、在西班牙、在波兰、在意大利、在以色列、在美国、在加拿大、在日本——就是服务于这一目标的材料。该卷附有体量很大的文献书目(俄语的巴赫金研究论著 1465 条,外语的巴赫金研究论著 1160 条),以及带有简介的人名索引。在人名索引中,国际巴赫金学的重要人物都有简介。第二卷也分为三编,其序列与第一卷对接。第 4 编:**“在当代背景中”**,收入《诗学的毁灭》(茱莉亚·克里斯特瓦)、《20 世纪俄罗斯文化中的巴赫金》(米·加斯帕罗夫)、《应答性/责任性的构造学》(节选)(К. 克拉克、М. 霍奎斯特)、《米哈伊尔·巴赫金:一种小说学的创建》(节选)(G. 莫尔逊、C. 爱默森)、《巴赫金之变体与常量》(柳德米拉·戈戈吉什维里)、《20 年代里的巴赫金》(纳塔莉娅·鲍涅茨卡娅)、《巴赫金与我们当下》(G. 莫尔逊)、《历史与诗学的对话》(节选)(М. 霍奎斯特)、《存在之事件》(谢·鲍恰罗夫);第 5 编:**“在巴赫金研讨会上”**,收入《巴赫金的对话学与当代精神境况的多范式性》(弗拉基米尔·哈里东诺夫)、《非绝对同情之镜》(维塔里·马赫林)、《第三个与相遇哲学》(阿列克谢・格利亚卡洛夫)、《他者的推定》(三人谈,T. 戈利乔娃、Д. 奥尔洛夫、A. 谢卡茨基);第 6 编:**“巴赫金思想的世界性意义”**:《在意大利被阅读的巴赫金》(苏珊・彼得里利)、《巴赫金在法国与在魁北克》(克莱夫・汤姆逊)、《巴赫金在以色列》(鲁特・金兹堡)、《波兰对巴赫金的接受》(博古斯拉夫・祖尔科)、《德国学术界视野中的巴赫金》(安东尼・沃尔)、《与另样的世界相沟通——俄罗斯与西方最新的巴赫金研究中狂欢观上的对立》(大卫・舍非尔德)、《巴赫金评论在西班牙》(多明戈・桑切斯、梅扎・马尔金涅斯)、《日本对巴赫金的接受》(库瓦诺・塔卡西);**附录巴赫金研究书目**:1. 用俄语刊发的研究书目;2. 用外文刊发的研究书目。

俄文版两卷本《巴赫金文选》启动于 1997 年。所收入的巴赫金研究成果始于上世纪 20 年代末,直至巴赫金诞辰百年前后国际“巴赫金学”的巅峰时刻,时间跨度大,资料丰富。

英语世界的巴赫金研究,较俄语世界的巴赫金研究在时间上要短得多:它起步于 20 世纪 80 年代,但英语世界的巴赫金学的发展十分迅猛,巴赫金研究论著的数量之大令人惊讶。2003 年,英文版四卷本《巴赫金研究文选》——《米哈伊尔・巴赫金》由 SAGE Publications Ltd 作为“现代社会思想大师传奇”丛书之一推出。这部 1624 页的文选,由加拿大巴赫金专家米歇尔・伽丁勒(Michael E Gardiner)编选。这部文选内容丰富,覆盖了对巴赫金这位俄罗斯著名的社会学家与文化学理论家的贡献与重大意义的研究,当然也包括“巴赫金小组”其他核心成员,尤其是沃罗希诺夫与梅德维捷夫。文选收录 85 篇论文,按主题进行组编,以期为巴赫金思想以及其核心观念的解读提供语境基础,包括对于巴赫金著作中核心观念(狂欢、对话、时空体),以及美学与伦理学思想的考察,围绕巴赫金著作而展开的重要争论与阐释;巴赫金与其他重要的社会文化理论家,与福柯、德里达、哈贝马斯以及葛兰西的比较;在诸如人类学、地理学、文化研究与心理学这些如此不同的领域里对于巴赫金思想的解读与征用。这部文选,立意为读者提供关于巴赫金理论之最好的解读,以丰富我们对这位多产而多面的人物的理解,这个人物的贡献延伸覆盖到文化研究、语言学、社会哲学、社会学,以及其他领域。

英文版四卷本《巴赫金研究文选》有六个部分。

第一部分：**巴赫金与他的小组**(Bakhtin and his Circle)。这部分包括对巴赫金生平的讨论、对巴赫金之意义的评价。收录在这里的有《与巴赫金的交谈》(Sergey Bocharov)、《巴赫金的生平》(Michael Holquist)、《透视：瓦连京·沃罗希诺夫》(John Parrington)，以及《巴赫金/梅德维捷夫：社会学诗学》(Maria Shevtsova)。

第二部分：**学术影响与语境**(Intellectual Influences and Context)。这里收录的文章有《柏格森主义在俄罗斯》(Larissa Rudova)、《米哈伊尔·巴赫金与马丁·布伯：对话性想象的问题》(Nina Perlina)、《巴赫金与卡西尔：巴赫金的狂欢弥赛亚主义的哲学根源》(Brian Poole)；《巴赫金小组里的弗洛伊德：从实证主义到阐释学》(Gerald Pirog)、《巴赫金早期著作中康德的影响》(James M. Holquist&Katarina Clark)、《文化、形式与生命：早期的卢卡契与早期的巴赫金》(Galin Tihanov)、《巴赫金、尼采与俄罗斯大革命前的思想》(James M. Curtis)、《巴赫金：在现象学与马克思主义之间》(Michael Bernard-Donals)、《体裁话语观念：巴赫金与俄罗斯形式主义》(Igor'Shaitanov)、《狂欢与化身：巴赫金与东正教神学》(Charles Lock)、《结构主义、语境主义、对话主义：沃罗希诺夫与巴赫金对意义"相对性"之争论的贡献》、《沃罗希诺夫、意识形态与语言：诞生于生命哲学精神中的马克思主义社会学》(Galin Tihanov)、《外在的词语与内在的言语：巴赫金、维戈茨基以及语言的内化》(Caryl Emerson)、《20世纪俄罗斯文化中的巴赫金》(M. L. Gasparov, translation, commentary, and notes by Ann Shukman)、《对话主义与美学》(Michael Holquist)。

第三部分：**核心观念**(Key Concepts)。巴赫金的声望一部分源自于他所获得的一系列观念创新。这里收录的有：《修正康德：巴赫金与跨文化互动》(Wlad Godzich)、《巴赫金的"青年黑格尔"美学》(Peter V. Zima)、《巴赫金与俄罗斯人对待笑的态度》(Sergei S. Averintsev)、《巴赫金、马克思主义与狂欢化》(Dominick La Capra)、《巴赫金与狂欢：作为反文化的文化》(Renate Lachmann)、《当话语从现实中剥离的时候：巴赫金与时空体性原理》(Stuart Allan)、《巴赫金的"时空体"观念：康德的关联》(Bernhard F. Scholz)、《杂语变异与公民社会：巴赫金的公共广场与现代性的政治学》(Ken Hirschkop)、《作为作者性的回答：米哈伊尔·巴赫金的超语言学》(Michael Holquist)《巴赫金关于符号、言谈以及对话的思想对于现代符号学的意义》(Viach. Vs. Ivanov)、《从道德哲学到文学哲学:1919—1929 年间的巴赫金》(Augusto Ponzio)、《人文科学的认识论》(Tzvetan Todorov)、《百年巴赫金:艺术、伦理学与(知识)构造性的自我》(Caryl Emerson)、《从现象学到对话:马克思·舍勒的现象学传统与米哈伊尔·巴赫金从〈论行为哲学〉到陀思妥耶夫斯基研究的发展》(Brian Poole)、《巴赫金:对他的人类哲学的注解》(Ann Shukman)、《小说学:通向人文学的一条途径》(Gary Saul Morson)。

第四部分:**争论与解读**(Debates and Interpretations)。巴赫金的影响覆盖了如此多的跨学科领域,评论家因而很难对他的影响之散播进行评价。本部分汇聚的是能阐明巴赫金理论之意义的一些至关重要的论文。这里有论"巴赫金产业"(Ken Hirschkop, Gary Saul Morson);也有分析环绕巴赫金的神话(Ken Hirschkop)。有论巴赫金与女性主义(Wayne G. Booth, Caryl Emerson, Mary Russo, Clive Thomson);有论巴赫金与后现代主义、巴赫金与后结构主义(Barry Rutland, Allon White, Iris M. Zavala);有论巴赫金与话语政治学(David Carroll);有论巴赫金的狂欢:作为批评的乌托邦(Michael Gardiner);有论巴赫金与话语与民主(Ken Hirschkop);有论巴赫金与当代人文科学的地位(Gary Saul Morson);有论巴赫金与思想史(Graham Pechey);有论左翼文化批评与巴赫金(Robert Stam);有论巴赫金与其读者(Vadim Kozhinov);有论俄罗斯的与非俄罗斯的巴赫金解读:正在形成的一个对话的轮廓(Subhash Jaireth);有论对话主义之伦理的与政治的潜能(Craig Brandist);有论对话与对话主义(Paul de Man);有论对话中的多元性(Zali Gurevitch)。

第五部分:**巴赫金与其他理论家**(Bakhtin and Other Theorists)。巴赫金的确是一个创新的思想家,他对 20 世纪思想家的影响之全部范围是令人惊讶的。这里收录的论文有:关于巴赫金与本雅明的平行研究(Barry Sandywell);论巴赫金与德曼笔下的对话之挫折(Lucy Hartley);论巴赫金与德里达笔下的作为他性的笑(Dragan Kujundzic);以"福柯、伦理学与对话"为题来考量巴赫金思想与福柯之间的关系(Michael Gardiner);有论"巴赫金、葛兰西与霸权符号学"(Craig Brandist);有论"哈贝马斯话语伦理学的巴赫金式分析"(T. Greory Garvey);有论"克里斯特瓦与巴赫金"(Daphna Erdinast-

Vulcan);有论"巴赫金与列维纳斯的对话伦理学"(Jeffrey T. Nealon)。

第六部分:**借道巴赫金:应用与延伸**(Working with Bakhtin: Applications and Extensions)。该文选最后一部分旨在追踪巴赫金的跨学科影响。这里收录的论文:有论巴赫金与当代美国文化研究(Irene Portis-Winner)、论巴赫金与大众文化(Mikita Hoy);有论巴赫金与媒体研究:巴赫金与未来,技术资本与赛博—封建主义(Lauren Langman);有论巴赫金与地理学:"地点、声音与空间:米哈伊尔·巴赫金的对话景观"(M. Folch-Serra);有论巴赫金对于历史学的重要意义:历史学家心目中的巴赫金(Peter Burke)、"解读狂欢:走向历史符号学"(Peter Flaherty);有论巴赫金对于交际研究与多元文化主义的重要意义(Fred Evans),甚至有论巴赫金与自然科学:进入时空体核心的核心:对话主义、理论物理学与灾难理论(D. S. Neff);有论"巴赫金式心理学"(John Shotter & Michael Billig);有论巴赫金与精神分析(Allon White);有论巴赫金对于社会学家的重要意义,没有边界的巴赫金:社会科学中的参与性行为研究(Maroussia Hajdukowski-Ahmed)。

从英文版四卷本《巴赫金文选》这最后一部分所选的论文的题目来看,巴赫金理论之跨学科的影响已然是无处不在;或者说,国际学界对巴赫金理论的征用已然进入无边无界的状态了。

在二卷本俄文版《巴赫金研究文选》与四卷本英文版《巴赫金研究文选》问世若干年之后,俄文版一卷本《米哈伊尔·米哈伊洛维奇·巴赫金》(巴赫金研究论文选)在莫斯科与读者见面了。这部评论文选共计440页,是"20世纪下半期俄罗斯哲学"丛书之一,由B. Л. 马赫林编选,由"俄罗斯政治百科"出版社推出。编选者声明,这部评论文选并不是要全面展示20世纪俄罗斯思想家、文学理论家与人文科学"知识形构者"巴赫金的创作接受史,宁可说是要显示上世纪前半期产生、后半期被消费的巴赫金那些思想之动态的接受进程。因而,历史的流变成为这部文选的基本维度。

以这一维度,全书分为5编。第1编:**"不是我们那个年代的人们"**,收录3篇文章:《巴赫金与B. 杜瓦金1973年的交谈》、尤·马·卡甘的《不是我们这个年代的人们》、谢·鲍恰罗夫的《关于一次谈话以及围绕它的回忆》;第2编:**"在我们之前与之后(20世纪70年代)"**,收入两篇文章:法国学者克洛德·弗里乌的《在我们之前与之后的巴赫金》

与俄罗斯学者谢尔盖·阿韦林采夫的《学者的个性与才华》;第3编:**“理论热(20世纪80年代)”**,收入6篇文章:意大利学者维托尼奥·斯特拉达的《在小说与现实性之间:批评反思的历史》、美国学者堂·比亚洛斯托茨基的《对话性的、语用学的与阐释学的交谈:巴赫金,罗蒂,伽达默尔》、德国学者汉斯·罗伯特·尧斯的《论对话性理解问题》、美国学者迈克尔·霍奎斯特的《听而不闻:巴赫金与德里达》、美国学者保罗·德·曼的《对话与对话主义》、美国学者马修·罗伯茨的《诗学、阐释学、对话学:巴赫金与保罗·德曼》;第4编:**“迟到的交谈之尝试(20世纪90年代)”**,收入鲍里斯·格罗佐夫斯基的文章《作为“Causa Sui”之人,抑或“文化中的生活”之诱惑》、安纳托里·阿胡金的文章《尝试将某一点弄准确》—— 这是围绕 B. C. Библер 的专著《米哈伊尔·米哈伊洛维奇·巴赫金:抑或文化诗学》(莫斯科,1991)进行争鸣的两篇文章;凯瑞尔·爱默森的《被理解的巴赫金,往右,可是往左》、康斯坦丁·伊苏波夫的《他者之死》;**“Ⅴ.延缓(21世纪第一个十年)”**收入瓦吉姆·里亚普诺夫的《给巴赫金著作阅读者的几条并不过分的推荐》、尼古拉·尼古拉耶夫的《涅维尔哲学学派与马克思主义:列·蓬皮扬斯基的报告与巴赫金的发言》、伊琳娜·波波娃的《作为巴赫金的一个术语的梅尼普讽刺》。

这部一卷本俄文版《巴赫金文选》附录中,有《巴赫金生平与活动的主要事件编年》(谢·鲍恰罗夫、弗·拉普图恩、塔·尤尔钦科编)。还有文献书目——分为巴赫金及其小组的主要学术著作与研究巴赫金的学术著作。后者分为“俄语部分”与西语部分(英、法、德、意大利、西班牙、芬兰)。

新世纪以来这15年里,国际“巴赫金学”在学术交流、巴赫金文本的系统开采与注疏、巴赫金研究文成果之全面清理与集成这几个方面的收获,都是十分丰硕的。

新世纪以来这15年来,中国的巴赫金研究一直处在国际“巴赫金学”前沿。以巴赫金为主题的国际学术研讨会在中国定期举行:2004年6月,中国社会科学院文学理论研究中心与湘潭大学联合举办“巴赫金学术思想国际研讨会”,来自俄罗斯的三位著名巴赫金专家应邀与会;2007年10月,中国社会科学院文学理论研究中心与北京师范大学联合举办“跨文化视界中的巴赫金”研讨会,来自法国、意大利、俄罗斯的巴赫金专家应邀与会;2012 年 5 月,全国"外国文论与比较诗学研究会"与北京外国语大学联合举办的"斯拉夫文论与比较诗学:新空间、新课题、新路径"国际学术研讨会上,巴赫金文论成为会议重要议题,来自俄罗斯、乌克兰、爱沙尼亚、波兰、捷克 5 国的 7 位巴赫金专家应邀与会;中国学界对巴赫金文本系统的有规模的翻译工作有了新的成果——7 卷本《巴赫金文集》于 2009 年如期面世;中文版多卷本《巴赫金研究文选》——《跨文化视界中的巴赫金》,2004 年就开始酝酿,2009 年全面启动,2011 年基本完成各卷编选与翻译;2012 年又增补了个别重要译文。

《跨文化视界中的巴赫金》分为 5 卷,由《俄罗斯学者论巴赫金》、《欧美学者论巴赫金》、《中国学者论巴赫金》、《对话中的巴赫金:访谈与笔谈》、《剪影与见证:当代学者心目中的巴赫金》组成。

《俄罗斯学者论巴赫金》选收文章 28 篇,其时间跨度为 80 年(1929—2009),以卢纳察尔斯基的《论陀思妥耶夫斯基的"多声部性"》开篇,以波波娃的《论"狂欢"》作结。这里,有巴赫金与符号学:《巴赫金的遗产与符号学前沿问题》(洛特曼)、《巴赫金的符号、表述与对话的思想对于当代符号学的意义》(伊凡诺夫);有巴赫金与社会学:《社会学诗学的源头》(图尔宾)、《巴赫金著作中的艺术与文学的社会学问题》(达维多夫);有巴赫金与形式主义:《历史诗学空间中的巴赫金与形式主义者》(沙伊塔诺夫)、《文学学中的新形式主义方法——外位性》(巴克);有巴赫金与对话理论:《20 世纪 20 年代科学思想背景上的巴赫金的对话主义》(叶戈罗夫)、《审美事件:外位性与对话》(沃尔科娃);有巴赫金与狂欢化理论:《古罗斯的笑》(利哈乔夫)、《巴赫金·笑·基督教文化》(阿韦林采夫)、《围绕巴赫金的"狂欢化"理论的悲喜剧游戏》(瓦赫鲁舍夫);有巴赫金与作者理论:《作为美学范畴的"作者形象"》(鲍涅茨卡娅)、《巴赫金与维诺格拉多夫的作者理论》(波利莎科娃);有巴赫金与作品/文本理论:《巴赫金的艺术作品之文本问题》(鲍涅茨卡娅)、《巴赫金的文学学术语的特征与文学作品的结构》(柯尔米洛夫);有巴赫金与美学理论《审美话语构造学》(秋帕)、《巴赫金与穆卡若夫斯基》(格利亚卡洛夫);有巴赫金与语言学理论:《巴赫金与语言问题》(费奥多罗夫)、《巴赫金的语言哲学与价值相对主义问题》(戈戈吉什维里);有巴赫金"发现者"与追随者对巴赫金的解读:《存在事件》(鲍恰罗夫);也有巴赫金质疑者与反对者的文章:《巴赫金著作中的小说诗学与小说理论》(弗里德连捷尔)、《作为创作与作为研究的文学史:以巴赫金为个案》(加斯帕罗夫)。

《欧美学者论巴赫金》选收文章 21 篇。时间跨度为 40 年(1967—2007)。收入的译文按照时间顺序排列:译自法文的茱莉亚·克里斯特瓦的《巴赫金:词语、对话与小说》、克洛德·弗里奥的《巴赫金:在我们之前与之后》;译自德文的汉斯·罗伯特·尧斯的《论对话性理解问题》;译自英文的保罗·德·曼的《对话与对话主义》;译自意大利文的翁伯特·埃科的《上帝的躯体》、维托尼奥·斯特拉达的《在小说与现实之间:批评反思史》;译自英文的迈克尔·霍奎斯特的《听而不闻:巴赫金与德里达》、克莱夫·汤姆森的《巴赫金的对话诗学》、特里·伊格尔顿的《巴赫金、叔本华、昆德拉》、马修·罗伯茨的《诗学·阐释学·对话学:巴赫金与保罗·德·曼》、堂·比亚洛斯托伊茨基的《对话性、语用学及阐释学交谈:巴赫金、罗蒂、伽达默尔》、迈克尔·霍奎斯特的《作为对话的存在》、加里·索尔·莫尔逊与卡瑞尔·爱默森的《米哈伊尔·巴赫金:小说学的创建》、戴维·洛奇的《巴赫金之后:论小说与批评》、大卫·谢泼德的《巴赫金与读者》;译自法文的茨维坦·托多罗夫的《对话与独白:巴赫金与雅格布森》;译自英文的加林·吉哈诺夫的《巴赫金、卢卡契与德国浪漫派》;译自德文的沃尔夫·施密特的《叙事"交往"中的对话性》,等等。

《中国学者论巴赫金》原计划出两卷。因篇幅有限现在压缩为一卷,且限定为学外文出身、以外国文学研究为专业(主要是俄苏文学、英美文学、法语文学)的学者所写的巴赫金研究论文。时间跨度为 30 年(1981—2011)。这里有老一代学者研究巴赫金的力作,如夏仲翼的《陀思妥耶夫斯基的〈地下室手记〉和小说复调结构问题》、钱中文的《理解的理解——论巴赫金的人文科学方法论思想》、吴元迈的《巴赫金的"语言创作美学"——对话理论》、彭克巽的《巴赫金的复调小说理论》、白春仁的《文化对话与文化创新》、张会森的《作为语言学家的巴赫金》、胡壮麟的《巴赫金给巴赫金定位——谈巴赫金研究中的若干问题》等,也有中青年学者研究巴赫金的佳作,如董小英的《巴赫金对话理论阐述》、张杰的《批评的超越——论巴赫金的整体性批评理论》、夏忠宪的《文学研究与文化批评——巴赫金的文化批评理论实践对文学研究的启示》、凌建侯的《试析巴赫金的对话主义及其核心概念"话语"(слово)》、萧净宇的《巴赫金语言哲学中的对话主义》等。在当代中国英美文学研究界研究巴赫金的论文中,这里选收的有赵一凡的《巴赫金:语言与思想的对话》、黄梅的《也说巴赫金》、刘康的《巴赫金和他的世界》、宁一中的《论巴赫金的言谈理论》、肖明翰的《没有终结的旅程——试论〈坎特伯雷故事〉的多元与复调》、汪洪章的《巴赫金复调小说理论中的阐释学含义》等。在当代中国法语文学研究界研究巴赫金的论文中,这里选收的有吴岳添的《从拉伯雷到雨果——从巴赫金的狂欢化理论谈起》、史忠义的《泛对话原则与诗歌中的对话现象》、秦海鹰的《人与文,话语与文本——克里斯特瓦互文性理论与巴赫金对话理论的联系与区别》、钱翰的《从"对话性"到"互文性"》。这些论文从不同视界、不同层面展开了巴赫金研究,体现了当代中国的外国文学研究界对巴赫金文论开采的水平与深度。体量更大的中国文学界、语言学界、哲学界、美学界的巴赫金研究论文,由于篇幅有限,不得不割爱,而未能收录于中文版《跨文化视界中的巴赫金》。

《跨文化视界中的巴赫金》还以一卷《对话中的巴赫金:访谈与笔谈》、一卷《剪影与见证:当代学者心目中的巴赫金》来多角度呈现史料与资料,力图建构出鲜活的、立体的巴赫金形象,其立意在于努力重构出巴赫金的思想学说在其中得以孕生的历史氛围、时代语境和文化场。

进入历史语境,才能将巴赫金理论的解读与应用不断推向纵深;

面对立体的巴赫金形象,才能使"巴赫金学"的发展行进在守正创新的大道上。

置身于巴赫金的思想曾孕生于其中的那个文化场,巴赫金理论跨文化之旅的思想能量才有可能获得充分释放。

目　录

回忆与见证

访谈

问卷

评阅书

文学·文学学·美学:米·米·巴赫金的著作*

(1962)

瓦·柯仁诺夫　著

李俊升　译　周启超　校

1

对于文学学可以教会艺术家来创作这一天真的想法,我绝不会分享。但是,如果假设一下,文学学的著作在作家的需求中占有重要的位置,难道不是一件自然而然的事情吗?

唉!可完全不是这样。文学与文学学这门学科已经被灾难性地分离开来隔绝起来,这一问题已经超出那些个别性的争论的范围。它已成为一个不可避免的全社会性的、全民性的问题。

伊·莫加绍夫在《言教》中写道:“中小学,或多或少地还要加上师范学院,在培植的是……经院哲学式与教条主义地看待艺术作品的视界。”[①]叶·茹尔宾娜在谈论文化大学的工作时也同意莫加绍夫的观点,她说:“在文化大学里,最为经常地给人灌输的就是如何学会运用教条与陈规旧套之司空见惯的组合,那些教条和陈规旧套能够达到的就是一味地压制人们对书籍的个性化的态度。”[②]莫加绍夫进而指出,“难以断定,在这里,谁的过错更大一些”。但我确信,在这件事上追根究底,有过错的还是文学学这门学科,因为它恰恰是——学院、大学、中小

---

* 这是当代苏联学界最早的一篇推介巴赫金著作的文章,在当代巴赫金研究史上具有里程碑意义。原文最初同时刊发于苏联的一份报纸《文学与生活》(1962 年 3 月 16 日)与苏联的一份主要的文学理论杂志《文学问题》(1962 年第 3 期)——译者注;“这里说的是当时我已编好而亟待出版的米·米·巴赫金的两部著作:论陀思妥耶夫斯基的那部著作(1963 年出版)与论拉伯雷的那部著作(1965 年出版)。”——作者原注

① 《文学与生活》,1962 年 2 月 4 日。

② 《文学与生活》,1962 年 1 月 21 日。

学全部活动的基石,它——既是教条主义又是经院哲学由其大肆泛滥开来的源头……然后,自然地就形成一个“循环圈”:从学院走出来一批又一批运用陈规旧套的新专家,他们出书,授课,以此来培养他们的追随者,不一而足。

何以会弄成这样的一个结果呢?

这首先是因为,我们的文学学,实质上很少研究作为文学的文学作品本身,即使研究也研究得不好。这听起来像是个悖论,而终究就是这样。文章常常主要是以作品**为话由**而写出来,与作品有**关联**,但却并不谈论作品本身。文章里充斥着那些关于作家的生平和作家所处时代的最为一般的资讯,这些资讯通常是淘自另一些书籍,只是被改头换面地再组合在一起。即使是有一个专章来谈“语言”(抑或论“技巧”),那在许多方面也是在重复先前的语文学论著,拾前人之牙慧。但最主要的是——没有那种在其独特的、丰富的多样性中来对作家完整的艺术加以清晰而具体的考察。正如莫加绍夫所正确地指出的那样,文学学家似乎忘记了“长篇小说、中篇小说、诗——并不是简单地拓自现实的一个模塑品,而似乎同时还是一个全新的现实——由艺术家所体验出来的……由艺术家所孕育出来的——全新的现实。当然,艺术作品反映现实生活。艺术作品毕竟恰恰是一个独特的世界——在艺术言语中被创造并活在艺术言语之中的——一个独特的世界。学术的使命——去潜入这一个世界**本身**,从生活的视角去对**它**加以理解并评价。而文学学家却似乎‘在绕开’这一世界而在其周围转圈圈。这一‘方法’首先就是反唯物主义的”。不是去研究拥有**其**现实内容的文学形式,文学学家,在抛出“总体的一瞥”之后,便开始围绕作品的内容和价值去随心所欲地炮制抽象的推论。这么一来,文学学——最为复杂的因而要求人们付出巨大而真正创造性劳动的人文学科之一——却沦为一件轻松又简单的事情。十分清楚,这样的文学“学”既不为作家所需要,也不为读者所需要。

但我写此文之目的毕竟不是来宣布:我们没有什么文学学。恰好相反,我想说的是,这样的一门学科是存在的。可是,为了证实这一点,有必要大声地申明,那些“典型的”文学学“大作”更像是伪科学,因为它们在觊觎文学学这一称号之时,却在损坏它的威信。大量以文学“为话由”的书和文章,实际上是任何一个只要念过书的人不需要多长时间的准备就可以写出来的,它们已经使文学学的身价大跌,在这样的书和文章所形成的书海中,那些真正的学术著作则会被淹没,被丢失。而它们当然是存在的。关于这样的一部在根本上具有重要性的书,我这就想来详细地说说。

1929 年,在列宁格勒,米·米·巴赫金的著作《陀思妥耶夫斯基的创作问题》得以出版了。当时,A. B. 卢纳察尔斯基就写了一篇篇幅甚长的书评,在那篇文章里,他指出了这部特别有趣而深邃的著作具有创新意义。

A. B. 卢纳察尔斯基的那篇文章,已是众所周知,它在好多书刊上被一次又一次地转载。而对于米·米·巴赫金的这部书——这部以2 000 册(!)的印数而出版的书,即使是那些研究陀思妥耶夫斯基创作的文学学家也并不总是很了解。然而,这部书——恰恰正是对作家的“艺术世界”加以考察之行之有效的方法的一个典范。

在米·巴赫金的这部书里,陀思妥耶夫斯基的创作正是被看做一个完整的世界——一个存活于艺术形式之具体的物质之中的完整“世界”。在这里,没有一句“以……为话由”的论说:通读全书的过程之中,我们会与作者一道仔细地分析陀思妥耶夫斯基的作品本身,透过情节、透过形象的细节而领悟其内涵。凭借这种方法,陀思妥耶夫斯基艺术的现实涵义,就得以以其完满而又多面的形态在我们眼前渐渐地展开。这部著作本身并不那么简单而通俗易懂,它需要读者用心并且还要倾心投入。但是,谁要是带着思考而认真地研读这部书,他就不仅能够使自己对陀思妥耶夫斯基创作的理解要深刻得多,而且还能够使自己在何谓文学、何谓文学学的理解上提升到一个新的水平。

可是这部书的再版一事之进展却极为缓慢。而得到成批成批地出版发行的那些谈论文学的论著,至多也不过是一些谁也不会去读的书。

* * * *

用不着来谈论对于艺术之普遍性的、有时是令人惊羡的兴趣,这一兴趣在当今时代是如此典型——只要看看各个音乐厅、展览馆、电影院门前的人群,看看各个书店里在排队的人群,就可以明白这一层了。但更为重要的是这么一个事实,从这些人群的出现可以看出一个规律,这一规律无论如何是不能用人们喜欢“凑热闹”这一兴趣来加以解释的——譬如说,那些远不是什么时候都处于高水准的剧院,却恰恰是在抱怨观众缺失了……在这一规律中表现出来的乃是一种对真正的艺术文化的渴望。

在这里,有人可能会用这样的话来卡我:这不是意味着,美和艺术毕竟是永恒的?而且,在对那些依然没有失去光泽的瑰宝做一番检阅之后,就可以得出美学之"绝对"的概念?不,这完全不是这样。首先,必须清楚地意识到:每一代人对先前各个时代之巨大的美学遗产是有挑选的,而且对各种各样非常不同的现象会作出或高或低的评价。即使我们是面对诸如荷马或者莎士比亚这样的"无可争议的"瑰宝(我们不是简单地把他们看作诗人,而是将他们看作在特定时代的美学之完美体现上的不可超越的高峰),也会看到,即使是他们,也并不是在任何时候和任何地方都能被"接纳"的。顺便说一下,这些诗人都拥有一个让人羡慕的命运。按照美国美学家乔治·鲍厄斯的那个俏皮的说法,这些诗人本身就携带着审美的"多价性",一种能从极为不同的层面来激发反应的能力。

在这一或那一时代,面对荷马或者莎士比亚的价值,人们看到的是他们那极为丰厚而多面的美学之颇有特色的品质。自然,那些"低价性"的作品更容易在某种民族—历史的环境中落到审美关系的范围之外,尽管另一个时代会欣喜若狂地接受这些作品。我觉得,我们这个时代、我们的生活本身就已经具有不寻常的"多价性";那些在深层上很不相同的美学形象,能在我们身上激起最为真诚的热忱之美学现象真是数不胜数。然而,毕竟还是有一些现象,它们在另一些时代曾受到高度评价,但在现如今则几乎是退到二线——譬如,早期欧洲中世纪的美学,或者,晚期巴洛克美学。

但是,谈论过去的某些美学现象对于当今之价值高低——这是最简单不过的事情了。任务——况且是最为困难的任务——在于对具体的规律性——那些在决定着这些老现象之当代存在的具体的规律性加以理解。为此,就必须深刻地理解各个时代的美学特色——不论是过去时代的美学特色还是当今时代的美学特色。对美和艺术的本质之"非历史的"的界定是站不住脚的。那样做的话,至多也不过是盲人摸象——抓住某一单个的侧面,况且,就连这一单个的侧面似乎就要从研究者的手指缝里滑出去。

艺术史上有一些重要的现象,它们的美在很多方面都是我们现在简直不可企及的。在古希腊罗马时期之早期的、或者亚洲的、甚至欧洲中世纪的诗歌、雕塑、舞蹈哑剧和舞蹈中——一旦对之加以直接的接受——它们几乎就是作为丑而被意识到。黑格尔在对《罗摩衍那》里的一个场面(主神湿婆躺在妻子乌玛的怀抱里一躺就是整整一百年,之后,"把自己的种洒在地上",由这个种子而"生出一座白山,它横亘在印度和鞑靼之间")加以评论时曾断言:"在这里,我们面前出现的是某种程度上可以说是丑恶的、漫画般可笑的虚构,这些虚构,同我们对于想象之创造所提出的所有要求乃是相矛盾相抵牾的。"

的确,这里采用的是完全别样的一种美学"尺度",是另一个"参照系"。但是,要是认为这就是印度的"民族的"(或者,更广泛一些——亚洲的)美学,则是不对的。整个人类都经历了美学发展的这一阶段;它不过是在东方获得了最为宏伟的艺术体现。中世纪的欧洲曾较快地经历了这一阶段。可是,拉伯雷当年尚能采用这个美学尺度来衡量,因而《巨人传》的美学还是我们所不甚明了的;这本伟大的书常常是极为片面地被当作**讽刺**来接受。

米·巴赫金在其卓越不凡的研究《现实主义史上的弗朗索瓦·拉伯雷》一书里揭示出这一现如今真的是"已被遗忘了的"美学之本质。他的《陀思妥耶夫斯基的创作问题》(1929年)一书——以我之见——乃是迄今为止所撰写的论陀思妥耶夫斯基的著作中最有价值的一部。有理由期望,这位天才的研究者的第二部、也是有很高价值的著作,就在最近的日子里会得到出版。以单个的作家为研究对象的这两部专著,具有最高水平上的美学理论意义。

在论拉伯雷的这部专著里,米·巴赫金尤其对两种在深层上极为不同的人体美"观念"进行了考察:一个是为希腊罗马文化之古典时期与欧洲之近代(也是为我们所最为清楚的)所具有的那种观念;另一个是为古代民间文学和中世纪艺术所具有的那种观念。他谈论的是那些巨大的、被夸张的、甚至仿佛是"怪兽形的"人体形象,那些在印度的、古希腊罗马文化之早期的、中世纪的艺术里得到体现,在那一个拉伯雷的笔下也得到体现的人体形象:

"如果以十七世纪和其后几个世纪的艺术标准来衡量这些身体形象,就很难理解他们,很难理解这些身体形象独特的艺术逻辑,很难理解他们那震撼心灵的深度和力量。粗鲁的、带有兽性的、轮廓不规则、畸形的、丑的——以晚近的那些标准为视角，则可以说出这样的评价。然而，身体的这一形象乃是在好几千年的漫长岁月里渐渐形成而得以固定下来……

“与近代的标准不同，这个身体不是封闭的、完成的、现成的，它超越自身，超出自身的界限。被强调部位，或者是身体向外部世界开放，即世界进入身体或从身体排出的地方，或者是身体本身排入世界的地方，即凹处、凸处、分支处和突出部……身体在展开自己的本质——作为不断生长和不断超越自身界限的因素之本质……这——是永远非现成的、永远被创造与在创造着的身体……

“再次，这种非现成的与开放的身体……与世界没有明确的分界线；它与世界相混合，与动物相混合，与物体相混合……从倾向上来说，身体代表和体现的是整个物质—肉体世界。”①

对于已被我们淡忘，但却被亚洲、非洲和大洋洲各族人民完整地保存下来的这种美的本质，巴赫金全面地加以揭示。他写到，在这些巨大的形象中，“物质—肉体原生力乃是深刻的**正面的**形象，这种原生力，在这里完全不是以个人的—利己主义的形式而被展现出来，也完全不是在与生活的其他领域相脱离的状态中而被展现出来。物质—肉体因素在这里被看做普适性的与**全民性的**……因此，一切肉体的东西在这里都是这样地硕大无朋、夸张过甚、不可估量。这种夸张带有正面的、肯定生活的性质。在所有这些物质—肉体生活的形象中，主导因素——都是孕育、生长、丰腴而旺盛的生命力、繁殖力、活力。物质—肉体生活的所有表现和所有的物体，都不属于单个的生物学个体，也不属于个体的利己主义的人——而仿佛属于民众的、集体的、生育的身体”。

换句话说，物质—肉体生活，在资本主义社会里被挤到个体生存之“私生活的”领域的物质—肉体生活——在这里已然被深刻地社会化，整个儿都具有社会性，而成为民众的力量、美、真和善的体现。

米·巴赫金的著作在令人信服地驳斥西方在这一古代（对于某些民族则完全是现代的）美学上广为流行的弗洛伊德主义学说。弗洛伊德主义（拥有其各种不同的分支）企图将这一美学诠释为在根本上就是

---

① 米·巴赫金：《现实主义历史上的拉伯雷》，俄罗斯科学院世界文学研究所档案，第 21、23－25 页。

“生物学的”、“带有动物性的”同时又是个人主义的美学。其实——米·巴赫金也证实了这一点——这一美学乃是整个儿具有**社会性并被社会化的**世界观之独特的、历史的具体形式。这一点非常重要。

不可能在一篇短文里对所有这些加以详细的谈论,对我们来说,重要的只是要指出美学的发展中一些极为根本的、具有转折意义的变化。

在近代美学中——米·巴赫金这样展示——“身体,……首先是严格完成了的、是完全现成的身体;其次,它是单独的、单个的、与其他身体分开的、封闭的。因此,身体的一切非现成性、生长和增生的特征都被排除;身体所有的鼓起部分和突出部分都被清除,所有的凸起部位(具有发育和繁殖意义的)都被抹平,所有的孔洞都被遮蔽。身体之永恒的非现成性被隐藏起来,被掩盖起来:受胎、怀孕、分娩、衰老和弥留通常都不愿示人……”等等[①]。温克尔曼、莱辛、黑格尔所宣扬的就是这样的一种人体美的观念;现如今正是这样的人体被呈现为“社会的”。但这仅仅是美学发展史上的一个特定阶段。

有人可能还要问:为什么偏偏就回想起了这个“已经逝去的”美的观念?我们可是要在“现代的”美学范围内来生活来思考。但问题的关键就在于,在现代的美学文化中恰恰是在亢奋地传来这一似乎是已被淡忘的原生力的回音。它的回音(不妨且以举手可及的艺术作品为例)在高更的民间题材绘画中,在摩尔多瓦人民的优秀儿女埃里贾的雕塑中,在迪戈-里维拉的大型壁画中,在帕布洛·聂鲁达的史诗般的创作中,都能听到——更不用说,亚洲、非洲和大洋洲各族人民的现代艺术中,都能听到。

于是,我们发现,美学中真正的历史主义具有最为尖锐的现代意义,历史主义对美学与生活的真正联系——与当今世界的现实生活的联系,是必不可少的,在当今的这个世界上,古巴、刚果、印度、印度尼西亚、越南和另一些国家的人民都奋起而投身于独立自主的历史性的创造。其实,美学应当贯穿着深刻的历史主义精神,如果它正是要对这些民族的**当代文化**加以思考,在那里,植根于极为遥远的过去但又充满生机活力的传统,同对于未来的那种难以遏止的渴望——这一渴望又根本不将这一过去加以抛弃,已然得以有机地交织在一起。

---

① 米·巴赫金:《现实主义历史上的拉伯雷》,俄罗斯科学院世界文学研究所档案,第28页。

当然,我们只是触及了美学中的历史主义问题的一个层面,但就是在这里,一些极为有趣与极其复杂的任务已出现在眼前。不管怎么说,有一点看来是不可怀疑的:美学这门学科一旦不能通体充盈历史主义精神,那它就注定不仅是越走越窄,而且只好原地踏步了。转向积极的历史主义,将会让美学插上强劲而有力的翅膀。

我所认识的巴赫金——青年巴赫金*

(1977)

拉·莫·米尔金娜　著

李冬梅　译　周启超　校

【这篇回忆录的问世,要归功于好几位勤恳细心的语文学家积极而有耐心的查找。事情是这样的:70 年代中期,莫斯科学者 A. M. 库兹涅佐夫致力研究玛·韦·尤金娜的生平与创作遗产,他在这位女钢琴家的档案里发现了一封信,信中谈到,米·米·巴赫金 20 年代曾先后在维捷布斯克与列宁格勒的家中讲授俄国文学史课,而听课笔记尚存于世。信中还提到了笔记的主人,即听课者的名字——拉·莫·米尔金娜,但仅此而已。没有地址,没有其他任何消息。学者们不知道如何寻找她,他们甚至给一个叫吉娜伊达·米尔金娜的莫斯科诗人打了电话,但显然她无从说起。不过,当他们在列宁格勒打探消息时,研究列宁格勒市 20—30 年代文化史的学者 H. И. 尼古拉耶夫很快找到了拉希尔·莫伊谢耶夫娜·米尔金娜,她是一位中学语文教师,当时已退休。原来,她至今仍完好保存着半个世纪前记录的整套详细课程笔记,不久,这一文学史教程中若干次的听课笔记(主要是关于一些象征主义诗人的)得以发表。1977 年 1 月,我们在列宁格勒同拉希尔·莫伊谢耶夫娜会面时,她讲述了她所记得的巴赫金其人其事。我们请求她把她的讲述写下来,她马上答应了,并立刻付诸行动。于是,这篇回忆录就这样诞生了。

当然,有人会说,回忆录中的视角有一定的局限。它的作者当时并不属于亲近巴赫金的那个小圈子,因而并不能看到很多东西。然而,这仍是我们现在所拥有的有关那个年月的巴赫金的唯一的一份书面回

---

* 原刊于《新文学评论》1993 年第 2 期;该刊在这一期开设了"当代解读中的米·米·巴赫金"专栏。该专栏的第一篇文章就是拉·莫·米尔金娜的这篇回忆录,著名的巴赫金研究专家谢·鲍恰罗夫为它的发表撰写了按语。

忆。有关巴赫金的回忆录总的说来就不是很多,而且它们几乎都是出自只是在巴赫金的晚年才与之相识的那些人之手。因此不难理解,任何一点儿来自遥远年代的鲜活记忆都是极其珍贵的。米尔金娜的回忆录正是如此,它给我们带来了那个年代的生动画面,譬如,巴赫金在尤金娜住宅里做演讲时那种富有特色的场景。有关这次报告及其他事实,我们只能从这篇回忆录中得以了解;米尔金娜披露的另一些信息则可以通过其他人的口头描述来加以补充。譬如,她曾缺席的尼·阿·克留耶夫的晚会大概就是伊·伊·卡纳耶夫所曾讲到的:克留耶夫就是在我们现在称之为巴赫金周边的那个小组中朗诵了自己的《木屋之歌》,这次朗诵的场所就是位于冬宫滨河街的尤金娜的住宅(顺便说一下,在那幢与艾尔米塔日并排的滨河街公寓里,那时住着叶·维·塔尔列院士。门口的纪念牌上如今写的是塔尔列的名字,而不是尤金娜;有关塔尔列与巴赫金之生平上的关系,请参看下面的文章——《关于一次谈话及相关情况》)。

并非所有在70年代里写下回忆录的作者都能把话说完,譬如,“米哈尔·米哈雷奇消失了”。看来,某些事情尚需按时间先后顺序进行勘查:什么时候在尤苏波夫宫举办了系列讲座?很可能,那就是在1928年12月24日授课人被捕之前。然而,即便在1929年,已身处被审查之中,他还能利用有限的自由,应约请而撰写几篇有关托尔斯泰的文章,甚至在发表时署上自己的名字(有关此情,请参看《关于一次谈话及相关情况》一文)。如果最终查明,他在被审查之中还能够进行公开的讲课,那么,这将会给那个时代的特征平添一点新的色彩,只是终究未必如此。

我们谨以这篇回忆录之发表,来履行对拉·莫·米尔金娜(1906—1987)表示谢忱这一职责。她对巴赫金的这些讲座作了笔记而将它们保存下来,这样,她也就得以将基本上不曾记录下来的、巴赫金在20年代里的口头创作中的一部分传到我们手中。

——谢·鲍恰罗夫】

20年代初,在维捷布斯克,我遇到了米哈尔·米哈雷奇·巴赫金。这是一个大约27岁的年轻人,中高个子,体格匀称,淡褐色的头发相当长,光溜溜地朝后梳着,这与当时的潮流并不相符。起初,他经常刮胡子，后来渐渐蓄起了稀疏的短胡须。脸色苍白，额头高高的，秃顶严重——深褐色的眼睛闪耀着温柔的、关切的眼神，脸上带着一丝神秘的微笑。在我的想象中，梅什金公爵就是这样。巴赫金的著作《文学与美学问题》（莫斯科，文学出版社，1975）中所附的作者照片，曾经让我惊叹不已，我曾在那幅照片上寻找我所认识的米哈尔·米哈雷奇的特征，但那相似之处我并没找到。

在那个遥远的年代，维捷布斯克的文化生活可是丰富多彩。许多著名的艺术活动家从饥饿又寒冷的彼得格勒来到这里。马林斯基剧院的指挥家马利科组建了交响乐队，杜巴索夫教授组建了音乐学院。艺术学校在银行家维什尼亚克的旧宅里展开了自己的活动。楼房的正面被装饰上彩绘画。据说，那些彩绘是由那个就是在维捷布斯克出生的马克·沙加尔完成的。

在当地的市立剧院里，一个有特色的剧团得以形成了，成员有尼·斯莫利奇、德拉加、苏马罗科夫、阿格林采娃、戈塔尔斯基、马利亚温、沙别利斯基、哈尔拉莫夫、涅拉达夫斯基、别尔捷利斯、热罗姆斯卡娅。著名的剧团、演员和音乐家曾多次来这里巡演。谢尔盖·拉德洛夫带来了托勒尔的《不幸的欧根》，艺术剧院的第二实验剧团上演了狄更斯的《壁炉上的蟋蟀》。在剧中参演的有奥尔列涅夫、达维多夫、帕帕江、孔德拉特·雅科夫列夫、维德林斯卡娅。女歌唱家卓娅·洛迪、芭蕾舞演员留科姆与奥莉加·普列奥布拉任斯卡娅、钢琴家玛丽亚·尤金娜则举办过音乐会。

尤金娜，一位出色的音乐家，显得风度不凡。这是一位漂亮的年轻女人，身着一件黑色连衣裙，而根本不是舞台装，那连衣裙上镶有白色小圆领与同样是白色的袖口，显得朴素而又脱俗。她身上好像同时兼有旧时的高等女校学生和修女各自独具的那两种气质。一位仪表堂堂的年轻人，将三朵硕大的深红色玫瑰花献给了尤金娜（那个年代还不时兴给演员献花），他叫达维多夫，是私立女子中学前任校长的儿子。这个场景，直让我觉得如同某部叙述上流社会生活的电影中的镜头，顿时使我兴奋不已。

对于维捷布斯克这座宁静的外省小城，这种令人昂扬的氛围显得非同寻常，这让年轻人，基本上是正在读书的年轻人深深为之陶醉。但即使在这种背景中，米哈尔·米哈雷奇·巴赫金也能引起特别的关注。

我最初见到巴赫金是在那个不知何故被叫做“书之家”的市立图书馆里。当时,米哈尔·米哈雷奇在举办一个有关普希金的公开讲座。所有想听他讲座的人几乎挤满了图书馆大厅。巴赫金深深吸引住了听众,征服了他们。巴赫金也在别的机构(我忘记了那些机构的名称)做过讲座。他以问答式的方法来进行某些课程的教学。在这些讲座中有一位年轻听众表现很出色,他高个子,外表与众不同,嗓门较大,声音时断时续,他叫万尼亚·索列尔京斯基。

不论巴赫金在哪里演讲,所到之处都有巨大的成功伴随着他。我来举个例子吧。维捷布斯克的著名医生 A. M. 佩夫泽尔,这人兴趣广泛,知识渊博,谈到巴赫金所做的那个以亚·勃洛克为主题的讲座,这位名医的看法是:“巴赫金就《十二个》和《夜莺花园》所发表的评论,堪与这些长诗本身等量齐观。”

没有巴赫金的参与,当时相当流行的文学游戏《文学法院》也进行不下去。《法院》在那个一共有四层的市立剧院举行开庭,场场爆满。米哈尔·米哈雷奇经常担任辩护人,经常打赢,只有薇拉·米尔采娃的“案子”是一个例外。薇拉·米尔采娃是剧院上演过的一个同名剧中的女主人公,她开枪打死了自己的情人,因为对方威胁要将他俩之间的通信内容公之于众。我记得,辩护人套用检察长(由演员涅拉多夫斯基扮演)的那句“全城都在说……”而说道:“是的,全城都在说——全城都在散播流言。薇拉扣动扳机之际,也就杀死了流言蜚语。”但是,女被告人却被陪审员们(由剧团的男演员们扮演)判决为有罪。这是巴赫金唯一的一次打输了的“案子”,这使他看上去也有些沮丧。

很快,我们这些忠实的听众不再满足于巴赫金的这些公开演讲,自发组建了一个俄罗斯文学学习小组(10 至 12 人)。小组的学习在巴赫金的家里进行。

米哈尔·米哈雷奇当时已经结婚。他的妻子叫叶琳娜·亚历山大罗芙娜。这位年轻的妇女个子不高,体态瘦削而匀称。她那张脸是淡褐色的、苍白的、略微显得有点长,我觉得与圣像画上的圣母有几分相像。叶琳娜明白,她的丈夫是一个伟大的人物。他们互相体贴关怀,彼此用昵称来称呼对方:他称呼她廖努什卡,她则称呼他——米舒克。

巴赫金夫妇当时寄居在斯摩棱斯克街阿列克谢耶夫斯卡娅医生的住宅里。他们的房间不大,窗户都朝向院子。房间的陈设十分简陋:一张书桌，还有一张断腿的桌子，一个胶合板橱柜，一张铁床。在一面糊有看不清是淡黄色还是淡绿色的墙纸的墙上写着几行诗：

在严寒的冬日里，
曾有诗人和哲学家住在这里。
他们正是在那段日子里
解决了许多令人伤脑筋的问题。

这几句诗的作者是瓦连京·尼古拉耶维奇·沃洛希诺夫，是阿列克谢耶夫斯卡娅的女婿，也是米哈尔·米哈雷奇的邻居和朋友。我们在巴赫金那儿曾遇见来自莫斯科的哲学家马特维·伊萨耶维奇·卡冈，还有文学学家和哲学家列夫·瓦西里耶维奇·蓬皮扬斯基，他高高瘦瘦，黑头发，穿着长长的军大衣。据说他是一个左翼黑格尔主义者。在维捷布斯克，我们当中的任何一个人都不曾知道蓬皮扬斯基在哪里做讲座。只是在30年代，在列宁格勒，我多次在"教师之家"聆听他的演讲。列夫·瓦西里耶维奇的那些演讲，证明了他的博学多识、别具一格和卓越超群的才华。他的那些演讲，通常会由一位朗诵艺术家——安东·施瓦茨来加以解说。他们的那些表演总是广受欢迎。

常上巴赫金那儿去的，还有俊俏如画的巴维尔·尼古拉耶维奇·梅德韦杰夫。他这人不那么有趣，但在不太苛求的听众那里也曾享有一定的成功。我在列宁格勒也见过梅德韦杰夫。那是在纪念亚历山大·勃洛克的晚会上，在卡佩拉(Капелла)大厅里。他坐在柳鲍芙·德米特里耶芙娜·勃洛克身旁，向她大献殷勤。他的妻子独自坐在稍远的地方。梅德韦杰夫对她毫不在意，不过，在索洛古勃将自己的一首诗——献给他们的女儿娜塔莎的一首诗——朗诵完毕之后，他俩对视了一下。大学生们曾满怀愤怒地议论巴维尔·尼古拉耶维奇与柳鲍芙·德米特里耶芙娜之间的风流韵事。

我们这个小组整体维持了一年。然后大家各奔东西，只剩下我们三个，不过，课业并未因此受损。米哈尔·米哈雷奇继续以先前的方式来授课。他常常都是躺着来接待我们，身上盖着一条蓝色的棉被，上面又加了一床灰色的绒毯。他的一条腿上有病，传说这是结核病。

米哈尔·米哈雷奇的授课非常精彩。这是一位天生的演说家，他的嗓音极其富有表现力,音色华丽。他的言语如行云流水畅快自如。他从不使用讲义、提纲,也不事先准备任何引文。在他的口头表达中,他那些已刊印出来的著作素有的某种艰涩也荡然无存。你会产生这样一种印象:站在你面前的是一位出色的即兴表演者,他陶醉于自身的激情,浑身情感洋溢。他朗诵诗时就像在吟唱,仿佛朗诵这些诗的不是讲课者,不是朗读者,而是诗人——诗的作者。

巴赫金,当然,也曾考虑到听众的组成,然而,他在进行普及性的讲授时,却从未把任何东西简单化。这种善于将简洁的叙述与深刻的分析相结合的本领,也是米哈尔·米哈雷奇的一个特长。有一次,他曾称自己为新康德主义者。

1924年,巴赫金夫妇离开了维捷布斯克,而迁居列宁格勒。不久,我和妹妹(她也曾听过巴赫金的课)考入列宁格勒艺术史学院语言文学部。

艺术史学院当时正经历其繁盛时期。一大批著名的文学学家在此任教,如鲍·米·艾亨鲍姆、尤·尼·蒂尼亚诺夫、鲍·米·恩格尔哈特、维·马·日尔蒙斯基、鲍·维·托马舍夫斯基、维·弗·维诺格拉多夫、尼·巴·安齐费罗夫、斯·斯·莫库利斯基。但对于我们来说,他们都无法取代巴赫金。根据以往的经验,我和妹妹决定寻找巴赫金并请他在家里指导我们。在前往设有中央地址查询处的海军总部的路上,我们满怀激动。我们以为,只要一提到巴赫金这一姓氏,所有在场的人都会向我们投来目光并问长问短。可是这种令我们感到愉悦的轰动效应并没有发生。当值班的大喊:"谁需要巴赫金[①]的地址?"——这个姓氏并没有对任何人产生印象,当然,即使发音正确也不会产生任何印象。

怀着完全可以理解的恐惧感,我们出现在米哈尔·米哈雷奇的住宅里。他同意将开始于维捷布斯克的课程继续教下去。在那里,我们是以列夫·托尔斯泰结束的,现在,我们从陀思妥耶夫斯基开始。授课每周进行一次,每次两个小时。他向我们每人收取的讲课报酬是象征性的,相当于亚历山大剧院顶层楼座的一张戏票的票价。

巴赫金夫妇当时居住的那幢楼房,位于"旗帜街"(如今的"起义

---

① 这个值班的在念"巴赫金"这个姓氏时,将重音移到第一个音节上去了。——译者注

街”)街区的普列奥布拉任斯基街(如今的“拉季谢夫街”)。房间宽敞,可是陈设与维捷布斯克的住宅毫无二致。冬天里,天气经常是非常寒冷的时候,米哈尔·米哈雷奇会披上一件女式的手织羊毛披肩。看来,他们生活收入的主要来源还是依靠叶琳娜·亚历山德罗芙娜缝制软毛玩具。有一次巴维尔·梅德韦杰夫的妻子来看望他们,她和米哈尔·米哈雷奇发生了这样的对话:她说:“我是来祝贺我们亲爱的过命名日的人儿的。”他说:“我们亲爱的过命名日的人儿上老太太那里缝兔子去了。”

有一次米哈尔·米哈雷奇邀请我们出席在著名女钢琴家玛·韦·尤金娜家中举办的文学研讨会。还在维捷布斯克时,我就听过玛·韦·尤金娜的音乐会。她住在“冬宫滨河街”上一幢古老的房子里。要进入举办研讨会的大厅,需要穿过好几个半明半暗的、一半是空着的房间,那些房间的墙上分挂着一些神秘的——我觉得就是——用来辟邪的物件。大厅中央摆放着几排椅子。客人非常多,可我们都不认识。只认出两个人:索列尔京斯基和蓬皮扬斯基。

索列尔京斯基,我们不仅在维捷布斯克见过,在位于普列奥布拉任斯基街的巴赫金的住宅里也见过。米哈尔·米哈雷奇有一次曾指出,他的这位客人讲西欧戏剧史课真是精彩极了。索列尔京斯基在艺术史学院语言文学部主讲心理学课程,其精力尤其投入在弗洛伊德身上。我曾通过了他开的精神分析这门课程的考查(“考试”这个概念当时已被取消)。

蓬皮扬斯基在那个晚会上挨着女主人的脚而坐在靠墙的地板上。他为什么坐在地板上呢?是为了表现对女士的骑士般崇拜?还仅仅是因为椅子不够用了?

研讨会的举办,带有慈善性募捐目的。入场费由客人们自己放入一个专门的盒子里——数额多少,各人自愿。

在听众面前的小桌子旁站着巴赫金,他身披一袭长长的带有风帽的黑斗篷。或许,他觉得以自己平常那身破旧而磨得发亮的衣服在客人面前亮相,不免有些难堪。身着斗篷的他看上去显得相当奇怪,但却有一股浪漫气息,而且更像梅什金公爵了。

米哈尔·米哈雷奇的报告是献给维亚切斯拉夫·伊万诺夫的。听众们都听得入了迷。坐在我旁边的一位女士激动地赞叹:“天哪,多好的讲演！他清楚地阐释了世界文化史，他这是怎么做到的呢！”

米哈尔·米哈雷奇还曾邀请我们去出席另一些研讨会。我记得，在其中的一次研讨会上，本来应当有尼古拉·克留耶夫的发言，可是，对于这些邀请我们未能享用。

我们在巴赫金家中进行的课业，持续了两年。我们是以苏联文学最新作品(列·列昂诺夫的《科维亚金笔记》和《獾》、伊·爱伦堡的《尼古拉·库尔波夫》和《胡里奥·胡列尼托》、康·费定的《城与年》、阿·托尔斯泰的《两姐妹》、马·高尔基的《阿尔塔莫诺夫家的事业》、尤·蒂尼亚诺夫的《丘赫利亚》)之概观来结束这门课程的。我每每怀着既赞叹又同情的感情忆起这位天才的学者，这位学者即使是在给两三个姑娘授课也总是激情洋溢，仿佛是一大教室的学生在聆听。

1929年，有一回，我在街上遇见了叶琳娜·亚历山德罗芙娜。她说，米哈尔·米哈雷奇论陀思妥耶夫斯基的那部书出版了，阿·瓦·卢纳察尔斯基对这部书作出了评价。他们期望，卢纳察尔斯基文章的出现这一事实本身，甚至并不取决于对这部书的评价，也能够对米哈尔·米哈雷奇的命运起到正面的作用。果然，巴赫金的知名度的确开始提升。那年代出版的列夫·托尔斯泰文集中的《复活》与戏剧作品这两卷的序言，就是出自巴赫金的手笔。巴赫金还以讲课人身份而亮相。位于莫伊卡运河岸边的“教师之家”(昔日的“尤苏波夫宫”)贴出海报，巴赫金的西欧文学系列讲座讯息被公布了。讲座都被安排在白天。前来听第一讲的人，相对而言还不是很多，但来听第二讲的人就太多了，那宫里的剧院几乎是勉勉强强将这些听众容纳。巴赫金迟到了许久，但听众没有发火。他终于出现了，这时迎接他的是一片响亮的掌声。他转向大厅里的听众，笑着说道:“是为迟到而鼓掌吗?”

这一讲是最后一次，米哈尔·米哈雷奇消失了。他这人，不仅是一位学者，而且是一个独特者，是一个天才。我从巴赫金那里学到的东西，永远地融入我的生活。他的那些讲座，为极为广泛的思考——不仅是对文学问题的思考，而且也是对社会现实的各个不同方面的思考——提供了动力储备。

我保存着巴赫金在不同年代里所做的一些讲座的笔记。应当强调，这些笔记，出自一个起初是一个女中学生后来则是一个低年级女大学生之手。自然，这些笔记中的讲座已被缩减，它们仅仅是在某种程度上保存了巴赫金的文体与巴赫金的气息。

1977年1月
列宁格勒

巴赫金在 1963—1964*

(1982)

尤里·库德利亚夫采夫 著

刘锟 译 周启超 校

〈……〉

多里宁已出的书不是很多(而我觉得,他在那些书里未必能把话说透),其最新的一部,不是以个人之"我"的口吻,而是以含糊其辞的"我们"之口吻来写就的。这部书里,对作者文本之真正的干涉比以往任何时候都要多。多里宁在这部书里将所有的概括性的思考推论都删去了,就是为了让它不被人们作为有多层涵义的一部书来读。想必,有人认定概括性的思考推论是危险的……

米·巴赫金的书则在这个意义上有别于多里宁的书。人家恰恰已容允巴赫金往这部书的新的版本里注入概括性的立论——总的说来同陀思妥耶夫斯基并不相干的立论。

对于这种截然不同的态度,我可以这样来解释,1929 年的那部书是极为透明而清晰的,它明确地针对那个在新社会里已然得以植下根来的思想一统。正是出于那样一种保安性的目的,就像对待多里宁一样,人家已容允巴赫金要弄一些与多里宁的方向相反的花招。往书里注入很多烟雾,以期淹没它之主要的、不合时、不中听的理念。

米·米·巴赫金的这部书——现今易名为《陀思妥耶夫斯基的诗学问题》(莫斯科,1962,362 页)而出版的这部书——变得更加貌似科学,更为玄妙,但内涵却减少了。

已然折腰的巴赫金,像多里宁一样,如今宁愿要"理论家"这一头

---

* 标题为编选者所加。摘自尤里·库德利亚夫采夫著:《围绕着陀思妥耶夫斯基时代的评鉴》(1977—1986)六卷本第 5 卷《陈规陋习》。这部著作提供出半个多世纪(1917—1986)里苏联的陀思妥耶夫斯基研究史。从第 5 卷的这一部分文字里,可以看出巴赫金的《陀思妥耶夫斯基的诗学问题》出版当年,苏联的陀学专家们从各自立场对该书有多种不同的评价。原文刊于《对话·狂欢·时空体》1994 年第 1 期。

衔，而不要“斗士”这一桂冠，将“伦理”交换为“学术”。他是那样地给自己的思想学说戴上了面具，以致它几乎彻底消失了。

巴赫金削弱了这部书的道德能量储备，而将它学术化了。他把必须对抗无思想——那种以思想一统之形式而植根下来的无思想——这一理念藏起来了。他将它为零了。于是，他被认可……

实质性之变。

书的容量大大增加了，几乎增加一倍。况且这完全不是缘于有关陀思妥耶夫斯基的材料之增加。材料还是原先的那些，这材料也并不多，因而，它是那样地消融在里面，以致不易被察觉到。书的内容同它的名字已然不再相符了。

前言也实质性地变样了。先前的那个前言曾是松散的、谦逊的（含有某种道歉的语调），社会学的，有那个年代的气息。

如今的这个前言，变得更加明确而更有容量，表达了很多奢望，没有一点道歉——十分自信，对社会学的视界加以斥责，有如今这年代的气息。

作者声称，他只研究“诗学”。他指出，陀思妥耶夫斯基——乃是“艺术形式领域里最伟大的革新者”（第 3 页）之一。

“以我们之见，他创造了艺术思维的一种全新的类型，我们暂且将这一思维称之为‘复调的’。”（第 3 页）此外，作家还创建了世界之新的艺术模型。

任务——就在于将这一切揭示出来。巴赫金说，以前人们也观察到了这些特征，但很薄弱——意识形态，主要的注意力曾投入其中的意识形态妨碍了这一观察。

“这个问题一时的尖锐性遮蔽了他的艺术视像中更深层更稳定的结构方面。”（第 4 页）

在巴赫金的文本中，主要是在前言里，有那个年代的气息——曲意逢迎。虽然不像兹文捷洛维奇那样，但也是可以看出来的。况且是对那样一些人的曲意逢迎，对那些人的身价，巴赫金无疑是知道的：那是一些头脑空虚、见风使舵、从来不受道德承担约束的投机钻营之辈。例如，“‘混淆了社会受众’——用 B. 叶尔米洛夫的表达法来说”，以及诸如此类的措辞。

以巴赫金之见，在曾经走向但并未进入复调式地接受陀思妥耶夫斯基的那些人当中,他补充性地提及卢纳察尔斯基、基尔波金、什克洛夫斯基、格罗斯曼。

巴赫金对将近四分之一个世纪之前卢纳察尔斯基当年对他的批评作出回应。这一回应之被延搁——这不是巴赫金之过,倒不如说是那位前人民教育委员之过,那是因为对制度负有责任的乃是卢纳察尔斯基。

巴赫金认同那种认为在莎士比亚笔下就有一些复调的因素之说法。但原本意义上的复调,在那里是没有的。在那里,一如在巴尔扎克笔下,存在的乃是一种有充分价值的声音,而且其主人公——也不是思想家。

“我们确信,只有陀思妥耶夫斯基可以被认可为真正的复调之创建者。”(第 47 页)

巴赫金不同意卢纳察尔斯基的观点,后者认为陀思妥耶夫斯基将会伴随着资本主义之灭亡而死去。他很有理由地指出:“人类天才的伟大发现只有在那些特定时代的那些特定的环境中才是可能的,但他们永远不会同产生出他们的那些时代一起死去,或者失去价值。”(第 49 页)

巴赫金承认,应当同“陀思妥耶夫斯基习气”做斗争,而将之理解为“源自陀思妥耶夫斯基之复调中的一个反动的、纯然独白式的糟粕”。

关于向陀思妥耶夫斯基学习之问题,“不应当学拉斯柯尔尼科夫,也不应当学索尼娅,不应当学伊万·卡拉玛佐夫,也不应当学佐西玛,不应当将他们的声音从整部小说的复调中分离出来(这样做的本身就已经曲解了他们的声音)——应当向陀思妥耶夫斯基本人学习,向这位复调小说的创造者学习”。(第 50 页)

巴赫金公正地指责卢那察尔斯基的社会学主义,指责他仅仅立足于时代,而低估了美学传统的影响。“诚然,不可将诗学同社会—历史的分析分离开来,但也不可将诗学消融在那些社会—历史的分析之中。”(第 50 页)

巴赫金,作为一个已经吃了些苦头之人,在这里已是小心翼翼。他插入“诚然”这个词,尽管他清楚,实际上在这里远非“诚然”。

此外,他还说,30—40 年代里,同他的创作之研究上另一些重要的任务相比,诗学已退居到后面去了(第 50 页)。他造成一种印象,一切都取决于科学、艺术内部所发生的过程，虽然他十分清楚地知道，这一切都是由政治由制度所左右。但他不愿直截了当直陈其事。要付出很高代价的……

巴赫金，当年没有机会及时回应曾对他进行批评的那些人，现在也不回应他们当中的任何人，除了卢纳察尔斯基。这也是公正的——他们不配得到回应。这么多年过去了还能记住他们——他们应感到很荣幸。对卢纳察尔斯基本来也可不回应的……

涉及当代有关陀思妥耶夫斯基的著作时，巴赫金认为，多里宁 1947 年出版的那部书“很有价值”。他还说：“B. 基尔波金在其篇幅不大的那本《陀思妥耶夫斯基》中所做出的某些观察，是值得几分关注的。”(第 51 页)这本书也是 1947 年出版的，曾同多里宁那部著作一起遭到抨击。巴赫金对这本书的评价是公正的，更为矜持，“几分关注”、“某些观察”。这样的话已经被说出来了：基尔波金“沿着自己的特殊的路径，已经抵达同我们的论旨相接近的那些论旨”(第 52 页)。在这里——此乃预支……不无私心……

“近十年来，有关陀思妥耶夫斯基的研究文献，由一系列有价值的分析性著述(书和文章)而得以丰富，这些著述，涵盖他的创作的方方面面(B. 叶尔米洛夫、B. 基尔波金、Г. 弗里德连捷尔、A. 别尔金、Ф. 叶甫宁、Я. 比林基斯，以及其他的一些学者)。”(第 52 - 53 页)

这显然是过高的评价。而且这是有意而为，像兹文捷洛维奇那样……

在同复调论相接近这一层面上，巴赫金提到什克洛夫斯基与格罗斯曼的著作(选自 1959 年的文集)。但他指出，复调性被大多数研究者所忽略。

接下来，巴赫金承诺要来论证自己基本的命题——陀思妥耶夫斯基创作的复调性。

然而，应该说，像以前一样，论证没有成功。与该书第一版面世时相比，甚至是在更大的程度上没有成功。有关梅尼普体、狂欢化以及诸如此类的概念上的长篇大论被增添进来。但对陀思妥耶夫斯基之具体作品的分析，特别是对他那几部长篇小说的分析，以前没有，现在也没有。得到详细论说的，只有《一个荒唐人的梦》。用来分析《白痴》、《群魔》、《少年》的——只有那篇幅甚大的第四章里的一段话。

事实上是什么也没得到证明。没有对于作家的那些作品和人物之基本问题的透彻分析。实际上巴赫金是在要求人们相信他就行了——他怎么说就是怎么回事。

而为什么陀思妥耶夫斯基需要采用复调这样复杂化的手法——这个问题也没有完全讲清楚。

只是在结尾,就像在前言中一样,含有比 1929 年那一版更多的奢求和指责(顺便说一下,也不是有充分根据的),人、人的深度这样的问题被谈论到了。但这一简短的谈论在内容上缺乏足够的准备。他并没有根据。

这样来声称,也并没有得到完全充分的论证:“我们认为,复调小说的内容不仅在长篇小说这一艺术散文的发展上,即在长篇小说范围内得到发育的所有体裁之发展上,而且,总的说来在人类艺术思维的发展上,都是向前迈出了一大步。”(第 359 页)不多也不少……

巴赫金说他并不反对独白型小说。“但在艺术认知领域,人们有时会继续要求有最粗俗、极简单的确定性,而这种确定性显然不可能是真实的。”(第 361 - 362 页)这一说法是正确的,也说得很及时……

书的结尾:“必须摒弃那些独白性的惯习,以便适应陀思妥耶夫斯基所开掘的这一新的艺术层面,而定位于他所创造的这一无可比拟的要更为复杂的世界之艺术模型。”(第 362 页)

我对巴赫金这部书的态度,在其第二次出版时并没有改变。尽管我认为第二版比第一版更差,如果还把这部书看作研究陀思妥耶夫斯基的著作。

就这一质地而言,这部著作证据不足,充满臆想。诚然,同苏联时期许许多多的辱骂、歪曲和抨击陀思妥耶夫斯基的著作相比,这部著作是要略胜几筹的。巴赫金的书里,这一类东西是一点也没有的。但是对巴赫金的要求,比对叶尔米洛夫或者扎斯拉夫斯之类的人要高得多。按这个标准来看,巴赫金这部书是脆弱的。它不是以实际资料为基础。这部书里,没有一处对陀思妥耶夫斯基的某一部大型作品或陀思妥耶夫斯基的某一个人物形象进行正经的分析。这部书的观念并没有经验层面上的根据。这部书里,对于陀思妥耶夫斯基创作之多层内涵性甚至都没有贴近……

作为总体性的文学学著作,这部书毋庸置疑,是有价值的。它在伦理层面上是有价值的。这部书里，那样的一种针对生活之独白化——始自十月革命的独白化——的抗击，依然得以保留下来。然而，如果说该书第一版面世之后的四分之一个世纪里，生活之独白化，尤其是思维之独白化，已然得到不同寻常的强化，实际上达到了巅峰，那么，巴赫金这部书之第二版、增订版的面世就显得已然是软弱得多了的——缘于其问题的锋芒被模糊——抗击。

不过，完全有可能的是，这个事实本身就是独白化的表现、独白化的后果——人家甚至都不允许直接说出这件事……

(……)

围绕着巴赫金，有过争鸣。

然而，也有一份争鸣之外的书评。这就是 A. 库卡诺夫和 C. 孔金发表于《苏维埃摩尔多瓦》报上的一篇文章《陀思妥耶夫斯基的诗学问题》，这份报纸是在巴赫金那时正栖居于其中的那座城市发行的。

巴赫金的这部书受到毫无保留的赞扬。文章说，卢纳察尔斯基曾经推重这部书。对于该文的两位作者们来说，这就是一个方向标……虽然实际上他的推重可是相当独特的。

"在该书新的版本中，'巴赫金与卢纳察尔斯基在复调的诠释上是一致的'"。也就是说，两位书评者还是将卢纳察尔斯基置于巴赫金之上，这显然是不公正的……

巴赫金仿佛是将复调同"专制的——地主的俄罗斯之资本主义发展的特征关联起来了，同作家本人的社会人格之分裂关联起来了"。

这已然分明是将巴赫金改装成斯捷潘诺夫了……

两位书评者一心想让读者相信，巴赫金是一位唯物主义者。他这部著作是同彼列维尔泽夫的庸俗社会学相对抗的，同形式主义者艾亨巴乌姆、什克洛夫斯基之"肤浅的就事论事的"经验主义相对抗的……

两位作者提醒道："高尔基曾称……"两位书评者指出，该书具有方法论上的意义。

文章披露，巴赫金曾多年担任摩尔多瓦师范学院——后来则是摩尔多瓦大学——俄罗斯文学与国外文学教研室主任，如今——他已经光荣退休。

这篇文章，像我已经说过的那样，不在争鸣之列。

这场争鸣呢，虽说有点短暂，但毕竟是多年之后的第一次——最后一次,还是在 1935 年,那是在扎斯拉夫斯基与高尔基之间的争鸣——是在《文学报》上就巴赫金那部书而展开的。

这场争鸣,始于 A. 德姆什茨发表于 7 月 11 日的文章《独白与对话》。看来,这既不是报纸也不是作者的策划。吆喝了一声——事情也就算了结了。

德姆什茨出于虚礼先是对巴赫金夸奖了几句,之后便立即鲜明地表达出与他的分歧。“文学学将会永远感谢米·巴赫金对陀思妥耶夫斯基的诗学和语言之许许多多精细的观察。米·巴赫金这些‘发现’的实例,可以不胜枚举。但该文并不是要谈论这一点,这篇文章的任务并不在此。与巴赫金的分歧,乃是严重的而具有原则性的。这些分歧存在于美学领域、方法论领域。这一争论,是针对形式主义的形而上的思维,针对研究中的主观主义的和形式主义的动机的。”

德姆什茨披露道,他最初读到巴赫金这部书还是 35 年之前。也就是说,他读的是该书的第一版。按逻辑推断,他也曾读到当年所发表的那些书评。

不管是不是这样,但他现在对巴赫金提出的指责,大概就是当年那些持有激烈的攻击性观点的批评家提出的那些指责。不过只是以比较文明的形式。

首先,德姆什茨不认同这一观点:陀思妥耶夫斯基的小说是对话性的、而非独白性的,而非封闭的。在对巴赫金的立场加以陈述之后,德姆什茨感叹道:“竟然这就是在谈论陀思妥耶夫斯基——那些最具有倾向性的作家之一! 竟然这就是在谈论陀思妥耶夫斯基,这个总是在斗争,总是在艺术中‘从事训导活动’的陀思妥耶夫斯基,这个其所有的‘对话’总是在致力于确证终极的思想任务的陀思妥耶夫斯基。”

就实质而言,德姆什茨是对的——陀思妥耶夫斯基清楚他在说什么。但是,他有别于德姆什茨之流,他可是允许自己的主人公去彻底地道说出同他的思想并不相符的那些思想。他是民主的——正基于这一点仿佛各种声音是平等的。而在德姆什茨的这些表述中——则潜存着一种教条——必须具有清晰的思想立场。

德姆什茨不能同意把其他一些作家——尤其是车尔尼雪夫斯基、谢德林——视为独白主义者而置于陀思妥耶夫斯基之下。

德姆什茨还对巴赫金提出一条指责:他把陀思妥耶夫斯基同现实

主义，同俄罗斯文学分离开来了，他否定了别林斯基对《双面人》的“深刻而正确的评价”。

巴赫金被指责有形式主义的毛病，因为他是在社会生活现象之外来研究陀思妥耶夫斯基，他只是在口头上说不让诗学同社会—历史分析相脱离。他对一个研究者(想必，就是维诺格拉多夫)说了一些恭维话，就是因为那个人对意识形态很少有兴趣。巴赫金指责维亚切斯拉夫·伊万诺夫——他从世界观分析立即进入内容分析，而越过了形式。在德姆什茨看来，后者则是完全合理的——也是可以不要形式的。

巴赫金的确是捐弃了时代特征的评说。他这样做是对的。这样一来，他就得以在陀思妥耶夫斯基被消融在时代之中，被消融在政治经济学之中的那个年代，将陀思妥耶夫斯基研究中的思想给保留下来了。

恰恰是说到这部书的这一版——这里已经充斥着形形色色的“狂欢节”与“梅尼普”，德姆什茨公正地指出：“陀思妥耶夫斯基的真实形象已然开始消失，他变成某种马赛克，而一点也不像他自己了。”

但是，就像德姆什茨的所有文章那样，他关心的并不是陀思妥耶夫斯基，而是要守卫狂热的思想和他的信条。接下来，他便写道：

> 巴赫金这部书，不仅颠倒地给我们展示出陀思妥耶夫斯基的艺术立场，将他描写成几乎是一个无倾向性的作家，一个不由自主沉溺于“非封闭的”对话之中的作家；而且实质上乃是在为对话型的长篇小说而斗争。这部书是将这样一种类型的长篇小说作为最高级和最完美的类型呈现在我们面前。这部书是在向其作者随意地称之为独白型的那种长篇小说类型发起攻击。

主要的指责就在这里——在文章的第二部分。这一指责——是出于护卫具有鲜明的思想立场的长篇小说。

因而，德姆什茨就这样来结束自己的文章：“独白性思维同对话性思维的这样一种对立，同真正的科学、真正的创作没有任何共同之处。认知和创作之路是真理——也是在辩论中获得的那些真理——得以巩固之路，但认知和创作也是辩论之路——一条从所获得的那些真理开始的辩论之路。独白和对话——并不是认知和创作过程中的一对对立命题。没有倾向性就没有艺术——这一点恩格斯已经精辟地证明过了。创作始于作家、艺术家的社会确定性——不是粗俗的与肤浅的,而是细致的与复杂的——但永远是并且首先是确定性。"

在最后这一点上,德姆什茨也是正确的——每个艺术家都清楚:他想要的是什么。

总的来说,涉及陀思妥耶夫斯基本人,德姆什茨的评价比巴赫金的评价要更正确一些。但在道德层面上,德姆什茨是低于巴赫金的。巴赫金竭力想动摇狂热思想的独白主义,而德姆什茨则是在守卫它。他的这篇文章正是出于卫护性的动机而写的。

也是在这份报纸(8 月 6 号)上,刊有 И. 瓦西列夫斯卡娅和 A. 米亚斯尼科夫合写的文章《弄清实质》。

两位作者不同意德姆什茨的观点,但并不是不认同他的护卫性。关于这一点,这两位作者自然是什么也没有说。这两位作者却是肯定:巴赫金对意识形态是关注的,并没有挖别林斯基的墙角,也并不是一个形式主义者——他们说,卢纳察尔斯基早就把巴赫金同形式主义者区分开来了。

"实质上"的谈论在这里也没有发生,一如德姆什茨的那篇文章。

8 月 13 日那一期报纸上,刊发了由阿斯穆思、叶尔米洛夫、别尔佐夫、赫拉普钦科、什克洛夫斯基共同署名的《致〈文学报〉编辑部》的材料(由 A. 德姆什茨的书评《独白和对话》谈起)。

这封信的这些大相径庭的作者(有叶尔米洛夫,又有什克洛夫斯基!)也没有因为这种护卫性而批评德姆什茨。他们似乎没有看出这一点。

他们指责德姆什茨"对陀思妥耶夫斯基本人缺乏鲜活的兴趣",指责他缺乏建设性的观念,指现他企图"将陀思妥耶夫斯基研究这门学术倒转回去"。他们认为,巴赫金的著作是有争议的,但却是有价值的。

结论:米・巴赫金的这部著作需要加以认真的科学的讨论。但是,为此——就像《共产党人》杂志(1964 年第 10 期)编辑部文章所深刻而及时地提醒的那样——就需要一个创造性的争鸣氛围。由上文陈述中可以看出,A. 德姆什茨的文章远没有在所有的方面都满足这一为学术争鸣所不可或缺的条件。因此,我们认为有必要在《文学报》上表达自己对这篇书评的意见。

这些作者们在保护巴赫金免于第二波毁灭性的攻击,值得称赞。

然而，在这件事中每个人都是问心无愧的吗？

仅仅通过一个评点，他们就清楚地暴露出自己同德姆什茨是一家人：他们指责德姆什茨护卫“象征主义思想家维亚切斯拉夫·伊万诺夫”，这一来正展示出他们的蛊惑性和教条式的思维风格。

同一期报纸上，继这份材料之后，德姆什茨对瓦西列夫斯卡娅和米亚斯尼科夫的回应立即被刊发出来，在附言中——则有对那一群作者的答复。德姆什茨这篇回应性文章名为《称赞还是批评》。

文中说，人们在赞扬巴赫金。B. 柯仁诺夫树立了巴赫金这部著作的完美无瑕的声誉。巴赫金忽略了高尔基，高尔基对他来说不过是个独白主义者，或者，甚至只是独白主义者之一。不应当将卢纳察尔斯基论巴赫金的那篇文章推崇到无可挑剔的档次。

接下来，作者写道：“正在得到执著的肯定的，还有米·巴赫金这部书是有关陀思妥耶夫斯基的那些杰出的评论著作之一这一声誉。我——并不是‘陀学专家’，在对待陀思妥耶夫斯基遗产上，我不过是一个会思考的、在文学学上受过训练的读者。陀思妥耶夫斯基在我心中是珍贵的。我知道，无法像陀思妥耶夫斯基那样生活，但是没有他——我的‘折磨者’和‘疗救者’——我也不能生活下去。通常，那些专门考察这位作家的书，我总是要读的。我们有很多最近出版的关于陀思妥耶夫斯基的好书。经过长时间的探索，B. 叶尔米洛夫完成了自己论陀思妥耶夫斯基的一部著作，B. 什克洛夫斯基写出了一部有价值的书（B. 叶尔米洛夫当年是那么断然地否定的——其实却是徒然——那部书），A. 托利宁的一部新书也面世了，Л. 格罗斯曼所撰写的学术性与普及性兼具的传记也出版了，M. 古斯、B. 基尔波金、Г. 弗里德连捷尔等人的著作都相继问世了。我举出了这些书是很不同的书，又是好书。有关陀思妥耶夫斯基之诗学的书，有关他的艺术形式问题之马克思主义的著作，将会写出来的。这一未来的著作之未来的作者，将会从米·巴赫金那里找到可挖掘的东西，但也会从他那里找到许多他所反驳和否定的东西。我坚信，对于米·巴赫金的这部书并不需要赞美，而是需要正正经经的批评。”

在这里，每一个人都得到了恭维。具有极强的煽动性。

附言中说道，在这篇回应性文章已然写就之时，他，德姆什茨才获悉有五位“可敬的学者和文学家”联名信这件事。他并不回应整个这封信,而只是就一个细节进行回应。

> 我是指这一指责:似乎我是在“卫护”象征主义思想家维亚切斯拉夫·伊万诺夫。任何一位读了我的这篇文章的人,都不难看出,维亚切斯拉夫·伊万诺夫被我称为唯心主义哲学家。这封信的五位作者,没有任何根据就指责我对众所周知的反动分子抱有好感,在这之后又提出要求,争鸣中要保持“创造性的辩论气氛”。这种要求是非常好的。但是,难道这一要求没有被他们自己所破坏?

就是这样。恐惧和蛊惑在宰制着这些呼吁进行创作和创造性争鸣的人。德姆什茨要同伊万诺夫划清界限。而且可谓别具心裁:我已称他为唯心主义者——这就清楚地意味着,我不是在为他护卫。现如今,唯心主义者——已是标签,是烙印……

这场争鸣很短暂。德姆什茨的这些论敌做下了一件有益的事——他们护卫了巴赫金,使他得以免受新的一轮毁灭性的攻击。然而,他们本身也将一种与德姆什茨的风格全然无异的思维风格暴露无遗。

实际上呢,他们一个个全是驼子……他们——全都是卫护士。并不是自由的……

陀思妥耶夫斯基研究中的1964年,就是这样的。

仍然是不信任托利宁。像以前一样,留利克夫是他的保护人。

仍然是教条主义和思想空洞、小心翼翼,几近于胆怯的畏首畏尾,在宰制着人心。当今的弗里德连捷尔——斯捷潘诺夫的那些著作尤其具备这一气息。他的笔下——随处都是时代呀、列宁呀,以及诸如此类的套话,全然没有个性。没有个性已然被奉为标准。

仍然是把高尔基奉若神明,后者曾使苏联作家们摆脱了陀思妥耶夫斯基的影响。

实际上一个个都在同一个“矛盾性”的秋千上摇摆:留利克夫、弗里德连捷尔、布尔索夫、采特林……

普鲁茨科夫依然像从前那样,以教条主义与蛊惑宣传的精神为指针来教那些中学教师。

阿谀奉承的陀学在扩展,在研究生们与获得学位的学者们当中。

迎合现有制度，援引这个制度的那些权威——马克思、恩格斯、列宁、卢纳察尔斯基、高尔基。迎合像弗里德连捷尔这种类型的陀学专家……

本年度只有不多的几部著作不落窠臼。尤其是柯仁诺夫的那些观点可谓不同流俗，他对陀思妥耶夫斯基持更为肯定的态度。

人们在护卫巴赫金免受新的攻击。然而，不论是现在对巴赫金发起攻击的那些人，还是现在对他加以护卫的那些人——他们全都是一丘之貉。他们全都屈从于狂热理念的宰制。

绝大多数人都是在循规蹈矩，驯服地听从列宁的话语——由邦奇-布鲁耶维奇所转达的列宁的话语——而行事。

陈规陋习，依然是那样的陈规陋习。不论是在陀学中，还是整个国家里……

选自 1964 年《真理报》。

1 月 1 日。照片：赫鲁晓夫和六名宇航员。航天——是我们的骄傲。由西蒙诺夫、巴尔托、柯连科夫所做的宣传鼓动。

1 月 2 日。斯维特罗夫演唱会。

1 月 3 日。索夫罗诺夫的宣传鼓动。

1 月 6 日。赫鲁晓夫在华沙：照片，文字。

(……)

谈到陀思妥耶夫斯基的文章有 184 篇。但多数都是顺便提及。

人们已经在考量围绕着陀思妥耶夫斯基所写出的一切。然而，如果说，在数量上对这一考量已给予很多关注，那么，这一考量的质量也好不到哪里去。

其中包括：人们继续就巴赫金的这部书来表达看法。但已经不是在《文学报》上——在那里，对五位文学学家的那封信并没有续之以实质性的呼应，“争鸣”也就那么一下子就中止了——而是在刊物上。但似乎是利用那次争鸣为出发点。

这样，在《文学问题》(第 1 期)杂志上，两篇文章被刊发出来。第一篇是《陀思妥耶夫斯基的人道主义与“陀思妥耶夫斯基习气”》——出自 Л. 舒宾的手笔(第 78 - 95 页)，第二篇是《由迷恋而出现的夸大》——是 Г. Н. 波斯别洛夫所写(第 95 - 108 页)。

第一位作者比第二位作者对陀思妥耶夫斯基更加抱有好感。

Л. 舒宾指出，米・巴赫金曾被从文学界“革出教门”。舒宾认为，巴赫金是从陀思妥耶夫斯基的双重性出发的,是从他的矛盾性出发的。

“马克思主义的文学批评早已揭示出陀思妥耶夫斯基创作的矛盾性,并且指出了这种矛盾性的社会性质。”(第 81 页)于是,得到的结论便是,巴赫金乃是从马克思主义的那些原则出发的。这正是那些原则——人们就是基于那些原则而将他从文学界“革出教门”的。然而,可以理解,舒宾没有说到这一点,没有做出这样的推断。

在该书第二版中,舒宾看到主要的东西乃是陀思妥耶夫斯基的人道主义与“陀思妥耶夫斯基习气”之对立。

他并不认为巴赫金的方法论是无可争议的——它是值得讨论的。他承认,陀思妥耶夫斯基不仅是对话性的,而且也是独白性的,因为他认定作家“不可能彻底超越自己的思想体系的独白主义。有时候,他就像一个神经质的导演冲上前台而制止不合他心意的声音”(第 92 页)。

谈到独白主义,作者是对的。但陀思妥耶夫斯基并没有像一个神经质的导演那样去行事,他是让每个人物都把想说的话充分地说出来……

正是对这个方面(我觉得,巴赫金这部书之主要的建设性的方面),书评者却竭力不去留意观察。要知道,正是同时代的独白主义相对抗迫使巴赫金去诉诸那样的一些人为的建构,那些人为的建构在他这部书的第一版中就已存在,而在其第二版中则尤其明显。Л. 舒宾这篇文章的主要缺陷在于——作者有心来保护巴赫金,却并不想看到他的主要的东西。

在对陀思妥耶夫斯基的态度上,这一点表现出来了。作者对陀思妥耶夫斯基是肯定的。但他却在缩小这位作家的重要性。

“陀思妥耶夫斯基本人和他的那些主人公的思想体系已经过时了(作为一种局域性的——一时的现象),但是,那些美学发现却依然有活力,正在艺术实践中得到全方位的体现,正在丰富着现代艺术。”(第 83 页)

在丰富着——这话是说对了。但陀思妥耶夫斯基并不仅仅是靠自己的美学而有生命力,他之不朽,首先是基于自己的哲学,这种哲学完全没有过时,而是相反,随着时代的进化(准确些说,乃是革命),这一哲学越来越强烈地显示出迫切性。陀思妥耶夫斯基就像一个法官,只是现在才看到那个罪犯——他当年在写自己的那些长篇小说时就已经将其轮廓摸索出来的那个罪犯——就在面前。这个罪犯,蓄意侵害人和人的自由。

我觉得，巴赫金完全明白这一切，他声称他仅仅研究诗学，这一表白乃是一种迷彩伪装。他看透了时代的本质，舒宾却对这一切信以为真。

或许，他这也是在用迷彩伪装自己……但是，未必真是这样——他可是曾为时代唱赞歌的……

Г. Н. 波斯别洛夫也没有看出巴赫金之主要的东西。这——已成为一种标准，这已是一种由来已久的争鸣习惯，仿佛已然约定好了，对主要的东西一字不谈。在这种情形下，那些只为自己的利益而活着，而对捍卫人这一问题已然失去兴趣的人们，已大获成功。

波斯别洛夫对巴赫金是持有更为批评的态度的。但他毕竟还是宽容的。

波斯别洛夫看出巴赫金的才华、追求和迷恋。但波斯别洛夫恰恰以迷恋来作为原谅那些错误的理由。巴赫金迷恋于复调，因而夸大了它在陀思妥耶夫斯基笔下的作用，夸大了陀思妥耶夫斯基在看取世界的这一视界上所起的作用。

在文章的开头，波斯别洛夫说道，报纸上的争鸣不能给全面揭示问题提供可能性：太狭小！而在杂志上——却是可以的。

但是，即便在杂志上，波斯别洛夫也没有说出什么特别的东西来。依旧是那个"有悖于主义"，依旧是那种庸俗社会学，尽管波斯别洛夫口头上一再声称要与后者划清界限。

对巴赫金的主要指责——他把陀思妥耶夫斯基的视像同具体的——历史的现实分离开来了："对于这位作家创作中俄罗斯的资本主义现实的反映，他谈论得简单而抽象。"（第 96 页）

也就是说，波斯别洛夫这是将自己的思维风格强加到巴赫金头上。这恰恰是那种东西，20 年代里巴赫金的这部书正是对那种东西作出的反拨。巴赫金只需明白，它在哪里存活，不论是在第一版，还是在第二版里，他都没有直接谈到这个。

波斯别洛夫对陀思妥耶夫斯基的理解，与巴赫金对陀思妥耶夫斯基的理解，迥然有别。陀思妥耶夫斯基在波斯别洛夫这里——一切取决于环境。

涉及陀思妥耶夫斯基和托尔斯泰，涉及他们对资本主义的反感态度,波斯别洛夫写道:“之所以会这样,是因为这两位作家在寻找自己的社会理想时不是面向俄罗斯的资本主义历史发展的未来,而是面向它的历史上的过去,自然,他们就力图以伦理道德的甚或宗教道德的理据来对这些理想的寻找加以论证。”(第 98 页)

在波斯别洛夫看来,这些理据毫无用处,应该从马克思主义对社会发展的理解出发来解释,而这种理解与伦理道德没有太大关系。对于这一点,波斯别洛夫没有直说,这对他来说——已是公理。

他不能允许从个性的视角来评价某种现象,而一切终究都是源自环境。

波斯别洛夫指出,托尔斯泰更为乐观。波斯别洛夫这样写道:“陀思妥耶夫斯基呢,尤其是服苦役与流放之后的那一时期,一直试图在俄罗斯社会各种中间阶层的生活中来寻找宗法制理想,他已经不能为这一理想而在俄罗斯现实中去寻找任何现实的依据了。由此而产生了罕见的思想狂热,这种狂热,与他当年的‘世界观’,与他对世界之全部的‘艺术视像’是越来越不一样了。”(第 98 页)

波斯别洛夫不能理解对巴赫金来说最基本的东西。为什么陀思妥耶夫斯基会那样想,这个问题没有多大意义。有意义的是——他是怎么想的。如果还是要问“为什么”的问题,那么,巴赫金的回答则同波斯别洛夫之流的回答,迥然不同。回答是这样的:这是他的个性所使然。他看到了道德的和非道德的,他善于区分出善与恶,而这是最先进的意识形态的代表们所不具备的……

波斯别洛夫认为,陀思妥耶夫斯基的内心有斗争。但在他的那些作品里,评判是有的。这些作品不具有复调性。

在《文学问题》杂志上,完全像在《文学报》上那样,人们并不去努力理解巴赫金,而是把自己的游戏规则强加给他。而这不仅在巴赫金的那些对头们——那些为了迎合时代而竭力显得更加柔和而不是狠毒的对头们——身上有所体现,在巴赫金的那些支持者身上也有所体现。

连 Д. 利哈乔夫也是努力不去理解,或者实际上就没有理解这件事。

在《文学作品的内容与形式研究中的历史主义原则》(《俄罗斯文学》第 1 期,第 31 - 32 页)一文中,他写道,为了理解作品,它的内容,应该去研究作品的写作过程。

由此，对于是否存在复调性这一问题便可以部分地得出结论。我们来看手稿便可以看出，作家想要说什么。在《白痴》中——有复调，在《作家日记》中——则没有复调。这就意味着，复调性在陀思妥耶夫斯基那里只是部分地存在着。那么，在其他作家那里怎么样呢？也是那样的办法：我们来看手稿，一切就会清楚了。

这是对于非常简单的东西之明显的不理解。不理解的是这一道理：文学作品有自己的生命，而不取决于作家的构思。再说，在创作过程中，构思也会转变成别的东西。而在作品创作过程开始之前，只是那个在狭隘地经验地思考着的人的事，假定说，只是传记作者的事。对于一个能理解艺术之多重意蕴的人来说，手稿毫无用处。对于哲学的视角——就更不用说了……在这里，有意义的只是已发表的文本。

Г. 弗里德连捷尔也不同意巴赫金把陀思妥耶夫斯基看作复调主义的首创者。继利哈乔夫那篇文章(第 33 - 49 页)之后，而在同一杂志上刊发出来的《莱蒙托夫与俄罗斯叙事散文》一文里说道，那种与清晰可辨的作者声音同时存在的复调主义，在莱蒙托夫笔下就已经存在了……

然而，巴赫金的地位近来已然得到巩固。其影响之大，人们甚至已开始引用他的话来结束自己的文章。比如说，这可见之于 H. K. 萨福钦科的一篇文章——实际上这篇文章没什么新东西——《陀思妥耶夫斯基的长篇小说〈少年〉人物形象体系中的主人公》。(该文发表于《语文学集刊・研究生和学位申请人论文集》第四辑，阿拉木图，第 67 - 79 页)

Б. 布尔索夫也利用《文学报》上的那场辩论为其出发点，他在《回到争鸣上来》(《十月》第 2 期，第 198 - 203 页)一文里说道，那里并不曾得出什么结论，然而，问题是重要的——方法论意义上的。因而，应该继续来谈论。

布尔索夫指出，巴赫金的这部书，这部很长时间里即便在文学学家的圈子里也是鲜为人知的这部书，是有生命力的。报纸上关于这本书的那些争论是感情用事，而并没有得到论证。

布尔索夫对于巴赫金在这部书再版时改换书名给出解释。不再是“创作”而是“诗学”，这样做，是为了将谈论“陀思妥耶夫斯基文学活动之具体的——历史的决定性”这一义务从自己身上解除(第 199 页)。

布尔索夫没有说,只有在一个全是傻瓜的国家里才不得不这样来保障自身的安全。他本人就认为,缺乏历史主义是巴赫金这部书的一个缺点。也就是说,布尔索夫这也是以斯捷潘诺夫、德姆什茨、波斯别洛夫那些人的立场来发言的。

“书中的分析,尽管显示出他的全部非常敏锐的鉴赏力——这种分析还是有局限的,是从活生生的历史和文学史的过程之复杂性与多样性中抽象出来的。”(第 201 页)

巴赫金的分析确实是有点弱。但只是在另外的意义上——对陀思妥耶夫斯基那些具体作品分析得不够充分。那些作品得到了总体上的分析。这些作品仿佛是在为既定的模式堆砌例证性素材。至于环境,在古斯们、弗里德连杰尔们,以及诸如此类的学者们那里,便可以找到对于它的分析。为什么要到巴赫金——完全是另一种气质的人——那里找这个东西呢。不过,在这些人那里也找不到环境分析——他们那里没有环境,而只有马克思、列宁眼中的环境。或许,最让人惊讶的正是这一情形:那些呼吁去分析环境的人实际上却总是回避了原本意义上的环境……

布尔索夫指责巴赫金为陀思妥耶夫斯基进行辩护,奖予他极高的荣誉,这有碍于“揭示出陀思妥耶夫斯基思想立场与艺术观点的矛盾,虽然巴赫金在名义上也谴责作家的反动思想”(第 202 页)。

又是大相径庭的游戏规则。巴赫金确信,根本就没有任何“反动思想”。如果说,他在什么地方谈到这个,那么,想必他是抵挡不住狂热理念之逼压。

布尔索夫一方面对巴赫金这部书里的建树——实际的与杜撰的——予以认可,称它有助于同那些资本主义的诠释者进行斗争,那些诠释者把作家的世界观归结为某个人物的世界观——另一方面,他却说道,如今这部书——在这部书里,陀思妥耶夫斯基是这样地被拔高——给他们提供出同我们进行斗争的理据,这仿佛是在证实陀思妥耶夫斯基的预言——假如他“给出了现代世界的最为完整的模型”。

布尔索夫坦言,先前人们没有研究过陀思妥耶夫斯基。他呼吁来研究陀思妥耶夫斯基,但是,要“在俄罗斯现实主义的轨道上”。也就是说,他要把俄罗斯研究者——在见解的自由上已经受到如此极度限制的俄罗斯研究者——赶进更坚固的教条主义的囚笼里。

他指出,托尔斯泰当年就提醒过不要夸大陀思妥耶夫斯基的意义,而贬低这一意义。但他自己没意识到:他是认可这一意义的,“我们不应该忘记,为捍卫陀思妥耶夫斯基而斗争——这是一场同社会中的那种东西——那种将与我们对立的社会力量那么使劲地拉到他那边去的那种东西进行斗争”(第 203 页)。

这个曾公正地看出报纸上的争鸣并未完结的布尔索夫,他自己是一点也没有接近真理。通过将陀思妥耶夫斯基化约归结为“时代”,他重复了已然得到无数次重复的教条。

至于说对巴赫金的这部书的那些评判,没有人将它们归结为一次争鸣。没有谁愿意主动承担这一义务:来组织一场争鸣——对于体系来说,这可是一件如此不合习俗的事情。因而,人们在原地踏踏步,而后便烟消云散。

对于自己的这一论题——为陀思妥耶夫斯基而斗争就是同那些对我们是异己的力量进行斗争,布尔索夫在其《陀思妥耶夫斯基与现代主义》一文(《星》,第 8 期,第 175 - 192 页)里作了展开,在展开之前,他标明“异己力量”就是现代主义。

(……)

柯仁诺夫讲述巴赫金的命运和个性*

(1992)

瓦·柯仁诺夫　尼·潘科夫　著

李冬梅　译　周启超　校

尼古拉·潘科夫：瓦季姆·瓦列里安诺维奇，首先，我代表《对话·狂欢·时空体》这份杂志之未来的读者们感谢您对本次访谈的慨然应允。我想顺便问一下，您是如何看待与米·米·巴赫金的名字及事业如此密切相关的这份刊物呢？我相信，您不会怀疑办这份刊物的必要性，但它是否有生命力呢？总的说来，着手这一创举有没有理据呢？我曾经和别人谈论过这件事，但他们中的大多数人都将这个想法称之为天真的疯狂(尽管同时他们也允诺会提供帮助)……这是因为，第一(而这一点是最主要的)——在目前经济萧条物价暴涨的情况下，连那些老牌刊物都被迫卑躬屈膝。第二，他们认为，如果一本杂志只聚焦于一个学者的个性和思想，即便这位学者是米哈伊尔·米哈伊洛维奇·巴赫金，这本杂志也无法生存下去。您对此持什么观点呢？

瓦季姆·柯仁诺夫：您知道吗，我本人的生活使我相信，一切最终还是取决于做这件事的那个人。如果他拥有一份绝对必要的、已然清晰地涌动出来的情感——对于他将其视为自己的事业而担当起来的某件事或某个人的那份爱，在这种情形下——就是对巴赫金及其遗产的那份爱，如果这份爱的确是强烈的、义无反顾的、毫无私心的，那么，就可以将许多东西做成有用的、有成效的。我对此深信不疑。我直截了当地说吧：假如我在某方面已有所成就，尤其是在与巴赫金相关联的这方面，那么，这也仅仅是基于这份情感，正是这份爱不时给我提供机会，让我去实现这些创举，去解决那些我自己觉得不可思议而难以完成的任务。一旦有了爱所孕育的这种能量，那么，一切最终都会成功。

---

* 这次访谈于 1991 年 12 月 13 日举行。原文刊于《对话·狂欢·时空体》1992 年第 1 期。

尼·潘：瓦季姆·瓦列里安诺维奇，我邀请您与我们的杂志密切合作。至于今天的谈话，我是很乐于(希望读者们也能支持我)听到您对米哈伊尔·米哈伊洛维奇的个性与生涯的思考，听到您对一些有趣的、不寻常的情景的回忆。就是在那些情境中，您曾有机会对他进行观察，也就是在那些情境中，他这人的独特性格、他这人的某些特征——能够使人不仅将他巴赫金作为一个学者而且作为一个人来加以评价的那些性格特征，得以表现出来。我尽量不大用我自己的"提示性"问题来妨碍您，我认为，我们有权去忽略杂志这一体裁的任何规范(尤其是，我们不必去遵循带有丝毫严苛要求的提纲)。唯一的一点要求，我现在就想向您提出的一点请求是，请您别忘记来讲一讲巴赫金的著作《弗朗索瓦·拉伯雷的创作与中世纪和文艺复兴时期的民间文化》的出版经过。您已经向《顿河》杂志的记者讲述了当年出版《陀思妥耶夫斯基诗学问题》时所不得不克服的种种困难。巴赫金第二部书的出版，遭遇的困难想必也不会少。我刚刚从科学院档案馆回来，在那里阅读了米哈伊尔·米哈伊洛维奇那部以拉伯雷的创作为题的学位论文答辩会速记稿：辩论进行得极其紧张，很多人都猛烈抨击巴赫金的学说……也正因此，我特别想更为详细地了解这部书当年的出版经过……

我提议，我们的谈话从所谓的 ab ovo[①] 谈起。有关米哈伊尔·米哈伊洛维奇的出身，您都知道些什么呢？或许，这是某种纯粹形式的范畴，但我觉得它同样有其自身的重要性。况且，巴赫金出身这一问题好像甚至具有侦探小说般的某些特点……米哈伊尔·米哈伊洛维奇是不是真的与古老的贵族巴赫金家族有什么干系？或者，我们在这里与之打交道的不过是著名的巴尔扎克情结——那种综合征——的某种翻版：一个人基于贵族阶层之讲究雅致，基于贵族阶层与古老传统多有联系，而对贵族阶层产生好感，于是，在他心目中便真的就将自己与贵族联想在一起？在这一问题上，您都知道些什么呢？您对此有什么见解呢？

瓦·柯：应当说，对这个问题我没有作过专门研究，无法对一切都加以研究，尽管这很有意思。至于我曾在报刊上发表的那个看法，即认为巴赫金的确属于一个著名的贵族家族，那是我从他的兄长尼古拉·

① ab ovo——拉丁文，意为"从开头"。——译者注

米哈伊洛维奇·巴赫金的一部传记中获得的,那部传记是在英国出版的。应当指出,他的兄长也具杰出的个性,尽管完全是在另一个方面。这首先是一个实干家而非空想者,是一个令人惊羡的人。他这人也是值得讲一讲的,我曾尝试做这件事,但多年来一直不曾成功。因为他毕竟是个流亡的侨民,此外,他还是一个白卫军军官,曾与布尔什维克作战,甚至还就此写出一些十分有趣的诗,我手中有这些诗。我曾与英国几位认识他的人联系过,我手中甚至还保存着他的部分档案资料。他是在 1950 年去世的,与弟弟相比他的生命比较短暂:要知道他俩几乎是同龄人。不过,只要提起他的一个功绩就足够了:他是伯明翰大学语文部的奠基人。据我所知,在英国,在 20 年代,大学被建在伯明翰,而不是被建在小城市,不是被建在典型的中世纪的大学城里,这尚属首次,尼古拉·巴赫金在这一创举中起了很大的作用。在他去世之后,过了 13 年(这一点我记得很清楚),即 1963 年,这所大学曾专门出书纪念尼古拉·米哈伊洛维奇·巴赫金。有人给我捎来了这本书。在这本书的那篇相当长的传记性前言中,我读到,他属于贵族家族,而且这个说法大概是经过尼古拉·米哈伊洛维奇本人亲口确认的。当我向米哈伊尔·米哈伊洛维奇询问他的家谱时,他不知怎么"岔开了"话题。一般说来这是他这人素有的一招:他非常不爱谈论自己。顺便说一下,我在写论丘特切夫的那部书时也遇到过类似的情况,因为费奥多尔·伊万诺维奇也非常不爱张扬自己的个人情况。但是,米哈伊尔·米哈伊洛维奇至少不曾驳斥那部英文书中的这一推断。我曾向他问起:西伯利亚那位姓巴赫金的省长,是不是他的亲戚?——那位巴赫金,有很好的名声,有很高的文化修养,在他执政时,早在 18 世纪,《注入灵泉的额尔齐斯河》那份杂志(那可是西伯利亚的第一份杂志)就得以出版了。他回答道:"是呀,我们与那里的某一支是有关系。"后来,我了解到对这个问题的另一种解释,那是由萨兰斯克的语文学家谢·孔金在其文章里所陈述的。在那里,作者得出了一个十分明确的结论:巴赫金的出身是纯粹的小市民。老实说,我想象不出如何使米哈伊尔·米哈伊洛维奇身世上的这些各不相同的说法彼此兼容。不过,其实这两种说法我都认可。如果绝对确切地得知,巴赫金确实不是贵族,我一点也不伤心(哪怕就因为我本人也不是贵族出身)。而巴赫金这人能够腾飞到如此之高的境地,或许就是从普普通通的俄罗斯小市民出身开始腾飞的,这一现象就已经当之无愧地成为赞叹的对象了。

尼·潘:当然。可是,在这种情况下,他为什么不曾否认自己家谱的"贵族版本"呢?毕竟事实就是事实,而极力回避它也是有某种意味的……

瓦·柯:我很难回答这个问题。只能说,米哈伊尔·米哈伊洛维奇的闪烁其词并不令我惊讶:我再说一次,他是一个极其不喜欢自我表露的人,有关自己的出身、有关自己的生活的并不连贯的几句话,只是偶尔地无意中从他的口中冒出。不仅如此,我曾有好几次尝试挑起话头,请他随便谈谈自己,但必定会听到这样的回答,还不是时候,还不是时候……他说,我会对一生做出总结的,到那时……而当他已处于临终前的病痛之际,我当然认定再去追问是不合适的,因此对于我而言,这个问题现在仍然悬而未决……再进行某些补充性的搜索探查是必要的。好久以前,大概是15至20年之前,我去了奥廖尔,在那里遇见了一个极为有趣的人,他姓卡塔诺夫。他是一个入了迷的地方志专家,出版了几部有关奥廖尔与奥廖尔州史的书。我当时对卡塔诺夫说:"请您研究一下您的杰出同乡米·米·巴赫金的家族史……"他对这件事立时就充满热情,甚至还记录下我的一些话,但我不知道他有没有成功地发现出什么。可是我坚信,这个谜是值得关注也期待着研究者去关注的。迄今为止,一切尚未弄清楚,即使某种程度上的线索也没有理出……

是的,这就是我想要说的……我认为,米哈伊尔·米哈伊洛维奇——是一个非常大的大人物。首先是因为,这个人——实际上,就是俄罗斯文化那种英雄类型的代表,这种类型在这世界上是无可比拟的,尤其是在20世纪。尽管在我们这里现在人们喜欢谈论我们的生活在1917之后是如何糟糕,对这一看法我是完全不同意的。我认为,一个文化活动家的水平高低,在许多方面取决于他需要去克服什么样的阻力。巴·亚·弗洛连斯基、阿·费·洛谢夫、米·米·巴赫金这样的一些人——这可是一些十分令人惊羡之人。而且,如果去读一读世界文化史,我们就会清楚地看到,自苏格拉底开始的一系列最为杰出的人物——这可是一些具有英雄般的命运之人。我觉得,这种英勇精神会作为某种成分进入文化概念,也就是说,会把文化提升得更高,因为文化,如果你愿意的话,乃是具有自身价值的……在何种意义上呢?文化在人类内部具有自身价值,而最终会成为某种最高意义上的出口——

摆脱那些时间上的、空间上的、日常生活上的狭隘极限,甚至摆脱人的历史局限性——之出口。这是某种与陀思妥耶夫斯基曾谈论过的那种现象相类似的东西:当年陀思妥耶夫斯基曾十分鲜明而令人难忘地对之加以举例说明——例子——当然是伟大的,但远不是唯一的——小说《堂吉诃德》,那个身为地球上剩下的最后一个人,可以被置于可怕的并且又是最后的末日审判的关头——作为自我审判也作为自我辩护而被默默地置身于那里……

由这一观点来看,在30年代至50年代里我国的那种简直是闻所未闻的环境中,巴赫金却在持续地高强度地写作这个事实,米哈伊尔·米哈伊洛维奇不仅经受住了一切,而且写出自己的第二部具有奠基性的著作——论弗·拉伯雷——这个事实,简直令人惊叹。他的第一部书,以陀思妥耶夫斯基为专题的那部书,可能就是他一生的主要著作,他是在基督的那个年纪①上写就的,而于1929年出版的,那时他已届34岁。但他不曾与文学研究界的同行们进行创作方面的交流,而是不得不沉默好几十年,对于读者,他这人仿佛不再存在了,30多年之后他才等到自己第一本书的再版。我与我的同事谢·鲍恰罗夫与格加切夫一道第一次去造访他,谈话刚进行了一刻钟,我们中间最为直率随性的加切夫就已跪在巴赫金面前而问道:"米哈伊尔·米哈伊洛维奇,要怎样活着,才能在经历种种磨难之后,还能像您这样活下来?!"说实话,我已经在别的场合讲述过这件事了,但即便是现在也无法克制自己。不瞒您说,我去巴赫金那里时思绪是沉重的,一想到自己要去安慰一个生命已被白白浪费的人,就有些担忧。我琢磨:"喏,1929年他的书问世了,然后,有了这部论文,再往后呢,一切仿佛都灰飞烟灭了……"我那时并不知道,他仍在继续写作,实际上,一笔巨大的财富由他创作出来了。他将一切保存了下来,甚至不仅仅保存而且还在继续发展……他晚年的笔记显示出他的精神劳作具有多么高的强度,具有多么大的规模。我甚至可以说出更多的东西:当年被邀请的只有我一个。我要坦言,我带上了鲍恰罗夫和加切夫,是为了多少来缓和一下预料之中的令人抑郁的印象。我邀他们一同前往(不过,他们都满心欢喜,立刻就答应了)也正是为了多少也能稍微轻松一些地安慰巴赫金。一刻钟过后,

① 指33岁。——译者注

也就明白了:这完全是毫无意义的自己给自己加上的任务,实际的情形呢,宁可说恰恰相反,应当从他那里学学如何毫不愧疚又不失尊严地承受被迫沉默和其他的苦难……

尼·潘:我对这种心理现象颇感兴趣。请告诉我,米哈伊尔·米哈伊洛维奇在这次访谈期间是兴奋的还是沉默的,是被激动起来了,抑或相反,十分平静,是明显的平易近人还是颇具高傲的派头?……加切夫何以会有如此冲动性的反应,是什么促使他做出这样的举动呢?

瓦·柯:您知道,我应当直说,某种伟大立时就被感觉到了。这个人拥有自己的气场……或许,这个词有点鄙俗,可是,的的确确,这一下子就被感觉到了。他身上有某种雄伟,但同时他在同我们进行非常生动的交谈。况且,一开始他就十分坚执地告诉我们:"请你们注意,我可不是文学学家,我是——哲学家。"这是他最初的那些声明之一。然后呢,我不记得就是这一天还是在以后的某次会面中,他再一次十分肯定地说出了在那个年代是相当冒险的一句话:"请你们注意,我不是马克思主义者。"并且将这句话重复了好几次,一如他这人偶尔也喜爱做的那样。

阅读着他的著作之际,我当然就已明白,这是不同凡响的,但正是在交谈时,立刻就清楚地意识到,在你面前的是一个伟大的人。这也不是我个人的看法,我们所有人都感觉到了某种伟大的气息。再重复一下:这一事实——在西方学者和思想家绝对不可能想象的那样的完全不可能的条件下,这个人活了下来并且持续写作——这一事实本身就是某种壮丽的、英勇的和悲剧式的表现。而且所有这一切,在我看来,都已直接融入了他的那些著作,赋予它们一层新的价值,而形成了他的遗产——如果您愿意这么说——某种特殊的层面。

顺便说说,我还想说出一个非常重要的看法。巴赫金立即声明:他不是文学学家而是哲学家,他研究文学也只是因为纯哲学著作他根本上就是无法发表的,对这一点他甚至是都不能考虑的,因为它们不符合主流意识形态。很清楚,只有在文学学中还给他留出某种出路,但即使在这个领域,在那样的条件下他几乎是什么也不能及时发表……战前不久,他撰写了一部论 18 世纪德国长篇小说的著作,将 18 世纪德国小说看成德国哲学在其中诞生的一种实验室。他把书稿交给了"苏联作家"出版社,但战争开始了,这部书被焚毁了。

尼·潘:被焚毁了?我知道这部书已丢失,但我觉得,还有希望在什么地方找到它……

瓦·柯:大家都知道,1941 年 10 月 16 日德国部队进攻到莫斯科城下。人们焚毁了所有的档案资料。“苏联作家”出版社的书稿档案,就在该出版社所在的那座大楼——位于普希金广场附近的那座大楼的楼顶上被焚毁了。书稿档案被毁了,与它一同被毁的也有这部书的手稿。巴赫金自己曾也讲述过这件奇怪的、戏剧性的——您明白吗,毕竟还是有点滑稽的事情的经过。这部书,他手中曾留存一本,那是用卷烟纸刊印的。战争期间,除了马合烟就没什么烟可抽的,要用报纸来卷烟呢,他又觉得好像不太合适……于是,他就把自己的那一本书就那么当卷烟纸给抽掉了,他以为,出版社的书稿档案库还会留存一份、两份的……这个细节,当然,也是意味深长的……

那么,我这是想说点什么呢?我认为,正是他身上所积聚的这种巨大的哲学张力、哲学能量,被投入于文学学——请您想象一下——而结出了杰出的果实。当然,可以提出异议:如果巴赫金写下纯哲学的著作,那就会要好得多。但是从另一方面来看,谁知道他呢……我记得,我和鲍恰罗夫甚至谈论过这个问题,我们俩好像得出了这样的一个结论:或许,这还是一个有积极作用的优点,而不仅仅是负面的缺点……这尤其是因为,在俄罗斯,哲学总的说来是以极为紧密的方式与文学相关联着的。顺便提一句,巴赫金实际上可是对此持反对态度的。有关这一点,我在一篇篇幅不长的传记性的特写中曾提到过,不过再重申一次还是很重要的:他认为,在俄罗斯从来就不曾存在过真正的哲学,在俄罗斯存在过的是那种他以略带几分贬损的口吻而称之的“思想活动”。我记得他说过这样的话:他说,很多俄罗斯思想家都是假勇士,因为他们是眼睛一闭而极力一跳而去跃过巨大的深渊,而真正的哲学家、真正的思想者则应当是睁开眼睛镇定地直视一切……而且在某种意义上,他认定自身活动的首要使命就在于:自然是要保存俄罗斯思想的所有巨大能量,要保存俄罗斯思想的全部精神激情,同时要使俄罗斯思想成为那样的富有客观性,那样的具有洞察力,譬如说,就像德国哲学那样。他一向认为,只有德国才有哲学。他认为,只有立足于先前所有的著述才能开始创建俄罗斯哲学。谁知道会不会有什么结果呢。他只好去做别的,只好将自己巨大的哲学能量体现于文学学的著述之中,只有极少的例外,那些例外,您是知道的。而问题的实质恰恰在于,作为一个不平凡而高水准之人,巴赫金并未屈服于环境,他善于将环境朝有利于自己的方向来转化。顺便提一下,维亚泽姆斯基当年曾抛出一个也许是残酷的见解:流放可是给普希金帮了个大忙。要是他留在了彼得堡,终日泡在上流社会的闲谈之中,想必他也就不会成就为普希金……同样的说法也不止一次地被用于谈论陀思妥耶夫斯基的苦役,正是苦役将他造就成陀思妥耶夫斯基。在这里,这么说并不是要对苦役加以赞美,不是的,苦役——这是令人可怖的,可是……我想表达的完全是另外的看法:像巴赫金这样有水平的人有能力将最为不利的环境好像是给翻转过来,使它们转化为对自己有益。很有可能的是,他不能去撰写哲学著作,他将所有的哲学能量都投入到陀思妥耶夫斯基与拉伯雷的创作之研究上来——这一现实倒造就了他的思想更为丰富,更加血肉丰满,他仿佛是在拥抱整个存在——他要是将所有的这一切用某种哲学概念的体系来陈述,反倒不见得会达到这一成就的。或许,这是会引起争议的看法……但我觉得,巴赫金做了他应当做的事情。就算有什么未被写到,未能写完,然而,要是真正专注而认真地去细读,要是去珍视他写下的每一行字,他的每一步思考,那么,最终就可以发现一个巨大的哲学体系,完全独创的、博大精深的哲学体系,尽管如我曾说过的那样,这一体系采取了不太有连贯性、不太完整与非直线型的形态。巴赫金所有的文学学著作的基石,就是他经常称之为"对话哲学"的那种东西:整个生活就是对话,人与人之间的对话,人与自然之间的对话,人与上帝之间的对话……甚至简直连人的存在本身,如果你愿意——这也是"对话",是人与周围环境之间的物质交换。与此相关,巴赫金曾好几次重复这样的一句话,他说,客观唯心主义断言,仿佛上帝的天国在我们身外,而托尔斯泰却坚持,天国——就在"我们内心",我则认为,天国就在我们之间,在我与你之间,在我与上帝之间,在我与大自然之间——这就是天国之所在。那么,请设想一下——不管这听起来是多么不恭——如果尝试将巴赫金论陀思妥耶夫斯基那部书的主要思想与陀思妥耶夫斯基剥离开来,也就是"撇开陀思妥耶夫斯基"而去通读巴赫金的那部书,那么,在我看来,就会获得史上曾经有过的最为深刻的个人哲学。而论拉伯雷那部书——则是最为深刻的民众哲学。

诚然,巴赫金远非仅仅是一位文学学家,他只是仿佛化身为一个文学学家。当然,任何一位严肃的巴赫金创作研究者,不管是我国的还是西方的,都清楚地明白这一点。米哈伊尔·米哈伊洛维奇本人也认为文学学有点好像不是很严肃。我和他之间曾就这一点进行过有趣的交谈。我向他抱怨自己不能全身心投入工作,从事文学学时自己没有全力以赴的愿望。特别是我告诉他,我写文章时甚至没有任何准备:我打算要写一篇文章了,这时并不去认真准备,而是坐下来就写。对我的这番话,他的回答甚至有些令我出乎意料:我,他说,非常理解你,如果你有某种另外的感觉,那倒有点奇怪了呢,毕竟文学学——这是那样一种中间型的职业,而应当要么成为艺术家,要么成为哲学家……您呀——喏,在这个场合他竟然说了些令我得意的话——要是您从事本义上的文学学而能够全身心倾注其中,那么,你也就不是你自己了。

尼·潘:我觉得你关于巴赫金的英雄主义的见解非常正确。但我感兴趣的是——也可以这么说——这种英雄主义的"技术"层面。我对这一点实在感到惊奇:米哈伊尔·米哈伊洛维奇如何能在30年代下半期,从一个地方辗转到另一个地方,从库斯坦奈到萨兰斯克,然后是到萨维洛沃、基姆雷,没有档案馆和大型图书馆,他却能搜集到如此之多的有关拉伯雷和西欧民间笑文化的资料……要知道,根据速记记录,巴赫金本人在学位论文答辩时说道,大约50%有关拉伯雷的文献资料是他第一次引入学术研究的流通领域,也就是说,这些资料、材料不仅对于我们的拉伯雷研究者,而且对于法国的拉伯雷研究者来说,都是全新的……

瓦·柯:说到米哈伊尔·米哈伊洛维奇的学位论文撰写工作,给他提供很大帮助的是他的朋友,伊万·伊万诺维奇·卡纳耶夫,杰出的生物学学者、科学院通讯院士……

尼·潘:不,他没有成为通讯院士,对这一点,我在一年前作了专门查证。顺便说一下,倒是他的儿子,也是伊万·伊万诺维奇,曾经提名自己为这个称号的候选人……

瓦·柯:米哈伊尔·米哈伊洛维奇在莫斯科还有一个朋友,扎列斯基,鲍里斯·弗拉基米洛维奇。这也是一位很有声望的大学者,地质学家、岩石学家。巴赫金来莫斯科时,好几次都暂住在他家中。这些人非常清楚地明白:米哈伊尔·米哈伊洛维奇是什么人。他们为巴赫金弄来文献资料,特别是他们能够从国外订购这些或那些书籍……顺便提一下，论拉伯雷那部书稿准备好了而就要出版之际，米哈伊尔·米哈伊洛维奇却断然拒绝排印该书，他提出，除非他能够对四十年代之后写出的所有论拉伯雷的重要著作都做一番检阅，并且他能够往已有的文献中补充上这些新资料。我不得不千方百计地设法去弄到这些书，也就是说，我从图书馆里将这些书借出来，给他送去，或者，用某种方法给他寄去，他确实也检阅了所有的这些资料。该将书稿交给出版社了，然而他却申言书稿还没有准备好。为此我专程去了他那里，与我同行的是如今著名的文学学家德米特里·乌尔诺夫（于是，在这个场合，一个有些滑稽的甚至奇怪的场景就有了见证人）。我就这样来了，米哈伊尔·米哈伊洛维奇却告诉我："不，书还没写好，我不能交稿。"出版社那边呢，一切都已运转起来了，一切都已搞妥了，如果不能按期交稿，那么，这部书将会从计划中给撤下来，而接下来……就在那时，我记得，叶琳娜·亚历山大罗芙娜把我叫到厨房——不想当着他的面，不想让他听到——而说道："季莫奇卡（她这样称呼我），季莫奇卡，从他手里抢走这部手稿吧……"您知道吗，我就是这么做了。我走近米哈伊尔·米哈伊洛维奇，简直就是从他那里夺下了这一袋书稿：道道地地硬性夺下的，因为他牢牢地攥住这一袋书稿……我十分明白：这是一个具有什么样水准的人——在他这人心目中，所有这一切皆是尘世间无谓的奔忙……而总的说来，令人惊叹的作品……论陀思妥耶夫斯基那部书——况且是经过大量增补与修订的那部书就要再版了，此举使巴赫金甚为激动。这部书得以再版时，他甚至很幸福，认为这对于自己十分重要：

要知道三十年来他仿佛从未存在过，而突然间又从不存在之中冒了出来……但是，自论拉伯雷那部书开始（我就不说后来的那些著作的发表了），他那里的一切，就不得不真格地要动用强制性的办法才能得到了。他完全缺乏一个写作之人身上所习见的那份作者的虚荣。我还记得，他初次看到自己著作的国外译本时，对这译本很有兴趣，他通读了译本，甚至还对译本的优缺点作了一番评点。但后来，那些外文版本和译文好像是绝对地再也打动不了他。而且，顺便说一句，米哈伊尔·米哈伊洛维奇明显不喜欢同外国人见面……有一回，我上巴赫金那儿，他那时住在莫斯科，住在米亚斯尼茨门附近的扎列斯基的家里。突然间，电话铃响了。应当说一下，米哈伊尔·米哈伊洛维奇一向是绝对不接电话的……他有这样一个怪癖：远离电话，从很早的时候起，还是自彼得堡的那个年代起,他就没有电话。我拿起话筒,原来是玛·韦·尤金娜打来的,她是一位出色的钢琴家,米哈伊尔·米哈伊洛维奇同她有几十年的友情。是的,她说,是我……您知道,她说,我旁边是罗曼·奥西波维奇·雅各布森,他来到了我国,带来了自己的著作,很想同米哈伊尔·米哈伊洛维奇见面,等等,等等……我,她说,我知道,米哈伊尔·米哈伊洛维奇是不接电话的,那么就请问问他,他是否接待罗曼·奥西波维奇呢……而巴赫金对所有这些形式主义者的评价都是非常低的,以相当嘲讽的态度对待他们。所以他立刻绝望地挥挥手:"无论如何也不!您就说:我身体不适!"(尽管一般说来他这人可是不擅长撒谎的)我答复玛丽亚·韦尼阿明诺夫娜"很抱歉,米哈伊尔·米哈伊洛维奇感觉身体非常不适,他请求原谅,但他无论如何也不能接待罗曼·奥西波维奇"等等。这件事过去几天之后,巴赫金已经打算回萨兰斯克自己的家,我们给他送行。我又来到了扎列斯基的家中,又传来了铃声,又是玛·韦·尤金娜满怀期望地询问,米哈伊尔·米哈伊洛维奇是否接待雅各布森("或许,他已经康复了吧,罗曼·奥西波维奇很想见一面……")。我说:"非常遗憾,玛丽亚·韦尼阿明诺夫娜,可是我们这就要去火车站了……"我听到她和雅各布森交谈了几句,然后,她回答我:"没关系,罗曼·奥西波维奇会来的,他会在萨兰斯克拜访米哈伊尔·米哈伊洛维奇。"我挂上话筒,决定提醒米哈伊尔·米哈伊洛维奇:"看来,您自己把一切都搞糟了,因为罗曼·奥西波维奇是一个精力非常充沛的人,他当然会跑去萨兰斯克找您……在这里,您要是跟他谈几个小时,不就得了。而在那里,他会折磨您的……"我自己见过雅各布森,那是在 1957 年,在斯拉夫学者大会期间或是在另外一个场合……我和他交流了几句,他留给我的印象确实是一个精力非常旺盛的人。因此我才这样告诉米哈伊尔·米哈伊洛维奇。对我的这一提醒,巴赫金突然间却满腔挖苦地冷笑了一声(这可是极为罕见的!他可是完全不擅长挖苦人的),并幸灾乐祸地宣布:"这可是没戏了!外国人是不会被放进萨兰斯克的!……"萨兰斯克近郊可是一方面有政治犯集中营,另一方面则有各种各样的军事工程,诸如阿尔扎马斯-16之类的,那里的确是不会允许外国人靠近的……当时我甚至极为惊叹,而这也是十分正常的:当一个你非常熟悉的人突然间流露出某种你在他身上从来也不曾发现过的情绪,那么,这种意外的效果便是十分强烈的……我至今记得,米哈伊尔·米哈伊洛维奇是那样幸灾乐祸地以挖苦的口吻说出他那句:"这可是没戏了!外国人是不会被放进萨兰斯克的!……"

尼·潘:那么,顺便问一下,如果米哈伊尔·米哈伊洛维奇对形式主义者持有相当怀疑的态度,那么,他在20年代又怎么会在国立艺术史研究所供职呢?再说,以一个编外人员的身份在那里工作,显然是不会拿到任何报酬的……

瓦·柯:他确实是一个编外人员,还在国立艺术史研究所讲过一些课……或许,他以为,他能在那里出版什么书吧。事实上,什么结果也没有,没有人支持他。恰好在这个时候,那些所谓的形式主义者,"奥波亚兹人"正是感觉良好,自由自在,出版了不少著作。不用说,这些人是不接受他的,对他也不太友好。比如说,米哈伊尔·米哈伊洛维奇论陀思妥耶夫斯基那部书出版之后,什克洛夫斯基曾写过相当尖刻的批评文章;对"弗朗索斯·拉伯雷的创作……"这部著作——也写过批评文章。这是宿怨了……尽管如此,维克多·鲍里索维奇晚年还是好像变得有些愿意接近巴赫金了。我为论拉伯雷那部书的出版"打通门路"时,他甚至还帮了我的忙。我记得,这是一个有意思的小插曲……第一个在我起草的请求书上签名的是叶尔米洛夫,他在此前不久刚发表一篇关于什克洛夫斯基的《赞成与反对》一书的抨击性书评。我致电什克洛夫斯基,他立刻同意在所有的材料上签名。我来到他这儿,递上这张纸,而那上面已经有了叶尔米洛夫的签名……什克洛夫斯基顿时勃然大怒:"你瞧,你给我的这是什么玩意儿!?要我同叶尔米洛夫这个混蛋,这个把我狠狠骂了一通的混蛋一起,要我在他的名字旁边签上自己的名字!?"我呢,由于我非常渴望达到自己的目的,在那个时刻全身心都处于极其紧张的状态,我便总是会突然灵机一动,我凭直觉明白,需要采用什么举措。我对他说:"维克多·鲍里索维奇,您令我失望……"他很吃惊:"什么,怎么回事?……"——"我总以为,您是居住在苏维埃社会主义共和国领土上的一个最为奇特之人……您和叶尔米洛夫一起签名,这可极具创意,这名字一定得签,要知道这可是您的风格——就是要让别人大吃一惊:您同自己最凶恶的敌人叶尔米洛夫在一起……""哦,也许您是对的"——他说道。于是,他就在请求书上签了名。类似情况非常多。直接告诉您吧,米哈伊尔·米哈伊洛维奇那两部书出版的故事,可以写成一部长篇惊险小说了,这部小说将充满大量令人不快的与愉快的细节和场面。论陀思妥耶夫斯基诗学那部书的出版尤其艰难,它的问世可是起了关键性的作用:米哈伊尔·米哈伊洛维奇仿佛回来了,成为一位最有读者而流行的文学学家……这之后事情有了进展,但仍然拖延得厉害。论拉伯雷那部书的书稿在接受逐级审查。这部书当时被视为完全有失体统……甚至有些人称它为诲淫作品,因为书中描绘了种种露骨的现象……一些句子只好使用法文来表达,没有译文……令人意外的是,突然间,迪姆希茨发表了一篇关于《陀思妥耶夫斯基诗学问题》的抨击性文章。一切又停滞不前了,不得不重新或者重复动用许多招数……当然,那时我又活动了一阵子!有些人拒绝协助。我记得,比如去找布拉戈伊时,他却打着官腔(这也非常像他!),冷漠地说:"巴赫金?他没给我寄来他那部论陀思妥耶夫斯基的书嘛……"另一些人则做了力所能及之事。对我鼎力相助的有尼古拉·米哈伊洛维奇·留比莫夫,他是拉伯雷作品的翻译者。我一次又一次上出版社社长办公室,请求,坚持……迪姆希茨那时又成功地抛出一篇有分量的文章,上面署有阿斯穆斯、赫拉普钦科、佩尔佐夫等人的名字。有几次,我迫不得已去向费定寻求支持,而他总是会在那里想出某些点子的,这样,境况最终又有了起色……

尼·潘:关于您同康斯坦丁·亚历山大罗维奇·费定的"对话",您曾饶有兴致地向《顿河》杂志的记者讲述过。顺便提一下,在那篇访谈的结尾您曾许诺:有机会再讲讲您与费定的某次见面,那次见面可是在完全狂欢化的情境中发生的……

瓦·柯:是的,费定成为作家协会主席后,他让我觉得这像是一个很难通融的人,或者,就像列夫·托尔斯泰所形容的那样,"一个刀枪不入之人"。但我依然相信,在他身上,在心灵深处的某个地方,还葆有人性,果然,这一点表现出来了。他的确做了他能做的,而且尽力做得相当漂亮。要想唤醒他的同情心,就应当进入他的心灵。我抛开了官方的方式,我预先就设想过,如果给他写信,如果给他打电话,甚至上他的办公室去拜访他,那样就不会有任何结果。我知道,应当在某个具有日常生活气息的、普通的场合去见他,与他面对面交流,那时他的同情心才会苏醒。果然,他的同情心苏醒了……

至于那次与费定在狂欢化情境中的会面,它是发生在那样的关头,那时《陀思妥耶夫斯基诗学问题》一书再版问题之解决,正处于最紧要的阶段。书已经排版，但一切却都停了下来，就是由于“苏维埃作家”出版社社长——先前曾在国家政治保安局任职的列休切夫斯基犯起执拗了。我也不知道他那是基于什么考虑，可是人家就是不签字付印。这部书稿在那里滞留的时间太久，他们可能都要动手将排好的版给拆掉了，但人家就是不去促成这部书稿的付印……我决定求助于费定，我弄清楚他正住在别墅里。我走近篱笆，小门是开着的，没有门铃，没有人走过来，尽管据我所知，在别墅区有5—6个勤务员。可是，无法走过去：整个院子里拉起了一道铁丝网，铁丝网上拴着一条个头巨大而会捕狼的大猎犬，这猎犬监视着通往楼房的小路。我稍稍推开小门——这狗就凶狠地吼叫起来……而我是看到狗就心惊肉跳。想必这是因为（这可是真实的事实！）我母亲在她肚子里怀着我时曾被狗咬伤过。在我一生中还没有一条狗咬过我，可是直到现如今我这人还是非常怕狗。尤其怕小狗，因为咬伤我母亲的就是一条小狗……的确，那是一条健康的狗，但不管怎样——令人恐惧！我那时住在离费定不远的一个地方，我返身回家，取了一辆自行车，然后，大大地推开费定的别墅前的那个篱笆门，继续往里骑，骑得飞快——径直冲进院子里！那条会捕狼的大猎犬简直发疯了。它飞奔着来追我，但它就是够不着我：我拼命地踩着脚蹬，它无论如何也不能用牙咬到我的腿……我直接闯上凉台，在凉台上飞奔起来——这一切我可都是事先就盘算好了。那只狗狂怒不已，口吐白沫，歇斯底里地发作起来（它可没有完成自己的“战斗任务”呢！）……跳出来……我看到，他们中间有——费定的女儿，同时还有他的保镖兼秘书，一个身材壮实的女人，外貌甚至有些男性化。她跟我先前已经认识，我转向她，声音嘶哑地开口了：“请原谅，不然我怎么也闯不进来。米·米·巴赫金那部书的出版正亟待解决……”——我递给她几页事先写好的信。她从我手里将那几页纸一把夺了过去，而就在这时，我听到，费定本人从二楼窗户探出头来问道：“什么事？……”准确地说，这甚至可以算两封信。为以防万一，就像双筒猎枪一样我精心准备了两封信函——一封给“苏维埃作家”出版社，另一封则给——“文学”出版社。我没有写出出版社名称，只写上了社长们的名字和父称……您知道吗，我担心：如果费定明白这一下子就说到两部书，那么，他会生气的，他会说，一部书还少吗，还要出第二部……因此，我把这一切都“译成密码”了，仿佛是一份请求书，但要被呈给两个不同的官员……书名,自然我也没有写出,而只是写下了两种场合都适用的表述:“巴赫金的书……”况且,这信是用强硬的口吻、以费定的名义而拟就的:信中说,我已过问过此事,但仍毫无进展,巴赫金可不能等了,他年老多病,历经磨难,你们应当帮他这个忙,云云。喏,他女儿将这几页纸拿去,走开了。这时,费定的勤务员也将狗赶到了一边(这狗这一回的失败,最终会对它的命运产生不好的影响的)。很快,女儿带来了康斯坦丁·亚历山大罗维奇已签名的信,我相当小心地提防着那条大猎犬,骑上自行车就离开了,立即将这两封信按照不同的地址分寄出去……总的说来,那时我已经参透了一个重要的东西……我不知道,现如今又怎么样了,但在那个时代,存在这两种完全不同类型的领导指示:官方的和以个人名义发出诉求这一形式出场的。官方的指示往往并不被人们当回事:这类事还少吗——随便什么人都能就什么事而提出请求,而官员中的某个人按其职责似乎就应当对这类官方指示作出回应……以个人名义发出的诉求则总是不可变更地会有更好的效果。这两封信就是基于这样的考虑而拟就的,一位女士冒充费定的远亲,将其中一封信送给了列休切夫斯基。我无从知道,列休切夫斯基在信上做了什么样的批注,但有趣的是(这一点可以根据保存下来的信件复印件去查证)——费定签名的这封信的日期与这部书的付印指令的签署日期,的确是同一天。《陀思妥耶夫斯基诗学》就这样终于得以出版了,而这同时也明显推动了论拉伯雷那部书的面世。

尼·潘:瓦季姆·瓦列里安诺维奇,说实话,我简直嫉妒您的机智、您对不同情境中不同心态作出如此精细如此迅速的估量才能,您对崇高理念的忠诚,为了这一理念的实现,您做了这么多的事情。我仿佛在尝试扮演您的继承人角色,我现在已经从事这份杂志——专门研究米哈伊尔·米哈伊洛维奇生平与活动的杂志——的出版工作,因而,对于我来说,我们今天谈话的价值,不仅仅在于有关巴赫金个性的这些新鲜、独家拥有的大量信息在这里得以披露出来,而且还在于在通往目的之路上要克服极为不同的各种阻力之丰富经验在这里得以记录下来……

瓦·柯:是呀,毫无疑问,既然您已经套上了这辆车,那你就不可避免地要同各种各样的官僚机构打交道。现如今呢,看来,则是要跟各种商行、公司、商人打交道,因为出版这份杂志需要资金……顺便说一下,我又记起了另一件事，大概你是可以借鉴的……这件事发生在叶琳娜·亚历山大罗芙娜刚去世之时。米哈伊尔·米哈伊洛维奇当时正处于极其悲伤的痛苦境地。您知道吗，如果不是亲眼所见，任何证词我觉得都是虚假的：但是，米哈伊尔·米哈伊洛维奇确实在一夜之间就变成另外一个人。他变得非常小，十分可怜……以前他身上总有一种雄伟的气度，可是妻子的死完全把他给摧垮了……毕竟共同生活了半个世纪……他没有孩子，所有的亲戚都散居在异乡他方……妻子成了唯一的亲人……他后来甚至告诉我，他曾一度决意去死了算了，但在最后关头打消了这一念头。顺便提一下，他曾不止一次重申："一个人的某种最高的精神中枢出现信号之时，死亡便降至……只是在那时，人才会死去……"当然，这里谈的并不是某种非常厉害的外伤……但在生病期间他曾说道，有一种指令，由这种最为内在的中枢所发出的指令——继续活下去还是去死……米哈伊尔·米哈伊洛维奇给自己发出相应的指令，于是又活了四年。说实在的，这更像是慢性死亡，然而……只剩他一个人时，他坚决拒绝寄居于别人家里……我很理解他：一旦意识到你将会成为别人的累赘，以及诸如此类的情况——这可是非常令人不快的……我曾邀请他住到我家去，但他马上就岔开所有涉及这事的话题。于是，我们就把米哈伊尔·米哈伊洛维奇安顿在佩列杰尔金诺的"创作之家"。他那时还不是作家协会会员……只有到后来，劝说很久之后，他才加入了作协……顺便说一下，巴赫金也是那样坚执地拒绝教授这个头衔。当我问道："米哈伊尔·米哈伊洛维奇，为什么您如此瞧不上这个头衔呢？……"他回答道："您要明白，一个哲学家应当什么也不是，因为一旦他成为了什么，那么，他就会开始使自己的哲学去适应自己的职位。"他是以几许玩笑的口吻说出这句话的，但在这句话中有自己的逻辑和自己的涵义……我呢，顺便说一下，因而也就满足于副博士学位……1958 年，我通过了副博士学位论文答辩，但我一直放弃博士学位论文答辩……似乎是在仿效巴赫金呢……

就这样，他在佩列杰尔金诺安顿下来。因为他是残疾人，还给他安排了一个照顾他的"女管家"。他在那里住了一个月（规定的期限），我们便坚决要求给他住第二个月，后来，又开始坚决要求给他住第三个月……人家真的开始要赶他出去了……"创作之家"管理处向作为上级组织的"文学基金会"会长抱怨了……那个会长下令要米哈伊尔·米哈伊洛维奇搬出去。况且尤其让那个会长气恼火的是,“那里还住着一位女士”。应当想办法来挽救这个局面。在莫斯科,已经为巴赫金准备了一套住宅(作家楼里,某人出国之后,有套住宅已腾出来了。也就是说,已经用米哈伊尔·米哈伊洛维奇的钱买下合作社的一套住宅)。还必须再稍微坚持一下……我打听出这件事归谁管,就去找作家协会副主席,分管组织工作的秘书。这个职位通常是由克格勃的一位将军来担任,作家协会里是有这种惯例的。这个人的姓我忘记了,但这不重要:他在这把交椅上没坐多久。他很快就被赶下去了——就是由于索尔仁尼琴。因为他未能预先防止索尔仁尼琴事件的发生……

我来找这个官员,开始为巴赫金求情……自然,我做好了准备,拿出应有的架势……瞧,我是如何征服他的……他回绝了:“请听我说,这可不行,他不是作协成员……我理解,处境艰难,但我们无能为力”等等。于是,我从公文包里掏出一本杂志《科学院院报·文学与语言分部》,这份杂志不久前刊登了一篇文章,该文由日尔蒙斯基、梅拉赫与弗里德连杰尔三人署名。这篇文章的题目是《米·米·巴赫金著述中的长篇小说理论与诗学问题》。我把这一期杂志递给他,要他读读这篇文章,并告诉他:“您看,刚刚出现一篇**评论巴赫金著作**的文章。请您注意,在斯大林同志之后还从未这样评论过谁……”您想必记得,斯大林在位时确实一直都是这样写的:《约·维·斯大林著述(或著作)中的语言学或经济学问题》……于是,我也就这么对他说:“您现在明白巴赫金是什么人了吧?这里可是有三位院士在评点他的著作呢……”(在这里,我稍微夸大其辞了:当时他们三人中还只有日尔蒙斯基一人是院士)结果呢,还是我估摸对了。文章题目对他产生印象而有效果了。他马上叫来女秘书而吩咐道:“给我接文学基金会会长!”他拿起话筒就开口说:“那里……正是这个……巴赫金在你那里……”“文学基金会”主席(我就坐在旁边,所有的话我都能听到),正气不打一处来,在那边喊道:“是的,是的!这简直不像话!这怎么可以呢!……”——“听我说,听着!……不要动巴赫金!就让他住在‘创作之家’,他要住多久就住多久……”那边又开始吼叫:“怎么能这样!?要知道他……”——这边的领导则回答他:“你怎么了,俄语你听不懂了吗?……!”他挂上了话筒。全搞定了。这之后米哈伊尔·米哈伊洛维奇就一直住在佩列杰尔金诺,我记不得住了多久,不过,总体说来,在那套住宅准备妥当之前,他一直就住在那里。

对您来说，这是一个活生生的有效行动之实例；由于我是在全心全意地关心米哈伊尔·米哈伊洛维奇，非常渴望去帮帮他，我就比原来的我变得聪明多了，机灵多了。如果我是在为自己的、个人的事而操心，那么，我的脑海里可能是永远也不会涌现这一类的点子……我不善于也不喜欢为自己去求情，为别人去求情——则是要容易许多倍……

不过，或许并不需要向您解释这些。巴赫金——这是一位极有分量的人物。出版一本以米哈伊尔·米哈伊洛维奇的个性与理论遗产为中心的杂志——这是一项艰难但却高尚的任务。我向您和您的这一创举致以最为良好的祝愿。我会努力随时准备听从召唤，我会尽我所能竭力提供帮助……

尼·潘：瓦季姆·瓦列里安诺维奇，谢谢您这极为精彩的讲述和良好的祝福。我当然需要支持，期望能与您进行合作，能与所有珍惜米·米·巴赫金名字的人、所有为俄罗斯文化的命运而分心的人进行合作。

巴赫金与其读者——沉思及回忆*

(1993)

瓦·柯仁诺夫　著

周启超　译

这篇文章的一个直接的缘起是《哲学问题》1993 年 1 月这一期。这一期可以被看做巴赫金特辑，因为该期三分之一以上的篇幅用于讨论巴赫金的遗产。首先引人注目的就是一篇篇幅甚长的述评《巴赫金与西方》(在该刊下一期上，这篇述评有续载)，其作者是语文学副博士 B. Л. 马赫林。

述评作者致力于对研究巴赫金创作的 22 部著作与 4 种杂志特辑——它们仅仅是最近 5 年(1988—1992)里在西方已面世的——内容，进行一番考量，同时还披露：述评中尚未涉及的还有十多部，也是在这几年在西方已出版的专论巴赫金的书(也就是说，总合起来，论巴赫金的著作已经出了 40 来部!)述评作者征引美国的巴赫金专家 Г. С. 莫森还在 1986 年就已作出的观察："当下大量的学术期刊允许提出，我们大家……现在正进入巴赫金的时代。"

而在 1990 年另一位西方观察者，K. 汤姆逊，则高调宣称："巴赫金的创作，自始至终都是一个在其深度与力量上十分罕见的思想源泉，它在照亮现如今的认识危机……巴赫金那些思想的指向，在西方实际上是作为对这一危机之原则上具有创造性的调校而被接受的，是作为投向这一危机的一种能照亮的有启发性的光而被接受的。"

或者，来看看一位德国作者 P. 格吕贝尔的更为明确的见解："在这个有些人公然声称'一切都是可以的'的时代，在这个所有的价值都显得是有条件的与可以互相替换的……时代，巴赫金的创作拥有其不多也不少而恰好是作为对于文化在总体上加以新的论证这一目标。他致力于超越那种传统的与致命的分离——vita contemplativa(静观的生

* 原刊于《对话·狂欢·时空体》1993 年第 2、3 期。

活)与 vita activa(行动的生活)之间的分离,一如超越克尔凯郭尔那种伦理与美学之对分。"

B. Л. 马赫林在其述评里所引证或者陈述的这样的一些或另一些认可,不可能不激起一份得意,尽管这里的一切并非如此简单(下文还要谈到这一点)。我并不掩饰,现如今巴赫金之世界性的凯旋在我身心激起一份特别的**个人**的得意。三分之一世纪之前,50 年代末,我研读了巴赫金论陀思妥耶夫斯基的那部著作,那部书于 1929 年面世(那已是其作者因"反苏维埃的宣传"而被捕之后)。那部著作让我产生了巨大的无法比拟的印象,我开始搜寻其到那时"已经消失了"三十年的作者……终于,打听到他——一如 B. Л. 马赫林现在所提及的那样——"默默无名"的一位大学教师,萨兰斯基(摩尔多瓦)师范学院里一位教师。我就给他写信(1960 年 11 月),这是以我的几位同事——当然,首先是以我自己——的名义,特别是以他巴赫金的一代人这一名义来说话:"**我们清楚地意识到,这一代人的学术思想具有怎样的一种世界性的文化意义**。"十分明白,这里首先说的是巴赫金本人的思想,但我当时觉得直接申明这一点并不是十分有分寸的,那样就会给收信人套上过分重大的责任。当然,你会乐意地接受那些外国作者现今的表述,从这些表述可以看出,在世界上有人已经明白巴赫金的思想所具有的这一"意义"之所在。

三分之一世纪之前,情况则完全是另样。1961 年初,来自意大利的俄罗斯专家维托尼奥·斯特拉达有意要同我见面,他不无自豪地宣告,他在准备出一套论陀思妥耶夫斯基的书——由 Л. П. 格罗斯曼、B. Б. 什克洛夫斯基、A. C. 多利宁等人所写的著作——的意大利译本。

我立即就开始热烈地劝说他出版"绝对是一部论陀思妥耶夫斯基的最为杰出的、伟大的著作",并于 1962 年初将手稿以及未出版的极为重要的补充寄到都灵。

可是,唉,及至 1968 年,这部书才在意大利出版,那时巴赫金的大名已经是在全世界都可以被听见了①。前不久,维托尼奥·斯特拉达

---

① 早在 1965 年,我就在一份流行的、那时已经是"国际性的"、巴黎的刊物 Recherches internationles(NO50)上发表了一篇文章《长篇小说的美学价值》。在那篇文章里我披露:刚刚在莫斯科出版的巴赫金论拉伯雷的那部著作"标志着拉伯雷研究中真正的转折"。我的那篇文章是杂志这一期的领头文章,因为跟在它后面刊发的是关于长篇小说的争鸣,参与争鸣的有莫拉维亚与帕佐利尼这样的一些"名人",巴赫金立即就被"注意到"。

上我这儿,我曾拿这件事为理由讥笑他。他开始解释,要我相信,那时是译者要了他,是那译者令人可怕地拖延了工作——可是,这说法听起来却是相当地不真实……

而且,需要理直气壮地说出来的是,在俄罗斯,对巴赫金的接受比在西方要更为敏锐,尽管 B. Л. 马赫林在其述评中提出相反的看法:"在祖国——他断言——巴赫金……只是现在才刚刚稍稍地进入公开地带"。但这是一个明显的、深重的谬见。

首先,存在着各种程度的"公开性"。巴赫金的著作已被译成多种外文,所有主要的语言都有其译本,但用这些语言中的任何一种译成的那些巴赫金著作的总的印数,也不会超过 10 000—15 000 本,巴赫金那些著作的俄文版总印数则在 250 000 本左右。即便如此,您去试试将这些书中的某一本"淘到手",也绝非易事!我不怀疑,现如今,不论是在首都,还是在外省,没有一个能思考的人对巴赫金的创作不曾有程度不同的了解。在西方,了解巴赫金的人则几乎毫无例外地仅仅是专家们。而这是很重要的"差异",由此又生出另一个、更为重要的差异。

的确,在西方,在接受巴赫金的人——除了极少数的例外(我还会谈到其中的一种)——恰恰仅仅是一些特别的"职业工作者",那些人在并不那么久远的年代,将他们自己那已然被自动化的先前的"方法学"替换为新的、"巴赫金式的"。关于这一点,顺便说一句——B. Л. 马赫林也——有意或无意地——作了披露:

"巴赫金之出现在美国与西方——他写道——在整体上不仅仅是作为 20 世纪的一个世界级的最大的思想家,而且还恰恰是作为基督教的、'基督学的'思想家与理论家。在西方……这是与人文科学领域里形式主义——解构主义的范式之内在的**枯竭**而相关联的:一如在我国,这一范式过去曾经是、现在也主要是由符号学家——结构主义者们来呈现(粗体字是由我标示的——B. 柯仁诺夫)。"

在这一推论中,除了巴赫金在西方似乎注定是要替代"已然穷竭了"自身的结构主义(广义上的)这一消息之外,还有一个简直令人大为震惊的涵义:原来,可以将符号学替换为被看做是某种好像就是与之平等的、与之具有同等价值的基督教的思想……不过,B. Л. 马赫林在这里也并没有搞错什么,诸如此类的方法学上的更替,对于西方的"职业工作者”乃是完全适宜的，十分典型的：今天他们准备去崇拜——姑且这么说吧——电脑，明天呢——则会基于“市场行情”的变化去崇拜——上帝（当然，这是在他们自身的可能性的范围之内）——或者相反。

自然，在俄罗斯也有自己的——尽管并不是被这么打磨而达到标准的——“职业工作者”。他们恰恰是这样的人物——一些彻头彻尾地地道道转向西方，没有能力独立、没有来自西方的提示就不能理解甚至于简直就**看不见**俄罗斯自身的伟大价值之人物。B. Л. 马赫林也谈到这一点，他指出：有人说，“对于我们”（当然，最好应当确切地指明：这个“我们”到底是谁？）与俄罗斯作者那些奇怪的、副哲学的、边缘状态的文本（这里指的是巴赫金的文本），布勃尔或者伽达默尔“要更为有趣些，也好像是更易于被接受的”。的确，B. Л. 马赫林在这里乃是力图以此来解释西方的（而不是俄罗斯的）读者对于巴赫金之根本性的“对话主义”拥有更多的“准备”，但这样的解释是极其不能令人信服的。远远正确得多的，还是陀思妥耶夫斯基当年随口抛出的一个见解：在俄国的居民中特定的一类人看来，**外国人的**姓名本身也就是拥有这个姓名的人具有高度重要性的一种证明。于是有人说，要的是伽达默尔，或者，更不用说，是布伯尔，而不是某个巴赫金，何况还是栖身于摩尔多瓦的森林之中的某个巴赫金……

我记得，世界文学研究所所长（1967—1974）Б. Л. 苏奇科夫（顺便说一句，这是一个相当“有教养的”人）对于出版米哈伊尔·米哈伊洛维奇的著作之事可是连听都不愿听的，后来他出差到巴黎去了一趟，从那里搬回来一个令他着迷的荒唐的词语组合“巴赫金式的结构主义”，立即便转而开始鼓励将我所编选好的巴赫金的那些文章刊发于《文学问题》与《语境》上这一工作。

总而言之，当 B. Л. 马赫林谈论对巴赫金的这种（与西方相比）似乎是迟到的关注，他指的是十分具体的读者层。须知，的的确确，某些现如今的巴赫金的崇拜者——譬如，维亚切斯拉夫·伊万诺夫，或者，B. C. 比布列尔——只是在 70 年代里才**从外国的**权威们那里“打听到”，“应该”高度评价并称赞巴赫金。但也还有另一些人。特别重要的是要指出，巴赫金的创作意义之被许多人理解，或者，哪怕是被感觉到，这甚至是早在我得以促成他的那些著作出版之前！

1962 年春,我的两篇论巴赫金的文章在刊物上发表了;以 100 000 印数而引起广泛关注的新文学百科辞典第一卷问世了,这一卷里有我撰写的“巴赫金”词条(尽管米哈伊尔·米哈伊洛维奇对此有抵触,认为此举似乎“没有理据”)。在这之后不久,去偏僻的萨兰斯克的真正**朝圣**便开始了——还在这个 1962 年的秋天,那场朝圣就已经开始了。

几乎是最早一个去过萨兰斯克的是 Г. Б. 帕诺玛廖娃,她是莫斯科陀思妥耶夫斯基纪念馆未来的馆长;随后是莫斯科大学教师 В. Н. 图尔宾,他那时是去探望他在摩尔多瓦的亲戚,认为有必要去朝拜一下米哈伊尔·米哈伊洛维奇。前不久,他写道:“我很难理性地解释这一相当奇诡的现象……学者们与文学家们一个接一个地去朝拜巴赫金,彼此并没有事先商定,互相之间并无关联。”我只是想说得确切一些,这不仅仅是一些“学者们与文学家们”,真的可以举出一些完全是“普通的”人的名字来,那些人不知怎地确确实实是非理性地感觉到巴赫金的意义,巴赫金本人(В. Н. 图尔宾要写的正是这一点)也惊讶不已:“而我也思量过,一切都已经被消耗了,被倒空了……”朝圣的人流在不断增长——而这——我要重申——还在巴赫金的那些著作面世之前就发生了……总而言之,真的是“对于俄罗斯只能是相信……”

不过,有人可能要这样来反驳我:西方在最近 5 年里就出版了 40 本左右论巴赫金的书,而在俄罗斯——总共也不过十来本,况且基本上还是一些十分单薄的出版物——更像是小册子,而不是书。但这里的谜底在于完全不一样的学术出版上的国家财政。不论多么荒唐,许多人如今都还认为——姑且这么说吧——在美国,学术是存在于“商业基础上”,尽管现代的、在广泛发展的学术绝对不可能是“自负盈亏”。在美国,学术主要是在高等院校里(而不是在科研机构里,像在我国这样)发展。1986 年,美国投向高等院校的国家拨款达到 661 亿美元,投向高等院校之外的科研活动——还有 90 亿美元,总合起来——高达 750 亿美元之多。在苏联呢,1986 年投向高等院校的国家拨款是 40 亿 6 300 千万卢布,投向纯科研机构——140 亿 2 370 万卢布,也就是说,总共——180 亿 3 000 千万卢布。即便是将那时的一卢布等同于一美元,结果也是:在美国,学术从国家获得的经费是苏联的 4 倍还要多!

现如今,在苏联,学术总体上是靠着像是施舍给乞丐的一份定量配给品那般微薄的经费而勉勉强强地生存。因而,论巴赫金的著作数量上之如此不成比例就没有什么好奇怪的。

* * * *

可见,声称巴赫金这人在西方比在俄罗斯几乎是更为知名,完全没有根据。尤其错误甚至奇怪的是那样一种推断,根据那种推断,有人说,对于巴赫金的对话——作为总体上的存在之本质性基础的对话——思想,西方具有更好的准备。西方的自我意识恰恰具有根本性的**独白性**,因为西方的自我意识尤其不会想到除了自身即西方之外,他人也意味着"主体",对于它,所有其余的——仅仅是客体。巴赫金十分公正地将黑格尔的辩证法称为"独白性的"。怎么能忘记,巴赫金的对话概念首先是基于最为深刻的**俄罗斯**作家与思想家陀思妥耶夫斯基的创作之上的?!

而陀思妥耶夫斯基——近些年来,好些个我国的研究者已经令人信服地证明了这一点——则是在整体上承传了俄罗斯精神发展之几百年的历史。〈……〉有朝一日,也有一部对话——作为存在之基础的对话——思想史将被创建(而做这件事确有迫切的必要性),那时就会清楚,完全没有任何根据来断言:西方好像比俄罗斯对于这一思想具有更多的准备。

可是,你时常会碰到这样的见解:巴赫金这人总的说来是一个具有"西方"气质而不是俄罗斯气质的思想家。也就是在这一期《哲学问题》上,H. K. 鲍涅茨卡娅写到这一点(的确,带有一定的保留),她特别作出这一番推断:"那些'发现了'巴赫金,并在其晚年曾同他相交往的俄国文学学家,都证实了一点:巴赫金本人曾认可对于自己的哲学成长具有奠基性的是赫尔曼·柯亨的**思想**。"(粗体字是由我标示的——B. 柯仁诺夫)这里所说的那些"文学学家"之一,就是我。但是,所征引的这位作者显然是粗心地接受了我的讲述。我那是接着巴赫金本人的话而讲起的:19 世纪末—20 世纪初好些个德国哲学家——除了柯亨,其中还有埃德蒙·胡塞尔与马克斯·舍勒——对于那些由巴赫金所建构的存在与意识之体认**方式与手法**之生成,产生过很大的影响;尤其是,这些著作曾帮助他超越各种类型的"心理主义"——对于那年月里的俄罗斯乃至整个世界都是十分典型的"心理主义"。但是,(一如 H. K. 鲍涅茨卡娅这样来做)去作出推断:对于巴赫金的"哲学成长"具有"奠基性的"

乃是柯亨或者某个另外的西方思想家的“思想”(即哲学思考之最根本的核心),就未必是合适的了。顺便说说,美国的巴赫金专家 H. 佩尔里娜的那篇文章里,有对柯亨著作(当然,也有另一些德国哲学家的著作)真正的意义之正确的评价,她说道,“吸引巴赫金的乃是柯亨要使哲学成为**科学**那一理论之总的追求。”①

在庆祝巴赫金 75 岁诞辰(即 1970 年)之际,我根据萨兰斯克的几位语文学家的提议,撰写出一篇极为简短的特写——巴赫金的生平与活动概述(截止于 1945 年),并请求这篇特写的主人公本人对文稿进行审阅,提请特别关注下面一段有关他创作上的成长而具有原则性的判断:“德国的哲学思维(巴赫金不止一次地说过,只有德国才拥有真正的已然形成的在其准确的涵义上的**哲学**——B. 柯仁诺夫)之系统性、客观性、连贯性与俄罗斯的宗教创作之宇宙般的广度与深度之有机的融合,曾作为一种理想而呈现出来。”②巴赫金全部赞同我的这一“提法”。他(我曾经有机会回忆过这一情节)从一开始就恰恰是将“非连贯性”与“未达到完成性”看成是俄罗斯哲学研究的一种“未成熟性”——以他的视角来看,则是俄罗斯哲学研究的一个实质性的硬伤。他甚至认为,原本意义上的哲学在俄罗斯根本就不曾有过,更为正确地讲是俄罗斯的“思想研究”——这从他的口中说出来并不带有讥讽色彩。俄罗斯的思想家们——他特别说道——往往好像是紧闭双眼,从“深渊”上面跳过去,而不是以平静而无所畏惧的眼光去打量那些深渊。巴赫金显然还在青春年少时期就给自己确立了一个异常艰难的任务:要把俄罗斯思想变成德国思想所成其是的那样一种“已然完成的”创造物(关于这一任务之特殊的意义,下文还会谈及)。对于巴赫金的这一信念,也许,可以与之展开争论,但是,无论如何不能认为他是一个“西方”型的思想家——之所以不能,哪怕仅仅是因为这一点:他之对于德国哲学的这份崇敬无论如何也不意味着对英国的或者法国的哲学也有一丝一毫的高度评价……也就是说,这里所涉及的乃是十分具体的德国的思维文化之特有的成就,而完全不是什么“西方主义”。

〈……〉

---

① 《米・米・巴赫金与 20 世纪的哲学文化・巴赫金学课题》,圣彼得堡,1990 年版,第 139 页。
② 《诗学与文学史问题》,萨兰斯克,1973 年版,第 6 页。

米哈伊尔·米哈伊洛维奇并没有那么经常性地讨论自身的宗教信仰问题。年纪(我跟他见面时,他已经65岁了),想必,还有他这人素有的心性气质,都使得他不会轻易地进行某种"倾吐"。然而,毕竟他还是有好几次慷慨地吐露了自己最为隐秘的心曲。我现在还记得,还是在六十年代里,在萨兰斯克,有一回,他曾经一连好几个小时,一直延续到午夜,给我讲上帝,讲宇宙,他是那样地讲述,以至我真正是震撼不已地回到旅馆里,彻夜不眠,驻留于从未经历过的精神状态……还有:对于基督教的诸种教会信仰之间的关系这一问题,巴赫金曾经不假思索地(就像是在说一件早就解决了的事情)说道,一个人,一个心系俄罗斯之人,能信仰的正是东正教,并且也只能是东正教……

最后一点,不能不强调,米哈伊尔·米哈伊洛维奇曾不止一次地肯定宗教对于一个思想家甚至是对于一个学者的最高意义。只有宗教——他说——能确定无可限制的思想自由,因为一个人若是没有某种信仰,便绝对地无法生存,对于上帝的信仰之缺失,会不可避免地倒转为**偶像膜拜**——也就是对于明显地被局限于时间上的与空间上的框架之内的某种东西的信仰,而这种东西是不能提供出真正的、丰满的思想自由的。

一种颇为流行的认识是,巴赫金的世界观似乎是"相对主义的"——这种相对主义时刻准备接受任何一种解读与"异端邪说"。可是,我们且来看看他的那些"原则"的一个意味深长的表现。还是在60年代里,有一回,我去莫斯科郊外的作家疗养院"玛列耶夫卡"去探望巴赫金,那时他在那里疗养。出乎意料地来了一位新的"朝圣者"——尤里·卡里亚金,他提出这样一个问题:怎样看待别尔嘉耶夫?那时他刚刚开始读别尔嘉耶夫的书。巴赫金说,这可是他的一位最与之截然相对的论敌,这是由于——一如巴赫金所表述的那样——以别尔嘉耶夫的观点看,上帝是需要人的,而他,巴赫金,则认为:恰恰相反,人是需要上帝的……

可是,接下来,事情完全翻转为另外的样子了。尤里·卡里亚金因巴赫金的见解而欢欣鼓舞,开始以正统的马克思主义立场激烈地"批判"别尔嘉耶夫。那时,巴赫金——一般说来是一个十分有节制之人,而对于生硬的争论一向没有一点嗜好——竟以我所陌生的那份坚决而反驳道,如果问题以这样的方式提出来,像卡里亚金所做的这样,他倒是宁可去与别尔嘉耶夫站在一起（顺便说一句，他当年可是见过别尔嘉耶夫的）……

〈……〉

* * * *

作为结尾——来谈谈最主要的东西。一如上文所述，巴赫金曾给自己确立的目标是创建原本意义上的哲学，那种哲学能在其自身完整地保存住俄罗斯的“思想研究”中已得以体现出来的天然的自发力，同时也成为德国哲学那样具有连贯性的与“已完成的”。这其实乃是一个罕见的、似乎是明显不可完成的任务，因为俄罗斯的——其中包括巴赫金的——思想在其根基上恰恰拥有一个原则上不可完结性的“命题”——不论是世界（“一切都在前面，且总会是在前面”），还是人与个性，原则上都是不可完结的：巴赫金的涵义上的对话现象本身，正是以原则上的不可完结性为根据的，因为即便是这一对话中“最为终结的”回答还是会意味着新的问题，新的“对白”。简言之，目标乃在于让已然完结的东西去启开显然不可完结的东西……

我认为，巴赫金能实现这一目标，或者，至少，已开辟出一条通向这一目标之实现的可靠的道路。经历千百年来之发展的俄罗斯思想由此而获得了一种无可争议性、无条件性、牢固的体现，而且恰恰是由于这一点巴赫金在西方赢得了这样一种（在俄罗斯思想家当中）谁也不可比拟的接受；这里说的正是“接受”，而不仅仅是高度评价，基里耶夫斯基、霍米亚科夫、列昂捷耶夫、索洛维约夫、罗赞罗夫，还有——早于所有的人也多于所有的人——相对主义的别尔嘉耶夫，在20世纪在西方“所蒙承惠”的那种评价，其实，从相对主义的别尔嘉耶夫那里，每个人都可以各取所需……巴赫金则在其论陀思妥耶夫斯基的书里十分明确地说道：“……不论是相对主义，还是教条主义，都同样在排斥对话，不是将对话变得不需要（相对主义），就是将对话变得不可能（教条主义）。”

我说过，许多西方的作者将“巴赫金主义”归结为新的智力游戏，它已取代了结构主义以及诸如此类的游戏。但是，这一肯定或者甚至是“指控”完全不是意味着，在西方总的说来没有人理解巴赫金哲学的实质。这里说的是已经席卷了许多人的时行的浪潮，但在其基础上毕竟还有如果不是完全的理解，那么还是有——哪怕是对巴赫金的“发现”

之深度的敏锐的感觉。

当这些或另一些作者突然间开始以怀疑的眼光对待巴赫金思想中的东正教基础之时，这乃是他们属于“职业工作者”，属于“行家”——生活在那边的极权主义条件之下的“行家”——之结果，那种极权主义——譬如说，在任何时刻都可以截断对于这一或那一作者活动的资金供给。因而，在这里来说说一本小书——由一位并不属于“职业工作者”的美国人克林顿·伽德勒出版的《东方与西方之间·俄罗斯心灵之天赋的复活》——还是相当适宜的。

K. 伽德勒，尽管他受过哲学教育，但他是靠经营企业而不是职业性的哲学研究为生。这本小书，在美国他是自费出版；这书译成俄文而在莫斯科出版（1993），用的也是他自己的经费。无法要他去怀疑东正教有什么过错，而他呢，譬如说，则是毫无保留地同意自己的一位美国同道的看法，后者断言在巴赫金的创作中，“基督教之东正教的思想之潜能以任何地方也不曾见到的这样强大的力量表现出来……”

〈……〉

K. 伽德勒认为巴赫金是俄罗斯思想千百年来所形成的链条上最新的一环（他特别说道，有必要对于自霍米亚科夫延伸至巴赫金的那条线索加以梳理），而坚信下面这一点：

“俄罗斯哲学……知晓西方所显然不知但却为西方为全人类所必需的东西……俄罗斯哲学植根于俄罗斯民族的生活之中；它是由俄罗斯人对于基督教—东正教的遗产的考量而发育起来的……”

最后，引人注目的是关于巴赫金之伟大的创作功勋的一个正确的见解：“今天，回首过去，我们就会看到：在 19 世纪的那些俄罗斯哲学家笔下，那种曾经成为对于精神与话语之**相当抽象的**与唯心主义的理解之东西，在巴赫金笔下获得了充分的有分量的**具体性**。”

可以明白，这里说的是可以称之为巴赫金的“对话哲学”的那种东西。上文已经指出，有些作者几乎认为这一对话哲学在西方（与俄罗斯相比较）有更为强盛的发育。在这种情形下主要是指最新的犹太教思想领袖马丁·布伯（1878—1965）以及他的一些战友的那些著作。K. 伽德勒十分了解他们的著作；他甚至还曾受业于这一学派的一个代表性人物的门下。而且，有别于那些显然是知识肤浅视野狭窄的作者——那些人几乎就是在巴赫金的思想同布伯的思想之间画等号——

K. 伽德勒指出了这两位学者基本理念上的截然的**对立**。

布伯与巴赫金在对话本性上的观点彼此是大相径庭的。布伯的对话观点之简练的说法在宣扬:“……成其为**我**,我就以**你**来说话。”相反,巴赫金的对话主义可以这样来简练地表达:“有人作为你来与我交往,我才会成其为**我**。”

巴赫金——与布伯的观点相对立——而认为,没有“你”,没有“他者”,“我”简直就是不可能的,它的存在是不可思议的。在由我不久前于 1992 年发表的巴赫金那些成熟的文本中,这一思想,尤其得到十分明晰的表述。譬如说,在《镜中人》与《论自我意识……》的推论中这样说道:

“并不是我以自己的眼光来看内心……而是我以世界的眼光,以他人的眼光来看自己;我是被他人统摄着……我不拥有从外部来看自己的视角,我不拥有审视自己的内在形象之视界。他人的眼睛透过我的眼睛而在观看……我以他人的眼睛来观看自己,以他人的视角来评价自己。”于是,有了这样的概括:“在建构**他人**之形象与建构自身之形象这一情形之下的意识之立场。现在这是全部哲学的一个枢纽性问题。”

也只有在这一基点上(“我”之在仅仅是由于“他者”在,对于这“他者”而言,我之“我”——“你”),对话才得以实现。

这就意味着,布伯的“立场”(成其为**我**,我就以**你**来说话)同**本真的**对话——由巴赫金基于全部俄罗斯的宗教发展而创建的有分量的学说——无论如何也是不可相容的。不能不补充的是,巴赫金的对话学说——可以这么说——乃是涵盖一切的,因而,不仅仅是个人的存在,而且民族的存在也是作为与其他的民族之对话而展开的,在那种对话之中一个民族才能且也能够获得自己之“我”。这尤其明显地同布伯的立场相对立,以布伯的观点来看,独立自在地自满自足地“成其为我”,一个民族只是在这之后(并且是出于自身的绝对的“自己”)才可能与“你”打交道,与其他的民族(诸民族)相交往。

……现在来说最后的(但就其重要性而言绝不是最后的)一点,这可是必须要说的。上文已经指出,在西方有人认为,在思想世界里,“巴赫金的时代”到来了,巴赫金的哲学——是对当代世界性的“认识危机”之唯一可能的回答。

以某种视角来看,这是“出乎意料的”、奇怪的,甚至是荒唐的“事实”。须知一大批当今的“思想家”都在郑重地宣布，且简直是在大声喊叫：在俄罗斯，1917年之后，除了凶恶、谎言与不成体统之外，似乎是根本上什么也没有。突然间弄清楚了，一个在20年代至70年代间进行创作的俄罗斯思想家“超越了”自己所有的同时代人！那些局外的专家们以整齐的大合唱在肯定这一点，也没有什么理据来怀疑他们之正确性。

这样，一个思想家——一个最初于1919年在刊物上发表文章(也就是说，他的全部创作生涯乃是在“凶恶的帝国”里度过的……)的思想家，竟能将无可比拟的精神建树给予这世界！单单这一点就足以迫使我们以另一种视界来评价20世纪俄罗斯历史之结局——尽管要是让其不真实性减少些，应该是这样一种提法：巴赫金——唯一的一位拥有这样的品级与这样的意义的革命后的俄罗斯文化活动家。

这完全有可能招来强烈的反驳：我这是不是要将1917年之后极具悲剧性的、在许多方面简直是梦魇般的俄罗斯生活现实加以“刷白”？但是，此类反驳乃是——严格说来——基于对于世界历史进程的不了解(或是不愿了解)。须知人类精神之腾飞的那些时代——这——通常——就是那些深刻的悲剧性时代……基督教产生的时代，或者，启蒙时代，或者，法国的(但却是震撼整个欧洲的)革命时代——伟大的德国哲学正好是形成于那个时代——都是这样的时代。

文艺复兴时代的天才米开朗基罗在1545年写下了(丘特切夫则在1855年，在克雷米亚战争的灾难时期将之翻译过来)这样的诗句：

> 别出声，我请求，别把我叫醒
> 哎，在这个罪恶与耻辱的世纪
> 别活着，别感觉——这可是令人嫉妒的福分……
> 睡着才愉快，做石头更愉快些。

任何一个20世纪俄罗斯文化活动家都有充分的理据来重复“罪恶与耻辱的世纪”这句话。但是，在这样的环境中去履行自己的职责——应当认为，这就是精神创作之最高表现，整个世界最终都要来景仰这种表现……20世纪俄罗斯的精神创作在无可比拟的高度上作出了自己的建树〈……〉

伟大的巴赫金的创作正是在这样的土地上得以孕生,这是完全合乎规律的……

1993 年春

对一次交谈及与其相关之事的追忆*

(1993)

C. Г. 鲍恰罗夫　著

周启超　夏忠宪　李　琳　译

当这已成为无法补救的憾事之时，我方才明白：当年同巴赫金的交谈甚少。也就是说，曾有过许多各种各样的交谈，但大多是随意而稀疏的，而少有重要的、密实的。不过，那也曾是自然的：不曾有那类刻意于有分量的交谈之定势。有过许多日常的交往，有过对于这位思想家身体之单纯的呵护，尤其是在最后那段时光，那已是在莫斯科的寓所里，那时，米哈伊尔·米哈伊洛维奇已经衰弱了，那时，总是令人回忆起茨冈人口中所吟唱的奥维德：

> 奔腾的河水已结冰，
> 寒冬的狂风在怒号，
> 他们便给这老圣人，
> 裹上毛茸茸的皮袄。

红军街21栋42号寓所里那时的情景，的的确确也曾正是这样。但愿有朝一日，这一有许多波折的情节会被详详细细地讲述出来——在"作家之家"里的这套住房是怎样被弄到的，在这件事上曾起了作用的又是哪些无形的力量……

同茨冈人口中所吟唱的奥维德之相似之处曾不单单是外在的，而且一部分也曾是内在的。我们，当然，彼此是刚刚结识的熟人，我们都曾读了不少书而都还是相当有文学修养的。但是，那样的一种感觉——对他来说，在我们当中没有交谈对手——曾经还是有过的。而

---

* 原刊于《新文学评论》1993年第2期第70－89页。

这曾影响到交往。

然而，也曾有过一些交谈，对其中的一次，还是应当来讲一讲，因为我觉得这一次交谈涉及了巴赫金之命运中的一些珍秘的话题。

这次谈话发生于1970年6月9日，那是在库尔斯克铁路线上格里夫诺站附近的一个养老院里，米哈伊尔·米哈伊洛维奇与叶莲娜·亚历山德罗夫娜大约是三周前在这里安顿下来的。在这之前，他们在封闭的孔采沃医院[①]住了7个月，那是"奉命"（得力于B. H. 图尔宾与他的女弟子И. Ю. 安德罗波娃之机敏的张罗，Ю. B. 安德罗波夫大手一挥）而被安排进去的。正是在6月9日这天上午，我算是领略到了这一招的力量。当时我正拿着医院给米哈伊尔·米哈伊洛维奇和叶莲娜·亚历山德罗夫娜开的处方，上位于西弗采夫·弗拉日克的"中央委员药房"取药，但我先是上了他们的门诊部，从那里出来，人家打发我过马路去药房，不过，人家提醒道：就这么去可是不让进的，必须出示能证明通行权的证件。我没有这样的证件，人家便盘问我了：谁住院了，为何住院？而正当我为难时，"是奉命吗？"这一句发问帮了忙。我兴奋地点了点头，人家还吩咐进药房时也这么说。我当时就是这么自信地说道：**"奉命"**——人家便放我进去了。

在养老院里，人家起初给巴赫金夫妇住的是二层楼上的一个大房间，交谈曾经就是在那个房间里进行的。后来，在年底，已经给他们安排得方便一些了——从办公用房里拨出一套两居室；这套房位于养老院的基本居住者要经过的那些通道的一侧。第一个房间就在这座房子的中央，要上巴赫金夫妇的住处，就得先穿过偌大的公共空间，再从栖身于这座房子的那些坐着或行走的老人身边经过。这曾是莫斯科郊外一座相当普通的养老院，可毕竟是新建而相当清洁的；然而，无论如何，也不是那种老演员养老院。来自巴黎的斯拉夫学者安妮·艾彼尔布恩，曾是到那里拜访巴赫金的（我曾与她，还有列瓦·舒宾一道去的）第一个外国人；她一身法国女人打扮，那份对比曾是挑衅性的而似乎在双方眼中都是怪诞的。

夏末（8月26日），米哈伊尔·米哈伊洛维奇曾在这里为波多尔斯克区的中学教师做了一次有关陀思妥耶夫斯基的讲座。电影放映厅

---

① 即位于孔采沃的克里姆林宫医院。——译者注

里，曾聚集了大约30位女教师。那时，我第一回也是唯一的一回听了这一以教授、讲课人、公开演讲者之角色出场的米哈伊尔·米哈伊洛维奇的讲座，我可以想象出，他曾是怎样的一位大学教师。我凭室内交流的体验而不曾知晓的那种端着的嗓门，在大教室里才能听到的嗓门，那种经典的教授风度，那种恰如其分的激情，在他这人身上一一得以展露出来了。当时聚集在这里的那些人，想必曾听到了有关陀思妥耶夫斯基的一些出人意料的东西。譬如，关于苦役归来他的信念发生变化的原因；其中——归来之后，他已看出，他的青春岁月里的进步与社会主义已成为廉价的信念，那是陀思妥耶夫斯基最为鄙视的东西；他找到了当年曾领他见别林斯基的涅克拉索夫，后者如今已是一份激进的杂志的编辑与一个有财产的人、一个企业家。请看一看《卡拉马佐夫兄弟》中的拉基金：从宗教学校出来，他便打算去做一个进步的新闻工作者，因为这更有利可图。演讲人的嗓音几乎是在表演拉斯柯尔尼科夫的悲剧，而用通俗易懂的话语来对复调性长篇小说的思想进行改写。陀思妥耶夫斯基并不同意拉斯柯尔尼科夫的观点，但且来听一听：我们每个人身上都有这种声音。且来听一听拉斯柯尔尼科夫——他说得非常令人信服。且来听一听而自己去做决定吧。还有一个话题曾给人以坚决而固执的印象——陀思妥耶夫斯基的**非天真性**。他——可是最不天真的。在陀思妥耶夫斯基面前，所有人都显得天真：《与友人书简》中的果戈理就非常天真，托尔斯泰曾欣赏许多东西，陀思妥耶夫斯基什么也不曾欣赏而只是探寻。这曾是巴赫金所喜爱的话题之一，曾经常出现在交谈中，甚至曾出现在这样的语境中，譬如，“难道在《作家日记》中的那些文章里陀思妥耶夫斯基不是天真的吗？”——我曾问道。“是呀，但若要说他那也是天真，那便是犬儒主义式的天真”——他曾这样回答道(1972年1月9日的谈话)。看来，在这位作家与思想家身上，他曾偏向于看中的毕竟还是这样的东西，而不是素朴的天真性。

不过，这讲座的举行已时值1970年的夏末，而我现在要来讲一讲6月9日的那次交谈。从药房出来，我便去了社会科学情报研究所(那时叫做社会科学基础图书馆)，在那里，用我的个人借书证为米哈伊尔·米哈伊洛维奇借了几本德文书和法文书。他请我给他捎去一本新出的哲学著作，他曾有心补一补在萨兰斯克那些年月所形成的知识脱节。在格里夫诺所读之书的纲目，已留存在他的那些笔记本里。我带着药与书来到了格里夫诺。

在米哈伊尔·米哈伊洛维奇的床上,放着B.H.沃洛希诺夫的《马克思主义与语言哲学》一书——这是谁给他捎来的(他自己的那一本呢,以我之见,已经没有了)。我注意到这本书,并将它拿到手里。叶莲娜·亚历山德罗夫娜说道:"你可记得,米申卡,在芬兰的别墅里,你曾将它口述给瓦连金·尼古拉耶维奇?"(这段回忆,已被前不久已公布的巴赫金一案之侦讯材料所证实:根据他在审讯中的口供,1928年夏天,沃洛希诺夫曾在他在尤卡河畔[1]的别墅里住过;这本书曾于1929年1月面世,那时巴赫金已经被捕。)

当时,我曾决定问一问这本书与梅德维杰夫论形式主义方法那本书之奇诡的作者身份与作者权利之个中原委;这一话题在后来的交谈中曾不止一次地出现。他曾以一小段独白来作答,这段独白乃是以某种激情而被道说出来的(回到家之后,我记下了当天晚上的这次交谈):

"你要知道,我曾认为,我能为自己的朋友做这件事,而对我来说,这并不曾费什么,要知道,我曾想,我还会写出自己的书,并不需要这些令人不快的补充(这时,他冲着书名点了一下头,并做了个鬼脸)。我那时并不知道,一切弄成这样了。而过后,所有这些又有什么意义呢——作者身份与作者权利、名字?所有这些,在这半个世纪里,在这个没有神赐的土壤上,在这种不自由的天空下,所创作的这些,这一切在某种程度上都是有缺陷的。"

"米哈伊尔·米哈伊洛维奇,如果可以,暂且不谈论(沃洛希诺夫的)这本书,与它相关的情况复杂——但是,您论陀思妥耶夫斯基的那部书有什么缺陷呢?"

"瞧您说的,难道我就只能是那样来写这部书?要知道,我在那里曾使形式从主要的东西上分离开来了。当年我可是不能直接来谈论一些重要问题的。"

"米哈伊尔·米哈伊洛维奇,那是一些什么重要的问题呢?"

"那些哲学的问题,折磨陀思妥耶夫斯基一辈子的哲学问题——上帝之存在问题。要知道在那里我曾不得不总是拐弯抹角——来来回回地闪烁其词。不得不控制自己。一有想法,马上就要停下来。来来回

---

[1] 参阅C.C.孔金:"被捕与判决",《苏维埃摩尔多维亚》,1991年3月26日。

回(米哈伊尔·米哈伊洛维奇在交谈中重复了好几次这句话),甚至连教堂都有所保留。"(米哈伊尔·米哈伊洛维奇在这里指的是《陀思妥耶夫斯基》一书第一章中他与Б. В. 恩格尔哈特争论的地方。Б. В. 恩格尔哈特曾在《陀思妥耶夫斯基的思想小说》一文中,依照黑格尔的观点而将作家的世界解读为统一的精神之辩证的形成。)但是,"统一的正在形成中的精神,即使作为一种形象,也会同陀思妥耶夫斯基本能地格格不入"——巴赫金断言道。我敢斗胆以我之一己之见来对此加以补充:黑格尔的精神同巴赫金本人乃是本能地格格不入的,并且,与黑格尔式辩证法的争论会深深地印入他的世界观之基石上,关于这一点,我在下文还要尝试来说几句。如果要以他的世界观为视界来为陀思妥耶夫斯基的世界寻找一个形象——巴赫金继续说道——那么,这样的形象将是"作为彼此并不相融合的心灵之间的交往沟通之教堂……或者,也许就是但丁的世界之形象"。实际上,在这部书的文本里,在这句话之后就有一个保留:"但连教堂这个形象终究也不过是一种形象,并不能对长篇小说的结构本身作出任何解释……长篇小说之诸层面间那些具体的艺术的关联,那些关联之向作品之整一的结合,应当是在长篇小说本身的材料上得到解释与展示;而'黑格尔精神'和'教堂',则同样地会将人们从这一直接的任务引开。"[①]几十年之后,即便是在他获得世界声誉的那个年月里,对这一保留——这一在1963年的版本中再次重申的保留,他显然还是耿耿于怀的。

我曾提出了反驳。我说了,假定是这样,但这只是未尽之言,但凡有耳者就能够听见。难道他没有以自己的这部书而说出了关于陀思妥耶夫斯基之新的话语?重要的是,我曾经(现在也)认为,陀思妥耶夫斯基研究上的那种转向——巴赫金在自己的这部书中实现了这一转向——由世纪初的哲学批评转向结构——形象学的考量,曾是深刻而富有成效的,正是这一转向使得说出"新的话语"成为可能。

——您可是在第一章里——我这么说——对哲学批评进行了清算,展示了用这种批评来解释陀思妥耶夫斯基身上主要的东西之不充分性,展示了要与陀思妥耶夫斯基一道来进行哲学思辨,或者,更为确切地说,要与他的那些主人公就"一切都是允许的,如果……"以及诸如

① 米·米·巴赫金:《陀思妥耶夫斯基创作问题》,列宁格勒,1929年版,第41-42页。

此类的题目来进行哲学思辨——那同深刻地解读陀思妥耶夫斯基可就不是一回事而相去甚远了。

——“是的,也许吧”——巴赫金答道——“但这一切还是文学学。”(他又做了某个鬼脸)这仍然是在文学学的惯性的圈子里,而应当是走向另样的世界。不,在最高苏维埃这一“话语”是不会被考量的。**那里**不会有人读这个(当时这是在暗示——就像在布尔加科夫笔下,**那里**没有人读过大师的长篇小说。还在《大师与玛格丽特》发表之前,巴赫金就已经读到了这部长篇小说。那是1966年夏天,在马列耶夫卡,他读的是打字稿,那是叶莲娜·谢尔盖耶夫娜·布尔加科娃[1]通过A.З.伍里斯而特地给他转来的。后来,他曾好几次谈起这部长篇小说,而且,在各种谈话中曾以不同的方式评价其有关福音书的部分。他曾说过,从神学的角度来看,这仍然是在低层次,但他也曾严肃地谈论过布尔加科夫笔下的基督:这乃是传统之中的基督,那些唯灵论者、那些中世纪神秘主义者、И.弗洛尔斯基的那些追随者——他们曾教导人们会有一个未来的圣灵世纪、会有一种从专横和服从中摆脱出来的、人与上帝之间的新关系——之传统中的基督。唯灵论的话题曾使巴赫金感到亲切,他曾喜欢反复说,真理与权力不能兼容,真理永远存在于谦恭的面貌里,任何权力、胜利都具有毁灭性,“真理的胜利”这一词组本身,就是contradictio in adjecto。布尔加科夫笔下的基督正是以其同唯灵论者传统的这种关系而让他感兴趣。)

——“喏,至于说文学学,那里或许也有什么东西”——巴赫金继续说道——“在文学学中,现在也在出现很多有趣的东西,譬如说,您,还有你的那些同志。”并对我真诚的手势(我当时曾摇了摇手)回应道:“您呀,至少是不会背叛的。如果说,您并不确信,那是因为,您现在还不自信。而我曾拐弯抹角——来来回回地闪烁其词。”

我当时记下的那次交谈就是这样的,当然,被记下来的只是它的渣滓,不过我希望,这毕竟还是出自当时曾经说出的那些话语。这次谈话,在我看来乃是值得注释的:好几个会使巴赫金的读者们持续激动的话题,已得以汇集在这里。

---

① 在巴赫金的档案中保存了与此相关的E.C.布尔加科娃写给他的书信、短信。

(一)

被 C. 阿维林采夫称之为"第二号正经"的那些论著,在后来的谈话中我们曾不止一次地提及。米哈伊尔·米哈伊洛维奇不太乐意谈论这个话题,但要求他说的时候,他承认,《弗洛伊德主义》、《文学学中的形式主义方法》、《马克思主义与语言哲学》这三部著作以及 1926 年发表的《生活话语与艺术话语》一文的确是他所写,而且是"从头至尾",不过这些作品都是为朋友而写,著作权也已同时让予这些友人(来自 1974 年 11 月 21 日的谈话)。关于沃洛希诺夫的其他文本,他在谈话中很少明确提及,但是当回忆起 1930 年《论诗学与语言学的界线》一文中对 B. B. 维诺格拉多夫语言学诗学做出的相当果断和机智的评论时,米哈伊尔·米哈伊洛维奇面带微笑,似乎颇为满意。

解释还是那些话之不同的说法:"这些都是我的朋友,他们当时需要出书,而我也打算再写一些自己的论著。"(1974 年 11 月 21 日)就这么简单,但是,这样一来,当然也就更令人吃惊。对理由的论证曾是比较复杂的:"不以自己的名义公开发表是适宜的:我当时认为,时机还未到。""而论陀思妥耶夫斯基的那部著作呢?""已决定了动笔。我当时并未料到,这一开始好像就意味着结束。"(1974 年 4 月 10 日)

这是可以理解的:即便是巴赫金本人提供的出自他之亲口的申明也不足以解决问题。C. 阿维林采夫干脆提出了"毫不勉强地将问题搁置于未解决状态并认定它是不应当被解决的"[①]这一相当明智的建议。问题可能就这样被搁置,在取得无可争议的证据之前无法解决。而证据很可能不再会被找到,除非最先进的文献鉴定方法将来能够出现。虽然相关的**见证**并不少,但它们却不足以成为**证据**。尽管不止一位交谈者记录下了巴赫金的证言(B. B. 柯仁诺夫、维亚切·伊万诺夫、B. H. 图尔宾、Ю. M. 卡冈、C. H. 布罗伊特曼、美国的斯拉夫学者 T. 温勒,我在这些记录中不过加上了自己亲耳所听到的部分,并保证记录的准确性),显然,仍是裹足不前。除此之外,还存在着那些遥远事件之同时代人和见证者的证言,那些被记录下来的事件,通常也不仅仅是由一位

① 《民族友谊》,1988 年第 3 期,第 259 页。

交谈者所记录，譬如，B. H. 沃洛希诺夫的遗孀妮娜·阿尔卡基耶夫娜·沃洛希诺夫娜(她在 1975 年 4 月与我谈论《弗洛伊德主义》和《马克思主义与语言哲学》时曾说道："这两本书是由米哈伊尔·米哈伊洛维奇所写。"这一点也在她于 1978 年 3 月 14 日写给南斯拉夫的《马克思主义与语言哲学》译者与出版商拉多万·马基亚舍维奇的信件中得到了确认[①])。另外，还由一些当时被沃洛希诺夫和梅德维杰夫所批评的著名社会活动家的观点所佐证，譬如 B. B. 维诺格拉多夫(毫不怀疑地认为巴赫金就是《论诗学与语言学的界线》一文的作者)，譬如，B. Б. 什克洛夫斯基(即便是在 70 年代里，他都不曾原谅巴赫金论形式主义方法的那部书[②])。需要指出的是，巴赫金在"他人的"论著中的拥有作者身份与作者权利这一说法之所以出现，并不是得力于"巴赫金的正经之扩张"，并不是 60 至 70 年代里巴赫金之影响得以扩大而声誉日隆的结果，就像一直具有怀疑精神的 Г. 莫森和 K. 爱默生[③]认为的那样——这一说法从 20 年代起就已在列宁格勒知识分子圈中出现并流传下来：我首次得知这件事是在 1960 年的列宁格勒，在没有同巴赫金会面之前，那时，维诺格拉多夫和 H. Я. 别尔科夫斯基已经对 B. B. 柯仁诺夫谈论此事，他们曾将那些有争议的著作之内情当作"公开的秘密"来讲述。至于维诺格拉多夫在传播秘密和保存信息中所扮演的角色，巴赫金在谈话中(1974 年 11 月 21 日)说道，1929 年曾有调查员对这个秘密非常感兴趣并承诺予以保密。"他们的确遵守了诺言。这是维克多·弗拉基米洛维奇·维诺格拉多夫在列宁格勒闲聊而散播出来的。"

最后，我借这个机会公布一个与这件事相关的文件。我手头现在保存有当年 И. И. 卡纳耶夫《现代活力论》这篇文章发表时那家杂志所赠予作者的单印本之影印件(《人与自然》，1926. No. 1 - 2)，在这个单印本上，有作者亲笔所写的证词：

"这篇文章，完全由米·米·巴赫金所写，我只是给他提供了

---

① 米哈伊尔·巴赫金(V. N. 沃洛希诺夫)：《马克思主义与语言哲学》，贝尔格莱德，1980 年版，第 14 页。

② *Clark* Katerina, *Holquist Michael*, Mikhail Bakhtin. Cambridge, Mass: London, 1984. p. 375.

③ *Morson Gary Saul*, *Emerson Caryl*. Mikhail Bakhtin: Creation of a Prosaics. Stanford, 1990. p. 103.

一些参考文献，并促成了将它在其编辑部是我所熟悉的一家刊物上给刊发出来。

И. 卡纳耶夫　　1975 年 11 月 3 日”

也就在那时，即 1975 年 11 月 17 日，他在给我的信中写道：“现将以我的名义发表的米·米·巴赫金的文章影印本寄给你。我好像已经告诉过你，1925(?)年夏天，栖居在彼得戈夫的米哈伊尔·米哈伊洛维奇，像那个年代经常出现的情况一样，需要用钱，为了挣取稿费而写下了这篇文章。我并没有参与写作，只是搞到了一些必要的著作并促成了该文的发表。我当年也曾将这样的影印本寄给了 B. H. 图尔宾。这篇文章现在未必能够刊发，因为它过时了。但在将来，如果承蒙感恩的后人们决定出版全集，那么，有可能的话，请他们将该文以小号铅字在最后一卷的末尾排印出来。——这篇文章文笔机智，写得很好。”

伊万·伊万诺维奇还口头补充说，巴赫金之所以接受这一工作，是因为他“对这些问题感兴趣”。其实，在那个年代，新生物学的哲学问题曾以其独特的方式同文学理论相交接。十年之后，这一交接孕生了巴赫金的时空体理论，作者对这一理论的引入，曾是同他对数学自然科学的援引相关联的，曾是同他对 A. A. 乌赫托姆斯基有关生物学中的时空体的一个学术报告的援引相关联的——1925 年夏季，在彼得戈夫生物研究所，巴赫金曾听过 A. A. 乌赫托姆斯基的这个报告（根据彼得堡研究学者 H. И. 尼古拉耶夫的考证，正是在那个夏天，也正是在那个彼得戈夫，巴赫金小组的一个成员 Л. B. 蓬皮扬斯基也曾在卡纳耶夫的研究所度夏；他们在研究所的那个“塔楼”里的聚会情景，在 K. 瓦吉诺夫的长篇小说《山羊之歌》[①]中得到了描写）。

怀疑者之一 H. 瓦西里耶夫前不久曾以这样的推论作为论据：就一个作者之胜任的能力而言，即便是就巴赫金而言，学科之范围也是太宽了：心理分析、理论语言学、文学学方法论——H. 瓦西里耶夫怀疑地说：“这么多的学科似乎不是他的一生所能容纳得下的。”[②]然而，实际上的结果是，连生物哲学也曾被容纳下了。

---

① 康斯坦丁·瓦吉诺夫：《山羊之歌》，莫斯科，1991 年版，第 551 - 552 页。T. Л. 尼科利斯卡娅与 B. И. 艾尔尼亚的注释。

② 《文学评论》，1991 年第 9 期，第 42 页。

就是这样,当这一问题开始得到讨论时,巴赫金当年那些奇诡的合著者之中,唯一尚且在世的这一位,以书面形式对巴赫金一个人独有的著作权作出了确认——这样一来,如果说曾有人怀疑这种不寻常的事实真有可能在他们的友好的创作小组中发生(在这个小组的照片上,И. И. 卡纳耶夫与梅德维杰夫、沃洛希诺夫一起出现在巴赫金身边[①]),那么,上述情况便在佐证:没错,确有其事。在卡纳耶夫提供的信息中,这一合作之动机之形式也部分地得到解释:一个是需要挣点钱,另一个是争取到了他与其编辑部有关系的刊物上发表的机会,而那时谁也不知道巴赫金(对于那些当时不是在某个苏维埃的组织机构有个一官半职业的作者,而巴赫金当时就是最高程度上这样的一个人,要在 20 年代后半期发表文章出版著作则是变得越加困难了)。当然,这一佐证不能自动地适用于其他有争议的文本,但它却是可用于对类似的现象进行推论的一个间接而有力的论据。另一些有争议的文本,是不是有可能曾经也正是以这样的一种作者身份与作者权利之模式而产生的呢?

可以按照编年体般的时间顺序来做出这样的一个梳理。现在我们都知道,20 年代上半期,巴赫金曾写了不少东西,但不曾有任何东西发表,他在这个年月里那些有分量的著述都是在他已经过世之后,在 70—80 年代里,开始为人所知。对于 20 年代后半期也是有这样强度的探索之踪迹(巴赫金的手稿),我们现在却完全没有掌握。十年的结晶——论陀思妥耶夫斯基的那部书,看来,曾是在整个十年的期间里准备出来的(1922 年 1 月 18 日,巴赫金在给 М. И. 卡冈的那封信中曾披露他在写这部书[②])。要是做出这样的推测将不会是不足为信的:有关作者在那个十年的前半期与后半期之著述的资料竟是如此明显的不平衡,这种不平衡正好可以由这一理由来解释,那就是从 1925 年起,作者之著述在基本上曾经是被指向于对那些“他人的”著述之撰写,与此同时,是对论陀思妥耶夫斯基一书进行最后的准备。

还可以做出推测:1924 年为《俄罗斯现代人》所写的那篇理论文章(《话语艺术创作的内容、材料与形式问题》)的命运,促使了这一现象的产生。这份杂志当年年底被查封,而那篇文章直到 1975 年才得以发

---

① 这个系列的照片中有一张曾刊发于《文学遗产》第 93 卷(莫斯科,1983 年版,第 707 页)。

② 《记忆:历史文集》第 4 辑,莫斯科,1979 年版;巴黎,1981 年版,第 263 页;米·米·巴赫金:《话语创作美学》,莫斯科,1979 年版,第 393 页。

表。为了能从真正的程度上评价这一受挫的意义，应当记住，“最反动的”——就像它当年在苏联报刊上曾经被以“无产阶级的作家们”之名义而称呼的那样——《俄罗斯现代人》之被查封，那是意味着什么。这个出版物，曾网罗了最优秀的文学力量，并受到了在意大利居住的高尔基的庇护，它曾是为了创建一份独立的、能摆脱政治压力的杂志之最后一次尝试。《俄罗斯现代人》之关闭标志着文学生存条件的改变[①]，而巴赫金从杂志和自己论文的受挫能够得出结论。一如 Н. И. 尼古拉耶夫[②]所认为的那样，1924 年那篇文章在刊发上的受挫，曾有可能成为新的、那么不寻常的著作与署名形式诞生的催化剂，这种新形式是与这样的一种必要性相关联的：有必要使自己的话题同时代占统治地位的语言相适应相投合。“那些并未署上自己的名字的发表与出版曾是合适而方便的”：他表达了自己的观点，用的却是那样的方式——要是以本人名义来表达想必就不愿去用的那种方式。看来，这对当年曾接受（或曾提议）这种奇诡的合作方式的那些朋友来讲也是合适而方便的。在 1974 年 4 月 10 日的谈话中有这样一个对话：“米哈伊尔·米哈伊洛维奇，要是您以自己的名义来写那会是另外的样子么？”“那会是另外的样子吧。”

但是，这些有争议的文本本身提供了哪些客观佐证呢？将这些文本同巴赫金的文本加以对比——题材上的、观念上的、术语上的、文体上的那种真正展开的对比，似乎尚未得以进行；在一篇回忆录式的特写里也没有为此而提供可能性。且让读者自己在 1926 年《生活话语与诗歌话语》一文中，将这里就“艺术形式”而同诗语研究会对它的那种理解——将之视为“材料之形式”——所进行的争论中所说出的——形式之“积极的评价性的”本质，这一本质会“英雄化”、“抚慰”、“歌颂、悲悼，或者嘲讽”被描写之人[③]——且让读者自己将这些表述同 1924 年巴赫金的《话语艺术创作的内容、材料与形式问题》[④]一文中相应的形式思想来加以对比。沃洛希诺夫 1926 年这篇文章开头就提出艺术作品之

① 参见 K. 楚科夫斯基：《1901—1929 年日记》，莫斯科，1991 年版，第 287 - 302，500 - 501 页。

② 《米·米·巴赫金与 20 世纪哲学文化》，第 2 册，圣彼得堡，1991 年版，第 37 页。

③ 《星》，1926 年第 6 期，第 246 页。

④ 米·米·巴赫金：《文学与美学问题》，莫斯科，1975 年版，第 14 - 15，56 - 71 页。

"内部的、内在的社会性"这一论题[①],巴赫金 1929 年《陀思妥耶夫斯基创作问题》[②]一书则也是以这一论题来开篇的;该书序言中照样也谈到艺术形式渗透着"鲜活的社会评价"[③]——而这可以与《文艺学中的形式主义方法》[④]一书中得到发展的社会评价理论、与沃洛希诺夫 1926 年那篇文章中的同样的论题相对比:"正是这些社会评价在组织艺术形式……"[⑤]沃洛希诺夫、梅德维杰夫和巴赫金在这里完全一致,这是他们共同的论题。且让读者同时打开上述 1926 年那篇文章(该文因其相对短小精辟而尤其堪称巴赫金之整整一套话题之百科全书般提纲挈领的综合),在那里涉及在"合唱团之支持"缺失的情景下忏悔、圣愚与"抒情嘲讽"[⑥],将这些论述同巴赫金早期的那篇论"作者与主人公"的美学专论[⑦]中相对应的文字进行对比,读者将会确信,具有相近性——"**同一性**"的,不仅仅是那些相当独到的思想见解,而且还有那些例证(海涅、拉法格、安年斯基,等等)。这些文本的相近还可以继续列举下去,但关键并不在于举例的数量,而在于它们导向巴赫金的著述同沃洛希诺夫-梅德维杰夫系列著作中的观念性立场的一致。

如今谁不知道,他人言语理论与言语体裁理论曾是巴赫金在语文学中的发现(这几乎是哥伦布式的对于他人言语这一片可用来考察之新大陆的发现)。可要知道,它们之初次亮相曾是在《马克思主义与语言哲学》一书中;巴赫金当年能够不引用第一个发现者沃洛希诺夫的观点吗? 对于梅德维杰夫的征引也是同样的情况,因为"言语表达的类型","用于表达对现实之视像与理解的内在的体裁","实际生活的表述形式"——这类观念,早在一年之前就已经出现在他笔下[⑧];随后呢,它曾作为"小型言语体裁"这一观念在沃洛希诺夫著作[⑨]中得到了发展;

---

① 《星》,1926 年第 6 期,第 246 页。

② 米·米·巴赫金:《陀思妥耶夫斯基创作问题》,第 3-4 页。

③ 米·米·巴赫金:《陀罗妥耶夫斯基创作问题》,第 4 页。

④ П. Н. 梅德维杰夫:《文艺学中的形式主义方法:社会学诗学批判导言》,列宁格勒:激浪出版社 1928 年版,第 162-174 页。

⑤ 《星》,1926 年第 6 期,第 258 页。

⑥ 《星》,1926 年第 6 期,第 263-264 页。

⑦ 米·米·巴赫金:《话语创作美学》,莫斯科,1979 年版,第 135-136,158-159 页。

⑧ П. Н. 梅德维杰夫:《文艺学中的形式主义方法》,第 129-130,181 页。

⑨ В. Н. 沃洛希诺夫:《马克思主义与语言哲学》,第二版,列宁格勒:激浪出版社 1930 年版,第 23-24 页。

最后，便是它在巴赫金的那部已经是在 50 年代里写下的专题性著作《言语体裁问题》里得到了发展。尽管一些说法在这些不同的著作中具有不同版本的异文性，**观念的同一性**却是存在着的。应该概括地指出，在所有的这些对比中可以发现恰恰是观念上的，而非文本上的统一甚至是同一——我们在沃洛希诺夫-梅德维杰夫的文本中几乎碰不到对巴赫金文本之直接的重复，那些彼此相近的或直接是同一的观念，是以一些别样而新颖的提法而被展示出来的。巴赫金不曾署上他人名字而抄写自己的文本——他写下的是新文本，并找到了异文方案——这些方案，看来是同著作与署名之另一种模式以及这一模式所要求的条件相符合的，并且在这种情形下也保留住了与自己文本无异的真实性，虽然他没能够向读者公开，并且也不再对此抱有希望。创作上具有的这一不同版本的异文性本身，同他这人思维上的深刻独特性曾是相符的，他曾在那个总结性的自我评价中就这一独特性而说过："我对同一个问题之不同版本的说法之喜好，对用于同一个现象之术语上的多样性之喜好……"①

B. B. 柯仁诺夫曾给我看过巴赫金写于 1961 年 1 月 10 日的一封信，他允许我征引这封信。这封信是对柯仁诺夫的一个询问的回答，那询问曾是由从 B. B. 维诺格拉多夫那里获悉的一则消息而引起的。信中写道："《形式主义方法》和《马克思主义与语言哲学》这两本书，我都十分了解。B. H. 沃洛希诺夫和 Π. H. 梅德维杰夫——我之已故的两位朋友；在这几本书之创作期间，我们曾在最为亲密的接触中工作。更何况，被作为这几本书与我论陀思妥耶夫斯基的那部书之基础的乃是**共同的**语言观与言语作品观。在这一层面上，B. B. 维诺格拉多夫完全正确。我应当指出的是，共同的观念与工作中的接触之存在，并不会降低这几本书中的每一本的独立性和原创性。至于 B. H. 沃洛希诺夫和 Π. H. 梅德维杰夫的另一些著作，那么，应当说，它们是在另一种界面上而没有反映出共同的观念，我一点也没有参与那些著作的创作。

"我至今仍持有这一语言观与言语观——已在上述这几本书中得到陈述的、不具备足够的充实也不总是那么明白易懂的这一语言观与言语观，尽管它在 30 年间当然完成了某种演变。"

---

① 米·米·巴赫金：《话语创作美学》，第 360 页。

这里一切都已经清楚地说出来了。**共同的观念**并不存在于上文所提及的那些作者的另一些著作之中,**那些著作是在另一种界面上**。未必能怀疑的一点是,这曾是独特的——作者的观念(我们清楚,巴赫金之强有力的哲学—语文学学说就是这样的),而并非集体创作的成果。

可是,马克思主义呢?《马克思主义与语言哲学》——这是什么呢?这书名大得出奇,以至于巴赫金在那次谈话中曾一个劲儿做鬼脸而唯恐避之不及。

当年,我们 1961 年 6 月在萨兰斯克与米哈伊尔·米哈伊洛维奇之第一次见面(当时在他面前有我们三个:В. В. 柯仁诺夫、Г. Д. 加切夫和我),曾是以他对自己的一个申明而开场的:他不是一个文学学家,而是一个哲学家。"但我不是一个马克思主义者"——他立刻就补充了这么一句,以便使我们马上就了解,这是在跟谁打交道。后来,我曾问道(1974 年 11 月 21 日):"米哈伊尔·米哈伊洛维奇,也许,您曾在某种时候一度对马克思主义着迷过?"——"不,从来没有。只是曾有过兴趣,就像对许多其他的东西那样——对弗洛伊德主义,甚至对招魂术。但从来在任何程度上也算不上是一个马克思主义者。"

实际上,显而易见,巴赫金早期的那些长篇论文之哲学语言中似乎并不包含几年之后向马克思主义演进的先决条件。他究竟对马克思主义中的什么东西感兴趣,《行为哲学》中有关历史唯物主义的那一段话可以对这一点提供出认识,同时要考虑到这一情形:在改革初期,这篇论文刊发时那一段话曾未能通过出版审查,而被删节了。① 在那些有争议的文本写作期间,巴赫金曾在有关安德烈·别雷的一次讲座中这样评价《银鸽》中的知识分子主人公们:"这是一些低能儿,废物:一方面,他们手头持有从马克思那里摘来的片言只语,还带有他所有的那些极其模式化的统计数字……"②

沃洛希诺夫-梅德维杰夫的那些文本中的马克思主义又是什么呢?这是文本的第一层和表层,读者在头几行就可以碰到它们,而接下来大多是在论著的那些开头部分;随着向实质性问题层面的继续深入,马克

---

① 在 В. Л. 马赫林的小册子《巴赫金:行为哲学》中,该篇论文的这一文本片段,在复述中得到了复原。(莫斯科,1990 年版,第 40－41 页)。

② 米·米·巴赫金论 А. 别雷与 Ф. 索洛古勃的讲座笔记,载 *Studia Slavic Hung*. ⅩⅩⅨ, 1983, p. 223.

思主义的套话之比重便开始减少，而在文本之更大的空间里销声匿迹。细心的读者会发现，有义务要说的那些套话，实质上并不触及论著中巴赫金自己的理论内核，而且并不费多大的气力就可以将它同这一内核剥离开来。《马克思主义与语言哲学》这一书名所显示出的这种不自然的共生——乃是文本之共生性特质的一个鲜明反映。

与此同时，按照Г.莫森和K.爱默生[①]的评价，这是一种“灵活的马克思主义”，它站在那个时代的粗鲁而庸俗的意识形态语言之反对派的立场上，完成着自由主义的使命。只需来看看这一点就足够了——论形式主义方法一书的作者是如何运用马克思主义辩证法那些极其复杂和灵活的步骤，来为文艺学方法论之标准这一课题进行论证。这位作者，可以说，是在技艺精湛地运用这一明显与他格格不入的语言来作为护身符，使之服务于自己内心深处的创作课题。

这些文本中的社会学的术语之情形要更为复杂，那些术语在这里构成一个并不能等同于官方的马克思主义的层面，这一层面更深地蕴藏于因而也更接近于问题的内核。不过，这已是另一个要单独来谈的话题了。

严肃地讲，这些有争议的文本所具有的马克思主义声望在国际巴赫金学中孕生了两种彼此对立的谬见：要么是已乐意地确认（这主要是在法国的左翼批评之中）巴赫金——已被认可是这些文本之作者的巴赫金——的演变之中有一个马克思主义的阶段；要么是基于巴赫金在哲学上对于马克思主义的反对派立场，而使他的作者身份与作者权利遭到了否定，或者使之蒙受了很大的怀疑。不过，情况想必还是可以用更为复杂的、非同寻常的方式来加以解释的。

对于那几位署名作者曾以某种形式参与这些文本的加工润色或者是裁剪改制，想必是无法排除的，一如在1930年为《文学学习》所写的那些文章中，无法排除沃洛希诺夫本人的那种也许就是根据“共同的观念”之基本轮廓而进行的工作（尽管1930年之后——那时巴赫金已离开而去流放地——他以语言学为题目的文章之发表已经中止，这一富有表达力的事实作为佐证，并不是有利于这一推测。）——这样一来，一种类似，一种与文艺复兴时代艺术家工作室里的那种情形的类似：在那

① *Morson G. S.*, *Emerson C*, p. 111.

里,大师画出主体部分,而把细节之描绘留给门徒们——这种类似,是由 K. 克拉克、M. 霍奎斯特[①]所提出的——也许,还正是近乎真实。我们还可以冒险再举一个类似的例子——普希金与季特合著的中篇小说《瓦西里岛上的幽静小屋》:普希金并不曾写下这部小说,他只是与几个人在一起讲过这情节;而季特随手将之记录了下来,并在取得普希金的允许后就以"季特·科斯莫克拉托夫"的名字将它刊发出来,后来,他曾有过证言:"从严格的历史意义来说,这完全不是科斯莫克拉托夫的而是亚历山大·谢尔盖耶维奇·普希金的产品,他曾大师般地讲述了整个这一怪诞的故事……"[②]普希金学专家们早已将《幽静小屋》纳入普希金的创作语境之中,并将它以附录的身份收入他的作品选集。巴赫金学专家们也已将沃洛希诺夫-梅德维杰夫系列著作纳入巴赫金的语境之中。不过,看来,"在严格的历史意义上"来说,这一复杂的著作与署名之实在这里走的是另一种的、逆向的路子——巴赫金的"季特·科斯莫克拉托夫"曾是这样构成的,就像普希金仿佛不知为何(我们猜测,是不愿意以一个时髦的浪漫主义的可怕的故事之讲述者的角色而出现在读者面前)倒愿意隐身于季特(季特·科斯莫克拉托夫)之背后似的。

对于某些以不同的表现形式而体现出来的参与,是无法排除的。不过——而这才是主要的——被议论的这些文本,是以不容怀疑的完整性为特点的,它们没有内在的裂缝,那种裂缝乃是由它们已经具有的共生性与杂多的层面性相当悖论地粿合起来的;然而,这共生性与杂多的层面性被接受为有意识而被缜密地组织起来的,将外表的马克思主义层面也囊括进来。这便构成他们的作者身份与作者权利之谜。

K. 克拉克和 M. 霍奎斯特已指出:具有反讽意味的是,曾那么倾心于作者身份与作者权利之理论的巴赫金,自身却成了对于这一理论而言的一个有趣的谜。[③] 的确,在那些有争议的文本中出场的那种作者的形象,看上去,是可能作为巴赫金术语中的第二性的"作者形象"而为人感兴趣的,它有别于"第一性的"、"纯粹的"作者[④]——总之,这是"第二号巴赫金"(若要是继续进行那个由 C. 阿维林采夫凭借圣经上的那

---

① *Clark K.*, *Holquist*. *M*, p. 150.

② А. И. 杰尔维格男爵:《我的回忆》,莫斯科,1912 年版,第 1 卷,第 158 页。

③ *Clark K.*, *Holquist*. *M*, p. 146.

④ 米·米·巴赫金:《话语创作美学》,第 353 页。

些联想而提供的游戏，并回忆起该书最后几章作者所假设的“第二号以赛亚”，即“第二个以赛亚”这一问题）。在那些有争议的文本中，它们的马克思主义者—作者，就是这样的。

看来，谜底就在于，作者曾被定位于“作者形象”；他当年并不曾那样似乎就是以自己的名义来写作——米哈伊尔·米哈伊洛维奇曾对我谈过这一点；他曾是带半个假面来写作的。当年，刑侦员曾暗示过他——米哈伊尔·米哈伊洛维奇这样回忆道：“要知道，我们可清楚，您对马克思主义的方法也掌握得非常好。”他的确是掌握了，能佐证这一点的不仅仅是那些有争议的文本，还有论托尔斯泰的两篇文章，那是在与世隔绝，被侦讯调查之中写出的（他曾于 1928 年 12 月 24 日被捕，1929 年 1 月被从法庭释放回家而住院治疗；给《复活》所写的那篇序文草稿上标明的日期是 1929 年 4 月 14 日；6 月，就在法庭开审之前，论陀思妥耶夫斯基那部书面世了；这年秋天呢，卢纳察尔斯基对已被判刑的这位作者那部书之友善的评论却问世了；在那年月里，这样的事还曾有过，这使我们不禁回忆起：车尔尼雪夫斯基当年曾在彼得保罗要塞监狱里写下他那部长篇小说，并曾在《现代人》杂志上将它刊发出来；而且，米哈伊尔·米哈伊洛维奇曾于 1974 年 11 月 21 日回忆道，当年刑侦员曾对他的妻子说道：“且让米哈伊尔·米哈伊洛维奇去写吧，我们会将它刊发出来的。”有一小部分也的确给刊发出来了：论托尔斯泰的那两篇文章，以这位作家的作品选集之序文的形式于 1930 年秋以他的署名而得以面世了，这时作者已经身在远方，已被流放在库斯坦纳；可是，自此之后直至 1963 年，就已是完全不曾给他发表与出版什么了）。而且，这两篇文章，含有一些从列宁与普列汉诺夫那里征引来的典型的意识形态的说法；这是唯一署上巴赫金本人名字、而沃洛希诺夫-梅德维杰夫系列论著的特点也曾输入其中的文本（正因为如此，米哈伊尔·米哈伊洛维奇对自己论托尔斯泰的这两篇文章所作出的回应是有失公正的，但他那是从自己内心进行清算而将之称为“粗制滥造之作”，因而他曾不愿意重刊它们：他曾当着我的面将它们从一份为翻译为匈牙利文而准备的他自己的著作清单中给勾掉了）。

这样看来，本人的与“他人的”著作之间的界线并不曾是不能穿过的，虽然如此这些界线曾经还是有过的。“他人的”曾是根据游戏规则而被构建的，不过它们同作者身份与作者权利与他人话语这些理论问题曾经还是有关系的,他一生都在研究这些理论问题。这曾是以“他人话语”这一问题之现实而具体的—历史的折射:他人语言曾经以非本人的名义而得以引入,并且曾经得以巧妙地构筑于本人的理论话语之上。对于那时代的他人语言,即便在往后的那些岁月里,巴赫金也曾是在意的——这样,在30年代末,他自己的那个拉伯雷,那个拥有其非官方的真理、文化、话语之激情的拉伯雷,他就是同时将之立基于那个年月里官方所认可的现实主义与人民性这些概念之上而构建出来的。(我应作保留的是,米哈伊尔·米哈伊洛维奇当然并不曾以类似的方式来陈述这一情势,也不曾讲述自己戴着一半假面的作者身份与作者权利这一经历;这乃是我的一种如是观,由我之所见所闻之中而得以形成的一种如是观)。

但是——且来发挥我之如是观——如此一来,这便正是一个特别而不寻常的合作著撰的个案:似乎是版本学上尚无先例的一个复杂案例。不论沃洛希诺夫与梅德维杰夫是否曾经参与这些文本的撰写,也不论他们在其中曾经参与的那种形式、程度、份额(对这一点,我们现在无从查考,除了卡纳耶夫的那篇文章这唯一的一个例证),在所提及的这些著作与文章上出现的他们的名字,都已成为全部情境的一部分。他们的名字因此而就同这些著作与论文不可分割:作者的意愿曾经就是这样的——这一意愿曾被体现于:在沃洛希诺夫、梅德维杰夫、卡纳耶夫的名下,这些论著不仅仅得以出版,而且得以被**写出来**(我再次回想起1970年6月9日他说出的那句话:“要知道,我曾想,我还会写出**自己的著作**。”)晚年的巴赫金当他在那些交谈中承认了自己实际上的作者身份与作者权利,可是并不曾有愿望使之合法化之时,便是对这一意愿进行了确认。并且,这些论著应当是在符合这一意愿而将 В. Н. 沃洛希诺夫、П. Н. 梅德维杰夫,甚至 И. И. 卡纳耶夫的名字保留在其上这一前提下,而得到再版重刊(尽管 И. И. 卡纳耶夫曾出示了巴赫金之作者身份与作者权利的直接证据;但是在所有这些情形中,情境之统一应当得到保存):这些名字构成他们的那些文本的组成部分。[①]

至于说这些文本所具有的巴赫金的特质,那么,除了那些分析与那

---

① 法国语文学家茨维坦·托多罗夫所提供的正是这样的处理。茨维坦·托多罗夫:《米哈伊尔·巴赫金:对话原理》,巴黎,1981年版,第23页。

些佐证，它可是能被直接地感觉到的，就我能了解到的，还不仅仅是能被我一人感觉到。“就像是果戈理散文的片段”——Л. С. 麦莉霍娃曾就此而说道。这是一个具有主权的头脑——Н. А. 沃洛希诺娃在 1975 年 4 月的一次谈话中曾这样来确定巴赫金在他们那个圈子里的地位。正是这一具有主权的头脑在实质性层面上主宰着这些文本。能在文本中占据主宰地位的那种具有主权的思想——而根据这一特征便可以将它们从“合著者”的另一些论著中给区分出来——那些论著（梅德维杰夫论勃洛克，或者，沃洛希诺夫以音乐为题目的那些论著）则处于“另一种界面上”。

Б. 帕斯捷尔纳克于 1929 年 8 月 20 日写给 П. 梅德维杰夫的那封著名的书信，恰恰就是作为对这一头脑之智力水平的反应而富有表达力。“我不曾知道，您在您自身隐藏着这样的一位哲学家。”帕斯捷尔纳克曾经就这样无意中说出了那部书的作者身份与作者权的问题。他还曾捕捉到理论内核与马克思主义的外壳之间的内在冲突：“难以想象，在您拥有如此丰富的具有方法论意义的蕴涵这一状态中，人家曾认定您是一个虔诚的马克思主义者。”[①]

“但毕竟需要有某种证据。……”——“什么证据也不需要……一切都很简单：就像雪白的斗篷带有血色的衬里一样。”

看上去，这就是那种情形。另一些话语也不禁被回忆起来了：“但在这里是什么也无法证明，要让人去相信倒是有可能。”（《卡拉马佐夫兄弟》）我觉得，这几句话便是适用于这情境的卷首题词。

（二）

巴赫金之有争议的作者身份与作者权利，当然引起所有人的好奇心，但这归根到底不过是表面的问题。在那次交谈中，这曾不过是一个开端，交谈的继续则具有了戏剧性的特点。巴赫金对他那个时代、他自己那部书与他自己的结局都做出了严厉的评价。

在这种情形下他就自己的那部《陀思妥耶夫斯基》所说出的那些话，会把我们引入一个模糊不清的问题——他与 20 世纪俄罗斯宗教哲

---

① 《文学遗产》，第 93 卷，第 708－709 页。

学的关系。巴赫金继承了20世纪俄罗斯宗教哲学的课题,却更换了哲学思辨的语言。巴赫金早期的那些论文同别尔嘉耶夫或卡尔萨文的那些论点之间可对照的东西,自是可以收集到不少,但应当确定一个具有决定性意义的事实,巴赫金曾偏离了世纪初俄罗斯哲学的主轨道。

在西方最早的一批论巴赫金的文章中,有一篇出自Ю.克里斯特瓦的手笔,她曾对他那部《陀思妥耶夫斯基》一书的语言,给予了一种富有表现力——尽管也有点显得故作宽容的——描述:这部书的语言就像是人文主义者那样的恍惚不定而"甚至就是不敢明说的基督教的","在精细的文学史学家之纪实化的风格与作为解读文本之手段的有穿透力的直觉之间游弋穿梭;这著述既不是文学的,又不是语言学的,也不是哲学的,但所有这一切又能立刻融汇在一起;频繁的重申与准确性不足;从未得到严格界定的那些语言学术语的涵义之经常不断地错位……"[①]如果说,在克里斯特瓦那里这种语言是不够准确的,那么,对于M.Л.加斯帕罗夫——这种语言则是"挑衅性地不准确的"[②];后一种说法看上去更接近实质。在实证的科学性——作为语文学研究的语言而被要求的这种科学性——的背景上,《陀思妥耶夫斯基》一书的语言就是这样的。在我看来,由巴赫金的那种哲学的—文学学的—语言学的混合之不得体引发的对一个很有原则性的语文学家之刺激,曾是加斯帕罗夫对巴赫金进行的那种猛烈抨击的内在动机。然而,在另外的背景下,巴赫金的语言看起来便会是另外的样子。但是,在我们的宗教—哲学传统中占优势的那种自由随意的思考风格之背景上,这种语言就会显得过于严谨而过于受约束,术语上更有条理,而仿佛就是将某种原则性的自我限制置于自身。

Ю.克里斯特瓦在论陀思妥耶夫斯基一书中曾听出"不敢明说的基督教"色彩("悄悄地基督教的"——可以较为自由地译为 un langage humanisite, voire sourdement chretien),可是她不曾了解更早的那篇有关作者与主人公的专论,关于那篇专论,可以说,这就是以美学形式出现的巴赫金的神学,或者说,是用神学的术语来处理的巴赫金的美学。我不知道,什么样的哲学上的类似著述能有这样的结合。《作者与主人

---

① 朱莉娅·克里斯特瓦:《诗学之毁灭·为米哈伊尔·巴赫金:〈陀思妥耶夫斯基诗学问题〉一书所作的序文》,巴黎瑟伊出版社,1970年版,第21页。

② M.Л.加斯帕罗夫:《第二模拟系统》,塔尔图,1979年版,第114页。

公》这篇论著里执著地传出审美拯救的音调，可是即便在这里这一音调也作为“不敢明说的基督教的”音调而传出。这篇论著毕竟是“完全世俗化的”，就像作者在一个地方曾专门强调指出的那样；那里说的是一个要求作祈祷之人的状态：“任何一种内在的世俗文化行为在这里都会是不充分的，都会是肤浅的。对这一因素的分析已超出我们的这篇论著——完全世俗化的论著——的范围。”①

但要知道，他以这一保留就已让人明白，这篇论著也可能会是另一种样子，它——是跨界性的，而且他就在我们眼前划定了界线。他给出的并不是宗教哲学，而是对最基本的人际间的情境之“现象学的描述”，他曾将这一情境称为审美事件。但他使描述语言充满了神学概念，而在审美事件中揭示出宗教深度。

阅读巴赫金，我们不禁会猜测，基督教哲学的某些基本模式已被深深地蕴藏于他曾倾心于其中的那些情境的分析之中。“存在中的在场”——他的这一戒律意味着什么呢？——难道不是那个被视为道德犯罪的寓言——那个“被埋没的才能”的寓言之变形？埋没才能，就意味着追求存在中的不在场。而这种存在中的在场，在他那里其实就如同戒律一般：禁止与应分——去实现我在存在中的唯一位置的那种应分。

另外一个众所周知的论题，是巴赫金那个著名的悖论，这一悖论在于：陀思妥耶夫斯基笔下主人公的自由，主人公的那份得以摆脱了作者的自由，在这种情形下却又强调，主人公的这份自由同这一显而易见的事实并不矛盾：这一自由的主人公，还有这一主人公之自由本身，均是由作者创造出来而都要进入作者的构思之中——一如 H. K. 鲍涅茨卡娅所曾指出的，这一论题，已经引起了这么多困惑的这一论题，本身乃是人之共同创造的自由这一教义原理之套用。②

巴赫金美学的宗教层面十分深奥，但是，它被隐藏着，因此而深奥，它深藏于心底，一如不可言说的话题。显而易见的是，在巴赫金笔下这一切会这样不单单是出于苏联时期的写作的外部条件。它被隐藏着，仿佛是不允许我们对此做出过于断然的评判。

---

① 米·米·巴赫金：《话语创作美学》，第 130 页。

② Studia Slavica Hung. XXXI. Budapest, 1985. C. 100.

应当接受这样一个重要的事实:还在其早期的那两部具有倾吐心曲之性质的论著——那是用深藏于心底而纯粹的哲学语言写成的,而且看上去也不曾有那些针对书刊审查而虚与委蛇的应付——之中,他已经偏离了宗教哲学这条道路——作为传统之主干道而他曾在其背景上起步的宗教哲学这条道路。思想家巴赫金的全部原创性,就是同这一基本事实相关联着,就是由它所决定的。

有一次,在谈到对俄罗斯宗教哲学的态度这一问题时,他曾回答道(1971 年 1 月 25 日):“我曾迷恋过马堡学派——这就说明了一切。”从谈话的记录中可以断定,对俄罗斯之新的哲学,他在某种程度上评价不是很高。俄罗斯之新的哲学在巴赫金那里更像是在“自由的思考活动”那个档次上运转,而不是在原本意义上的哲学这一档次上。他则是曾倾向于将哲学理解为“严谨的科学”。

当年,在第一次会面之时,我们曾在“读什么”这一问题上流连甚久,他不曾给我们指称 20 世纪哲学家的名字;他只指称了一个名字——如果非要说这也是哲学家,那也是绝对特别的一个。他说道:“请读一读罗赞诺夫吧。”

大约同样的一个情形是,在论及俄罗斯的思考活动之时,他谈的是欧洲的存在主义,他看出了,这一其同胡塞尔之间的关系一如同源头之间的关系的存在主义,已然是哲学前景之“被兑换”,之丧失,之“退却到自由的思考活动那一边”。“哲学已经想要成为与当下现实相关联的东西”,然而,从严格的意义上来讲,它恰恰是不应当成为同“生活”紧密关联着的,进而以这样的方式去给生活提供出前景。(1971 年 6 月 3 日)这吻合于在另一次交谈中他说出的一句格言,“哲学始于现实之终结”。(1974 年 10 月 29 日)

不过,紧跟在这一类评价之后突然而来的是:“自由的思考活动——从某种观点来看,这可是更为深奥的。”(1971 年 1 月 25 日)这一类保留,曾十分符合米哈伊尔·米哈伊洛维奇的风格。他曾看中保留而将之当作是必要的校正,这一校正能将论断之广度给挽救出来。他这人也曾的确拥有保留素养。有一次,我心情沮丧地上他那儿,那是由于必须要向他转达《文学问题》编辑部的一个要求:这份杂志已刊发他的“时空体”中的一章,编辑部要求他作出某个例行的保留性说明,一个完全没有什么大不了的保留性说明,但这一使命使我感到了压抑,我当时曾恼怒地抱怨我们这苏联报刊对保留性说明之没完没了的需求。“是呀,可是绝对的、不容反驳的思想,不允许保留的思想,恐怕是还要糟糕些呢”——他当时反驳了我的看法,并且轻松地答应了编辑部的要求。(1974 年 1 月 31 日)他曾善于果断地表达自己的思想,但马上又通过婉转的保留,来宣布对作为最终论断的这种果断予以部分的否认;这曾是在交谈中他总会采用的典型的一招。譬如,他曾对作为 20 年代的一种人的类型与学者类型的形式主义者们作出这样的评点:“这曾是一些小人物。”(实质上,他曾经也就是这么评价那些人的。)但当问及每一个具体而单个的人之时,他便开始给予那些人应有的评价。“是呀,蒂尼亚诺夫曾比另一些人要更为厉害些。”——“那么,艾亨鲍姆呢?”——“那是个稳重的人,他们中间最保守的一个,一个不会笑的人。(1974 年 4 月 10 日)”我不知道,这怎么会同艾亨鲍姆那种精致的幽默——许多人都会回忆起的那种幽默——联系起来,但是,由他口中说出的那个“不会笑的人”是个什么样的人,任何一个读过他的《拉伯雷》的人都会记得这个的,他宁可要骗子也不要一个不会笑的人;而在那年月里,“最保守的”曾是一个正面的评语。也就在那次交谈中,他也曾把梅列日科夫斯基称为一个不会笑的人,他曾在彼得堡宗教哲学协会里认识了梅列日科夫斯基,那是在 1916 年,A. B. 卡尔塔舍夫曾将他引入这一协会。

在《文艺学中的形式主义方法》一书中,在谈到西欧艺术学中的形式主义与我们的形式主义学派之形成的不同条件时,有一段恶狠狠的文字论及俄罗斯的思考活动。如果说,在西欧,这一思潮曾是在以哲学唯心主义为强劲对手的斗争中形成的,那么,“在我国并不曾存在有学派与严整方法的、已经形成并巩固起来的唯心主义。它的位置被思想政论与宗教哲学批评占据了。这种自由的俄罗斯的思考活动,当然就不曾能够起到像唯心主义对西方形式主义所曾起过的那种能克制对手而使其观点深化的作用。要抛弃我国的自以为是的思想家的显然就是毫不相干的各种美学体系和批评经验,那倒是一件太容易不过的事情了。”①

如果说,也可以部分地将这一评语列入这部书的马克思主义倾向,

① П. Н. 梅德维杰夫:《文艺学中的形式主义方法》,第 78 页。

那么,也只能是局部性的,因为晚年的巴赫金曾说过几乎是同样的话。为了对所有的要点都准确地加以考虑,这里要顺便指出,在1928年版的这部书中有一个区分非常重要:这就是将欧洲艺术学中的形式主义思潮——在这里,这一思潮在整体上乃是被看做对于艺术之视角的富有成效的改变——同我们祖国的诗语研究会的形式主义,断然地区分开来。["这在第二版里,巴维尔·尼古拉耶维奇曾改动了许多,并且很不成功。"——米哈伊尔·米哈伊洛维奇1974年11月21日在指称П. Н. 梅德维杰夫这部书的第二版《形式主义与形式主义者》(Л.,1934)时,曾这样说道。这其实已是另一本书,在其中,1928版的那部书的文本被大量采用。但那是怎样被采用的呢?这么说吧,它完全失去了原有的水准,在这里被抽取而作为马克思主义之框架的东西已不再是灵活的,而是粗暴而庸俗的;1928年版的那部书的一些原则性的论点遭到粗暴的变形,其中包括将我们祖国的形式主义同西欧的形式主义之分野几乎归结为零,因为后者也被宣布为"欧洲帝国主义时代之唯心主义的反动势力"[①]。而主要的问题是——1928年版的那部书里整整一系列最为出色的、最具有理论蕴涵的那些段落,在1934年版的这部书中干脆就不见了——其中恰恰就包括帕斯捷尔纳克曾基于其激烈的反应而在给梅德维杰夫本人的那封信里所指出的那些段落。在《形式主义与形式主义者》这部书里,对《形式主义方法》那部书的文本加工,十分粗暴而不能作出有利于那一推断——这两部书的作者身份与作者权利乃是同一的这一推断——之佐证,因为难以想象,怎么可以这样来对待自己的文本。]

巴赫金的道路会由于与之相似的 A. A. 梅耶的命运之对比而显得更为分明,后者曾在不可能的条件下继承着宗教哲学的一贯传统,在白海-波罗的海集中营里,30年代则是在卡良辛流放地,写出了自己最好的著作。我是在1972年1月5日第一次从巴赫金口中听到了梅耶的名字;他们当年在宗教哲学协会和20年代的列宁格勒圈子里曾经关系亲密。梅耶这人曾集虔诚的宗教性和奉公守法的信念于一身,他曾认为,不应当与当局进行斗争,而应该避免宗教与政治的混合——米哈伊尔·米哈伊洛维奇曾经这样讲述道,梅耶这人的面貌在这一讲述中曾

---

① П. 梅德维杰夫:《形式主义与形式主义者》,列宁格勒,1934年版,第38页。

与那样的一种唯灵论者的传统相贴近了，他曾在与布尔加科夫的长篇小说的关联中谈及这一传统。也就在这里，就政治这个话题而说出了这样的一句：这是那种“无法用真理去照亮”的领域。“我与梅耶曾一同被判刑十年（我后来被改判为五年）”——这一讲就这么结束了（根据1929年7月22日苏联人民委员会国家政治保安总局的判决，巴赫金被判集中营劳改5年；[①]梅耶最初则被判枪决）。

巴赫金的道路同梅耶的道路是相似的，正像他们的哲学一样；这两条道路有着典型的不同——一是梅耶的那种公开的形而上思辨，一是巴赫金的那种在更为密实的人间环境中得以完成的戏剧性行为，那种此岸的本体论，这种本体论带有对形而上思辨之官样文章般的拒绝，但却承受了在不断敞开的形而上思辨之一线光亮那种富有神学意味的补充性的烛照。

1929年论陀思妥耶夫斯基的那部书，如同论作者和主人公的那篇专论一样，也曾是一种自我限定。对陀思妥耶夫斯基长篇小说的那种也是现象学的描述，将之看作审美对象、内在形式的那种描述——并不曾更多地奢求。我曾在上文已经陈述的1970年6月9日的那次交谈中对作者进行了反驳，而对这种自我限定给予了高度评价，作者在自己的著作中竟看出了某种“缺陷”。对他而言，自己的这部书曾是在“不自由的天空下”出现的因而也曾是不自由的。

我还在想，也许，不自由的环境反倒是曾促成了《陀思妥耶夫斯基创作问题》一书所成其为是的那一发现，也许，不能围绕“主要的”命题直接地进行哲学思辨这一不自由，反倒是曾使得实行课题视域上的转折成为可能。那里确实是有一种争鸣性的转折——显然不仅仅是迫不得已的，而是从对于陀思妥耶夫斯基的那种哲学批评的传统偏离开来，实际上在第一章中，他是在对这一传统进行卓有成效的清算。那样的一种逻辑上的彻底性——作者曾善于以这种彻底性而将自己的注意力从内容之表层转移开，从主人公们的**对话**及其**思想之对话**转移开——难道不曾使得他有可能清理出自己的对象（在巴赫金的方法论中，它被称之为“审美客体”），而将**对话**作为长篇小说的内在形式与**思想**在其中的布局而展开？我们是不是得益于这一点而从巴赫金这儿获得了并不

① 参见：《文学问题》，1991年第3期，第131－132页。

是又一种以陀思妥耶夫斯基为话题而发挥开来的沉思,而是对于他的长篇学说本身的一种根本上是新颖的观点?应当为这一点而感到遗憾吗?可作者曾经是感到遗憾的,那么,面对着这位思想家的悲剧——从他的这些悲伤的话语中已然可以感觉出来的——悲剧面前,我的这些论据又能意味着什么呢?

巴赫金对俄罗斯哲学的评价不是很高。在谈到陀思妥耶夫斯基时他也曾肯定地说道,重要的是将他这人首先看作一个艺术家,“的确,一个特殊类型的”,而不是一个哲学家与政论家,他就是以这样的视角而写出了自己的这部启示录般的书。然而,晚年的巴赫金曾经为他没能在当年尽情地进行哲学思辨而感到遗憾……

(三)

他曾经不单单是心怀遗憾,而且还怀有一种类似于忏悔的情感:“您,至少是不会背叛的。如果您不能坚信,那是因为您不自信。”也就是说,对于我们是没有需求的,我们没什么可背叛的,而他本可以坚信下去,却没有坚信,而这就意味着,他曾是背叛了。还可以在某种程度上用另一种方式理解这些话吗?

忏悔的母题也曾出现在另一些交谈中,况且还并非偶然地与那些“他人的”论著这一话题相纠结。这一情境上那种毕竟是某种犬儒主义的东西曾要求解释,而米哈伊尔·米哈伊洛维奇曾是这样来解释的:“总的来说,当时正值腐化风行,对道德根基的蔑视曾成为主流,这一切看上去曾是那么可笑,似乎这一切都崩溃了。”“米哈伊尔·米哈伊洛维奇,连您也是这样吗?”“是的,我部分地也是。我们可是背叛了一切——祖国,文化。”“那么,怎样才能做到不背叛呢?”“牺牲。我当时曾动手写题为《谈谈那些没有牺牲的人们》的文章,一篇非学术性的文章。当然,我并没有完成,后来毁掉了。”所有这些曾是神色泰然而相当愉快地讲述出来的。(1974 年 11 月 21 日)

我还曾了解到巴赫金的又一篇未得以保存下来的文章之题目,可以给这类列个清单(譬如,1972 年 10 月 28 日,他曾讲述了这样的一件事情:“长远的语境这一问题曾令我分心,还在 20 年代里我曾几次着手这一研究,可是行之不远,只是刚开了个头。不曾有这一研究所需要的长远语境。”“可是，您后来曾展示了陀思妥耶夫斯基所需的长远语境吗？”“没有……”“那是古希腊古罗马的、梅尼普体讽刺性的、狂欢的语境？”“是呀，在某种程度上是那样的。但那是在十分有限的程度上。许多宗教的与哲学的语境都曾被排斥在外。”再一次沿那一条思路流露对自己那部陀思妥耶夫斯基所需的著作的奢求）。

那篇文章是“非学术性”的，看上去曾是一篇政论文。我们不知道，巴赫金曾写过这样的文章。看上去，它是与瓦吉诺夫的《山羊之歌》相契合——要知道，那恰恰是一部写《没有牺牲的人们》的长篇小说。它写的是敏感的知识分子在那个年月里的悲剧，那样的一种（悲剧）——正是《山羊之歌》[1]。

也就在是那里，在谈及“腐化风行”的那次交谈中，也泄露出《文艺学中的形式主义方法》一书之出现还曾带有一种动机：这是在为《陀思妥耶夫斯基创作问题》那部书的面世而向巴维尔·尼古拉耶维奇致谢：要是没有巴维尔·尼古拉耶维奇的帮助，它就不会在激浪出版社出版，他在那里曾有很大的影响力（米哈伊尔·米哈伊洛维奇也曾对 C. H. 布罗伊特曼谈及此事[2]）。然而，这些细小的母题，正如可以看出的那样，在巴赫金那里却得到了扩展：由对那些有争议的论著之解释，他转到了对那个年月的评点。在这些交谈中，隐约地呈现出他与那个年月间的关系那段戏剧性的历史。那样的一段历史，M. Л. 加斯帕罗夫在他的那篇抨击性文章中曾敌意地将它给简单化了，他把巴赫金说成是一个未得到认可的“出人意料的继承者”，一个突然间获得了作为“他人话语”之文化的“新型的读者”（!），一个对文化进行掠夺与霸占的褫夺者与篡夺者——总之，这就是一个在某种程度上类似于流浪汉伊凡的人物。（加斯帕罗夫其实是在同现如今的那些赞扬者那些辩护士交战，但却将一时的恼怒不纯正地迁移巴赫金本人身上，巴赫金出于斗争的逻辑不得不充当这一交战的“武器”，正如在加斯帕罗夫那篇谩骂之开篇巴赫金就被指称的那样。）

巴赫金曾清楚地意识到，自己是生活在怎样的年代里。我认为，B. H. 图尔宾在谈到巴赫金“曾原谅了体制”，并且曾经先是与苏联人民

---

① 古希腊文“悲剧”一词含有“山羊之歌”之义。——译者注

② 《时空体》（文集），马哈奇卡拉，1990 年版，第 112 页。

委员会国家政治保安总局继而与克格勃进行对话时[①]，他挑选的语词是非常不准确的。从我所听到的和已经尝试在这些笔记中所引证的这一切来看，巴赫金对于这些事体的评价曾是不留情面的。不论是对于这整个时代，还是对于身处这时代之中的他自己。至于他曾在讲述自己被捕的情形之时而能以开阔的胸怀作出评判，并能那样地描述正是这一体制的所作所为，那已是另一码事："时值 1928 年圣诞节期，前来逮捕我的有两个人：一个不讨人喜欢，另一个是犹太人，很讨人喜欢。他见到黑格尔的著作后就用德语尊敬地问我：'您是哲学家吗?'然后——就是判决前的关押所，牢房。条件还不算坏。允许写作。审讯——很少，有那么几回。调查员——彼得罗夫·伊万·菲利波维奇，是第二分局的长官，还有斯特罗明-斯特洛耶夫。曾经都是带着尊敬来进行交谈的。后来，他们，当然是被清除掉了。我现在还记得，塔尔列曾带着一份得意写信告诉说：'您知道吗，逮捕我们的人被清除掉了。'但我当时并不能分享这份得意。"(1974 年 11 月 21 日)

当然，拒绝与一同坐牢的狱友分享复仇的得意乃是具有深意的，就像有能力发现"很讨人喜欢"的国家政治保安局人员并指出牢房里"条件还不算坏"一样，但这就是意味着"他曾原谅"并曾"与之进行对话"了吗？不，这里需要用某些别的词语(E. B. 塔尔列曾在晚一年被逮捕，并且当是与 C. Φ. 普拉东诺夫院士一同成为那个已谋划好的"院士案"中的主要人物。[②] 20 年代末—30 年代初列宁格勒的"右翼知识分子"这一整个案子，曾经是由一组刑侦员对其进行审理的，在那个办案组里，曾起过最为显要的作用的就是 A. P. 斯特罗明——梅耶、巴赫金、塔尔列、Д. C. 利哈乔夫都曾同他打过交道。已经出任内务人民委员部保安局萨拉托夫分局局长的斯特罗明，在 1938 年"被清洗掉了"。巴赫金的文档中还保存着 E. B. 塔尔列晚些时候寄给他的几封信。1946 年 8 月 19 日塔尔列写道："很高兴从您的来信中了解到，您打算逐渐地重新着手研究费多尔·米哈伊洛维奇。如果您将来并不是按照编年体般的先后顺序来进行研究——就请您先把《噼噼啪啪》[③]给分析清楚。这可是

---

① 《文学报》，1991 年 5 月 8 日。

② 参见 C. 叶列宁和 Ю. 奥维奇尼尼科夫(C. 罗金斯基和 A. 杜布金)对 H. Π. 安季费罗夫回忆中的一章之发表所作的注释：《记忆：历史文集》，第 4 辑，第 130－135 页。

③ 《噼噼啪啪》——陀思妥耶夫斯基于 1873 年以怪诞手法写就的一个讽刺短篇。——译者注

一个绝妙的、梅菲斯托菲尔式的东西——而且根本就不曾有人碰过它——并请您尽快将文章刊发出来，以便我在自己也成为这类美文学作品的素材之前还来得及拜读。要知道陀思妥耶夫斯基写下这部作品，是在他去世之前 6 年，那时他已经患病在身——而且这个作品在他那里根本上没有与任何东西相纠结。对文学史家和评论家，这是一个很大的空间。”在 1963 年问世的这部书第二版中，巴赫金完成了塔尔列的这一愿望，对《噼噼啪啪》进行了详细分析，可惜塔尔列已经无法读到了。）

巴赫金在早期——涅维尔时期——唯一的一篇为我们所知的已刊发的文章，在十月革命后最初的那个年月里以布道式的口吻写就的那篇文章——《艺术与责任》(1919)——之激情——乃是参与之激情。这种激情在那个年月里曾孕育了什么样的活动呢？《铁锤报》这份涅维尔工农红军代表苏维埃的机关刊物，其 1918—1919 年合订本可为这一点作出见证。[①] 在这份报纸上，Л. В. 蓬姆皮扬斯基、М. И. 卡冈、Б. М. 祖巴金——在“音乐版块”则有 М. В. 尤金娜——在那些辩论会上的几十次报告与演讲的报道。那些辩论会的主题有《上帝与社会主义》、《艺术与社会主义》、《论生活的意义》、《论爱情的意义》，那些报告的题目有《谈谈列奥纳多的世界观》、《谈谈契诃夫》、《基督教与批判》、《尼采与基督教》、《文学与哲学中的俄罗斯民族性格》——在这些辩论会与报告会上，到处都有巴赫金的身影。在露天排演希腊悲剧——索福克勒斯的《俄狄浦斯王》(多么了得！)。参加这一活动的是本市及县里劳动者学校的学生，其人数超过 500 名。由精通埃拉多斯[②]与希腊的行家公民巴赫金与公民蓬姆皮扬斯基指导这一排演(《铁锤报》，1919 年 5 月 27 日)。辩论会《上帝与社会主义》得到详细的报道(1918 年 12 月 3 日)：“昔日的宗教捍卫者，就是那些将宗教看成一块美味面包的基督教的牧师、天主教的教士和犹太教的拉比们没有一个出席这场有趣的辩论会(可能是由于有了良心发现，这些假圣徒害怕将心灵的扭曲暴露在大庭广众面前)。但他们的位置，已由在思想上与他们相去不远，也许，就是其子嗣或近亲的公民蓬姆皮扬斯基(竟是这样！)与公民巴赫金占据

---

① 这一材料系 Ю. М. 卡冈与 И. И. 尼古拉耶夫所收集。

② 埃拉多斯——古希腊人对其国家的自称；1883 年以后曾为希腊国家的正式名称。——译者注

了……”

在杰伊赫曼同志之后,是公民巴赫金发言。他在其讲话里——这一讲话是在捍卫宗教这一黑暗的笼口——像是在云端的某处飘忽不定,越飘越高……生活中的和人类历史上的活生生的事例在其讲话中难觅踪影。在其讲话的某些地方,他认可了并给予社会主义一定的评价,但他只是一味地惋惜并担心,这个社会主义本身对逝者完全不关心(不做安灵弥撒,他指的是不是这个?)他说,随着时间的流逝人民对这一点是不会原谅的。真是有趣,人民究竟是在何时“不会原谅”——是一百年或更久之后?——那时,人民会比现在要开明一百倍的!“这种情况是不会发生的”——有人这样回答了巴赫金。

“总的来说,听了他的这一番话语,就可以这样来寻思,躺在棺木中的已腐烂的整个队伍马上就会复活而爬出来,会将所有的共产主义者及其所实行的社会主义从地球上给一举扫灭”。

这是巴赫金与时代关系的一个片断。参与的激情与这样的一种参与。对抗,但也参与。谢谢那位身为无神论者的红色记者,就因为他的报道:这是不是涅维尔的流浪汉伊凡对巴赫金的描写呢?广泛的口头言说活动,这种活动留下了很少的印迹。面向公众的活动,几乎就是在街头广场上的活动。这是涅维尔与维捷布斯克时期(1918—1924)。[①]接下来,在列宁格勒,也是口头的但却不是面向公众的与非官方的活动;从街头广场和开放的教室,他转移到在家里活动的小圈子里,这将要付出被捕和判刑的代价(曾让他们特别担心的是——米哈伊尔·米哈伊洛维奇 1974 年 11 月 21 日讲述道:在那些小圈子里曾有一些青年人,“有人曾请求不要毁了青年”);如果是举行讲座,那么,也是在那样的半家庭化的环境中来进行,那种环境在 P. M. 米尔金娜在回忆录中已得到描述,读者在本刊的这一期上会找到这一回忆(关于维亚切·伊

① 不久前已经得以刊发的 И. И. 索列尔京斯基的札记,能佐证维捷布斯克时期讲演活动的情形,札记中列举出巴赫金 1920—1921 年公开进行的讲座的题目:《文化中的道德因素》、《论话语》、《俄罗斯新诗》、《维亚切斯拉夫·伊凡诺夫的诗》、《尼采哲学》、《托尔斯泰的道德思想》、《新俄罗斯文学中的象征主义》,关于中世纪文学、18 世纪法国文学的讲座,关于新哲学和美学的系列讲座(参见 Л. 米赫耶娃:И. И. 索列尔京斯基,列宁格勒,1988 年版,第 28 - 29 页)。在指挥家 Г. Я. 尤金娜的回忆录中,谈及巴赫金在维捷布斯克的一些讲演,其中,作为“记得最清楚的”而被突出的,乃是关于勃洛克的讲座。根据回忆录作者之见证,那是在诗人还活着的时候举行的,作为这一讲座之结束,演讲者曾朗诵了《夜莺花园》(Г. Я. 尤金:《越出逝去岁月的边界·摘自一个指挥家的回忆中莫斯科》,1977 年版,第 20 页)。也许,这就是 P. M. 米尔基娜所回忆起的那场曾在市图书馆举行的讲座。

万诺夫的报告会曾是在尤金娜的寓所里举行的)。[①] 再往后,除了在库斯坦纳的那个区消费合作联合社和战前在发表文章上的那些失败的尝试之外——巴赫金一直在萨兰斯克以在大学教书为业——在已然是完全默默无闻之中教书。一时期接着一个时期而在不断加剧的这种活动领域的缩小与退却,并不是退居次要地位,而是隐退为几乎就是文学上和学术上的那种不存在。

不过,即使在 20 年代里他这人也曾是不具有公众性与不具有知名度的。M. Л. 加斯帕罗夫曾将巴赫金同形式主义者等量齐观,将他们视为"具有一种文化形态之人"(只要是还顾及具有一种文化形态的人们之间也存在很大的分野这一点,当然,这么说也是有根据的),但他在这之后并没有提出这样的一个问题:那种历史的不协调——那时巴赫金的声音并不曾被人听到而辨认出来(大家对形式主义者及其响亮的声音都曾知晓都曾听到了)——究竟是从何而来?难道说再要用 30 年来等待这一历史的偶然吗?或者,与此相反,巴赫金以这样的迟到而出现在世人面前具有历史的非偶然性?要知道,即使是 1929 年论陀思妥耶夫斯基的那部书在当时也并没有被多少人读过——时代从它旁边绕过去了,可作为这一情形之佐证的有 H. Я. 别尔科夫斯基那样的作者所写下的草率的、并不上心的书评[②],这篇书评比起《文学与马克思主义》上刊发的满篇只是严厉指责的"多声部的唯心主义"一文[③],说得要更富有表现力;卢纳察尔斯基的那篇长文[④]并不曾具有理解上的等值(倒是在俄侨界,毕竟还曾有人以别样的方式读懂了这本书,可为此作佐证的有 П. M. 彼奇利[⑤]与 A. Л. 别姆[⑥]那些精心而仔细的书评,还有 Г. B. 弗洛罗夫斯基在《俄罗斯的神学之路》一书中对巴赫金这部著作的相当长的征引。[⑦])这本书的出版未曾成为一个事件,它不曾引人注目这一境况一直持续到 50 年代末,那时,我们这一代人意外地发现了

---

① P. M. 米尔金娜:《我所认识的巴赫金(青年巴赫金)》,《新文学评论》1993 年第 2 期,第 64-69 页。——译者注

② 原刊于《星》1929 年第 7 期。——译者注

③ 原刊于《文学与马克思主义》1930 年第 3 期。

④ 原刊于《新世界》1929 年第 10 期。——译者注

⑤ 原刊于《当代札记》第 42 卷,巴黎,1930 年版。——译者注

⑥ Slavische Rundshau . Berlin,1930 NO6。——译者注

⑦ 大祭司格奥尔基·弗洛罗夫斯基:《俄罗斯神学之路》,巴黎,1981 年版,第 553 页。——译者注

它,巴赫金之走向世界这一情节便由此而得以开始。

如果我们问一下自己:巴赫金是不是做了很多?答案好像是显而易见的。可是,并不是这么显而易见的,只要我们来想象一下,他曾有什么尚没有做。在我们的公开性初见端倪之际(1986 年),C. 阿维林采夫在谈到 П. А. 弗洛连斯基的著作多年不曾出版这一问题时曾问道:为什么 20 世纪哲学家流传到我们手中的只是一些零散的片断,就如同苏格拉底之前伊奥尼亚派只有断简残篇存世一般?[①] 然而,要知道巴赫金留存于世的——即便是他的著作得以完全出版,也是一些零散的片断。20 年代初那两部主要的篇幅甚大的哲学论著——内容宏博,却是片断:不是未写完就被抛在一边(《作者与主人公》),就是缺少开头和结尾,所以没能流传下来,未曾得以保存下来。而之所以未曾得以保存下来,就是因为曾是这样被保存的:曾被置于家里的贮藏室里,曾被放在一堆堆旧物之中,米哈伊尔·米哈伊洛维奇见到这些从萨兰斯克带来的笔记本,曾十分惊讶:它们竟是完整的。И. И. 卡纳耶夫曾保存了 1924 年《话语艺术创造中的内容,材料与形式》一文的打字稿,他曾讲述,30 年代末同巴赫金会面时他曾问过巴赫金:对这篇文稿怎么处理。后者摆了摆手,说:"烧掉。"那个笑话,它说的是巴赫金在战争期间曾经将自己已交给出版社的一部论教育小说的书稿的打字稿——它曾是太适合于当作薄而细的卷烟纸来用的——当烟给吸掉了(当年在作出此举时,曾对放在出版社的那份书稿抱有指望,可是那份书稿丢了,那部书也就没了)——这是我亲耳曾从他口中听到的。这是一些什么样的笑话呀?

他本人曾将未完成性——内在的与外在的未完成性——作为他自己的著述风格来谈论。所谓内在的——这是因为他不曾建构体系,这并不是由于他不能,而是由于他不想,由于对象在他的理解中不应承受外在的体系化与体系化的陈述。仿佛他是不想使自己的体系始终一致,因为那些始点与终点在对象本身就不能汇聚到一起。而所谓外在的——对这一点他本人曾写道:"但我不想把缺点变成美德:在那些论著里存在着许多外在的未完成性,不是思想本身的未完成性,而是对思想之表达上和陈述上的未完成性。有的时候难以将一种未完成性同另

① 谢尔盖·阿维林采夫:《尝试解释》,莫斯科,1988 年版,第 35 页。

一种区分开来。”①的确，既存在对于将房屋建造完并给它添建上圆顶之根本上的拒绝，也存在着那种寻常的言犹未尽。他这人**不曾将欲说之言说完说透**。他做了许多，这可以明白，做了这么多，但他也做得不多。他自己的那些论著，他在 20—30 年代里就已写出来了，而在接下来的 35 年里，他几乎不曾写下什么新的大部头著作，而只是对先前所写的东西（论陀思妥耶夫斯基和拉伯雷的那两部书）进行打磨与补写，或者，为曾经设想的大部头著作做一些实验性的勘察（《文本问题》以及诸如此类的文章），他把这类实验性的勘察变成了一种特殊的学术创作体裁，这一体裁相对于文章类或专论类之完整的文本而具有他巴赫金式的优势。我现在再次回想起 M. Л. 加斯帕罗夫，他曾俏皮地将巴赫金的创作比作他巴赫金所理解的长篇小说（思想与形式——不能被归入一个完结性的体系的思想与形式——之危机性的发酵状态），而“不必将它变为史诗”，加斯帕罗夫曾公正地作出了这么一个结论：不要勉强地去赞同去应和去配合那种史诗般的和谐。

实际上，在这里很难将内在的未完成性同外在的未完成性，本性所固有的思想风格同某种历史性的冷淡消沉区分开来。根据我的观察，与之类似的东西曾将他给掌控住了，而在不小的程度上麻痹了活动力。看上去，还从 20 年代起，它就曾将他掌控住了：那时，他就已经开始写自己的主要的著作，而没有写完就放弃了。应该去看看《作者与主人公》的手稿，在那里，新的一章之题目曾写出来了：《俄罗斯文学中的作者与主人公问题》，在题目后面的都是空白页，手稿中断了。这就是他曾给我们留下的。这份文稿是在怎样的一种状况之中流传到我们手里的，我已经述及。当 B. 柯仁诺夫动起要再版《陀思妥耶夫斯基》之念时，米哈伊尔·米哈伊洛维奇曾不相信这事能成功，而曾经惊讶于这事办成了。不要说他对这些外在的事务曾经是无动于衷，不，不曾是无动于衷，但也不曾有过什么特别的兴趣。在整个这一晚年时期，当他得以重生而走向新生活之时，他本人不知怎么曾像是与这些大事件内在地相隔离着，好像那些事件曾是自动地发生的，已经没有他这人，从他身边绕过去了。而且在那些交谈中偶尔也闪现出这样的一丝情绪：在声誉日隆之际，他倒好像认定了自己的一生整体上是不成功的。要知道

① 米·米·巴赫金：《话语创作美学》，第 360 页。

1970年6月9日那次交谈——我已经对这次交谈作了转述——中说出的那些话语并不曾是一些冠冕堂皇之言。如此一来，这一生——终结于声誉之中的这一生，其结局却曾是悲剧性的。

〈……〉

下面这段文字且作为这篇回忆收尾时的一则附言：既然上文本应涉及巴赫金对“黑格尔精神”的态度，那么，这里且还来看看他在1971年11月17日的谈话针对辩证法的这样一种表述——它不仅仅作为一种哲学立场，而且还作为典型的巴赫金的表述风格而富有深意：“黑格尔的那一类辩证法——这可是一种欺骗。正论题不知道它会被反论题所消除，傻瓜式的合题不知道自己身上什么东西被消除了。”他曾使自己的对话同辩证法相对立，而以这一话题为主题且带有对辩证法之大为不敬的那些见解，在70年代末《话语创作美学》一书准备出版之际，在编辑部里还曾被认为是相当冒险的。[①] 在辩证法中曾让他反感的乃是无个性的独白主义，在已被征引的表述中他曾经论战式地对这一独白主义进行了惟妙惟肖的取笑。在他的世界图景中，**人格化**——任何一种涵义，那种会生成为话语并获得**声音**与**作者**的涵义之人格化，乃是主要的东西，乃是根本。“恩格尔哈特对陀思妥耶夫斯基之深刻的人格主义的评价是不到位的”——他在自己的书中曾这样写道，而我们也不能对巴赫金深刻的人格主义给予不到位的评价。在《作者与主人公》中尚不曾得以形成的世界图景是这样的：在这里主宰着的是那些可塑的形象与视觉上的立场：身为作者之我满怀爱意地观照着身为他者之主人公，对方却似乎还没有足够的话语，作者便去完成主人公。而在论陀思妥耶夫斯基那部书里呢，用于描述作者与主人公之情境的主导性范畴就不是视觉上的立场，而是话语与对话，情境本身在发生根本性的变化，而具有自己话语的主人公成长为具有主权而要享有平等权利的人物。随后而来的这种人格化，这种与话语相关联的人格化就成为巴赫金的主要激情，他也曾将人文学科之最为普遍的对象界定为“**富有表达力而会言说的**存在”[②]。在1970年为《新世界》而准备写的那个文本中，他说道：“莎士比亚，也像任何一个艺术家那样，不是用僵死的元素，

---

① 米·米·巴赫金：《话语创作美学》，第352页。

② 米·米·巴赫金：《话语创作美学》，第410页。

不是用砖头，而是用形式，饱含多重涵义的形式，来建构自己的作品的。其实，即便是砖头也具有一定的空间形式，进而到了建筑师手里它们也能表现某种涵义。”①

巴赫金的保留又出场了，这保留在拓展着他的思想视野。因为他之思考的一个最具普遍性的主题就曾是这样：从莎士比亚到建筑师手里的砖头——都是“**富有表达力而会言说的**存在”。黑格尔的那一类辩证法，同这样的世界图景乃是格格不入的，同巴赫金也曾是格格不入的。

① 米·米·巴赫金：《话语创作美学》，第332页。

加切夫回忆巴赫金*

(1993)

加切夫　著

李俟升　译　周启超　校

[我与格奥尔基·德米特里耶维奇·加切夫的交谈，恰好是在一个星期六的午后，那是 1992 年 11 月 4 日。午后的这段时光所容允的那份从容淡定易于凝神沉思，这将我的这位对谈者素有的那种思想建构的独特风度最好不过地凸显出来。他的言语是那么活灵活现，栩栩如生，善于营造平等而无距离的氛围。他将现实—事实与回忆—追思那样自然而然地整合在一起。他对这次交谈的预先准备，他在谈兴正浓时即兴生成的思想火花、联想和感受，产生出那样一种水乳交融的效果。当我着手把录在磁带上的材料整理出来准备发表的时候，我明白了，要想将这一被口述出来的意识之流动原原本本地保存下来，唯一的方法就是把交谈中的那些询问从文本中统统给剔除掉，因为那些询问反倒会成为读者接受的妨碍。这样一来，将会更近地走近加切夫，也会更近地走近巴赫金。——**伊万·拉宾**]

米·米·巴赫金第一次进入我的生活时，我已经在世界文学研究所文学理论部工作。有一天，《简明文学百科》的新条目送到了我们手里，我们就来翻阅这里所选的术语条目、人物条目、人名索引。突然，瓦季姆·柯仁诺夫问道："这里面怎么没有巴赫金？"那时，他是我们这几个人当中唯一读过《陀思妥耶夫斯基的创作问题》(1929 年版)这部书的人。

于是，一切便由此开始了——巴赫金这人现在究竟在哪里呢？我们往条目里添上了巴赫金这一词条，开始打听有关巴赫金的资讯，我们

---

* 原文刊载于《对话·狂欢·时空体》1993 年第 2 期。

打听到了,他居住在萨兰斯克。与此同时,在世界文学研究所档案库,在那座铅灰色的大门后面,《现实主义历史上的弗朗索瓦·拉伯雷》这部学位论文向读者开放了。我现在还记得,那时我坐在档案库里,阅读那部已经有些泛黄的手稿。一些对此感兴趣的人,形成了一个小圈子。那时,也就是 1960 年夏天,我们三个人——柯仁诺夫、鲍恰罗夫和我——一起动身前往萨兰斯克。我们就像三剑客一样来到那里(那时我们都还是年轻人,一个个都是刚满三十岁)。在那里,我们打听到巴赫金的工作单位的地址,便前往他任教的大学。

我现在还记得,那是一个夏季的日子。巴赫金拄着拐杖向我们走了过来,显得有些臃肿。他在楼梯口迎接了我们,然后,我们就在家里继续交谈,叶莲娜·亚历山德罗芙娜也在场。就这样,如今已然是整整的一段历史,其实就这么开场了……

巴赫金对我产生的影响堪称是解放性的。其最主要的体现就在于对黑格尔的某些障眼物的消除。因为,在此之前,自解冻开始,我和其他很多人一样,是经过黑格尔而渐渐地从马克思的影响中解脱出来。当时还有一位哲学家 Э. В. 伊利因恩科夫,他是一位很有思想深度的哲学家。追随他的有整整一个学派:艾力克·索洛维约夫、尤利·达维多夫……沿着这一个学派的航道前行,很多人都挣脱了羁绊,我也甩掉了包袱。黑格尔——这是以强有力的理性主义,高扬精神的理想主义,但生活的躯体性却被抛弃了。个人的因素被排挤了:如果你不善于将自己客体化而融入世界——那就是你的愚蠢的主体性,你的存在。米·巴赫金超越了这一局限,他以论拉伯雷这部著作完成了两件事:第一,有助于人们去感受肉体生活的合理性,肉体生活中蕴藉着涵义、思想、自由以及其他东西之精神源头。这是对黑格尔那帝国式的唯灵论的一拳重击,也是对人民大众之精神虔诚的一种感同身受。第二,论拉伯雷这部著作对个性——任何一个个性,进行了透彻的阐发,个性并不简单地就是任性的主体,而是在成为自己的意识之作者——那种与其他人一样享有平等权利并强劲有力地辐射出光芒的世界观之作者。这样,他论陀思妥耶夫斯基的那部著作就变得易于理解——那就是一部宗教学专论,那里的主要问题——"我与上帝"。扮演上帝的角色——作者,扮演"我"的角色——主人公。他把作者与主人公置于平等的位置上;他使主人公成为自己意识的作者,而以此来张扬人的潜能和力量。这,当然,就是采用了文学学之形式的一部“论神人”的专论。文学学家们要咬开它吃透它是很困难的,它是神秘幽深的。我找到了一把钥匙,很简便,但用起来很准,这就是——个性、人、人对上帝的态度一旦通过作者与主人公这一问题的分析、通过各种不同的意识之间的多方对话,就可见分晓了。

俄罗斯的哲学家们曾一股脑地倾心于同一(尤其是万物同一)。他,巴赫金则是对高尚的多元主义进行了阐发,对多样性正是为上帝所需为神圣所需这一必要性进行了阐发。人们、人类正是以自己的多样性而与上帝相等值相匹配,所以,米哈伊尔·米哈伊洛维奇喜爱这种多样性,喜爱各种不同的意识。如果上帝就是话语,那么,他,巴赫金则是对这个话语的结构性进行了分析,这一话语同时还是人—神在话语中的生活与活动。应该把巴赫金当做一种象征来倾听,在他的文本中得到言说的是一件事,得到思考的则要多得多。这部分地是与苏联的条件相关联、与审查制度相关联,但从另一方面来看,这似乎又增添了某种光环——艺术—宗教的形象性。巴赫金的思想不是直截了当的,它是神秘幽深而诱人的(但它的魅力和深度也正在于此)。就像神秘幽深的赫拉克利特——巴赫金之“神秘幽深”并不是因为他性情阴郁,而是因为他这人是一个富于象征的思想者。

真的是自从与巴赫金初次相识之日起,他在我心田的播种就开始孕育果实了。时间越长——果实越多。当时我就写下了《沉思中的60天》,在那里,专论、我的生活日记与注解同时展开——这是一部三层相叠的书。这部书直到现在也未出版。我现在还记得,我把这部书寄给了米哈伊尔·米哈伊洛维奇,他颇有兴趣地读完了这部书。但与此同时,我却比巴赫金走得更远,特别是在我立足于反省、立足于生活日记而来建构“存在主义的文化学”之时。在那里,我既对自己的生活进行梳理,又对自己的思想进行清理。我明白了,我的所有论著都与我的人生的那些存在论问题有关联,与弗洛伊德所分析的那些东西有关联。我为什么开始研究形式的内容性呢?就是因为我的生活、我与妻子的生活、我在研究所的生活,都支撑在日常生活之结构形式之上。它们,这些结构形式,在磨蚀着意义。

再往后,我便得以明白这一层:我要是来写,譬如,写有关古希腊的戏剧结构的书,其实呢,我那是在分析自己的人生情境、分析我与妻子的生活、我在工作单位里的生活情境，等等。

巴赫金本人——特别是在人们帮他搬到离这里近一些的地方安顿下来的时候——开始成为我们心中的一座活教堂。从巴赫金身上，从叶莲娜·亚历山大罗芙娜身上放射出一种神圣、高尚、苦难圣徒的某种殉道精神。我们大家都厮磨在他的身边，每个人都拿出自己的东西，酝酿成熟的东西，想在他面前倾吐出来。而他本人呢，一声不语，其实，跟他在一起只要有耳朵而会倾听就足矣，因为一旦你调准弦而具备这样的耳朵，你实际上就调准弦而具备自己的最适点，而会极力以最好的方式来倾吐。应该说一句，他对所有的人都是很亲切，从不厚此薄彼，对于每一个人身上的他那个自己，他都是明智地给予鼓励。

有一回，我来到格里夫纳(要知道，我们大家都曾上他那儿，去进行这样的存在论意义上的谈心，因而他默默地听着，而你在他面前倾吐着自己的心曲，你就会将自己对人生加以领悟的某个阶段的状态给袒露出来)，我告诉他，现在对我来说最主要的——就是我的人生—哲学日记，就是我的存在，我要把文化也拽入那里，为了自己。所有这些题目：歌德、长篇小说、笛卡尔、梅尼普体讽刺——都要为我所用。“可是您没有做这个事儿”——我对他说道，“您笔下的都是合乎中规中矩的、客观的文本。把自己的‘我’涵纳进去而直截了当地写，这令人羞愧，这不道德。”

对于这一番话，巴赫金面带忧郁，冷冷一笑而回应道：“当然，我也是想直截了当的！”显然，他指的是历史时代的条件，那些条件把一切直抒胸臆的、绝对真诚的东西都给拒斥了。

巴赫金开始成为内心生活的一个常驻不移的方位标，他的文本已经开始在你身心发挥作用，在形成那些未来的思想、著作、方法。尤其是我那部脱稿于1961年出版于1968年的《艺术形式的内容性：史诗·抒情诗·戏剧》，我的这部书实际上就是承受了巴赫金的启发，这部书中，也有对黑格尔的历史主义视界的突破。在此之前，对我来说，文学理论中最主要的就是历史—逻辑性，一切都是被置于过程——作为自身在变化着的过程——的旗号下而被考量。后来，出现的问题乃是：“什么东西退场？”“什么东西在场？”“什么东西在变？”于是，我就诉诸稳定现象的形式层面：史诗、抒情诗、戏剧、小说、颂诗等等。要分析体裁本身所发射出来的涵义。这就是巴赫金学派。再往后，我便开始探讨民族的完整性,探讨诸如俄罗斯民族、美利坚民族、犹太民族、日耳曼民族等等民族文化之中、民族思维方式之中、民族之宇宙—心理—逻各斯之中那种常驻不移的东西:这样,我就抛开了历史主义的视角,甚至颇有争鸣意味而简洁明了地提出了这么一个问题:“究竟是师从历史还是追求真理?”

还有一件趣事。好像是在1964年,我萌生了一个撰写一部良心史的念头儿。我没有把这部书写出来,但念头儿是萌生了。巴赫金当时住在玛列耶夫卡,我去拜访他,向他陈述了自己的一些想法,请他说说自己的意见。

听完之后,他发表看法:“那您用什么来支撑良心呢?对我来说,这样的支柱——上帝。”对于我的沉默,他又追了一句:“喏,又有什么呢,您写吧,权当良心就是最高仲裁。这样也不坏。”

真是这样,良心对我来说就是至高无上的艺术要素,因为我当时还生活在无神论时代。我觉得,我这只不过是在抱持康德的视界。可以立足于倒数第二个理据——良心,而去探寻真理:如果你没拥有别的公理,这一个公理也不算坏。

与此相关联,我不禁又想起一件事儿……有一回,我曾有机会与巴赫金分享这样的一番思索:我们的游行,“我们举着领袖们的肖像,举着‘神幡’——这也是举着圣像的宗教游行。人们的宗教需求就是这样得到满足的。共产主义,整个这一意识形态、信仰、理想——这一切当然也是宗教。”米哈伊尔·米哈伊洛维奇强烈地反驳道:“这一切只不过是宗教意识的替代品,它并没有抵达真理的精神深层。”

还有一件事儿。1969年,在我从事印度研究之时,我突然得到一部著作——爱德华·修莱的神智学著作《伟大的圣人》。在这部书里,除了其他人,主要是一些伟大的宗教导师的肖像:毕达哥拉斯、基督、柏拉图、佛、苏格拉底。我给巴赫金夫妇看这部书(这可是1905年的版本)。叶莲娜·亚历山德罗芙娜回应道:“哦,这书我们可是熟悉的,这是我们青年时代读过的书,我们都曾读过这书。唉,所有的神智学一类的书籍中,色情的东西太多。”

米·巴赫金发表看法了:“您可要知道,这一切全是二流的。”

这时,我自然就要提问了:“米哈伊尔·米哈依洛维奇,那么,哪些是一流的?”

他想了想，回答道："您看出来没有，这类书籍里根本就没有一流的。Е. П. 布拉瓦茨卡娅、安德烈·别雷、施泰纳——这一切都是二流的。"他确实说得对，因为这些占星术、神智学、魔法——这全是凭空臆造的，全是炮制的替代品。而巴赫金则是这样的一个人，他的身心在放射着本真，他是我们这个圈子里探寻真理的领路人。

与此同时，我要重申一点，他这人身上的一个特点是待人宽容、与人为善，他理解每个人的心声，将之看成一种绝对的价值、一种尝试、一种经验。因而，各种各样的人文立场的拥护者，都曾到他那里去探访。譬如，一边有谢尔盖·阿韦林采夫、尤里·洛特曼、维亚切斯拉夫·伊万诺夫，另一边则有瓦季姆·柯仁诺夫、谢尔盖·鲍恰罗夫。列·平斯基就住巴赫金隔壁，他在巴赫金那儿常常一坐就是良久，要是当时在场的秋琳娜能把这两位泰斗每回都是好几个小时的交谈给讲述出来，那该是多么有趣的事(这里，В. Н. 图尔宾的研讨班上的那些高足的故事，也是能构成一个独立而完整的话题，那些学生曾组成一个"铁木尔式的卫队"，对巴赫金的生活起居加以呵护)。

如今，如何理解巴赫金，如何看待巴赫金的探索——这个问题已经提出来了。巴赫金本人有多么厚实、有多么深邃、有多么纯粹，他也就会在多大程度上提供出被简化被利用——根据那些诠释者的水平而被简化被利用——的理由。一些简便的机械工具仿佛已经具备："狂欢化"、"含混性"、"多声部"、"对话"。以米·米·巴赫金为话由的那些廉价的伪学术、那些市场上的供应品已经如洪流般涌来，而巴赫金之深层、蕴涵于他身上的传统，则被沦落于一旁。但这却是个悖论：连简化也能促成好事。由于此举，巴赫金的名字和事业才能以这样的方式传播开来，就像基督教和教会的传播中所发生的那样：教会在简化，但"福音书"却得以传播开来。有耳朵者自会听得见，聪慧者——则既能听得见，又能看得见。

《陀思妥耶夫斯基的创作问题》如何得以再版*

(1994)

瓦·柯仁诺夫　尼·潘科夫　著

周启超　译

尼古拉·潘科夫：瓦吉姆·瓦列里诺维奇，我们决定在本杂志1994年第1期辟出专栏，来纪念米·米·巴赫金论Ф. М.陀思妥耶夫斯基那部著作第2版问世30周年。的确，我们现在做这件事是有些迟了……但是，第一，环境已然如此，以至于我们无法早一点来准备"纪念材料"。第二，据我的一些熟人见证(我本人那时刚刚开始上学)，《陀思妥耶夫斯基的创作问题》是在1963年出版了，但好像是1964年初才到书店，才直接到读者手里，也就是说，到我们杂志的这一期印出来，刚好是30年；喏，最后一点，第三——常言道，晚做总比不做好……

瓦吉姆·柯仁诺夫：我看，你们决定来搞这一纪念之举是对的。巴赫金论陀思妥耶夫斯基那部著作问世之后发生了变化的——也可以这么说——不仅仅是我们文学学的气候，而且是我们整个文化的气候，这一点是毋庸置疑的。当然，这部书并不是立即就产生了作用，一些人是在多年之后才打开它的。然而，第二版的问世堪称是一个十分重要的里程碑，因为这部书对许许多多的人产生了影响。在这种情形下还应当说说，任何一个会思考之人，甚至是那些距米哈伊尔·米哈伊洛维奇的学术旨趣甚远的人，都很好地明白了这一层。我现在还记得，维克多·奥西波维奇·彼尔佐夫，他是马雅可夫斯基的战友，《列夫》杂志积极的撰稿者之一，在一定程度上一向忠于这一个圈子的理念(顺便说一句：尽管巴赫金与马雅可夫斯基之间的巨大距离显而易见，巴赫金也曾写过评点马雅可夫斯基的文章，只是他所写下的尚未发表……)，他在

---

* 这是《对话·狂欢·时空体》主编尼·潘科夫对瓦·柯仁诺夫的访谈，原文刊于《对话·狂欢·时空体》1994年第1期。

这部著作面世之后立即通读了全书，而异常高兴。在世界文学研究所他本人所在的那个研究部的会上，彼尔佐夫作了一次非常热烈而滔滔不绝的发言。在1975年岁末为米哈伊尔·米哈伊洛维奇举行的追思晚会上——我现在还记得——他说得非常不错……他说道，所谈论的是一部在才气上堪与陀思妥耶夫斯基的创作相匹配相媲美的著作，从这一基点出发，就可以相信：巴赫金这部著作将会拥有像陀思妥耶夫斯基的遗产那样长的生命——他说道——会永恒地存活。而这仅仅是一个例子。这部著作，究竟在多少不同年代的人身上，在那些从事最为不同的职业(不仅仅是文学学家，也有哲学家以及其他职业的专家)的人身上产生过很大的影响，甚至是难以例举，不可胜数的……

尼古拉·潘科夫：要是没有您，这部书之第二次出生想必要往后推迟很多(或许，甚至根本就不会发生)。念及您的这份功勋，我们自然是无法绕开您来编这一期。感谢您回应了我们的请求而应允同本刊读者来分享自己的回忆。

瓦吉姆·柯仁诺夫：是呀，结果是在那三年的岁月里，我一直忙于这部著作的再版，自1960年至1963年。这可是那时我的生活中主要的事情，至少，我的绝大部分的能量与时间是投入到这件事上了……这一切可以得到相当简单的解释，尽管与此同时我在这件事上甚至看出某种神秘的东西……巴赫金这部书到我手里是在50年代末。那个年代——我直说吧——并不是十分促进高档的精神价值的接受。然而，我似乎立即就看出，这部书拥有绝对的、毋庸置疑的世界性意义(在1960年致米哈伊尔·米哈伊洛维奇的信里，我说出了这一点)。一旦我深入到这部著作里，我就感觉到：它会开拓出无限的前景。不仅仅是文学学的与一般的职业性的前景，而且还是——一如如今人们喜欢用的那个表达——精神的前景。

我曾有由头去讲述我当年是如何尝试到处打听巴赫金的故事[①]。你能设想，一个个全都对我说，他已被镇压，他遭受了许多磨难，他早就不在人世了……第一个告诉我："根本没有这类事，巴赫金活着，住在萨兰斯克……"——就是列昂尼德·伊凡诺维奇·季莫菲耶夫，文学学家，巴赫金有时与季莫菲耶夫通信，就某个问题向他询问。真应当去找

① 《顿河》1988年第10期。

一找这些通信……根据季莫菲耶夫的提议,巴赫金在40年代里曾两次来世界文学研究所作学术报告,及至50年代末,他俩之间还保持着某种联系……的确,季莫菲耶夫好像怎么也找不到巴赫金的住址,于是我只好直接给系里写信……

在米哈伊尔·米哈伊洛维奇最初写给我的回信当中,有一封信里,他向我披露自己有一部专门研究拉伯雷的书。它原来就在世界文学研究所的档案库里,我立刻开始来阅读它,

又一次被震撼——被这一在我眼前打开的从未知晓的拉伯雷的、狂欢的世界所震撼。于是,我心里顿时生出一种渴望:应当立即将这部著作出版!但很快我就意识到,做成这件事是不可能。它可是太不适应那时的观念与标准……那时我开始明白,要发表论拉伯雷这部著作,就应当先再版论陀思妥耶夫斯基那部书。于是,我作出了一个相当天真的选择。我选择了"苏联作家出版社",实际上,就是因为这时我有一个在研究生院的同学开始在那里工作,他是列瓦·舒宾,一个心地美好、心灵高尚的人,而且很有才华(您要知道,他后来出了一部论文集……)。我上他那儿去了,对他说:"你瞧,列瓦,一部十分有才气的著作,应当将它出版出来……"他立时就站在我这一边,后来也做了很多工作。我正是定位于他,因为我那时不曾有任何路子,而他虽然也刚刚开始做编辑,但他已经有了一定的影响力。后来——顺便说一句,最终他们基于某种原因还是把舒宾给撤下来了——他们提出要另外有一个编辑,外来的。于是,他们选定了谢尔盖·鲍恰罗夫。有可能,就是列瓦自己巧妙婉转地建议去找鲍恰罗夫的:"喏,人家说,世界文学研究所里有这样的一个同事,十分有才干,我们不妨就要他来吧,如果你们不想要我来……"可是,鲍恰罗夫一直拖到最后才应允。他是这样的人——对任何一件事都极为认真。为了让他同意,我不得不用了一个月的时间来劝说……

然而,总的情形弄成了那样,这就像是用脑袋撞墙……我完全不知道,"苏联作家出版社"社长列修切夫斯基这人当年曾一度与列宁格勒的 ОГПУ① 过从甚密,而且这恰恰就是巴赫金被捕与被审查的那个年月。这个列修切夫斯基,要么是他就在安全部编内,要么是他在某种程

---

① ОГПУ:苏联国家政治保安总局(1922—1934)的缩写。——译者注

度上还在为之效力，至少，对于巴赫金的案子之全部情况他可是极为清楚的（尤其是巴赫金那时还不曾被平反）。我深深确信，这个列修切夫斯基无论如何都是不想出这部书的。但是，当然，他没有公开宣布这一点，他像这一类人一般总会做的那样去行动，不被人察觉，以机关的名义。特别是，他挑动别人来反对这部书——这一点，我完全清楚——那人就是文学批评与文学学编辑部主任科纽霍娃，她顺从地执行他的意志……于是，从一开头那里就已经发生了如此不幸的事情……

对于巴赫金那时还不曾被平反这事，我那时甚至一点儿也不曾虑及。但是，自然，我明白，再版这部书将是一件非常不简单的事情，仅仅是由于陀思妥耶夫斯基也就会……正是基于这一层考虑，在去出版社之前，我（按照列瓦·舒宾的建议）准备出一封颇有分量的信。这封信是呈给编辑部的，在信里说的是，这是一部多么杰出的著作（顺便说一句，这封信的文本还保存在我手里）。在这之后，我真的是一个一个地遍访了所有最有影响的陀思妥耶夫斯基专家——最为不同的，从什克洛夫斯基到留里科夫，后者在这时进了党的中央委员会，领导《外国文学》杂志。并不是没遇到一些麻烦，但应当指出，所有人都在这封信上签了名。一开始，我给他们每一位预先打了一通电话（好像只有留里科夫是个例外，我就那么直接地登门拜访了……），约定好了拜见的时间地点。我现在还记得，最为迅速、单纯而开朗地予以响应的，是列昂尼德·彼得罗维奇·格罗斯曼。他立时就邀我上他那儿，并告诉我，他对这部书持有非常高的评价。我兴高采烈，奔往他家。可是，当他看到并没有一个人签名（我拜访的第一位就是他），突然间完全变换了情绪，开始盘问起我来：你是谁，你这是从哪儿来……他以为，在他之前已经有人签名了，会出现一些名人的名字……我应当坦言，我这时极为发怒了。一开始，我索性冲他嚷起来……我那时，你可要知道，在“二十大”之后非常具有革命情绪，我索性对他提出了这样的指控：“这就是我们这儿为什么一切都搞得如此糟糕的原因之所在，每一个人，一旦他遇到点事情就……”我已经不指望他会签名了，所以我索性决定将憋在心里的火全都给发泄出来……不过，你能想象吗，这一招在他身上倒是有效果了。我说道，瞧，在我们这里掌权的是各色各样的恶棍，而所有的人只是在抱怨，但要去表现出哪怕是一丁点儿勇气来，要去对某件高尚的事支持一下却常常遭到拒绝，而躲到灌木丛里苟且偷生。看出来他开始为自己的行为而羞愧之后，我便决定从另一个侧面来“进入”。我告诉他:“列昂尼德·彼得罗维奇，我对您一向很钦佩。这不仅仅是由于您的那些文学学著作。顺便说一句，我十分清楚您有一部诗集《用十四行诗编成花环献给普希金一代诗人》，那部诗集 1919 年在敖德萨出版，如今已经成为图书馆的珍本……那儿有美妙的诗句——譬如，那收尾的十四行是:

〈……〉①”

我容许自己来玩出这样的一招，那时可是不曾有任何一个人能知道这些诗的……格罗斯曼惊讶地说道:“怎么，您记得这诗!?”我又给他背诵了《致维亚姆斯基》(我那时还记得住好几首十四行诗)。

继格罗斯曼之后，在这封信上签名的是什克洛夫斯基、基尔波金、平斯基、维诺格拉多夫……

这之后又发生了什么呢？我把这封信呈递上去，我绝对地确信，这事可是搞妥了。这之后又过了一段时间——什么动静也没有。舒宾向我披露:一点进展也没有。我去找科纽霍娃，对她说，“怎么会这样呀……要知道可是这样的一些人在信上签名了……”她却十分平静地回答我说，她什么信也没有看见:“谁签名了？何时签了名?”这信只有一份，这就产生了十分复杂的心理语境。人们悄悄地在某封信上签了名，这么说吧，是为了内部使用，为了那里的某个编辑部。没有任何要发表的打算。但这封信好像是——就像在出版社里人家跟我解释的那样——找不到了，有必要着手来……得了，我决定公开这封信，因为它实际上可是存在过的，尽管我当然十分明白:至少一部分签名者对这一发表将会是不满意的。我应当告诉您，譬如，留里科夫在这之后就同我断绝了关系。他毕竟是中央委员，杂志主编，他根本就不愿意在报刊上披露他支持出版一个非马克思主义者巴赫金的著作……我给《文学与生活》报写了一篇文章，好像是为了参与正在这份报上进行的一场围绕着文学理论问题的争鸣，而我主要的目的——征引这封信。我在文章里写道，一组大名鼎鼎的文化活动家——费定、维诺格拉多夫、季莫菲耶夫、赫拉普钦科、什克洛夫斯基、格罗斯曼、平斯基、基尔波金——联

① 瓦·科仁诺夫在此处征引了列·格罗斯曼的诗句，参见:《一代诗人. 十四行诗系列. 列昂尼德·格罗斯曼》，敖德萨，1919 年版，第 22 页。

名向“苏联作家出版社”提议再版巴赫金的著作，这一举动绝非偶然。这是在肯定：对巴赫金的思想加以开采——与文学学分析的方法论相关联的那些思想——具有根本性的意义……

您要是看见科纽霍娃用多么凶狠的眼神打量着我才有意思呢……实际上，她的一套鬼把戏终究是不能达到自己的目的的。她当然明白，在迫不得已的情形下，我可以要所有的这些人来作证人，而他们当中的大多数人对已经签下的名字是不会否认的……

在这之后，整个事情似乎得以启动了，可是，列修切夫斯基很快采取了下一个消极的行动。他吩咐自己最得力的助手来进行干预，这是知名批评家科尼波维奇，她那会儿可是一副十足的教条派头，自居为那些最高的意识形态公理的代表。她来到出版社，将巴赫金的书稿要走了，为该书写下了一份十分糟糕的书评。书评是这么来开头的(顺便说一句，这书评，还在我家里什么地方保存着)：“是呀，当然，对 20 年代或 30 年代已出版的那些论陀思妥耶夫斯基的著作中的某些书，是应当予以再版……”在这里，她列举出一些人的名字：上文提到的那个格罗斯曼、维诺格拉多夫，不知何故还有艾亨鲍姆，后者一生中从未写过论陀思妥耶夫斯基的东西(我记得——这曾令我十分惊讶)。接下去，她写道，有必要在每一部这样的出版物里，配上由优秀的、有教养的马克思主义者写下的序文，“应当开始这一工作。但是为什么就应当恰恰是从巴赫金来开始呢!?”在这种情形下，显然，这句话隐含的意思是，巴赫金被判过刑，并没有得到平反……否则便难于理解这句话。我记得，我那时曾以几分天真的口吻对科纽霍娃说道：“喏，就算是按字母顺序来吧，从字母‘Б’开始……”

总的看来，事情再度停了下来……于是，我就去找费定，因为那封信上也有他的签名。不过，这一情节我已经讲过了……[①]我还让意大利的俄罗斯文学专家维托里奥·斯特拉达加入进来，要他从国外给出版社施加压力……不过，这一细节我也曾讲过……[②]

当然，对于我个人来说，1963 年秋巴赫金这部著作的出版乃是一个巨大的节日。顺便说说，这是唯一的一回让我清晰地感觉到米哈伊

---

① 《顿河》1988 年第 10 期;《对话·狂欢·时空体》1992 年第 1 期。

② 《顿河》1988 年第 10 期。

尔·米哈伊洛奇对此十分满意。随后他的那些著作的出版:不论是论拉伯雷的那部书,还是其著作的那些外文译本——之令他激动的程度则已然是要小得多了……在这之后——这部书之真正的在持续扩大的影响便开始了。这是可以观察到的,我在每一步都看见了这一影响。没有一个人不曾在这样或那样的层面上被这一影响所触及。甚至是那些批评性的与否定性的评点也在佐证这一影响……彼列维尔泽夫学派对这部书的拒斥,是富有特征意义的。我记得,发生了这样的,甚至是有些可笑的一段事情。在莫斯科大学里,阿勃拉莫·亚历山大罗维奇·别尔金组织了一场以巴赫金这部著作为主题的讨论,议题十分广泛……那是在莫霍瓦亚街上莫斯科大学那座新楼里,在 66 号大教室里,集聚了好几百人。那是在巴赫金这部著作出版后不久,大概就是 1964 年。别尔金将自己的老师——瓦列里扬·费奥多罗维奇·彼列维尔泽夫——邀请到那儿,后者在这之前,从 18 年(或者甚至更长些)集中营里的禁闭中出来还不太久。彼列维尔泽夫发了言,他是那样地言说,仿佛外面是 29 年,也就是说,仿佛什么变化也不曾发生:“这里哪有社会学,哪有阶级性!? 这里哪有某种一般的学说可谈呢?! ……”况且他这不是要对巴赫金提出某种意识形态的指控,他这是以另外的方式来提出了问题……他说道,陀思妥耶夫斯基的创作中的任何东西都未得到解释——作家属于哪个阶级,以及诸如此类的东西——“这里哪有现实的社会学? 要知道这可是一些抽象的空洞的议论,这可是某种远离本题的随意闲扯……”听众们的反应是平静的,但也听见嘲讽的窃笑、窘困的唏嘘——及至那会儿,时代毕竟是已经发生了变化……譬如说,我当时就发出了嘲笑,可是我也发出钦佩的感叹——我钦佩的是这一事实本身:一个人在集中营里被关了这么多年之后依旧仍然是这样的一个正统派……顺便说说,那个在 30 年代初斥骂巴赫金的斯大连科夫,也属于这个学派……根纳吉·尼古拉耶维奇·波斯彼洛夫——他开的文学理论课,我在莫斯科大学念书时曾修过——在 60 年代里发表了一篇文章,其标题就非常可笑——“入迷而导致的夸大”。波斯彼洛夫在那篇文章中也对巴赫金进行了批评,在这种情形下,他还是以已然是陈旧不堪的彼列维尔泽夫的那套文学学说为出发点……他可是彼列维尔泽夫最亲密的战友……

尼古拉·潘科夫:波斯彼洛夫也曾在这场讨论上发言了吗,与彼列维尔泽夫一道?

瓦吉姆·柯仁诺夫:我看,没有。至少,对这一点,我现在怎么也记不起来了……

〈……〉

尼古拉·潘科夫:……如果我们还是回到论陀思妥耶夫斯基这部著作上来,那么,您是否记得,谁给这部著作写了内部书评的呢?

瓦吉姆·柯仁诺夫:第一份书评——是叶尔米洛夫写的(因而,他——顺便说一句——就没有在那封信上签名)。第二份书评,根据我的记忆,则是别尔金写的。顺便说说,他的签名也不曾有,这为的是不让同一个人重复出场……我同别尔金在许多事情上有关联。

他在莫斯科大学教书,在那个年月——斯大林时代——这可是一个十分活跃的人(后来,他由于思想过分自由而被赶出了莫斯科大学)。譬如,他在自己的课堂上大段大段地征引列宁的话(而不是征引斯大林的话,就像那时大家所做的那样)。在征引某一段话之后,他稍作停顿,之后便补上一句:"列宁是这么说的……"——然后又是一个沉默,最后再来这么一句:"……列宁是这么说的,而我确实也是这么想的……"我认为这是一个不错的教学手段。别尔金给学生们暗示:"你们可别相信,在什么地方存在着某个仲裁,我这是有义务要这么说。我之所以要征引这一表述,是因为我本人就是这么想的……"要知道,这可是1950年、1951年,您自己会明白,那么沉闷的年代……没错,没错,别尔金写了第二份书评,要知道,他写出了好几篇论陀思妥耶夫斯基的文章,后来,他甚至还出了一部著作……

是呀,我现在还想起来一个因素,这个因素非常好地表达出那个时代人们的心理。1964年,迪姆希茨在《文学报》上发表了一篇措辞极为尖刻的评论《陀思妥耶夫斯基诗学问题》的文章。我现在还记得,我去问彼尔佐夫:"维克多·奥西波维奇,您曾经那么钦佩巴赫金,而现如今在迪姆希茨这篇文章发表之后,您,或许,已修改了自己的观点?"彼尔佐夫是以这样一句颇有寓意而耐人寻味的话来回答我:"瓦吉姆·瓦列里诺维奇,不过我个人的看法是不可能改变……"也就是说,官方的看法是可以头脚颠倒的,公开场合下说出来的话——也可以言不由衷,但个人的看法——则不会……这可是十分耐人寻味的……

顺便说说,彼尔佐夫这人的一个特点是很讲民主的。我们总是平等地交谈,尽管彼此年龄上的差异很大——差好几十年。我记起来了,我当时是怎么劝他在支持《弗朗索瓦·拉伯雷……》一书出版的那封信上签名(为的是击退迪姆希茨的攻击)。我拿着这封信,走出世界文学研究所……突然间,我看到彼尔佐夫正走过来。我将这封信递给他,他看了一遍。

我对他说,"喏,维克多·奥西波维奇,您对巴赫金评价很高,请您签名……"彼尔佐夫花了二十来分钟给我解释,他这是出于什么原因而不应当来做这件事。我只记住他的一个借口:

"瞧,这里有什克洛夫斯基,要是我也签名,人家会说——一帮列夫派分子……"我立时就予以反驳:"请原谅,那么,赫拉普琴科是列夫派分子吗?那么,阿斯穆思是列夫派分子吗……"他的这一签名总的看来倒也不是十分需要,在那会儿,我的身心已然更多的是被运动员般的那股好斗好胜的劲儿所统摄,那股狂热在心中涌现出来了……在几轮交锋之后,我把他——一如常言所说的那样——给"收拾了"……的确,事后他曾好几次询问:"喏,那边怎么样?"他这是在担心:但愿别出什么事?他完全有可能认定,迪姆希茨这是受中央委员会的某位书记——譬如,苏斯洛娃,或者还有其他的什么人——的指使在行动……

不过,要把所有这些都讲述出来是不可能的……论陀思妥耶夫斯基这部书以其内在的强大力量震撼了我,这部书激活了在我身心的全部能量……那时我觉得,我这像是置身于某种光华灿烂的烟火之中:一大批人被卷进来——各种各样的,大相径庭的,从赫拉普琴科柯尼波维奇……所有这些书信、交谈,堪称是整整一场狂欢……我简直要感激自己的这份命运,

这一切就这么弄成了,我参与了这件事,落入这一漩涡。是呀,喏,当然也获得了相当可观而令人难忘的结果……

米哈伊尔·米哈伊洛奇执意坚持要把《陀思妥耶夫斯基诗学问题》一书寄赠给所有在这部书的出版上帮过忙的人,即使那人只是出过一点点力。对于我在上文所提及的那些人,他都给一一寄去一本写上他亲笔致谢题词的赠书。我应当坦言,我曾对他说道:"也许,不用给所有的人都寄……"但他执意坚持。在给我的一封信里,他列出了一份曾帮过忙的那些人之长长的名单……有一回,他曾对我说……我现在不能逐句逐字地记起来,但那句话的思想是这样的:"仿佛一个人越是坏,但

既然他出手帮过忙，就越是应当高度评价他的贡献……”我不知道——也许，他说的还就是对的……

巴赫金在 20 世纪 30 年代的创作和命运*①

(1999 年)

瓦·柯仁诺夫　著

李俊升　译　周启超　校

在 30 年代下半期至 40 年代初，巴赫金创作出为我们所熟悉的那些著作中的大部分，其中包括具有奠基意义的论拉伯雷那部书的第一稿本。

从**形式**的视角看，那些年月所写下的所有著作——如果采用 A. H. 维谢洛夫斯基(巴赫金对维谢洛夫斯基的学术活动在总体上是持高度评价的)所确立的术语——乃是**长篇小说的历史诗学**。

巴赫金那部于 1929 年初[②]出版的《陀思妥耶夫斯基的创作问题》一书的序言，是以这样一段说明来开头的："呈现在读者面前的这本书仅限于论述理论问题……所有的历史问题，我们则应当将之排除出去……一些纯粹是技术层面上的考虑，在迫使我们时不时地将理论的、共时性的问题加以抽象地突出，而对之予以独立的建构。"然而，根据"方法论上的理想"，"共时的视界与历时的视界之间应当是有不间断的关联，应当是有严格的相互制约"。

"纯粹技术层面上的考虑"，大概指的是，出版社提供给作者的是很有限的版面，这使得他不可能把这部著作的"历时性"部分纳入其中；而在 1963 年面世的那部论陀思妥耶夫斯基的著作之新的、"修订和增订版"中，"历时性"部分占据全书的三分之一左右(这一新版在篇幅上几乎是旧版的 1.5 倍)。我们手头还没有资料来证实：早先(在准备 1963

---

* 译自柯仁诺夫 B.:《关于艺术、文学与历史的思索》，莫斯科，2001 年版，第 783 - 810 页。——译者注

① 该文在这里是第一次完整发表；还可参阅已收入我的著作中的论米·巴赫金的文章：《当代文学评论集》，莫斯科，1990 年版，第 8 - 18 页；《俄罗斯的胜利和灾难：作为历史产物的俄罗斯文化》，莫斯科，2000 年版，第 290 - 316 页，第 349 - 356 页。——作者注

② 作者当年送给叶莲娜·巴赫金娜那部书上的赠书题词日期是 1929 年 4 月 30 日。

年的这一版之前),有关陀思妥耶夫斯基创作之“历史问题”的一些文字,是否已经写出,我们手头还没有资料来证实,但与此同时,巴赫金在30年代就投入其中的对长篇小说历史诗学之极为广泛的建构,毫无疑问,不仅仅是对他论拉伯雷那部著作的一种准备,而且也是对他论陀思妥耶夫斯基这部书之新的稿本的一种准备,巴赫金对后者的酝酿应当不晚于40年代初。

从这一视角来看,30年代里转向长篇小说的历史诗学,乃是巴赫金创作道路上一个自然的和必不可少的阶段。从保存下来的注明写作日期为1930年、一份篇幅不长的提纲可以看出,就在那时,也就是论陀思妥耶夫斯基那部书面世的第二年,巴赫金恰恰就已开始着手考察长篇小说的“历时性”问题。

(顺便提一下,巴赫金曾被指控与“反革命组织”有牵连,而于1930年3月29日被流放到哈萨克北部的库斯坦奈市。然而,也正是在1930年,他在那里开始了有关长篇小说历史诗学的研究……)

还应该考虑到,在这一时期写下而得以流传到我们手中的那篇著作——《长篇小说中的话语》(标注的写作日期是1934—1935)之前言的开头中(后来,这一前言的开头被作者删除了),巴赫金认为应该有这么一个交代:“在《陀思妥耶夫斯基的创作问题》一书中,我们已经提供出对于长篇小说文体的大量分析……”

“长篇小说的文体”和后来经常使用的“长篇小说话语”这些术语——纯属巴赫金本人专用的术语,这些术语具有广阔和深邃的涵义(下面将对此展开论述)。的确,在逐一指出长篇小说那些基本的“特性”(也包括那些属于长篇小说之“史前史”的现象)之同时,他还论及“狂欢化的特性”,论及对于“鲜活的当代性”的直接诉求,并且也只是在此之后——才论及独特的、**“被描写的”(因而是“双声的”)话语**之主导性的作用。可是,“狂欢化的特性”和“鲜活的当代性”这两种特性也恰恰是在长篇小说的话语里得以体现(也只有这样才能得到真正的理解)。巴赫金在20世纪30年代的注意力,在很大程度上就是聚焦在这一话语上,这从他的那些著述的标题本身就已然可以看得出来——《长篇小说中的话语》、《当代文体学和长篇小说》、《长篇小说话语的史前史略》(其实,这一题名是后来才提出的,那是在60年代)。

与此相关,一个十分重要且不容易解决的问题就出现了。在他的那些已经出版或者有待出版的著作中,巴赫金将是——或者,准确些说,常常是以一个**文学学家**的身份——或者,从广义上说——是以一个**语文学家**的身份——出现在我们面前的(他的一些著作是作为语言学著作而被接受的);然而,在同这些或那些交谈者之直接的交流中,他却毫无保留地把自己定位为一个**哲学家**(特别值得一提的是,1961 年 6 月 26 日,在我与巴赫金在萨兰斯克初次见面时,一开始我听到的恰恰就是他对自己的这一定位)。在其生命的终点,1973 年 2 月 23 日,他说道,早在青年时代,他就已经是一个哲学家。当人们问他:“您曾经更像是一位哲学家,而不是一位语文学家?”他毫不含糊地回答道:“哲学家。直到今天仍然是哲学家。我是哲学家。我是思想家。”①

但是,如此定位怎么能与这一情形相兼容——整个 30 年代里,**长篇小说话语**就是他心目中的主要“对象”,而且许许多多的读者也是把他的著作当做文学学的著作,或者,至少也是当作普通语文学的著作来接受的?

在这个问题上至少要分出三个层面:1. 为什么**话语**——成为他的关注中心?2. 为什么正是属于**艺术**的,“有艺术表现力”的话语?最后一点:3. 为什么恰恰是长篇小说中的话语,**小说话语**?

1. 1929 年,这样的一种见解被发表出来了:“……近来,哲学开始在**话语的标志**下发展(着重号系作者本人所加——瓦·柯仁诺夫注),况且,哲学思想的这一新取向……还处于刚刚萌芽之中。”②围绕所征引的这本书的“作者版权”而进行的争论,在这种情形下确实没有任何意义:巴赫金早在 1961 年在给我的一封信中,没有披露他参与所征引的这部著作的撰写,同时却声称,他曾经持有并且现在仍持有这部著作里已陈述的观点③。必须说明的一点是,在《马克思主义与语言哲学》的最后一编,也就是第三编《语言结构中表述形式史略》中被触及的,恰恰是在 30 年代里开始成为巴赫金关注中心的那些“历时性的”问题。

有种种理据来断言:巴赫金的创作恰恰就是那种——依据所征引的这部著作,其发展萌芽于 20 年代——“哲学思想的新取向”之最为深邃与根本性的体现。后来,在 50 年代末 60 年代初,巴赫金曾给出一个

---

① 《В. Д. 杜瓦金对米·米·巴赫金的访谈》,莫斯科,1966 年版,第 41、42 页。

② 沃洛希诺夫 В. Н.:《马克思主义与语言哲学》,第 2 版,列宁格勒,1930 年版,第 10－11 页。

③ 参见:《莫斯科》1992 年第 11－12 期,第 176 页。

看上去十分“简单的”、但却是异常有分量的简练“说法”:“……话语——这几乎就是人类生活中的一切”,还给出这样的一个有方法论意义的论题“……话语属于目的王国。话语乃终极(最高)目的”。

类似的(或者,准确些说,具有这一神韵的)“格言”,一般说来,在很多思想家的笔下都可以发现,而追根究底则可以回想起福音书里那些有关话语的启示……但是,巴赫金创作的真正价值不在于拥有这些“说法”之本身,而是在于这一点:由这些说法而得以表达的那种对问题实质的理解,乃是在对丰富多彩的具体“材料”十分具体的分析(接下去,便是综合)之中而得以体现的——简单但准确地说——得以**证实**的。

可以想象到,正是由于这一“可证实性”,巴赫金的创作得以在整个俄罗斯思想界显得突出而独具一格。譬如,巴赫金在美国的一位狂热崇拜者克林顿·加德勒就准确地捕捉到了这一点:“……如果说,在 19 世纪的俄国哲学家那里,对于精神和话语的理解还是相当抽象和理想主义的,那么,在巴赫金这里,这一理解已然获得血肉丰满的具体性。”[①]应当来思考这一点:正因为如此,巴赫金在国外不仅仅赢得了高度的认可(整整一群另一些俄罗斯思想家也曾获得这种认可),而且还博得了深度的**接受**;从这一视角来看,在俄罗斯思想的创造者行列中(至少,到目前为止),巴赫金看来是占据了一个第一名的位置,尽管已然被指出来的这一原因——20 世纪 80—90 年代里,世界上出现了无以计数的“巴赫金学家”,这一现象之所以产生的个中缘由,远不是什么时候都能被意识到。

在用铅笔所写的《人文学科的哲学基础》(40 年代初)简短草稿中,巴赫金写道:“人文学科的对象——富有表现力而言说着的存在。”70 年代初,我费力地读完这份草稿之后,就请巴赫金将这篇草稿加工成一篇完成稿(顺便说一下,为此就不得将这草稿用打字机给打一份,因为作者那衰减的视力连自己手写的文稿都已然辨认不了)。尽管健康状况极其不佳,他还是开始着手写这部文章。在 1974 年初的草稿——从时间上看这也是他最后的一部手稿——中出现了这样的断言:“人文学科——研究精神的学科——语文学科”。他一边立即提出一个问题:“对自然界的印象是怎么进入我的意识的语境之中的?”——一边这样

① 加德勒 K.:《在东方与西方之间…》,莫斯科,1993 年版。

来回答道:“这些印象是由话语孕育的,是由潜藏的话语孕育的。”

在同巴赫金这些“最后的”见解的对应对比之下,他在40年代初所写的那份草稿的涵义就会渐渐明朗起来。在那份草稿中已经出现这样的断言,在对“个性”(而不是“死的物品”)加以认知之际,“问题是由认知者……向被认知者本身提出的”,而这种认知就意味着“有必要让个性来自由地自我敞开”。不然的话,那看上去就像是在对“死的物品”加以认知,对“不是活生生的”自然现象加以认知。但是,巴赫金立即就做出了一个最具有实质性的保留:“死的物品在极限上并不存在,这是——抽象的元素(假定的);任何一种整体(大自然与它的那些与整体相关的所有现象)在某种程度上都是具有个性的”,进而,“任何一种整体”——依据他的最后一次的“补充”——都是“由话语所孕育的”。

目前已经面世的数量极为惊人的论述巴赫金遗产的那些著作中,时常有(常常是以潜在的形式)一种“争论”,巴赫金究竟是一位定位于话语的**哲学家**,还是一位拥有深厚的宗教涵养的**语文学家**?正确的解决方案就在于——可以想象到——他的创作中,哲学与语文学之间并没有什么界线,因为**存在**在这里之被理解被体认,要么是身为直接的“言说者”,要么至少也是身为“由话语所孕育的”。诚如他在70年代初曾简练地表述的那样:“真理,真相并不是存在本身所固有的,而仅仅是为已经被认知而正在言说着的存在所拥有。”

因而,巴赫金的创作究竟是属于哲学还是属于语文学,这一问题实质上毫无意义(尽管这也是不无缘由的,关于这一点下文再谈);从本质上来说,巴赫金著作中的任何一个“语文学意义上的”论断同时——而且是在同种程度上——也是“哲学意义上的”。

可以把这种语文学与哲学的“交融”诠释为巴赫金的创作之个性化的特色,也可以把它诠释为那种“哲学思想之新取向”的一个体现,对于这一新取向的发轫,70年前《马克思主义与语言哲学》一书里已有论述。然而,第二种理解更有理据,因为出现在我们面前的不仅仅是“新颖”,而且也是“回归”,向人类精神发展之原初本源的回归,向欧洲和亚洲的思想之那些最古老的体现的回归,在那里哲学与语文学彼此尚未分离开来,这也是早期的基督教神学所具有的。

对于巴赫金的创作中语文学与哲学之间的这样一种“同一”,在目前已然如此广阔地发展起来的“巴赫金学”中,还鲜有清晰而合乎逻辑的反思，唯有B.B.费多罗夫的著述是个例外[1]。况且，巴赫金的那些著作中语文学的、"文学学的"文字，时常被理解为是一种生物学意义上的"拟态"(мимикрия)，被理解为是一种对付"审查"而将这些著作的普适性哲学涵义给"隐藏起来"的手段，再有就是被理解为是一种预防半官方的"哲学"的卫道士们发动批判性攻击的方式(不过，不论是1929年版的论陀思妥耶夫斯基的那部书，还是论拉伯雷的那部学位论文，抑或论陀思妥耶夫斯基那部书的第二版，对这一遭遇都未能幸免，针对这些著作而发表的这样或那样的"评点"，就可以证实这一点)。

可是，认定巴赫金不过是以文学、以话语艺术为"材料"来构建自己的著作，进而认定他那是出于上文已经指出的"生物学意义上的拟态"之需而赋予这些著作"语文学的"特性这一看法，又是同一个事实明显而绝对地相抵牾的。这个事实是：在他早在二十年代初就已经写就的《审美活动中的作者与主人公》那篇著作里，哲学与语文学是那样的不曾分离，就像在他晚年的那些著作中一样，不过并没有任何根据将这一情形看成是一种为迎合发表而作出的投机应变之举：要知道他之着手撰写《审美活动中的作者与主人公》，显然不会晚于1921年2月，那时，那种对出版事业的集权的意识形态管制还没有建立起来(正是这样，在1922年底之前，Н.А.别尔嘉耶夫、Л.П.卡尔萨温、С.Л.弗兰克以及另一些人的著作，在俄罗斯苏维埃联邦社会主义共和国还在出版)。

然而，巴赫金的著作中无疑是存在着生物学意义上的"拟态"，但它并不在于那些著作之"语文学主义"(这一"语文学主义"曾注定要去遮蔽"哲学"，要给"哲学"戴上面具)这一事实本身，而是在于：巴赫金的创作中所存在的哲学与语文学之间的交融，哲学与语文学之无条件的统一，在那些用于发表的著作里并没有得到声张，并没有得到袒露。

在更高程度上具有标志意义的是，在早期的著作《审美活动中的作者与主人公》(这篇著作——有可能——与其说是用于发表，还不如说是用于志同道合的同调者聚会时的讨论)里，语文学家的名字极少被提及(文学学家的名字就更不用说了)，但就在这里却出现许许多多哲学家的名字，不同时代不同学派的哲学家的名字：柏格森、冯特、加纳克、

---

① 费多罗夫B.B.：《论诗性现实的本质》，莫斯科，1984年版；《诗性世界与创作性存在》，顿涅茨克，1994年版；《论语言的起源》，顿涅茨克，1998年版；《不同年代的文集》，顿涅茨克，2000年版。

爱德华·哈特曼、龚佩茨(Theodor Gomperz)、康德、克尔恺郭尔、柯亨(Herman Gohen)、利普斯(Theodor Lopps)、洛斯基、洛采(Rudolf Hermann Lotze)、尼采、李凯尔特(Heinrich Rickert)、菲德勒(Konrad Fiedler)、Ф. T. 费希尔、弗奥里凯尔特、谢林、施勒格尔、叔本华、雅各比(Friedrich Heinrich Jacobi),等等。

在他晚年的那些著作中,对哲学家的引用就极为少见,可是,就在他即将去世前的那些"自由自在的"交谈中,伯麦(Jakob Böhme)、柏格森、维金斯基、冯特、伊利因、康德、卡西尔(Ernst Cassirer)、克尔恺郭尔、柯亨、朗格(Friedrich Lange)、拉普申、洛帕廷、洛斯基、那托尔卜(Paul Natorp)、尼采、索洛维约夫、谢·尼·特鲁别茨科伊、弗兰克、谢林等哲学家的名字又重新出现在他口中——却几乎没有提及语文学家的名字。(参见:B. Д. 杜瓦金与巴赫金的访谈录)

基于上文已指出的那种生物学意义上的"拟态",论陀思妥耶夫斯基的那部书所追求的似乎仅仅就是研究与思考"长篇小说的主人公与艺术世界"这一问题,而不是人的**个性**在**现实的**当下世界的存在问题(这部书的内容,追根究底,正是这样的),而论拉伯雷的那部书所追求的就是在对狂欢场景加以**艺术地**再现这一语境之中的人民的**形象**,而不是体认置于"长远时间"即历史整体这一规模之中的"人民"这一现象本身(这一点,无疑,乃是这部书所蕴涵的)。

2. 进一步来看,巴赫金的那些著作中要研究和思考的主要的甚或唯一的直接"对象"——并不是不拥有其种种表现形式的话语,而是**艺术**话语。早在1924年,他就对自己的这一"选择"作出有分量的论证:"……诗(从上下文语境中可以明显看出,'诗'在这里指的是整个话语艺术——B. 柯仁诺夫　注)需要整个语言,各个层面的与拥有其所有要素的语言……诗之外,没有哪一个文化领域需要整个语言……只有在诗中,语言展露出自己的全部潜能与魅力",进而,正是"艺术话语"有可能以其全部的丰满来触及"言说着的存在"。

3. 最后来谈谈,巴赫金为什么恰恰聚集于**长篇小说**话语。当然,他也关注另一些("长篇小说之前的" 和"长篇小说之外的")艺术话语,但是,这主要是为了与长篇小说话语进行比较(而时常是为了对照)。

这一术语本身常常是作为一些"局部"的、不怎么重要的现象之指称而被接受的。的确,巴赫金曾不止一次地强调,在长篇小说一统文坛的时代——大约始于18世纪下半期，特别是在19世纪——“几乎所有其他的体裁都或多或少地在‘长篇小说化’……”甚至不但如此，“在长篇小说作为主宰性体裁出现之时，那些严格的典律化的体裁之程式化的语言便开始具有新的意味……”但是，即使在这种情形下，这一点也没有得到直接的、坦率地阐明：“长篇小说的话语”——根据巴赫金的见解——会在自身体现出**整个当代之“言说着的存在”**。①

自然，长篇小说的艺术话语源生于时代的那一“现实的”话语，那一“现实的”话语，按照巴赫金的界定，“几乎就是人类生活的全部”。因而，长篇小说的话语就是对当代**存在**进行研究和思考的**直接客体**，这一客体能够提供出最卓有成效的结果，况且，不能忽视的一点是，这一“客体”同时又是“主体”，这样就不得不与其说是在**谈论它**，毋宁说是在**与它谈**（“问题常常是……由在认知者……向被认知者提出的”）。

本义上的长篇小说的话语，不仅仅是在巴赫金的著作里第一次得到考察，而且总体上也是在那里**被发现的**；这一事实，显然，是每一个人都清楚的②。但是，目前，这么一种看法还是得到相当广泛的流行，根据这一看法，这里谈论的乃是一种**文学学的**，或者——广义上的——语文学的“发现”。这样一来，“我是哲学家”这一自我定位有意无意地就显得可疑，而1974年的那个论题“……研究精神的学科——语文学科”便会遭到否定。

在《长篇小说的话语》里断言道，“诗歌（而不是长篇小说的——柯仁诺夫　注）体裁的语言——统一的也是唯一的托勒密的世界，在它之外，什么也没有，什么也不需要”；然而，“长篇小说——伽利略的语言意识之表达，这一语言意识摒弃了统一的也是唯一的语言绝对主义……这里谈论的乃是人类话语命运中一个极为重要的，实质上是根本性的转折……”但是，在巴赫金的思想之完整的语境中，长篇小说**话语**所遭遇的“转折”，乃是人类**存在**本身的转折，具有全人类——宇宙性质的对比——托勒密的世界与伽利略的世界，已经相当透明地暗示出这一点。

重要的是要看出，虽然巴赫金的思想所素有的在“话语”之标志下

---

① 我要提醒的是，这一存在——在整体上乃是“人文学科的对象”，而自然界本身——作为整体——“乃是由话语所孕生”。——作者注

② 我的著作《长篇小说之成熟性》（1961），是在了解巴赫金论长篇小说的这些著作之前而撰写的，它对这一体裁本质之“前巴赫金的研究”进行了总结。——作者注

的发育,同20世纪哲学的这一或那一现象(譬如,П.弗洛宁斯基的著作、M.海德格尔的著作)是有呼应的,转向**长篇小说的话语**(这的确只是在当代才得以形成)——这却全然纯粹是巴赫金对思想发育的贡献。

显而易见,巴赫金对世界文化的这一创造性的贡献之基本实质,可以做如下界说。西方和东方的思想之原初的发育,曾经拥有后来所失去的在对世界与人加以观照时那种视界上的完整性,这一完整性在"哲学"与"语文学"的**统一**中——"索菲亚"和"逻各斯"的交融中,尤其得到了直观的体现。但是,要是保守这一统一,思想就不可能往前推进,而除此之外——这已在巴赫金的著作里得到最令人信服的展示——就在"古典的"话语与涵义的怀抱里,另一种话语的和涵义的现实开始孕生,而且它扮演起越来越有分量的作用,这一现实,实质上同哲学和语文学之"经典的"基础是相对立的,甚至破坏了这一基础。人们要么是在其最高意义上的文化"边缘"为一直存活到当代的这"另一种"现实拨出一个位置,要么是把这种现实诠释为对先前水平的某种"降低";这样,黑格尔把长篇小说界定为"资产阶级的(准确地说,是市民阶层的)史诗",无疑,这指的就是这种"降低"。

巴赫金是将**长篇小说**作为一个合乎规律的、具有同等价值的**新**的创作现象来理解来揭示的,他正是在这一基础上肯定了话语和涵义、语文学与哲学之**新**的统一,这乃是他对世界文化的一个确实伟大的贡献。

国外一些极具洞察力的"专家"已经意识到了这一点。譬如,P.格吕贝尔在1989年写道:"在一些人公然宣称,'什么都是可以的'这样的一个时代,在所有的价值看来都是相对的而可互相替代的这样一个时代……巴赫金的创作恰恰具有这样的一个旨趣:从总体上对文化加以一个新的论证。"①K.汤姆森以自己的方式对P.格吕贝尔的这一见解作出呼应,他断言:"巴赫金的创作,就其深度和力度而言,自始至终就是十分罕见的一座思想源泉,它能阐明当下的认识危机,能对这一危机进行创造性的矫正。"②

某些作者表达出这样的看法:恰好相反,巴赫金也是当今那些臆造的价值与认识危机本身的一个"辩护士"。但是,哪怕是仅仅只看到这

---

① Russian Literature,第26期,第131－132页。引文的俄文译者为В.Л.马赫林。

② Critical Studies, 1990, Vol.2, pp,1－2. 引文的俄文译者为В.Л.马赫林。

一点——在他的著作中得以实现的对于**长篇小说话语**这一取之不尽的宝藏所进行的考量，对这一话语的那些最为丰满的体现所进行的考量，仅仅这一点就已然足以令人确信，这位思想家同任何“臆造的东西”是没有任何干系的。

*　　*　　*　　*

巴赫金的创作之真正的意义和目的，只是在相当近的不久之前才开始在这样或那样的角度上被意识到，可是，对他的“语文学—哲学”十分罕见的深邃与广博的那份**“预感”**，成了自20世纪60年代初以降就得以逐渐形成的那种“巴赫金崇拜”的基础。众所周知，对他的某种“崇拜”在早先也有过的，那是在20世纪20年代，在涅韦尔城刚刚孕生的宗教哲学小组里；不过，这个小组或多或少是有些封闭的，这个小组的成员们所拥有的对巴赫金的创作之最高价值的那份理解，实际上也没有超出这个小组的范围。

始自六十年代重新逐渐形成的那个“巴赫金崇拜”，起初也是将年轻一代中为数不多的几个人聚合起来，但是，他们的圈子得以不断扩大，1963年，论陀思妥耶夫斯基那部书新的版本得以面世，1965年，论拉伯雷那部书得以出版，也恰恰是在这种“崇拜”的潮流中与“浪尖”上而得以实现的。

基于以上所述，必须区分两个根本不同的现象：一方面，将论陀思妥耶夫斯基的那部书当作**革命后**的年月里出现的相当少见的对这位极为“复杂的”作家的创作所进行的研究来接受，另一方面，则是将那部书看成是对**巴赫金本人之创作**的一个体现。在将他的这些著作出版出来这一并非容易的事情上，上文所说的生物学意义上的“拟态”也被采用了：这两部著作是作为最伟大作家的创作之典范性的研究，而不是作为巴赫金本人的创作之典范，而被呈献出来的。

诚如前文所述，对巴赫金的创作本身的真正价值之“发现”，发生于20世纪60年代初。这体现于，譬如说，巴赫金的一拨“新的”崇拜者于1960年11月12日给他写的那封致敬信①，这些崇拜者都是论陀思妥耶夫斯基那部书的第一版问世的那一年出生的，要不就是要晚那么一两年。在那封致敬信中，有这样的断言：论陀思妥耶夫斯基的那部书具

① 这封信后来发表于《文学学习》，1992年第5－6期。

有“头等重要的”和“全世界的”意义,况且,“最大价值……在于其方法论层面”①。

及至七十年代,在俄罗斯,对巴赫金的创作作如是观的人们——主要是年轻人,其为数已经相当可观。在对巴赫金的“发现”中,巴赫金的那些本身就具有“方法论意义的”著作——以《长篇小说中的话语》②为标题而发表的《长篇小说话语的史前史》(这与他的另一部篇幅很大的著作的标题是相吻合的)和《史诗与长篇小说:论研究长篇小说的方法论》③——之见诸报刊,曾起了举足轻重的作用。

正是这些著作的发表为报刊上最初的评点提供了依据,而最初的评点是肯定了巴赫金之很高的——甚至可以说是极高的地位。这里说的 B. M. 日尔蒙斯基院士、Б. C. 梅拉赫教授、Г. M. 弗里德连捷尔教授“集体”撰写的那篇题为“巴赫金著作中的诗学与长篇小说理论问题”的文章④。出于展示这篇文章的“重要性”,在这里来披露下面这一“传记性的”插曲,就是很适宜的。

1971 年 12 月 30 日,已经鳏居的巴赫金与照料他起居的家庭保姆,在别列捷尔金诺的作家创作之家安顿下来。他得在这里等待搬入合作社集资的公寓,他的朋友们正在给他张罗这件事,只有在八个月之后——也就是 1972 年 9 月才得以入住这个公寓。在创作之家这么长的滞留——况且还带着家庭保姆——这打破了所有的“规矩”,于是“领导”很快就开始坚决要求他搬走。这时,一个不错的主意涌上我心头:去找那年头无所不能的苏联作家协会“组织委员会”秘书长 K. B. 沃龙科夫,去给他看看这篇“集体”撰写的文章,的确,这一段说明是不那么准确的:“您瞧,我们的三位**院士**在这里都写道,巴赫金著作中,理论问题得到了如此深刻的解决;继斯大林同志的著作问世以来,以这样的调子来评价谁还不曾有过呢!”结果呢,“不要惊动巴赫金”的指示很快就被下达了,于是,巴赫金也就在别列捷尔金诺一直住到 9 月,直到在莫斯科的那套住房落实到手。

自然,“集体”撰写的那篇文章当时还有更为“严肃的”意义:这三位

---

① 《文学学习》,1992 年第 5-6 期,第 153 页。

② 《文学问题》1965 年第 8 期,第 84-90 页。

③ 《文学问题》1970 年第 1 期,第 95-122 页。

④ 《苏联科学院导报·文学与语言系列》第 30 卷,第 1 册,1971 年版,第 53-61 页。

比巴赫金更加“有名”、更加“有影响力的”学术权威，都已然认可巴赫金对普遍性问题所作出的极为实质性的贡献——这一认可正是基于巴赫金有关长篇小说的那些著作。

有足够的根据来推断，恰恰是有关长篇小说的那些著作促成了巴赫金的创作之真正的价值在国外被认知。Ю·克里斯托瓦的文章《巴赫金、话语、对话和长篇小说》(这一题目本身就颇能说明问题)——该文发表在巴黎的杂志《评论》1967 年 4 月号上，这是境外最早的反响。在这篇文章中，巴赫金的著作不是作为对于这种或那种文学现象的**研究**，而是作为一个“极为鲜亮而给人以深刻印象的事件”(借用Ю·克里斯托瓦的话来说)而被解读的：“巴赫金拥有充满灵感的，有时简直就是先知式的书写手法，他提出一些根本性的……问题……”等等。况且，在所征引的Ю.克里斯托瓦的这篇文章里，最大的关注几乎就是被投入到上文已提及过的 1965 年以缩写本的形式发表的那篇论著——《长篇小说中的话语》，这篇论著最为“直观地”展示出巴赫金的创作之真正的精髓。如此看来，这件事也完全是合乎规律的：美国最为活跃最有建树的“巴赫金学专家”K.爱默森最近的一次访谈中，有这样的坦言：对于她来说，对巴赫金“强大的才智”之发现，始于 20 世纪 70 年代中期对于他的另一篇“具有方法论意义的”文章——《史诗与长篇小说》——的阅读与理解。

由此可见，巴赫金在 20 世纪 30 年代已经创作出来的有关长篇小说的那些著作(首先是——《长篇小说的话语》)，可以作为他的遗产中的一种“核心的”部分而被理解。的确，不能不提及的是，Ю·克里斯托瓦曾试图将巴赫金的创作置于那年月很时髦的“结构主义”的框架之中，这是毫无根据的[①]，但不管怎么说，她那篇文章，那篇用欧洲的其他语言不断刊发的文章，堪称是国外对巴赫金的一种“发现”。于是，次年，1968 年，巴赫金论陀思妥耶夫斯基的那部书——1963 年在莫斯科出版的那部书，就被译成英文、意大利文、法文、日文和其他的语言。

与此相关，在这里来提及这一点也是适宜的：早先，在 1961—1962 年间，曾经有过在意大利出版巴赫金陀思妥耶夫斯基那部专著的一个

① 后来，Ю·克里斯托瓦坦言道：“……巴赫金使得我得以超越我愿称之为形式主义与结构主义之局限性的那种东西。”

计划,巴赫金曾特地为此而修订了(而且这修订还是十分可观的)他的书稿,尽管已与一家很像样的出版社——朱里奥·艾奥迪出版社正式签订了合同,但是这一计划最终还是搁浅了,连手稿都没有归还给作者[①]。只是在6年之后,在上文已提及的Ю·克里斯托瓦的那篇文章面世之后,朱里奥·艾奥迪才在(1968年)出版了1963年在莫斯科面世的那部书的译本(而不是由这个朱里奥·艾奥迪出版社所预订并于1962年夏被捎到都灵的那部原稿)。

*　*　*　*

除了《长篇小说中的话语》和另外两篇不会晚于1936年而写就的短文,巴赫金的其他一些专题考察长篇小说问题的著作,其中包括论拉伯雷的那部奠基性的著作的第一个稿本和《教育小说及其在现实主义历史上的意义》(保存下来的只有为写这部书的而准备的材料)都是在1937—1940年间创作的。不论是就其"内容"来看,还是就篇幅而言,这些著作构成巴赫金的整个创作遗产之主要部分。不能不指出的还有这一点,据所有这些著作的文本显然可以看出,它们乃是直接为在苏联刊物上发表而写的。

然而,一种广为流行的观点是,此处所说的这个年月——巴赫金在此期间著述甚丰且恰恰是为了发表而写下这些著作的这个年月(或者,至少是1937—1938)——这却是革命后的历史上对俄罗斯文化最为不利的一个时期。因此,完全有可能出现这种情况:在俄罗斯,更不要说是国外,就有这样或那样的一些人,将巴赫金在此处所说的这个年月在一系列**用于发表**的著述上的劳作,作为这位思想家之奇怪的"天真性"的印迹来接受,他这人不曾明白把自己的著作公之于众的希望乃是没有根据的。为了对巴赫金的创作道路有一个准确的概念,有必要对俄罗斯的"人文学科"(在这个词之最广泛的意义上)革命后的命运从整体上做一番勾勒。

这些学科在1918—1922年间遭受了很严重的损失,那时,这些学科的许多活动家要么被迫移居国外,要么被强行驱逐到国外,要么是死于饥荒和经济崩溃,要么——最后一种——被投进监狱,或甚至被处决——譬如,科学院通讯院士、史学家T. Д. 弗洛林斯基,著名语文学

---

① 参见:《莫斯科》,1997年第10期,第171-174页。

家 Б. В. 尼科尔斯基，法律学家 В. Н. 塔甘采夫，就遭遇了这样的命运。

同样是残酷地针对“人文学科”的第二次进攻，始于 1928 年，这在那个年月的一些俄罗斯**院士**的命运上得到了完全直观的体现。人文学科部（史学家和语文学家属于这个学部）遭受了真正的毁灭。在科学院“案子”之中，有**好几百人**遭到镇压，其中有巴赫金所熟识的人（在遭到镇压的科学院院士中，他认识并与之见过面的只有史学家 Е. В. 塔尔列）。

对科学院研究人员的逮捕是从 1928 年 11 月 19 日开始的[①]。过了一个月零几天，12 月 24 日，巴赫金也被逮捕。他的“案子”，就是由国家政治保安总局审理科学院“案子”的那些侦查员来审理的。

1929 年 7 月 22 日，他被判决在索洛维茨基集中营监禁五年。

根据国家政治保安总局委员会的指控结论，巴赫金是一个名叫“复活”的右翼知识分子地下反革命组织的成员……该组织为自己确定的最终目标是推翻苏维埃政权，目前的任务是发动一个庞大的社会运动来反抗现有的政治制度。该组织在试图发动这一运动的过程中，广泛地利用了宗教和民族主义的情绪，等等。

为了对当时的情况有一个清楚的概念，应该指出这一点：“复活”这一案子与科学院那场涉及面更广的案子是有着密切的关联的，那个案子开始得要略早一些（第一例逮捕在 1928 年 5 月），而其收场则要晚两年，1931 年 8 月才结束。

巴赫金本人在其晚年谈到了这些“案件”之间的关联[②]，〈……〉[③]

与好些个在 20 年代和 30 年代之交遭到镇压的人相比，巴赫金的命运显得要顺利得多，并不曾有限制发表他的著作的禁令；根据巴赫金本人证实，审理他这个案子的侦查员对他说道，他的著作是会发表的[④]，论陀思妥耶夫斯基的那部书就是在他被捕后出版的（1929），而在判决之后，还发表了他论托尔斯泰的两篇文章（1930）和一篇以经济学为题目的文章（1934）。

---

① 这一史料以及下文的史料，参见：彼尔乔诺克 Ф. Ф.：《大转折关头的科学院》，历史研究文集《链环》，第 1 册，莫斯科，1991 年版，第 163－235 页。

② 参见：《杜瓦金对巴赫金的访谈录》，第 146－151 页。

③ 这里略去一些不是直接与巴赫金有关的材料。——译者注

④ 鲍恰罗夫 С. Г.《俄罗斯文学的情节》，莫斯科，1999 年版，第 485 页。

除此之外,A. B. 卢纳察尔斯基那篇对巴赫金那部论陀思妥耶夫斯基的著作的书评——内容丰富且在很多方面给予了正面评价的书评,也就是在对“复活”案件作出判决之后,1929 年秋,被发表出了,1937 年,该文被收入卢纳察尔斯基的文集而再次出版了。

1936 年秋,巴赫金成为莫尔多瓦国立师范学院教师,这对一个苏维埃政权的“敌人”来说比起出版著作可算是“自由”得多了——著作的出版必须要经过严格的编辑和审查。的确,无论是在列宁格勒,还是在莫斯科,巴赫金都未能找到工作,但这未必就是由于禁止他在这些城市工作,因为,就像上文已经说过的那样,他的那些“**同案犯**”——H. B. 皮古列芙斯卡娅、H. П. 安齐费罗夫、E. П. 伊万诺夫、B. П. 盖尔曼等人——一个个都有路子办成了这件事。

这一事实——巴赫金只能在萨兰斯克居住,或者,后来只能在莫斯科远郊居住,还有 1938 年在苏联作家出版社莫斯科分社本已决定出版《教育小说》这部书可后来并没有出版——这一事实,都无法以直接禁止来加以解释。

显然,问题的实质乃在于,巴赫金和另一些在那时被指控的人并没有获得**官方的**平反,这就造成了一个十分复杂的局面:那些在定夺是否接纳这样的一些人就职上班,是否发表这些人的著作的官员们,最终都是心里捏着一把冷汗,冒着丢掉乌纱帽的风险而作出这种决定的。已经有人谈及,与巴赫金一起被判决有罪的 H. B. 皮古列芙斯卡娅之辉煌的“升迁”,但大家都知道,П. K. 科科夫佐夫和 И. Ю. 克拉奇科夫斯基这两位院士曾极为赏识这位女学者,曾给予她一切可能的支持。

在巴赫金身边,却找不到这么有影响力且时刻准备不惜一切全力相助之人。正是这样,与巴赫金过从甚密而且对他有高度评价的 E. B. 塔尔列院士,曾享有斯大林本人的恩宠,却拒绝担任巴赫金的学位论文答辩(1946 年)指定的论文评阅人,而只是给写了一个简短的非正式的评语(这份“谨慎”有可能以这一点来解释:他塔尔列本人也曾被划在“敌人”之列)。

另一方面,在 1938 年就曾举荐出版巴赫金论《教育小说》那部书的Л. И. 季莫菲耶夫,当时还不太有影响力;他只是在 1940 年才获得了博士学位,而他立时就邀请巴赫金来参与世界文学研究所的工作。

〈……〉①

1937年，不论是在列宁格勒，还是在莫斯科，巴赫金都未能找到一份工作。就像卡冈所推测的那样，巴赫金栖居于莫斯科郊外，在吉姆纳小镇上安顿下来，尽管他曾上首都的那些朋友家里长住，有时要住上好几个月。境况变得更为复杂起来：由于早年患上的骨髓炎加剧恶化，巴赫金的右腿被截掉了（1938年2月17日），这就使他乘车去上班变得极为困难，要是他能获得一份工作的话（大家知道，后来，在萨兰斯克，莫尔多瓦师范学院院长办公室曾向巴赫金提供车接车送的待遇，但在莫斯科这就未必有可能了）。

于是，巴赫金强烈地投身于长篇小说研究。用他自己的话说，1937年至1941年初，他"写了很多东西，干了很多活"。他的大部分著作——那些显然是指望出版的著作，恰恰是在这几年里得以创作出来的。

就是在这段时间里，在二三十年代之交曾遭到镇压的那些人的书一本接一本地得到出版，那些人当中就有巴赫金熟识的人：Б. Л. 科马罗维奇的《基捷什的传说》(1936)、Е. В. 塔尔列的《拿破仑对俄罗斯的侵略》(1938)、В. В. 维诺格拉多夫《普希金的风格》(1941)，等等。这些著作的内容绝不能被归结为马克思主义的教义，尽管其内容也涵纳一些"翻来覆去不得不出现的"的套话和引文（巴赫金的那些著作中，也是有这些东西的）。一个有说服力的事实是，1937年С. Ф. 普拉东诺夫的主要著作得以再版，С. Ф. 普拉东诺夫就在不久前还被认定是头号"臭名远扬的敌人"。

总之，有充分的根据认为，巴赫金的著作在当时还是完全有可能出版的。正像他本人在1945年所证实的那样，他的《教育小说及其在现实主义史上的意义》一书，基于Л. И. 季莫菲耶夫教授所写的评语在1938年曾被苏联作家出版社接受而准备出版，但后来没有出版，这是由于出版社的印刷用纸量被压缩了。"被压缩了"，这更像是确有其事（我们回想一下，1939年苏芬战争爆发了），但书仍然在出版，巴赫金的书在出版上所遭遇到的挫折，有可能就是由这一点来加以解释：Л. И. 季莫菲耶夫主要是以诗歌理论家而著称，他还不是太有影响，也不太善

① 此处略去一些不是与巴赫金本人直接有关的史料。——译者注

于护卫巴赫金的书。1939 年,Л. И. 季莫菲耶夫开始在俄罗斯科学院世界文学研究所任职,此后不久巴赫金就获得这个研究所的编外人员这一身份。在 1940 年底 1941 年初,巴赫金在世界文学研究所做了两次报告,这两份报告展示的都是他论长篇小说理论那部著作的一些章节。这些报告本应在世界文学研究所的著作中刊发出来,但战争妨碍了这件事。

看来,由于 Л. И. 季莫菲耶夫的举荐——而季莫菲耶夫曾积极参与《文学百科》的出版工作——巴赫金受邀为第十卷撰写"讽刺"这一词条。词条被采纳了,1941 年 3 月还向巴赫金支付了稿酬,但《文学百科》的出版事宜又因战争而中断。

战争一开始,巴赫金就开始在吉姆纳小镇附近的伊利英斯基村和吉姆纳小镇上的一些中学里当老师。他教俄语与文学、德语、历史,甚至还当过"班主任"。战后,巴赫金还是教书,甚至还主持莫尔多瓦国立师范学院一个教研室的工作。

〈……〉①。

这一事实——无论是在 30 年代末 40 年代初,还是在 40 年代后半期和 50 年代,巴赫金的著作不曾得到出版——看来,是受制于以下两点:第一,他的完全"不擅钻营"这一人的天性;第二,他的那些崇拜者当中,缺少真正有影响力的人。

---

① 此处略去一些已经不是与巴赫金在三十年代的命运有关的史料。——译者注

鲍列夫忆巴赫金[①]

(1999)

尤里·鲍列夫　著

李冬梅　译　周启超　校

米哈伊尔·巴赫金曾说:“这世界上尚未发生任何终结性的事情,这世界与关于这世界之终结性的话尚未被说出,这世界是开放而自由的,一切都还在前面,且永远都在前面。”

*　　*　　*　　*

20世纪最伟大的哲学家与语文学家米哈伊尔·米哈伊洛维奇·巴赫金,逃脱了集中营的厄运,但几十年里却被排斥于文化进程之外,在萨兰斯克过着流放的生活。他本可以提升我们的纯理论科学的水平,他却将手稿封存于抽屉里,准确地说,是封存在一个大箱子里,这箱子最终是装满了极为珍贵的著作。我与巴赫金结识于佩列杰尔金诺的“创作之家”(在此之前,我曾从这位学者那里得到带有其赠书题词的那部论拉伯雷的著作)。巴赫金在这里住了很久,就住在窗户面朝卡西尔别墅的那幢小楼的一层。我曾自愿承担下一个义务:每天早上推着坐在轮椅上的米哈伊尔·米哈伊洛维奇去花园,晚上呢,再将他从花园里推回家。与我分担这项义务的,还有那时还很年轻的文学学家亚历山大·丘达科夫,为尽这一义务,他专程从莫斯科骑自行车赶来。米哈伊尔·米哈伊洛维奇则为自己这一份无助,为他自认为这是给我们增添麻烦,而感到窘迫。想必是出于感谢,抑或是出于交流,他每次都会讲述点什么,或者,只是谈论些什么。那时我们就痛苦地看出,这只是他所能与人们分享的那些东西中极其微小的一部分。

例如,他曾谈及莎士比亚的《哈姆雷特》中许许多多的深层涵义:“‘生存还是毁灭’这一轴心独白,尤其具有多重意义。死亡是不可理解

---

① 原文刊于《对话·狂欢·时空体》1999年第1期。

的。死亡之不可逆性是神秘而不可解的，人在死亡后的状况是神秘而不可解的。‘在那种死人的梦中会做什么样的梦呢？’哈姆雷特的这一思考，与轮回、化身现身、死而复生这些观念乃是相类似的。可以推测，这个理念——乃是印度文化对莎士比亚产生影响的结果。要知道英国在这个时候已经踏上殖民扩张入侵他国的征程。”

关于奥斯特罗夫斯基的戏剧，巴赫金曾说道：“这是描写日常生活的戏剧，软弱无力，缺少哲理内涵。”

巴赫金认为，基督从其中离去的这个世界，已然永远也不会是先前的世界。

* * * *

克尼波维奇是“苏维埃作家”出版社所出的巴赫金“论陀思妥耶夫斯基”那部著作的书评作者。她严厉指责了巴赫金对“意向”这一“过时的、唯心主义的术语”的运用。为了拯救这部著作，巴赫金便想出了另一个术语来替代“意向”这一术语。

* * * *

米哈伊尔·巴赫金的哥哥是英国共产党员。1950 年去世之前，他的床头悬挂着列宁和斯大林的肖像。

* * * *

一位俄罗斯文学学家说：

——在俄罗斯，所有问题都是终结性的。对于巴赫金来说，一切都是在世界末日论的视界中被呈现的。

一位美国文学学家说：

——不，在我们这里，所有问题才是终结性的：如果我不能招集十个人来组织一个研究巴赫金的课堂讨论——我就会被解雇。

莫斯科

图尔宾忆巴赫金*

(2000)

B. H. 图尔宾 著

张俊翔 译

I

“福音书也是狂欢!”巴赫金小声地对我说,他奇怪地蜷缩着,好像有根弹簧在体内收缩起来了。这是60年代发生在萨兰斯克的事。巴赫金神秘地谈到了福音书,就像是在说给同道听。

我还是不理解交谈者所言的深层含义;他还是高估了我们,包括我在内。不过,他有没有指望我们能马上理解他呢?多半都没有,而是着眼于未来播下自己思想的种子:什么时候就长出来了呢。

政治家们和各种社会问题蒙骗了老实人。人的政治见解在很大程度上体现其特点,政治斗争能深刻影响人民的命运——这样的错觉在意识中继续得到强化;许多时候,面临下面这样的论据很难不动摇:人民在受苦,知识分子的创造力找不到出口;为民主而战的斗士们举着标语走上广场,走向监狱,甚至捐躯,而此时你却在向上帝祈祷或者在研究某种难以捉摸的、荒谬的方法论。

对于有机会碰面并展开争论的那些人的某种观点,我们总是辩论性地予以简化。这样一来,我们失去了多少东西啊!我可能也辩论性地把某些东西简化了。不过,既然我无法同意萨哈罗夫、索尔仁尼琴、西尼亚夫斯基以及从拉吉舍夫到十二月党人的几代俄罗斯知识分子的观点,那又能怎么办呢?“在‘作为有别于上帝的物种的人’这个概念当中,人对待上帝的态度是建构其自身的原则。”谢·弗兰克很有道理地

---

* 原文刊载于《巴赫金研究文集》,第4辑,萨兰斯克,2000年版,第96-107页。

指出(《现实与人》)。在俄罗斯,自彼得大帝开始的最近两三百年间,人用以建构自身的与上帝的联系不再被意识到:“上帝被忘了。”联系本身并没消失,它就**不可能不存在**;但它不再是研究和理解的对象,而且,甚至连对它的**猜想**也破灭了:说这是玄学。

社会主义出现了:这是在世间对人和社会的宇宙生命进行模拟。我想,敌基督[①]与此无关:敌基督应该比马克思和列宁聪明一些吧?敌基督可能蓄意干涉人对待上帝的态度,伪造它、破坏它。但要证明它完全不存在,他难道会这么蠢?或许敌基督干脆就对人不抱希望、不再理睬了:他在我们中间徘徊、等待、观望,看人类如何填补自己让自己陷进去的空虚。这种空虚暂时是通过建立宇宙的普遍模式来填补的,而这只不过是因为宇宙具有精神性,空虚也需要精神性。这就产生了神秘主义。

神秘主义是社会主义的宗教。与任何一种宗教一样,它也应该经历孵化阶段、酝酿阶段。神秘主义在新的阶段存在了将近一百年,从19世纪末到20世纪70年代。现在,神秘主义还是个婴儿,对他的关爱需要付出不少,而且不会带来好处。不过,在这个婴儿的摇篮边已经聚集了各种各样的科学流派、自发性的团体和小组——单干的和打游击的。他们所有人都互相敌视、竞争、耍阴谋,他们在西方是完全公开存在的,而在我们这里却处于地下。我们头顶上是国家的神秘之手,显然,它的任务包括不可放过小事,从这些小组当中攫取所有可能的东西。而联盟会有壮大起来的那一天,它的某些方面甚至会公开,另外一些方面则将一直处于秘密状态。随着“社会主义—神秘主义”联盟的公开,国家将获得联动装置,以前的暴政对此只能奢求。**物质力量与精神**的联动装置,其形式和水平似乎能弥补人对于自身与上帝的联系的认识缺失。

米哈伊尔·米哈伊洛维奇可以心平气和地睡去。我能为自己担保,任何时候都不会受到神秘主义恶毒诱惑的影响,但我认为,在我们这个时代,了解这个东西的基本常识并不显得多余。而且,正如我所体会到的一样,自己在大概30到33岁时掉进了某些死死纠缠住我的力量的关注范围之中。我要摆脱一个姑娘的追踪和模糊的情色要求,《时

① 敌基督:基督教教义中所指的基督的主要敌人,据说他将在世界末日出现。——译者注

间同志……》一书出版后，她搬进了我对面的木屋里，寸步不离地跟踪我，而且，有一次我甚至梦到了她那副令人生厌的样子。"滚!"我在梦里喊道。第二天我从邮局收到了一张明信片，姑娘在上面极为准确地讲述了引诱未遂的情节。姑娘是个单干的，是个业余爱好者(我不知道她是否幻想过得到特种部队军官的肩章，是否向某些国家机构提供过巫术方面的服务)。尤拉·巴斯塔科夫和圣-日耳曼伯爵以及汽车钳工鲍里亚也是这样的单干者；他们以及他们的老师不知何故也需要我。可我却处于某些力量的控制之下，与我最隐秘的、只有我一人知晓的文学构思居然在无所不知的中央文艺工作者之家流传相比，这种控制更为厉害。"真的吗，你……?"我眨着眼睛问道，"什么胡说八道，你从哪儿听来的?"对方耸耸肩膀："有人在中央文艺工作者之家告诉我的。"这便是事实。他们把这个交谈者给我派过来了、塞过来了；他大概不知道自己在按谁的指示讲话。我也想不出是谁的指示；不知道，也不想知道。不过，这里有值得考量之处。显然，人们与极权主义的利维坦[①]一对一地作战——甚至连两、三个人的组合也不会出现——的日子就要到来了。而装甲与炮弹的永恒对抗——思想的解读、现实对思想的渗透**现在已经**开始了。不过，事情在他们(谁?)那里进展缓慢，跟踪的对象不多，跟踪进行得零零星星，正在摸索，有时还会上当，不过，神秘主义的黑手党是存在的，对个别人的猎捕开始了：思想的解读和支配。

我说过，我不知道狮子在其统治末期所使用的技艺，它把我们这些忠臣都召到自己的洞穴里，不过，有一点是清楚的，他是借助某些关照自己的中间人来召唤我们的。我们正是被他们挑选出来，推荐到了所谓的圈子里；也许，他们现在也在保护我们。但他们是辅助性的、服务性的力量，在我的智力无法企及的等级制里，他们是最初的一级，而这个等级制的顶端……

我再次把自己跟米哈伊尔·米哈伊洛维奇最初的某一次交谈与1975年初最后的某一次交谈进行对比。

"十字架和祈祷，"他坚定而简洁地对我说，"十字架和祈祷，这是最主要的。"

米哈伊尔·米哈伊洛维奇保持着自己一贯的节奏，并没有用遗嘱

---

① 利维坦：《圣经》中的巨大海兽。——译者注

的方式束缚我们当中的任何人,也没有留下最后的话。法律意义上的遗嘱规定,著作权转归博恰罗夫和科日诺夫,可观的金钱给他家里的帮工,一个脾气古怪、傻里傻气、神经不太正常的妇人;图书留给列昂京娜・谢尔盖耶夫娜・梅利霍娃。遗嘱就是一份文件,如此而已。不过,还有巴赫金的精神遗产。它存在于他的书里、他的充满思想的言论当中,后者往往非常简洁,但却是最高级的、总结性的,包含一系列的论断。

关于十字架和祈祷的说法显然是米哈伊尔・米哈伊洛维奇在整个一生中与福音书不断对话的总结。米哈伊尔・米哈伊洛维奇回忆说,约安・喀琅施塔茨基神父曾在他父亲位于奥廖尔的家里做过礼拜。我困惑地望了他一眼,而他就跟在讲一件自然而然的事情一样:是的,约安・喀琅施塔茨基去休假,到克里木去,在奥廖尔逗留了一阵……

关于米哈伊尔・米哈伊洛维奇的父亲和母亲,我们知道什么?我对他们毫不了解;但我明白,邀请这样的神父到家里做礼拜的都是笃信宗教的人。不难猜到,约安・喀琅施塔茨基神父也祝福过两兄弟——米哈伊尔和尼古拉,他的话所蕴含的力量众所周知。七十年以后,在莫斯科的红军大街上响起的是这些话的回声吗?我还是回到我们最初的某次交谈上面来吧:"福音书也是狂欢!"

据我所知,关于福音书狂欢本质的想法没有获得广泛的共鸣。就连我们这些起初最微不足道的巴赫金的拥趸也局限于莱蒙托夫或者列・尼・托尔斯泰,不敢冒险闯入神圣文本的密林。只有一次,我见到过一个对伟大思想的极荒谬的回应:在塔尔图召开的关于布洛克的研讨会上有人说过这样的猜想:在《十二个》中领导赤卫军游行的基督耶稣无非是……瓷质的圣人雕像,诗歌的主人公不知何故扛着它在街上走。这个观点除了犹太人对基督的不友善或者至少是对他的误解之外,别无内容。学界对巴赫金关于福音书狂欢本质的思想的其他回应我全然不知。

不过,在大学生中间……俄罗斯男中学生(和女中学生)的脑筋则完全开动了,众所周知,他们随时准备改变地球。60 年代末,我真的不得不躲开一些学年论文,大学生们在这些论文里都千方百计地绕到自己突然就喜欢上了的观点上面,而这个观点是被我轻率地转述给他们的。我躲倒是躲开了,但却被归为顽固落后分子之流,有过委屈。不过，一切都还好。我的中学生们回到了莱蒙托夫，有些人还如饥似渴地啃食起了狠狠吞吃灌木丛绿芽的山羊来。过了很久，我才有机会稍微浏览一下俄罗斯侨民关于巴赫金的著述，在鲍里斯·帕拉莫诺夫的一篇文章里，我意外发现了一个姗姗来迟的猜想：巴赫金阐释的“梅尼普讽刺”和“梅尼普体”是福音书的别名。这个猜想悬而未决，没有得到发展。而且在我看来帕拉莫诺夫对这个猜想只说出了“首先”、“然后”，以便完成对巴赫金某个伊索式思考过程的解码。但我觉得巴赫金并不喜欢密码文；假如他不是在库斯塔奈①而是在尼斯②写作，文本也不会更直白。质朴是巴赫金文学性格和个人性格的基本特点。假如他的所有著述不是在库斯塔奈而是在蒙特卡罗③创作和发表的，它们看上去还是会跟我们所知道的一样：也会有“梅尼普讽刺”和“梅尼普体”，不过，在关于陀思妥耶夫斯基的著作中，福音书会被隐晦地叫做“伪经”。问题不在于外部的书刊检查，而在于思想和风格的质朴，也在于被纳入到研究者视野中的文学和神秘主义的语境之宽度：显然，巴赫金指的并不仅是狭义的福音书。于巴赫金而言，福音书不是文本，而是事件，此外也是每时每刻在自己周围感受到救世主的人的持续**状态**。我不知为何总是在讲关于客西马尼园的事。

“它以前是个公园，”巴赫金深陷在自己那张宽大的沙发里回答我说，“只是个公园！”

看来，随着时间的推移，曾经明显带有家庭性质的东西会被放大并固定下来。每个莫斯科人都知道，距离城市半小时车程的马拉霍夫卡成了深受犹太小市民喜爱的乡间别墅聚集区。大家都知道卢比扬卡④或者叶利谢耶夫商场⑤是什么地方。不过，假如在马拉霍夫卡或者卢比扬卡所发生的不是那些可能正在发生的奇迹，而是其他的真正的奇迹，假如这些奇迹的见证者和阐释者把它们记录下来了，一百年之后，马拉霍夫卡和卢比扬卡将会充满强烈的神秘色彩，它会把事件的神秘性掩盖掉。

---

① 库斯塔奈：哈萨克斯坦城市。——译者注

② 尼斯：法国城市。——译者注

③ 蒙特卡罗：摩纳哥城市。——译者注

④ 卢比扬卡：莫斯科的地名，克格勃总部所在地。——译者注

⑤ 叶利谢耶夫商场：莫斯科和圣彼得堡著名的食品商场。——译者注

毫无疑问，米哈伊尔·米哈伊洛维奇清晰地看到了福音书和本事的隐秘之处，也看到了犹地亚地区鼎盛时期的日常生活，于他而言，这种生活在早期陀思妥耶夫斯基和涅克拉索夫的“自然派”的优良传统中得到了展现。然而，这种“现实主义的”诠释只不过是事情的一半，巴赫金又不是勒南。

我已经说过：缺少连接我们的世界与我们所不知晓的世界的圣灵，狂欢便难以想象。后一个世界赐予我们“向下”的机缘，去到“物质的下部”，也就是说可能是把我们派往……狂欢产生于人把自己**看到**的和自己**记得**的进行对比的时候，而且，看到的很清晰，记得的很模糊、不清晰、很世俗。从宇宙的观点来看，狂欢是世俗感，从异在的观点来看，狂欢是存在感。

如果有一天我们见到自己的所有想法——从高尚的到很罪恶的——都被物质化地体现出来了，我们会感到很惊讶：我们周围的世界会被愚笨、庞大、半途而废的东西以及各种数量极多的动物所充斥。我们极为细腻的想法会在这个世界上以牛哞、马嘶、猪哼和犬吠的方式被传达出来。从一个想法到另一个想法的产生过程会变得淫靡复杂，而且充满了丝毫也不纯洁的料想（高潮）。由我们创造的怪物不会具有通过经验主义能够获得的证据，证明它们是由我们派生出来的。它们当中的一些会否定我们的存在，另一些则会坚持，尽管前者和后者都没有足够充分的证据，而且，我稍微提一句，它们只会呱呱叫或者喵喵叫。把我们与我们创造的东西联系起来的**唯一**方法只可能是狂欢。唯一方法！

把狂欢与我们的当代艺术结合起来的理论，包括把长篇小说归于狂欢的理论，包含了不少挑拨传统的宗教严苛条律的东西：那位为宣传巴赫金著作付出很多精力的玛丽亚·韦尼阿米诺夫娜·尤金娜在欧洲散播它们，她在谈到关于拉伯雷的专著时说：基督徒的家里不应出现这本书。我记得，60 年代在莫斯科崭露头角的一位东正教艺术家非常克制，但甚为愤懑地评论过这本专著。此类艺术家开始涌现，就像是从地里冒出来的一样。我把他的评论转给米哈伊尔·米哈伊洛维奇，后者很快地那么一笑：

“是啊，当然……这种罪恶的狂欢……”巴赫金并无恶意地借用了俄国神父说话时似乎具备的特点，用北俄方言讲道：“这种罪恶的……”

感觉他很想让人把狂欢说成是罪恶的现象。看来，他也需要被不理解——这是科学思想能够长寿的保障：现在不理解，今后某个时候会开始逐渐理解，而且，对于思想而言，不知道是对其进行怀疑性的谴责还是对其无条件的接受更为致命。巴赫金周围的大部分人都是后者。至少，我对待狂欢假设的跟大学生一样的狂热态度严重影响了对它的理解；我产生了一种印象，巴赫金过世之后才向我彻底解释了自己的思想。

狂欢当中自然没有罪恶的因素。相反，狂欢是全民普遍信仰的表现：生活是上帝的恩赐，这份恩赐很神奇。狂欢中的人讶异地获得上帝的恩赐，千方百计地把玩它，估量它。对于新世界的一切他理解起来都有困难，包括自己永生的灵魂与上帝的结合：跪姿、祈祷。祷告被模仿。可被模仿的不是其中神圣的东西，而是其中世俗的粗鲁、含混和模糊之处。身处那里，我们知道了自己可以掌握的语言外形式——与上帝的对话，我们记得它们，自然，我们也对人类言语的沉重感到惊讶，它同样用于祷告和与亲人争吵，它想获得万能性。从这里可以看出言语的狂欢式变形：过分强调民族特性、急语、口吃、节奏失调或者夸张的节奏感。

言语丧失了魔力，把语言变成信息交换的工具，这自然激起了对言语进行狂欢式模仿的新浪潮：与聋人交谈、神职人员的秘语(行话)。对言语的狂欢式接受又派生出风格化言语的变异——讲述体。

时间大概是第一个让陷入物质世界的灵魂感到讶异的东西：在它原来的地方没有时间，它将要去的地方也不会有时间。由此，狂欢加速了**时间不可逆**的现象：老年期与婴儿期的冲突、不足以为信的长寿、返老还童。当然还有历史：以日和年的方式存在的时段。某种状态、品质或者特性按照时间的长度被定性：因此，为了叙述**作为整体的人**的结构，揭示其世俗与宇宙联系的多样性，编造了七天创造世界的神话；对共时存在于人体内的东西的描述被按照时间顺序大致加以划分。

福音书及其伴随文化是狂欢：发现人的宗教性、为死者指示通往向表示忏悔的虔诚教徒敞开的神座之路，可以不通过一系列赎罪的表现绕行着前往上帝之处，不“按照柏拉图”的方式，而是在把世俗生活作为最高级、最珍贵的恩赐加以品评，并在弄清其含义之后**直接**前往：为种子的继续生长做准备已经超出了种子的视野范围。

如果可以把我们对自身之“我”的先前状态的感受称为记忆，我们模糊(**此处字迹难以辨认**)，那么，化身为基督的记忆就在世界上被体现和表达出来了,活生生地呈现了出来,而在这个意义上,基督是我们每个人的某一部分的载体。狂欢不假定人与宇宙的联系:它**坚持**这种联系存在,确认其正确性。这就是福音书的任务:从那个世界而来,变身为——我斗胆说一句——凡夫俗子,并且一再让人们相信,在世间生活很好;世间的生活是稍纵即逝的恩赐;他们的每一个步伐、每一句话、每一个手势和每一个想法都与宇宙有机联系在一起;不应该用仇恨和妒忌的流质污染宇宙;不应该过早地觊觎那里:能把世间的东西弄明白就不错了。

福音书里的世界**极端怪异**,人们竭力想把它理顺,可是很盲目:他们确定等级,但对其内在的实质却不知晓,他们制定法律和传统,但它们却不具备宇宙意义上的前景。看来,福音书出现在某个历史时刻,那时,世界尚未被现今那些民族、社会和政治自由的思想所掌控:政治自由被视为通往精神自由之路。不过,福音书不是超政治的,世间凭经验可以感知的权力的问题有时也会在这里出现;可是,世间的权力从内在来讲服从于人,它无力破坏人就组织结构而言所拥有的与宇宙的接触;它只有一只眼:第纳里[①]上的恺撒只绘出了侧面。

对乞丐进行狂欢式的加冕和让国王失去王冠是人们了解到政治等级的暂时性之后的反应,是对价值观另外一种排列方式的回想和提醒,这些价值观在世间和物质世界里得到了宇宙的正式承认。

巴赫金的狂欢建立在严肃性的对立基础上。可怜的严肃性在我们这些拥趸这里遇到了不少愚笨之人。不过,如果内心不相信,却要否定严肃性,就很荒谬:在这种情况下狂欢要么变成了节日的消遣,要么更差,变成了争取同样的政治自由的工具。只有当全民的**神学**不断被提及的时候,当对上帝致以谢意同时又对他的奇妙恩赐表示出困惑的时候,狂欢才有可能。

巴赫金的著作谈到狂欢的部分充满了怀旧的忧郁。其中的怀旧难以把握,但它不可能不存在:米哈伊尔·米哈伊洛维奇不咒骂教育,认为它是不可避免的,对历史而言是必然的,他显然没有发现在当代社会环境中继续发扬狂欢传统的可能性。的确,如果信仰最多不过是以……一种获得许可的意识形态的形式出现,并且绝对不是必需的,而

① 第纳里:古罗马的金币或银币。——译者注

是获得许可的、被允许的意识形态，那么这样的可能性又从何而来呢？所以，即使按照民主、自由的解释，对信仰也肯定是要加以根除的，更不必说按照肯定具有理性的社会主义的解释了。

直到现在我才发现，我们对俄罗斯许多优秀智者的世界观演化的评价是错误的。在谈到或者写到某个人时会表示："某某某从马克思主义转向基督教。"我们考虑过关于某某某我们都说了些什么吗？从无政府主义可以转向马克思主义，从马克思主义可以转向君主主义，比方说。从犹太教可以转向基督教或者从基督教转向伊斯兰教：马克思主义、无政府主义和君主主义是一排，犹太教、伊斯兰教、基督教是另一排。第一排是**意识形态**，第二排是**宗教**；无论是在纯粹的逻辑上还是在实际当中，都不可能从意识形态转向宗教。可是，在我们眼里，基督教正在变成……意识形态，无政府主义和马克思主义那样的意识形态。

不知何故，我写得并不……愤怒，对此我自己也感到奇怪。1952年的可怕预感、大屠杀、集体化——这一切我可都记得：自己亲眼所见。1931 年，我们在乌克兰的新桑扎雷逃过了莫斯科的饥荒。我，一个 4 岁的孩子，以男人和骑士的方式真正爱上了农村小姑娘弗萝夏。她 12 岁，在 4 岁孩子的眼里，她是自己无法企及的魔法王国的女神、女皇。弗萝夏跟我及其 6 岁的弟弟一起玩耍：我们在峡谷的斜坡上挖湿湿的灰色黏土，用它捏小人。后来我们就离开了：饥荒已经影响到了丰衣足食的乌克兰。1935 年，我们回去了。我的爱是一个秘密，整整 4 年我都对此守口如瓶。我期待与完美女神相见：我觉得时间会在她身边停住，她还是从前那个 12 岁的女孩，她会见到已经长大一些的我，不过她应该更成熟了，差不多可以当新娘了。差不多可以了，可是……桑扎雷的街道上到处都是废墟：屋舍坍塌，炉灶仍立在房子中间，杂草丛生，樱桃树都荒零了。"弗萝夏在哪里？"8 岁的男孩屏住呼吸问道。一个农村老太婆低下头说："可怜的弗萝夏……在这场饥荒中死了……"

我的挚爱被夺去了生命，有什么会比这更令人痛苦的呢？一个小姑娘却是 600 万乌克兰人、斯塔夫罗波尔人、库班人的化身，是 1918 年夏天在叶卡捷琳堡的地下室里被枪杀的 4 位沙皇之女的精神姊妹。

老实说，我带着艳羡之情阅读侨民作家写的东西，首先是他们的旗手索尔仁尼琴的著作。他们善于愤怒，更准确地说，愤怒之于他们是自然而然的事。可我的情感却有些麻木，甚至在想起弗萝夏的时候也没觉得恐惧。不过,我想表达自己在思考俄罗斯的启蒙运动及其怪异的当代变体——60、70 和 80 年代的自由主义和护法运动——时所感到的恐惧。面对自己所受的苦难,英雄们似乎只应该表示景仰。与此同时,被欺骗了的欺骗者也是如此;基督教是跟马克思主义一样的意识形态;从《资本论》到福音书的道路也是可能的。如果这样,那么我更能理解杀害弗萝夏的凶手,比理解很有文化的灵魂毁灭者更容易,后者总是想念古怪的肯陶洛斯①、带有 homo sapiens② 的笑脸的怪人以及人面老虎的形象。

关于艺术的狂欢本质的假设暂时只在外延方面而非内涵方面得到了应用,这很自然:在狂欢中看到的是社会反抗的形式和自由无政府主义的任性。狂欢的形而上学的意义没有被弄清楚。

Ⅱ

在为数尚不多的关于学者巴赫金的著述当中,最佳的观点集中在 C. C. 阿韦林采夫针对巴氏遗著所写的篇幅不长的书评里。这篇被忽略的书评发表在《文学评论》杂志(1976 年第 10 期)上。书评的观点出人意料:巴赫金的著作充满了能被觉察得到的论辩性。是的,可是跟谁或者跟什么东西进行论辩呢?阿韦林采夫列出了米哈伊尔·米哈伊洛维奇的可能性论敌,我只是大体上把他们列举一下:文化—历史学派、形式主义、印象主义。阿韦林采夫把巴赫金的**这些**论敌一个接一个地撂到一边:巴赫金不值得与他们展开论辩。而阿韦林采夫认为**真正的**不变的论敌是……亚里士多德。亚里士多德以及一切由他而生的东西。阿韦林采夫的论断是科学发现。亚里士多德是世界美学和文学理论的重中之重,是一块基石,所有人都在它下面忙来忙去,从中小学生到各门科学的博士;基于亚里士多德诗学组织高校教学、编纂教材、撰写研究生论文。亚里士多德创造了让他们中毒的关于艺术的谎言。

亚里士多德的分析对象是被抽象地构建出来的"诗人"。不知何故他决定"用形象思维"进行"展示",而不是像其对手"学者"一样进行"证

---

① 肯陶洛斯:希腊神话中的半人半马怪。——译者注

② homo sapiens:拉丁语,意为"智人"。——译者注

明”。诗人创造“艺术作品”,它包括“主题”、“思想”、“情节”、“结构”,还有“门”和“类”:抒情作品、叙事作品、戏剧作品……而且,每部“作品”都与某种东西“相关”。而这一切都众所周知。可是,为什么亚里士多德与社会主义如此接近,以至于社会主义革命胜利十到十五年之后,非要把他引入学校,让他出现在一本又一本教材里?这些教材对其要求加以诠释,也彻底把它们歪曲了。在我的印象里亚里士多德与传奇的《全联盟共产党(布)历史:简明教程》密切相关。这里确实存在毋庸置疑的联系:在梯弗里斯[①]师范学校,亚里士多德当然是被条分缕析地加以讲授的。而《全联盟共产党(布)历史》就是该校的毕业生编写的。当然,问题的实质不在于该书的作者是师范院校的毕业生:亚里士多德和极权制度的联盟是**历史性不可避免的**。

我不认为极权主义不知道自己在干什么。它知道,不可能不知道。他在世间创造天堂的形象。其外表非常漂亮——有些粗糙,但无比牢固。跟在真正的天堂里一样,在这里,人的心灵和躯体得到免费保护:免费教育、免费医疗服务。而在未来,当剩余的一切都将免费时,就是共产主义了;对庸人说什么都没用,他所认定的就是对共产主义的这种概念。然而,跟任何一个幽灵的所作所为一样,共产主义的幽灵在前方出现、闪耀、跳动,忽近忽远。如今,各种宫殿就已经在为神奇的王朝增色了:“文化宫”、“少年宫”、“婚姻缔结宫”[②],而在它们的包围当中耸立着“代表大会宫”(“苏维埃宫”没能建起来,在它的位置上挖出了一个游泳池,莫斯科彻底变成了果戈理笔下的米尔哥罗德[③]:“棒极了的水塘”装点着城市中心)。“被空前的友谊团结起来的亿万人民”坐在课桌后面,感受到了世间的温暖,如果需要,他们可以免费得到对各种疾病的治疗。他们住在“亲如手足的家庭里”,周围聚集着“全世界人民”,后者“为历史上第一个社会主义国家的空前成功而鼓掌”。一切都是“空前的”、“史无前例的”。米尔哥罗德发展成了基捷日[④]:躲避一大帮敌人时,不会沉到游泳池里去吧?童话,神话!我已经讲过极权制度彻头彻

① 梯弗里斯:格鲁吉亚首都第比利斯的旧称。——译者注

② “婚姻缔结宫”:即“婚姻登记处”,为了保持上下文语义的贯通,此处为直译;下文的“代表大会宫”(即“代表大会堂”)也是直译。——译者注

③ 米尔哥罗德:乌克兰城市。——译者注

④ 基捷日:俄罗斯传说中的神奇城市。——译者注

尾的神奇性,亦即其魅力的来源:谁不愿意生活在童话里?

亚里士多德的诗学绝对没有涉及此类东西。似乎应该把它抛开!似乎应该把由讨厌的希腊人设计的捍卫“用形象思维”独尊的“诗人”雕像销毁:现在没有、以前也没有**这样的**诗人,我们这里更没有。如今,所有的诗人都处于我们的总书记以及列宁中央委员会这个所谓的“诗人车间”的领导下。上面勾画形象的总体轮廓,指出明暗色调的搭配,而下面的人则把这些轮廓补充完整。不能把这种集体创作称为谎言,正如不能把童话称为谎言一样:艺术的真理不在于本事和情节这件事,而在于在**某些条件下讲述某个情节这件事**。善良的勇士没有乘飞毯翱翔,真理是被套在土地以及自己的木犁和陋舍上的人们想到这样的情节这件事,是在风雪肆虐的草原上挨冻的他们能在一夜之间建成宫殿这件事。社会主义之所以吸引人,是因为它为人类开辟了能从对自身的讲述中获得极大快乐的可能性,以及自由书写其生活的可能性。他们可以像果戈理《钦差大臣》中的伊万·亚历山德罗维奇·赫列斯塔科夫这个俄罗斯文学中第一个被点明的社会主义者那样书写。但它为什么需要亚里士多德?

它**非常**需要亚里士多德!因为亚里士多德是学者。而在世间构造的天堂形象在任何时候和任何情况下都不应该**称自己**为形象。党很快就控制了性急的未来主义者,把他们赶走了;他们太过直白:走上广场,在居民的房子上面涂鸦。但社会主义不单只是社会主义,而是“成双的社会主义”,共产主义是“科学共产主义”。这种情况下的美学是特殊美学。它被科学所装饰。亚里士多德能最大限度地赋予任何事物以科学的外观,甚至连笼罩在我们周围的虚空。他条理分明,这种分明的条理很可能被轻而易举地理解成方法论:倾向于最简单但又意味深长的分类、倾向于把一个现象同另一个现象隔离开来分类。

巴赫金的诗学当然应该从根本上和基础上被消灭:它旨在领悟生活。现实生活——从个人生活到人民和国家的历史生活,其基本范畴是全新的**言谈完成范畴**。

不能把完成与**情节的结束**混为一谈:结束和完成处于不同的思维层面。

科学的真理是无法完成的:对于今天所说的,明天会补充新的东西。可是,对已经完成的言语的任何补充都不可思议:已经完成的东西是独立存在的。

“我们不是用言语思想，而是用体裁，”巴赫金在与我认识之初就对我说过，“我们也不是用言语说话，而是用体裁！”

当时，如此清晰明了的观察让我感到震撼。我看到了**现实**，我们的言谈在其中实现：姿势、手势、面部表情、语调——所有这一切在不断变化、预估反对意见并寄希望于获得赞同的同时形成人类交往的鲜活现实。后来出现了“时空体”的概念：对说话人时空观的揭示（在陀思妥耶夫斯基那里、更早的时候在狂欢文化当中——世界之间、边界、宇宙和世间现实的“时空体”）。不过，在尚未用术语的方式加以界定之前，时空体就已经出现在了巴赫金关于体裁的学说里：体裁源于**某处**，体裁的多样化是由人看待世界的多种观点决定的。

亚里士多德和被巴赫金公开拒绝的黑格尔都没有被抛弃；不过，亚里士多德的诗学失去了强加在它身上的万能性，成了巴赫金现实的社会学诗学的个案。其主体是进行创造的人。与周遭进行持续对话并因此促使我们与其对话的人。

我们用体裁说话。但生活中的体裁是无法完成的。它不是永恒的：言谈没有被塑造成型，没有被写下来，没有被押韵地表达出来。

生活中的体裁是变化的；它只不过“梦想着”能被完成。如果相信，体裁想被完成的愿望就可以实现：存在由上帝完成。以上帝为榜样而存在——这就是创造自己。自身之“我”、自己身体和精神的自画像——在理想状态下，它完全符合我们“宇宙双胞胎”的画像。“完成”自我（尽管无法想象所有人都能完成自我；或许它要到世界末日才能实现，到那时连宿敌都已经相安无事，“时间已经没有了”）。

然而，对于社会主义及其重要组成部分神秘主义而言，体裁想要被完成的愿望已经达成了。这确实是“空前的”、“史无前例的”：尽管不是“逻各斯”，而是“形”，但言语变成了躯干——首先变成了世界上第一个社会主义国家的躯体。

米哈伊尔·米哈伊洛维奇经历过军事共产主义、传奇的“北方公社”：1917 年之后立刻推出的匆匆炮制的社会主义雏形如此离奇而荒谬，跟它拙劣地与现实相矛盾一样，以至于不得不放弃它，赶紧拼凑“带人脸的社会主义”形象——善于容忍的、宽宏大量的。新经济政策被折腾出来了。从那时起，任务就已经明确了：第一次在历史上不仅要把艺术形象呈现在城市广场上,还要把它搬上**历史舞台**、完成它,把人民称为它的创造者,而统治者以人民的名义完成形象。

下面这种看法是很合理的:社会主义依托于献身思想"我们一起献出生命……"这样的死无法复活,但它不是死胡同。它是能量的源泉,促使剩下的人活得更久并夺取新的国家。"电能"、"原子能",还有什么?还有心理能量。

"列宁的雕像宣传计划"——此为何物?胡说八道?国家遭到彻底破坏,在因为患伤寒而发出的呓语中瑟缩成一团,伴随着地下室里沉闷的枪声给俄罗斯塞满石膏偶像:马克思、帕斯卡甚至犹大的雕像?这是为了什么?这是为了美。这是在尝试创造出完成的形象,它们最终能把国家的**全部生活**变成一个形象。当然,这很天真。不过却很直白。伊里奇无法忍受未来主义者,但在这一点上他与之如出一辙。他的总计划就跟未来主义者的绘画一样,逐渐被终结了,但雕像却开始在各处冒出来,无法为此事命名,就是不断地冒出来。

美学让政治臣服,政治让经济臣服。这里需要亚里士多德。"瞧您说的!"最让人尊敬的希腊人表示,"瞧您说的!美学知道自己的位置……"国家的艺术创造是从政治派生出来的,政治是从经济派生出来的。亚里士多德扮演的是唯物主义与全面进行童话创作的中间人角色。

极权国家的历史行为完全由其美学任务确定:所进行的仅仅是创造独特形象所必需的。

共产党员们被指责搞阴谋。从正常社会的角度来看,这完全正确:没有比这更阴险的了!其实,共产党员们就是在**玩**。比如国际条约,为了在世间建立天堂,势必应该签署自由人道的条约。确实在签署,签署了赫尔辛基协定。"现在你们就执行它吧!"西方摩拳擦掌地表示,而且面带微笑。"为什么要执行?""什么为什么?"西方大动肝火,"什么为什么?已经签署了啊……""那又如何?""那现在就执行啊!""既然我们已经签署了,为什么还要执行?签都签了,你们还想干吗?"

如果**言语**已经说出来了,那么事情好像就已经**做完了**。是阴谋吗?不,我认为这不过是一种处理事态的美学方式。

在巴赫金家做客[①]

(2009)

弗·考乌特曼　著

周启超　译

要想同米哈伊尔·米哈伊洛维奇·巴赫金见面,可是一件很难的事儿。萨兰斯克离莫斯科很远,要想闯到那个城市,可不是那么简单的,尤为不简单的是,如果你是一个外国人(那个城位于被禁闭的军事区域)。巴赫金本人几乎是足不出户,因为他有一条腿被截肢了。他在西伯里亚流放之时,那里的医疗救助水平是那样的低,一个小小的伤口就会导致脓毒病,其结果是除了将病人的一条腿给锯掉,就没有别的办法了。

令我感到幸运的是,我在莫斯科那会儿,恰逢巴赫金正住在一个疗养院——那个距离小城新罗莎不远的苏联作家协会的一个疗养院——治病。新罗莎位于莫斯科郊外,距首都有那么八九十公里的路程,尽管跨越这段距离也是相当麻烦的,然而在一天之内去一个来回也还是可以的。于是,在一个雨天里,我与瓦吉姆·柯仁诺夫——文学学家,巴赫金的弟子——一起出发,前往风景如画的莫斯科郊外。这郊外,有别于距莫斯科最近的那些小城,有些冈峦起伏的丘陵,这丘陵,又不时地受到那条就从不远处的源头发端的莫斯科河所切割,在这些地方,莫斯科河更像是一条条小溪。

巴赫金所住病房门上的 13 号并没有预示失败,也没有预示不幸。巴赫金的妻子——他忠诚的助手与一生的旅伴——迎接了我们,随后出现的是巴赫金本人——一位身材不高而结实、为人平易、待人礼貌之

① 本文系捷克学者弗·卡乌特曼——著有《我与陀思妥耶夫斯基相伴的一生(1957—1997)》——于 1966 年 7 月拜访米·巴赫金的回忆。这篇回忆的原文,源自作者个人的文档;这篇回忆的俄译,刊于《陀思妥耶夫斯基与世界文化》第 26 辑,圣彼得堡,"白银时代"出版社,2009 年版,第 175 - 178 页。本人 2011 年 7 月在彼得堡陀思妥耶夫斯基故居纪念馆查阅资料时,发现了这篇捷克学者的回忆。——译者注

人,况且是现在健在的俄罗斯文学学家当中最伟大的一位,是世界文学学界最巨大的代表人物之一,是整个世界都知晓的《陀思妥耶夫斯基的诗学问题》与《弗朗佐瓦·拉伯雷的创作与中世纪及文艺复兴时代的民间文化》的作者。

巴赫金,就像所有真正伟大的人物那样,他外表上并不显眼,谦逊,宽容,说话嗓门不高,显得睿智,话少。他更愿仔细地倾听交谈对方的言说。他显得矜持,但清晰地让人家明白他那份认可。他委婉地反驳着,对他不同意的观点怀有显然的尊重。就是在这里,在许多时光要被治疗处理而夺走的这疗养院里,他也以其不知疲倦的尽心竭力而出名。他坐在他旁边的那张桌子,也成为他的书桌。桌上摆放的是书、杂志、手稿的草稿。巴赫金清楚地知晓,他的创作在捷克斯洛伐克已经引起的那种兴趣,并不掩饰他那份由此而来的高兴。他以很大的注意力追踪有关陀思妥耶夫斯基的作品在捷克大地上接受史的那些正在流通的信息。他询问一些细节,甚至对第一眼看上去是堪称甚远的那些接触交往也怀有兴趣。

我们谈及世界文学学的当下状态问题。在整个世界都可以看出:不去写大部头而有分量的综合性著作,而偏爱去写分析性的、注重细节的微观著作,得到分析的是一个作者的创作,抑或是单一的,被狭隘地理解的问题。这里,是不是有自然科学与技术科学对人文科学的影响呢?怎么来看待这一现象:去认定这是一个自然的合乎规律的现象,抑或用某种方式来对它加以抗击呢?

巴赫金,本人是两部综合性巨著的作者——那两部著作已经勾勒出进一步研究的路径,它们可以围绕着自身而将整个的学派聚合起来——他并不否定文学学界已然形成的境况,而强调它的正面。“如今已是另一个时代:我的著作产生于20年代与30年代,那时曾占主导的是另一种倾向——要创造新的综合,要发现新的方法。有多少个文学学家,就有多少种方法。现如今微观的研究,以它们的严格的、精准的分析,会为未来的大部头的、概括性的著作奠定基础。”

苏联的莎士比亚专家平斯基——他当时也参与了我们这次交谈——从他那个方面也支持当代的分析性方法,尽管他本人正在写一部论莎士比亚的综合性著作。我们谈到老师与弟子的问题,谈到一代代学者与方法的更替问题,谈到它们毫无疑问的互相依赖性,谈到苏联的先锋派，谈到卡图拉、卡夫卡、安德烈·普拉东诺夫，谈到与莎士比亚戏剧相关联的悲剧这一体裁的界定，谈到斯拉夫派，谈到正在准备的科学院版陀思妥耶夫斯基的所有作品与书信全集。没有什么次要的、太专门的、尖锐而迫切的问题，即便是文学之外的问题，是米哈伊尔·米哈伊洛维奇所不会感兴趣的，尽管从主题上看它们同他的学术活动没有任何关系。在这一点上也没有什么奇怪的：在巴赫金身上同时存在着语言学家、美学家、文学史家与哲学家。

窗外——那窗子朝向一片小白桦林——雨不停地在下着。一分钟一分钟，一小时一小时地流逝，而我们还得去赶返回的路程。告别的时刻到了，我们憋不住要提出一个平常总要问一问的问题：您眼下在写什么呢？眼下，巴赫金恰好就要结束论超语言学的一部大书。出版社并未指定提交已杀青书稿的日期。先前的那些著作，巴赫金写了好多年（而它们的出版则要等待几十年，就像——譬如说——他那部论拉伯雷的书所遭遇到的那样）。如今境况变了：编辑部在等着提交书稿呢，不过，作者感到对自己新书的质量有很大的责任，全世界的专家都会读这部书的，他并不急急地赶了。

最后一回满怀友情地握手，寒暄，彼此致谢。

这雨水淅淅的一天就要结束了。可是，它将永恒地留在我们的记忆里。

布拉格，1966 年 7 月 25 日

伊凡诺夫谈巴赫金*

(1973)

周启超 译

——您如何评价巴赫金这个人?

——巴赫金——这首先是那样的一个人,最本真的意义上的"智者"这一词语,作为一个概念来形容这种人真是很贴切。真正的智者(其言谈举止)是不会(辞藻过分华丽——激昂)高调行事的,他的身心被那样一种"愉快的知识"所充盈,那种知识曾将巴赫金与其未来的主人公——拉伯雷的那部长篇小说里"泰勒姆修道院"的居住者——聚合在一起。彼得格勒的那个由哲学家、学者、艺术人组成的小组——巴赫金在20年代里曾置身于这个小组,康斯坦丁·瓦金诺夫——俄罗斯先锋派最杰出的作家之一——曾进入这个小组,在其三部长篇小说里曾对这一环境进行了描写,帕斯捷尔纳克曾在《高雅的病》里写道:"我们曾经是思想的音乐……"以瓦金诺夫之见,彼得格勒曾是新雅典,是希腊最高雅的文化在涅瓦河畔之突然的出现。巴赫金身上的苏格拉底的气质在证实瓦金诺夫这一大胆的猜测。无怪乎巴赫金将自己全部成熟的一生都投入于对哲学对话意义的思索:他甚至将陀思妥耶夫斯基的长篇小说理解为这样的对话。在对话中得以显现的是原本意义上的思想,在交谈者之间得到分享的思想。由此这一思想是超个性的,如果它不是无个性的;这一思想仿佛并没有一个单一的作者,而可以用不同的笔名来发言:众所周知,凯尔克戈尔曾有那么多的笔名。正因为这样,巴赫金曾轻易地同意他的两个朋友与学生——沃洛希诺夫与梅德维捷夫——的请求:以他们的名义去出版自己的著作(这些著作里有那个年月所必需有的改动,那是他们在那些著作里作出的)。

---

* 这篇访谈原题为《谈谈巴赫金与符号学》,其俄文原文曾被译为波兰文:O Bachtinie i semiotyce. Rozmova z W. Ivanova // Tygodnik Powszechny, rok XXIII, 1974, 12 maja, No 19 (1320). S. 5 后收入维亚切斯拉夫·伊万诺夫:《符号学与文化史著作选集》卷六,莫斯科,2009年,第103-112页。这里,据该选集节译出这篇访谈的前半部分。——译者注

米哈伊尔·米哈伊洛维奇·巴赫金几乎是在第一次世界大战开始之前20年——1895年出生的。他属于那样的一代人——用罗曼·雅各布森的话来说,那一代人还在咄咄逼人的风暴与灾变降临之前就已经来得及对于旧欧洲的传统之基础加以熟悉,已经来得及对于那些决定着具有先前的人文文化修养之人的行为之主要元素加以掌握。巴赫金之哲学对话的那些对谈者,曾经跟他都是棋逢对手。我们的精通北部西伯利亚诸种语言的杰出行家E. A. 克列伊诺维奇曾经给我讲过,20年代的维捷布斯克——那时,在那里相遇的有巴赫金,有他的朋友、杰出的音乐家索列尔津斯基,有夏加尔——曾处于饥荒与经济崩溃之中的维捷布斯克,在记忆之中却是沸腾的精神生活的一个闪烁着亮光的源头。巴赫金穿越岁月的苦难而一直保留着对自己最初的精神准则的忠诚,保留着他所具有的精神上的明朗、坚定与令人惊讶的欢快性情。他所做出的一切,不能被那样(人们一旦对因果关系加以幼稚的套用,通常便会这样)看成是对他的那个时代、对他那个年月之简单的回应:举凡对他在40年代里的生活境况有所了解的人,不可能从他遭遇的那些艰难,从他周围的那一切,而引申(推断)出他论拉伯雷那部书的字里行间所透出来的激情洋溢的欢乐与富有感染力的狂欢节般的开心。有别于毕加索或肖斯塔科维奇这样的艺术家,巴赫金与其说是在反映自己的那个时代,毋宁说他是在让时代听命于他自己;在他活到75岁之后,他看到了:正是由于这一点,世界性的认可、自己祖国的认可降临到了他的头上:在一年之内——最近的一年之内,为庆贺他75岁诞辰,有2本书相继问世:塔尔图的《符号系统论丛》一卷特辑,他曾多年执教的萨兰斯克大学的出版社推出一部纪念性文集,便是在印证这一认可。

——他是怎样的一位学者呢?

巴赫金的许多兴趣,他对古希腊罗马的戏剧与小说、对面具与文学中的时间问题之关注,同他的大学老师、泽林斯基院士(波兰籍)的学术研究的题目是相呼应的。但是,对于巴赫金自青年时代就是有决定性的乃是他的哲学研究。他同时代的那些文学学家当中,没有一个人曾经像他那样拥有那样一流的哲学素养(如果不去说那样的一些同他巴赫金曾是部分意气相投的哲学家,诸如古斯塔夫·什别特,此人既能写以文学学为题的文章,也能写以戏剧表演艺术为题的文章)。巴赫金是以对20年代里曾那么流行的精神分析之基本概念的反思而起步的。

还在其以弗洛伊德主义为主题的第一部书里,巴赫金就已经得以对官方的言语、官方的行为同非官方的交流沟通形式加以区分。由这一区分——这一区分,以自己的方式在化用弗洛伊德的某些思想——后来产生了巴赫金的那些有关社会底层的非官方的狂欢文化,同官方文化相对立的狂欢文化思想。当代的一些民族学家,尤其是英国的东方学家埃德蒙·里奇与美国最大的非洲学家维克多·泰勒,他们不曾了解巴赫金的这些思想,而在实际上是得出了十分接近的结论:那些对社会地位加以翻转颠覆(英文是 Status reversal)的仪式——其中包括那些对上层与下层之关系加以翻转颠覆的仪式——对于社会是有意义的,巴赫金还在 40 年代里就已经将在这一上层与下层之间的关系描写为双重性的(二元性的),而在这一点上超在列维-斯特劳斯之前。任何一个从事当代生活的这样一些现象——诸如"happening"或者不同国家的青年运动——之研究的人,不可能看不出社会科学的这些一般性结论对于理解社会生活的这些狂欢方面的意义。泰勒指出,已经得以确立的等级可能被新的等级(或者是伪等级)所替换,新的等级的代表便是那些下层出身的人。泰勒以黑手党这样的社会来作为例证。巴赫金以相近的方式分析伊凡雷帝的禁卫军。爱森斯坦的电影《伊凡雷帝》下半部中禁卫军的筵席,可以被看成是对巴赫金有关禁卫军那种狂欢的天性之思想的一个形象的图解(尽管在那个年代,不论是巴赫金,还是爱森斯坦,都不曾知晓他们各自对狂欢的研究,乃是相近相通的)。

——巴赫金对于文学学与符号学的意义……

——巴赫金——以那些语言学的结论来丰富文学学而作出最多建树的那种哲学家—学者之一。语言学通常研究的是文本中的一段之构成规律,那些片段在长度上不会超过一个句子。巴赫金第一个提出要创建一个新的学科——元语言学[用罗兰·巴尔特的术语来说,就是超(贯)语言学],这种语言学研究整篇文本或者那些大于一个句子的文本片断是如何被建构的。巴赫金仿佛是编出了一张元素周期表——一个完整的概念系统,那些概念是用来描写自己的话语与他者的话语之间的关系的。小说中的话语之单个的具体的特征,在这一系统中都有各自的位置。这样的一些曾经令先前的语文学家们也为之倾心的问题,诸如,非第一人称的直接言语(近乎于先锋派文学里意识流学派的内心独白)与自述体的叙事(在近半个世纪里许多俄罗斯作家笔下,譬如说,在左琴柯笔下，已经得以复活了)，相对于这一总的系统而言原来都是一些个案。文学中对他者的话语之重建，也是与巴赫金全部的学术创作之基本的、主要的题目相关联着的：他一生都投入于对话问题的思考、我与他人之间关系的思考：**自己的话语与他人的话语之间的关系**，便是这一问题的一个个案。巴赫金以这一视角而对长篇小说这个体裁作了新的理解。巴赫金认为语言的混杂与多语是长篇小说这一体裁的源头。巴赫金的著作中对长篇小说的那些重要特征的评价之正确性，由《尤里西斯》这样的 20 世纪最为优秀的长篇小说的经验作出了最为直观的证实，可以找到所有的那些对话语之讽拟的、反串的、滑稽的使用之特征，可以找到所有那些不同语言与文体之混合与冲突的那些特征，巴赫金认为这一切乃是长篇小说的基本特征。巴赫金所揭示的陀思妥耶夫斯基的长篇小说之神秘剧般的本质，使得人们可以去窥探那样的一些深层的原型的特征，那些特征使得陀思妥耶夫斯基的作品与神话相近相通，B. H. 托波罗夫在其不久前出版的著作里探讨了这一个问题而对巴赫金的思想作了发展。

巴赫金是当代形态的符号学的创建人之一。还在 20 年代末，他就曾率先指出，对于反思意义而言，主要的不是符号，而是整个那个表述，符号进入其中而成为其组成部分。只是在最近的几十年，在伟大的法国语言学家本维尼斯特的那些文章发表之后，这一命题才获得广泛的认可，进而，由巴赫金所创建的元语言学(或者是“文本语言学”，一如近些年来人们常说的那样)开始成为符号学的最为重要的部分之一。

——巴赫金作为一个人与一位学者，对于您个人来说，意味着什么呢？

——这是一个榜样，一个抛开所有肤浅的、浅薄的、个人的、一己的、庸庸碌碌的东西，而服务于最高的定律之榜样，一个对生活之基本的与朴素的价值葆有深刻而聚精会神的专注，而与之休戚相关的榜样。由巴赫金所发现的将陀思妥耶夫斯基的长篇小说结构作为复调、作为多声部这一理解，已经成为一种拥有足够知名度的众所周知的学说。然而，人们并不总是能够记住，在这一多种声音的合唱之中，还有陀思妥耶夫斯基——紧跟在他后面的，还有巴赫金——他曾将一种声音区分出来，对于那些声音，这一声音乃是人的个性之最为重要的、最具权威的定位。也正是这样，在当代人学的诸种取向与诸多代表之多种声音的合唱之中，巴赫金的声音正成为要比所有人的声音更容易被听见，而迫使人们去忘掉学术争论中的那些热闹一时而转瞬易逝的细枝末节。

爱默生谈巴赫金*

(1993)

周启超　译

【访谈者按语】普林斯顿大学的卡瑞尔·爱默生教授同时执教于两个系——斯拉夫系与比较文学系，这既证实她的学术兴趣之广泛，又证实这位学者拥有很高的学术声望。众所周知，爱默生博士是巴赫金在美国的最早的译者与诠释者之一；此外，她还是一系列专著与论文的作者，不少著作与文章在美国学界甚至另一些国家都受到很高评价。这首先要推她的著作《鲍里斯·戈都诺夫：俄罗斯主题之移调》(1986)，以及她与加利·索尔·莫森联袂合著的那部具有奠基性的著作《米哈伊尔·巴赫金：一种小说理论的创建》(1990)。爱默生博士有理由被看成俄罗斯哲学史、心理学史、文学史与音乐史方面公认的专家。1993 年夏天，我履行了《对话·狂欢·时空体》杂志编辑部驻美国代表的义务，爱默生教授欣然接受了采访请求，尽管她当时特别繁忙。编辑部要感谢她这一极为友善的态度与在宣传本刊方面所给予的很大帮助。这篇访谈的译文已于 1993 年 10 月 14 日得到爱默生教授的(赞同)认可。

——阿列克谢·拉洛

1. 以您之见，在 20 世纪各种不同的意识形态流派之中，米·米·巴赫金占有什么样的地位呢？

卡瑞尔·爱默生：要谈论整整一百年可是不容易，但我同意米哈伊尔·霍奎斯特的这样一个论题：作为语言哲学家与意识哲学家，巴赫金在曾经席卷我们这个世纪的“谁掌握语言”这一话题上那一尖锐的争鸣中是持中间立场的。在一个极端上，人格主义者断言“我掌握语言”，我能迫使它去意指我有心要它去意指的那个东西，结构主义者坚持认为，句子的组成成分之间的那些结构性关系(也就是“关系主义”)决定着意

* 原刊于《对话·狂欢·时空体》1994 年第 2 期。

义，因而“我”——宁可说是言语行为的结果，而不是它的支配者；而在另一个极端上呢——解构主义者则确信“谁也不能掌握语言”，而语言，原本意义上的语言，实际上会拒斥任何言说者要来支配它的企图。巴赫金避开这样一些极端的定势，而声称——再次借用霍奎斯特那个简练而到位的提法——no one owns language but we are obliged to rent it for a while（谁也不能掌握语言，但我们有义务去租用它一段时间），也就是说，我们可以在任何时刻约定现实的、可靠的、具体的意义。一如加利·索尔·莫森与我在我们的那部《米哈伊尔·巴赫金：一种小说理论的创建》一书里所竭力展示的那样，这使得巴赫金成为一个深刻的独创的现象主义者：

他坚定地相信人要在语言中穿行的那种间接性，而并不相信“我”与“他者”之对立，并消除个人与社会之间的不信任，这种不信任可是西方的语言理论（以及对那些理论的把握）所素有的。正是基于这个缘由，巴赫金对话主义之研究被美国的心理学家们应用于列夫·维戈茨基的思想语境之中。

以我之见，如今巴赫金因其两个直觉——发轫于他早期的那些哲学著作之中的两个直觉——而特别令人珍贵。第一，青年巴赫金（在这一点上，像我们美国的实用主义者）是在那些数学本质与功能极为风靡的那个时代，是在集、场、群这样的一些形式范畴的魅力令人着迷的那个时代，而开始自己的智识探索事业的。一如其伟大的同时代人路德维格·维根施坦，巴赫金回应了**相对主义**——在那个年月里占据主导地位的相对主义——抓住的东西，而与之相平行，他同时对系统——如此经常而自动地被套用到他身上的那个系统——加以**拒斥**。的确，为什么关系要成为真正的，就必定应当在系统之中被有序化呢？我认为，在巴赫金的那个“长远时间”的学说中已蕴涵着对系统性的批判。

长远时间——这是一个时间层面，在这个层面上所有暂时尚未得到表达的抑或潜在的意义最终得到实现，也就是说，在那里任何一个思想会找到某种语境，那语境会对这一思想的合理性加以证实，会对这一思想加以发展。这一时间并不抽象，也不处于历史之外，也不具有系统性；这简直就是一个开放的——并且是很有持续性的——由那些具体的历史时刻所构成的连续性。那些历史时刻中的每一个，都会在其身后留下某种就其自身来说是唯一的而具有能产性的剩余，那剩余会在自身保存住一旦用系统的视界来看便是意料之外的与不可预言的潜能。这样的时间学说中的评价标准总是各种各样的。譬如,尽管"现在"对于我们乃呈现为一种价值——作为对我们最为开放的潜能之体现的那种价值,那种**今天**我们时常认为生命般重要的东西——诸如——这么说吧——在美国,现如今浮躁的学术时髦——在形形色色的"——主义",诸如女权主义、多元文化主义,或者新马克思主义——之上的时髦,在巴赫金对于事物的视像之中,是从来也不会被归结为最高智慧的范畴的。因而,毫无疑问,文学对于文化的贡献,并不在于以退化的、偏执的当代术语框架中的片断的见解之形态去展示文化之丰富多彩的过去——那种在长远时间里绵延着的过去。自然,作为组织原则,"长远时间"显得是天真的、臆造的,未必是名副其实的哲学综合能力。但在这一对巴赫金的直觉而言是十分典型的情形下,合乎常理的立场恰恰应当在哲学的高度上被重新获得。

巴赫金思想的这一特征,也可以用他对于"解释"与"理解"所作的区分来加以陈述。一如"认知",解释具有独白性:我先是去对某种东西加以了解,然后,我给你来解说这个。在这期间,你可以是消极的,或者是无动于衷地听着,我则仍然可以去继续行动。精确科学或者自然科学是以这一模型来运作的,巴赫金说道:观察自己的星星的天文学家,就是这样的,或者,勘探岩石土的地质学家,就是这样的。文本实在是静止的,而承受着考量。

"理解"呢,则恰恰相反,不可避免地具有对话性。我只是在给你解释某个东西的**那个时候**,在邀请你随时作出校正、打断、提问的那个时候,才会了解到这个东西。人文学科的模型就是这样的,在人文学科里,一切文本并不具有"顺从性"这一特点。不论是这一面,还是另一面,无论如何也不能准确无误地或者一成不变地知晓,而这恰恰是会经常不断地激活对话、激活对于对话之兴趣的那种东西。

俄罗斯的巴赫金学专家在最近这几年里提出了他们对于这一区分的富有表现力的评价,我觉得,在这里我们可以观察到巴赫金的思维类型与著名的塔尔图学派的符号学家尤里·洛特曼之间有一条具有根本性的分界线。在最近这二十年里,洛特曼承受对话性修正的作用而戏剧性地"软化"自己的结构主义,从那些典型的平面的、二元对立的模型,经由更为圆融而完整的、有机的生物圈形象、智力圈形象、符号圈形象，而走向他就在前不久提出的用于艺术和文化断层的那些模型（它们受到混沌理论与非线性动力论的激励）——在《文化与爆裂》一书（1992）我们会找到这些类型。然而，尽管有所有这些对符号结构加以人文化的举措，有使这些结构变得更为有机一些的努力，洛特曼依然是一个**解释者**。符号学过去曾经是现在仍然是被牢牢捆绑在信息理论上。它在传达的是有关已知事物的概念。借助于符号学，人与事物可以被分类，可以被分置于不同的书架上，可以"被训练被教会"，并且，可以"被拯救"——在这个词的某种意义上。

巴赫金——我觉得——对这些过程是很少有兴趣的。他的第一位使命并不是分类，当然，也不是"拯救"。人们并不想望有谁来拯救他们。他们想望的是有谁来倾听他们，他们想望的是有谁来认为他们是有趣的，人们还想望有谁来**改变**他们。通常，人们甚至可以由于有谁并没有完全理解他们而受益：因为基于这一点所有的方面就会继续言说、继续倾听。

我认为，巴赫金对于20世纪思想之另一个重大的贡献——也许，不太有原创性，但在当今时代确实并不是不重要——乃是他曾是一个深刻的非政治的思想家这一事实之本身。他早年的那些论伦理的著述，是那么令人鼓舞地摆脱了那些超个性的理论建构与乌托邦式的、"造神的"姿态，而涵纳着整整一套准则——精神上的与日常生活中的行为上的操行准则。

一如索尔·莫森与我所推断的那样，巴赫金认为，人之被创造出来就是为了密切的接触，人首先是交际的（或者说，交流的）动物，而不是政治的动物。当巴赫金的崇拜者们试图将政治塞进他的方案中之时，结果往往是出现某种同巴赫金之总体的伦理定位直接相对立的东西，要不就是某种滑稽可笑的东西（譬如说，当有人将狂欢化同马克思主义的革命精神相关联之时，或者，当骗子、小丑与傻瓜——以巴赫金之见，他们在长篇小说的演化中会起巨大作用——被理解为"被压迫阶级之被组织起来的声音"之时，就会出现这样的结果）。巴赫金，身为对以巨大的集体或群众这样的范畴来思维无动于衷或者颇为怀疑之人（在年轻的时候，他曾计划撰写一篇论政治的专论，但是，据我们所知，他终究也不曾写出该文），实际上，他是不会就如何走向政治多元主义的运作系统而给出具体的推荐性建议的。

巴赫金身上政治之缺失对于我们今天何以是如此宝贵的教训?在米歇尔·福柯这一类型的思想家——将人与人之间的相互作用简化为无个性之力问题的那些思想家——的时代,巴赫金的“人格化的”声音带来久久期盼的修正。这一立场,在克里斯汀娜·柯梅斯,克拉克大学的一位哲学教授,不久前的一篇题为“让我们来教教美德”(Chicago Tribune Magazine,1993/9/12)的文章中,得到了清晰的展示。在19世纪——K.柯梅斯指出,伦理学处于整个人文教育的中心;在讲授这门课程时,最受尊敬的教授们曾公开地号召大学生们去勘探他们生活中道德自我完善的路径。后来,伦理学作为“必修的一门大学课程”失去了普及性。20世纪60年代里,伦理学重新成为时尚,但已是基于另一些缘由。教授们开始来讲授不是作为研究个人道德性的一门学问的伦理学,而是作为一门**社会—政治学科**的伦理学:探讨的是堕胎问题、毒死病人的问题、在死刑执行期间进行器官移植的问题。诸如诚实、品行端正、自命不凡或者自我欺骗这样的一些微妙而棘手的、没有被系统化的东西,在教室里不曾得到讨论。那时人们认定,好的社会结构就会使人们成为好人。

陀思妥耶夫斯基与托尔斯泰,自然,曾碰到过这个问题,并且很早就为它的解决而绞尽脑汁。似乎是,就像这两位著名的俄罗斯长篇小说家一样,就像曾给他以启迪的这两位先驱一样,巴赫金也觉得,要是在已然体制化的社会政治的语境下开始考察伦理——这就意味着本末倒置。须知政治通常就是跟“双刃的伦理”打交道,也就是说,要与那种被用于智性上尖锐的情境之中的伦理打交道,那时难以确定正确的与不正确的一方。“双刃的伦理”,或者,“危机”的伦理,对于在教室里讲授是好的,它自身已然准备好了来争鸣——因而,它使大学生们倾向于这样一种思想:**所有**的伦理问题或多或少都是相对的。可是,我们当中的许多人的生活所迫切需要的,乃是不太复杂化的、“普通的”伦理,用于日常生活的伦理。如果在这种伦理上我们这儿一切都正常(一如《安娜·卡列尼娜》结尾康斯坦丁·列文的眼前所浮现出来的那样),那时,一旦同道德上的双刃剑发生冲突,我们手中就会出现更多的作出正确选择的机会。

在俄罗斯,巴赫金遗产的研究者们(尤其是由Л.А.戈戈基什维里编选的那部出色的文选《作为哲学家的米·米·巴赫金》的作者们)

(1992)对巴赫金思想的这一方面——他的捍卫个人的、非危机的(也就是非革命的)伦理的那种言论——给予很多关注。的确,这一立场是巴赫金醉心于长篇小说这一体裁的——至少,也是迷恋于其前现代主义的形式——的一个基石,这一体裁,有别于抒情诗、史诗、或者颂诗,乃是被建构于众多的坐标系统之中,被建构于日常经验之细小的微粒之中,那些微粒彼此一个跟着一个——穿行在我们可以将之称为一种未完成的"长远时间"的航道上。须知生活基本上也是犹如最为漫长的散文式的叙述那样,就这么在延续着。可以什么样的方式"延续",与此同时还葆有道德上的不被玷污——这就是长篇小说的话语会向我们提供的那些伟大的教训之一,而且这一话语准备好了乐意向我们提供这一教训,而不让我们遭受传布道德的说教式读物的那种气息的侵害,不用这种说教来令我们屈辱。

2. 以你之见,巴赫金的影响在学术界能保持多久呢?对他的兴趣是否不过是一种时髦,或者,这是一个比较重大的现象——在证实着思想家的思想深度的一种现象?

卡瑞尔·爱默生:从上面所说的这些可以推论,在我看来,米哈伊尔·巴赫金曾引入或复活了那样的一系列思想,那些思想的时代(重新)降临了。这些思想乃是极为重要的,并不取决于将它们与谁的名字关联在一起——尽管巴赫金的名字,也像"对话主义"、"复调"、"狂欢"这些术语之走红,已然被长久地固定下来了。巴赫金的思想之有力的方面之一,毫无疑问,乃是这一点:这一思想在本真的意义上是在演变的,相互关联的普遍通用的一个价值结(对话、小说理论、未完成性)——上的那些元素,是可以获得各种不同的重音的。巴赫金的思想中这样一些"完全相兼容的前后不一致"之例子,就是他的狂欢理论与复调理论,这两种理论,尽管都具有它们典型的那种对"开放性"思想的忠诚,却被分置于截然相对的光谱之两极,如果是基于它们对于个体的重要性、对于个体之负责任的表述与行为之重要性来判断的话。

另一个缘由——基于这一缘由,我觉得巴赫金乃是一个已经极为牢固地在文学学史上确立了自身的人物——而根本不是一时的时髦——就在于他的思维过程本身的天性——这一思维过程总是"自下而上"进行的。我已经在上面的谈话中指出,巴赫金之着手展开对于世界的思索,是从非理论性的、非危机性的理论建构来开始的,是从每一个人都可以轻易地对之加以解释的那种情境来开始的;他提出,这不是一个病态的、毁灭性的世界,而更像是那样的一个世界,人们在其中宁愿活下去,而不是毁灭;宁愿说话,而不是沉默;宁愿彼此眷恋,而不是彼此摆脱;宁愿借助于话语来建构自己的个性,而不是去对之加以瓦解。这一定势,并不总能是他成为具体的作者之最好的读者。譬如说,巴赫金对于陀思妥耶夫斯基的解读——那种善意的、向进一步的发展开放着的解读,就是在佐证这一点:文学天才之启示录般的、独白的方面并不曾引起他的关注,即使是在这一方面显然是存在的那种情形下。他对磨难、恐惧和迫害并不曾特别在乎——尽管他曾经就是在充斥着所有这些现象的那种文化与时代的条件下而生活着。谴责总是要比辩护简单得多。因而这世界上总是有太多的"愤世嫉俗者"与恶先知——不论他们的前提是多么令人信服而毫无争议,他们总是有要来重申的倾向。分解解构与绝望在使世界简单化。巴赫金则(好也罢,坏也罢)偏爱于使世界复杂化,偏爱使声音与视角多样化。他确实就是赋予人类创造性的而不是毁灭性的力量。也正因为是这样,他会与我们同在,犹如某个总是有什么潜在的新讯息要披露要宣布之人。

3. 您是在什么时候第一次听说有巴赫金这个人?后来,您对他的看法又是如何改变的呢?

卡瑞尔·爱默生:我对巴赫金之最初的了解,是在迈克尔·霍奎斯特开的研讨班上,那时我在德克萨斯大学读研究生,那是 70 年代中期。及至此时,译成英文的只有论陀思妥耶夫斯基的专著,这部书鲜为人知,还有论拉伯雷的那部专著,这部书则广为人知。巴赫金的"文学与美学问题"刚刚在莫斯科面世,他本人则是就在不久前去世的。我现在还非常清楚地记得自己第一次通读巴赫金那篇"史诗与长篇小说"论文的印象。在对法国文学理论——这种理论曾以新奇古怪、荒诞乖张、毫无直觉可言而令我惊讶——之旷日持久的崇拜之后,巴赫金犹如一口新鲜的空气,一种在无所畏惧地划定边界而将脆弱的假设予以推开的声音。我曾将这篇文章译出来,将自己的译文提供给另一些不懂俄文的研究生。大约就是在这个时候,迈克尔·霍奎斯特拿到了将这部文集译成英文的版权,并很快同德克萨斯大学出版社签订了翻译出版这部文集的合同。那会儿,我们当中谁也不曾料想到,巴赫金的名字将会为全世界所知。不管怎样,很多很多出色的俄罗斯理论家终究还是不曾得以打进英语世界的呀！被冠名为“对话的想象”的这部论文集——它竟成了畅销书——之成功，其一部分原因可以用这一情形来加以解释：学者的世界在这个时候已然对结构主义开始厌倦了，而对后结构主义尚且持小心谨慎的态度。一如上面已经得以提出的那样，巴赫金辟出了第三条道路。

接下来，我着手翻译论陀思妥耶夫斯基这部专著(1984)，并开始研究巴赫金，不仅仅作为一个译者，而且也作为一个诠释者。在80年代中期，开始了我与加利·索尔·莫森的合作——他如今是西北大学的俄罗斯文学教授，他的那些诠释在美国的巴赫金研究者当中是最为鲜明的，这些诠释总是以其挑战与令人信服而令我震惊[尤其是他的“小说诗学”(小说理论)学说，这一学说最初是基于他对托尔斯泰创作的研究而形成的]。1989年，我们俩联手编选一部文集《重新思考巴赫金》，1990年则推出了我们合著的《米哈伊尔·巴赫金：小说诗学(小说理论)之创建》，在这部书里，力图对巴赫金的基本思想加以解说，并绘出那些思想发育发展的年表(时间先后顺序)。

及至此时，美国已被“巴赫金热”所席卷。在意识形态的壁垒在先前的苏联崩塌之后，同俄罗斯研究者确立定期性接触，已经是十分愉快的事情。(您，应当知道，在停滞时期，研究俄罗斯当代曾经就像是研究月球或者星球那样；信息，犹如月球与星球上的光那样，时常是以被折射或直接受到扭曲的形式而达到我们手中的。)随着巴赫金早期伦理学著作的第二部文集《论行为哲学》——由瓦吉姆·里亚普诺夫翻译——于1993年秋天面世(第一部文集《艺术与责任》，曾于1990年问世)，可以说，几乎所有为我们所知的巴赫金著作都已经有英译本了，巴赫金从一个相对来说不为人所知的理论家在这20来年里已变成经典。

我本人的巴赫金观，当然，在这些年里是有发展的——并且，这至少是在两个维度上。其一，在由单纯的翻译到注解与研究这一转变之中，对巴赫金的看法发生了变化，巴赫金本人想必也会对之予以肯定的评价：这就是在走向更多的“外位性”这一方向上的推进。我第一次着手翻译巴赫金之时，我曾沉入他的那些思想的印象之中，我曾是那样地被他的精神定位所迷恋，以至于我曾认定：实在是只需将他“应用于”尽可能多的不同文本分析与情景分析，就完全够了；的的确确，须知这正是摆在一个译者的声音之前的任务：去传达出所译原著文献之内在的节律与动机。然而,随着时间的流逝,在获得有距离地批判的眼光之后,我就能意识到,以巴赫金的眼光来看世界恰恰是“妨碍了”在这个世界看巴赫金。最近这些年里,我曾构建出这样一些题目,诸如“巴赫金的诗学问题”,或者,“这样来读陀思妥耶夫斯基,就像巴赫金真的不能为之的那样”。以那种将“解释”与“理解”相对立的语言——这一对立,我在上面已经予以揭示——我开始**理解**巴赫金。

其二,愈来愈多地吸引我的注意力的是早年巴赫金的智力创作。目前,我正体验着对哲学家巴赫金之热烈的兴趣——顺便说说,这一激情也是大多数俄罗斯研究者所拥有——从不久前发表的谢尔盖·鲍恰罗夫对那些访谈的讲述(《新文学评论》1993 年第 2 期)与 В. Д. 杜瓦金的采访(《文学报》,1993 年 8 月 4 日),我愉快地获悉:巴赫金本人曾将自己一生的耕耘与更为广泛的意义上自己的身份(persona),定位为一个哲学家或思想家,而不单单是一个文学学家。这样的一种自我鉴定完全符合他对于文学、对于诸种人文学科的态度,那些学科——根据他的学说——会为差不多是所有的意识层面寻得意义的。

现在我在写《百年巴赫金》这部书,已与普林斯顿大学出版社签订合同。它将在纪念巴赫金百年诞辰那一年出版,并向英语世界读者提供某些新奇而有趣的事实而让他们关注:这些事实以这样或那样的形式“处于一个译者还尚未涉足其中的那个地带”:它们关涉到,在俄罗斯,在苏维埃岁月里,对巴赫金起初曾是如何并无介意而予以接受的,之后,在公开性/后公开性时期,则又是如何“一把抓住了”巴赫金;它们关涉到,巴赫金那些根基性的学说或“问题域”(复调、狂欢、外位性、巴赫金之设想的马克思主义以及他的基督教主义)在俄罗斯——在西方——近来是如何被重新理解的;我还有意在巴赫金的思想与美国的实用主义传统之间进行某些平行比较,而将这一缘由提出来加以勘察:何以巴赫金在俄罗斯的形象竟是如此的不像他在西方的形象。在西方,曾将巴赫金“据为己有”(尽管不是完全有把握)的有女权主义者、多元文化主义者与新马克思主义者,在俄罗斯人们更愿意将他看成是新人文主义者,时常甚至是宗教层面上的。这就是为什么“外位性”这一有趣的模型,这个巴赫金本人将其看成是研究他者文化之前提的模型,处于我对巴赫金的这些钻研的中心。

4. 巴赫金的学说是如何影响了您的创作活动的呢？他的哪些思想是您感到亲近的，哪些思想对于你来说是不可接受的？

卡瑞尔·爱默生：我只能说，我本人的“创作活动”——换句话来说，我的那些研究的对象，还有那些对之加以考量的方法——在这个时候已经具有这样的形式，并且已然是这样牢牢地同巴赫金的世界观相关联，要将个人的动机同职业的义务分开来已是一件不容易的事了。有可能，这一状态可以这样来解释：我每年都要在全国各地进行以巴赫金为专题的交谈，同感兴趣的但非职业性的听众打交道，这就要求以直接的形态给出材料，持以合乎常理的立场，“以一种声音”来讲话；也许，这就是同“内在地当之无愧的对谈者”及时相遇的结果。

或者说，看上去，强有力的理性，我们认为有能力去妥协的那种理性，总是会以这样的方式在我们身上起作用：是权威性的同时又是内在地令人信服的——“由外入内”，同时又是“由内到外”。

目前，占据我身心的是巴赫金的“外位性”学说与这一学说的潜能——对于面向这样一些永恒的人类问题，诸如对于宽容的支持与培养，将智力凝聚于思想之创造与爱之延续——它的那种潜能。

克里斯特瓦谈巴赫金*

(1995)

周启超　译

卡米尔·艾里-穆阿里:克里斯特瓦女士,您表达了这样的一个愿望:要稍稍超出由《对话·狂欢·时空体》杂志的那些问题所划定的话题范围,而来谈谈一些更为广泛的问题。因此,我准备了几个补充性的问题,这些问题——以我之见——会使您实质上并不离开巴赫金这一主题,而在您对言语与文学的那些思索之总的语境之中来考量这一主题。这样,且以杂志编辑部的问题来开始吧:您是在何时第一次听说巴赫金及其著作的,这是如何发生的呢?您对巴赫金的学说之最初的印象是怎样的呢?

茱莉亚·克里斯特瓦:我最初通读巴赫金的文本,是在保加利亚,是在60年代。那时,他的两部书——《陀思妥耶夫斯基诗学问题》与《弗朗索瓦·拉伯雷的创作》——刚好面世,保加尼亚的知识分子们一时简直是被这两部著作的出版而震懵了。直接地使我了解到巴赫金著作的,是我的朋友茨维坦·斯托扬诺夫与特翁乔·热切夫,他们两位都是索菲亚文学批评界的著名人物,况且,第一位——一个铁杆"西方派",第二位——则是一个亲俄派,"斯拉夫派"(众所周知,这类辩论仍然还在时不时地激荡着东欧的知识界):这样一来,巴赫金乃是一场真正的革命——不论是对于形式主义的追随者,还是对于已然开始对西方的结构主义发生兴趣的那些人。我那时是一个大学生,对我来说这可是一个新发现……而当我来到法国——那是1965年底—1966年初——我看出,巴赫金在这里全然不为人知,顺便说一句,总体看来在整个西方都还不为人知。在这之前不久,由于茨维坦·托多罗夫的努力,一部俄罗斯形式论学派论文集的译本刚好出版,而我心里则有这样

* 原载《对话·狂欢·时空体》1995年第2期。1995年2月底3月初,卡米尔·艾里-穆阿里受《对话·狂欢·时空体》杂志编辑部委托,在巴黎对茱莉亚·克里斯特瓦进行采访,后据录音译出这篇访谈。

的一份感觉：这可是落后于时代的事儿了：要知道我，一如那个在保加利亚的整个知识分子界——对它我在这里已经提及——当然认为形式主义是一个重要的流派，可是我现在已将它看成是某种意义上已经走过的阶段。当我见到热拉尔·热奈特与罗兰·巴尔特的时候，他们问起我：我的研究兴趣在什么领域，我提到了他们完全不了解的巴赫金这一姓名。然后，在频繁的围绕巴赫金的交谈之后，巴尔特提议我在他的研讨班上做一个以巴赫金的创作为题的报告。于是，题为"巴赫金：话语、对话与小说"的那篇文本就这样诞生了，起初这篇文本是在巴尔特的研讨班上被宣读，然后则被刊发在《批评家》这一杂志上（我在小说《武士》里描写了同巴尔特的这一见面[①]）。

在我看来，这是将巴赫金介绍给西方读者的最初的尝试。后来，我把这篇文本收入《符义解析学》这部文集。我看出，我的任务就在于来"介绍"巴赫金，同时也将他巴赫金"写入"我自身我本人的那些思索的语境。由此而生发出这样的一种必要性：要继"对话"与"对话主义"之后来引入某些新的概念，譬如，"互文性"这一概念，这一概念——我觉得——它是在发展巴赫金的某些思想；由此还生发出这样的一种必要性：要揭示出那种对心理分析之援引——在我看来，乃是不可或缺的援引——的位置与样式，这一援引使得深化"他者"这一主题成为可能：不仅仅是那种在个性之间的交际之中被启用的"他者"——这一点当然也重要——而首先还是在"他者性"（alterite）这一涵义上——那种为意识所内在地具有的他者性，而意识会打开"另一个场景"，逻辑的另一种类型——无意识。

卡米尔·艾里-穆阿里：那么，在您看来，巴赫金在言说"他者"之时，他究竟是在意指什么呢？当他写出"他者的现实性"，有没有就在这里，在他的笔下，已经出现对于心理分析之中类似的术语之使用的某种呼应——甚至也把这些情形考虑在内：人们时不时地将沃洛希诺夫与梅德维捷夫的那几部不无兴味的专著之著作权归结到他巴赫金头上，而他巴赫金对心理分析乃是持有公开否定的立场？总的说来，熟悉您近些年来的创作——在那里，文学文本与来自诊所实践的情形，往往受到平行分析——的读者们，想必会很有兴趣地获悉，现如今您是如何确

---

① Julia Kristev. Les Samourais. Paris: Fayard, 1990.

定巴赫金与心理分析之间的距离的呢?

茱莉亚·克里斯特瓦:我恰恰认为,这一距离是颇具实质性的。我简直是从一开始就往自己对巴赫金的接受之中带进了预先设计好的“工作性的”曲解。我觉得,巴赫金之原初的“他者”——这仍然还是黑格尔的意识中的“他者”,而完全不是心理分析中已被分裂的“他者”。我呢,从自己的这个方面,有愿望想听到的他并不是那个作为“个性之间的”“他者”,而是那个作为一种维度——那种在意识之现实性的内部去打开另一种现实的维度——的他者,也就是说,我仿佛是把“黑格尔式的”巴赫金给翻转过去,而由他来做出了一个“弗洛伊德式的巴赫金”。自然,弗洛伊德对黑格尔是欠债的,可这是一笔极为间接的债。弗洛伊德毕竟不是一个黑格尔主义者。巴赫金则在很多方面继承着黑格尔。他是讲辩证法的,况且他仿佛还是“开放的”;也许,基于这一缘由,巴赫金的“他者”通过由弗洛伊德的 Unheimlich——“躁动不安的怪癖”对“非我之他者”的替代,而得以有富有成效的发展,这种他者活在我的身心,但在这种情形下又有别于我。这样一来——我以为是这样的——巴赫金的学说中最有价值的东西不但不会干瘪,而是相反,会获得新的重要的意义。不,巴赫金原本就是远离心理分析的。顺便说说,真的要说巴赫金身上有什么让我觉得不是很亲近的——而是大相径庭的东西,就是这样的问题……您已经提及被署上沃洛希诺夫与梅德韦捷夫名字的那两本书。有人这样认为——并且我也曾不得不关注这一点——那些著作乃是巴赫金的“伪书”,它们是受到巴赫金之授意而写成的,或者就是巴赫金所写的。这可是对心理分析的一种极其幼稚的、堪称退化的批评。如果它的作者——果真就是巴赫金,那么,这就是他身上让我觉得格格不入的东西。

卡米尔·艾里-穆阿里:杂志编辑部的下一个问题是:近些年来,在你对巴赫金的接受上发生了什么变化?近些年里你已经完全不再研究巴赫金了——果真如此吗?

茱莉亚·克里斯特瓦:从先前所述可以清楚地看出,在许多方面,正是巴赫金使得我有可能超越我愿将之称为形式主义与结构主义之局限性的那种东西。首先,要归功于这一点:他这人乃是文学学中两大新的重要的维度之源头:第一,这是“他者”之维度——将“他者”作为一种与结构有内在关系的声音,这就使得结构成为双重性的(考虑到对话主义);第二,这是体裁的历史与演变之维度,这使得有可能来思索——譬如,作为一种现象的长篇小说——这一现象产生于狂欢节的传统与经院哲学的传统、与中世纪游吟抒情诗人的传统以及其他的传统之交织点。当年,我研究与法国文学传统中长篇小说这一体裁的孕生有关联的那些问题之时,我曾提出这一类的诠释,我觉得,这一诠释源自巴赫金。那是在我潜心于自己的博士论文的研究过程之中发生的,那部论文专门探讨很少有人问津的一个作家安托万·德·拉·塞勒(Antoine de la Sale)及其长篇小说《小让·德·圣特》(*Le Petit Jehan de Saintre*)。这个文本(的价值),远远低于拉伯雷的作品,可是,基于其幼稚性,这个文本使得有可能来直观地梳理出两个特征——我觉得,巴赫金已经勾勒出的那两大特征:第一,这是各种不同的表述类型——巴赫金说的是"声音"——在长篇小说文本内部的交织;其二,这是另一些修辞类型——狂欢节、街头的粗话、商贩的叫卖声、训导性的话语、游吟抒情歌手的诗——对于长篇小说之建构所作出的贡献。至于那种让我马上就觉得有必要继续往前走(并不是意味着,巴赫金所建构的有什么"缺陷",要知道,时代无疑不允许再往前走,况且,一般说来,我一向认为来谈论我们的先驱之"缺陷"乃是不合适的;要不是他们,又有谁会给我们照明道路呢?)的东西——在我看来,这正是很有必要的事——也要对那种与文本的关系是外在性的"他者"(exteriorite par rapport au texte)领域继续加以勘察。我是借助于对"另一个场景"——那个场景处于无意识(I'inconscient)领域,另一些逻辑类型在那里发挥作用——的发现——正如我已经说过的那样,来对"他者"这一维度加以勘察。至于说到外在性这一问题,那么,我是从这样的一个立场来对之加以研究的:文学的经验,当然,已经被关联于文学体裁的历史(巴赫金让我们确信这一点),可是,它并不是在较小的程度上属于存在(I'Etre)——那种存在并不是历史;也并不属于"一时的"(La temporalite)——那种一时的并不是时间的流动。这一问题将我引向弗洛伊德与海德格尔,我现在以我自己专有的路径在对之加以发展。在这个意义上,也许可以说,就其本身而言的巴赫金现如今确实没有占据我的身心。可是,基于我在继续提出并研究的乃是那些发源于他所探询的问题,那么,是可以来谈论我对巴赫金之继承性的。

卡米尔·艾里-穆阿里:我现在把下面的一些问题来分分类吧。它们是这样的：您会如何来界定巴赫金的活动之意义与实质呢？在巴赫金所写的著作当中，您最看重的是那一部呢？巴赫金的影响更多的是在西方的语文学与文化学之中，而不是在哲学中被感觉到——此说是不是正确？在您看来，这种境况的原因何在呢？

茱莉亚·克里斯特瓦：我并不是无所不知的"巴赫金学专家"，因而，有可能，我并不是对巴赫金的所有著述都熟知。可是，我不认为，就巴赫金而言可以来谈论一个专家——技匠之贡献，即便的确是无法否认：他这人具备深厚的语文学修养。我觉得，巴赫金身上主要的东西——在于他是一位创造者，充满灵感的创造者，我甚至想说，是富有神采的创造者。巴赫金那种以丰富的想象力而杰出的文字——我曾尝试将这种文字译成法语，这种文字是很难承受科学的理性化的——当年曾经震撼我，直到如今还在令我感到震撼。在由俄文译成法文之际——你知道——他巴赫金之思考的行程，距笛卡尔主义是多么的遥远。在翻译的过程之中，必须传达出巴赫金的语句之全部的复杂性，同时还要使之成为比较准确的译文，将之传递给西方读者。将前者与后者兼容起来，乃是一件困难的任务。要是来抽象地概述一下，那么，巴赫金之主要的东西——在我看来——这就是将黑格尔哲学的灵感——包括其对辩证法的着魔，对"他者"主题的着魔——移植到修辞学的、体裁的界面上来。对于对话主义、对于双重性的发现，从另一方面——则是对于狂欢思想的建构；长篇小说理论与力图对于始自古希腊时代的体裁演化加以思考这一尝试——这，也许就是最为主要的东西；至于说，最为完美的著作，直到现如今我还是认为就是那两本书，当年还在保加利亚就曾令我震撼的那两部书。

至于说，在我们当代哲学中巴赫金的影响实际上感觉不出来——是的，这样说没错。我要补充的只是——在我看来，存在着两种巴赫金的遗产：从一方面去看，这是文化学的与符号学的遗产，尤其是洛特曼的著作与俄罗斯所得以实现的那些文化问题上的理论著作之特定的部分整个儿都是与这一份遗产相衔接的——西方的符号学家们恰恰是关注这一份遗产。从另一方面来看，则有另一种，比较狭窄的意义上的文学学的遗产，围绕着对话主义这一概念与这一概念之我的变体——互文性——而得以建构起来的那份遗产。它恰恰已成为一匹简直具有普适性而无所不在的"战马"：不论是在法国，还是在美国，没有一所大学里，在各种文学批评领域里不久前发表的那些著作与文章之中，没有一篇对互文性这一概念不曾加以采用，况且是冠以种种可能的名目：除了互文本，现如今还有“次文本”，还有“超文本”……也就是说，常常是无序而紊乱的但却毫无疑问是丰富而多种多样的创作，就是在这个土壤上而得以展开的。而作为一个哲学家巴赫金不曾被接受，首先就是由于其“不纯粹”：要知道他不曾写下一部完全意义上的哲学作品，不曾诠释他人的著作，不曾留下学说：他总是立足于另一类文化事实，尤其是文学事实。另一个原因在于，当代西方哲学——如果再一次进行十分抽象的概述——是行进在两条不同的道路上的。第一条——这是逻辑实证主义的道路。第二条——乃是那种美国人将之称为“欧陆的”哲学，这种哲学继承着黑格尔或现象学。巴赫金呢，不能被列入这两个流派之中的任何一家。基于以上所述的这一切，可以理解：巴赫金何以主要是作为一个文学学家而被接受的。

现在，我来谈谈时尚这个话由。我不清楚，是否有可能在这里将时尚的效果同深刻的影响区分开来——常常有的情形是，这两者总是被紧密地纠结在一起，我希望，这正是这样的情形。诚然，在这一情形下应该明白：如果基于这一点也可以来谈论时尚，那么，这并不是在习惯的意义上：一种现象——譬如说——凭借大众传媒信息而得以大批量地复制：巴赫金的思想只为很小的圈子里的人们——一些力图在通往意义与语言之真理的道路上有所推进的人们——所熟知。而这一倾向，在这个宇宙——文辞概括地将之称为西方——里，在这个主要是买卖与娱乐的世界里，乃是非常有限地被呈现出来的。我们在这个世界里——乃是少数，“幸运的少数”，代表着时尚之精英层的少数，不过，我认为这些精英层乃是最为重要的……如果要说得更为严重一些，那么，我认为，本义上的“巴赫金学”在我们这里是没有的，一如完全意义上的巴赫金之继承人、“正统的信徒”、追随者是没有的。当然，这一浪潮曾触及到我们，摇撼了我们，但我们力图所做的与其说是“成为忠实的信徒”，不如说是去继续“摇撼”。因而，立基于忠实而眼看着就要退化成对使徒行传之爱好的那种视界，乃是举凡认真仔细地阅读了巴赫金之人所格格不入的。而要是一个人，一个对于狂欢文化有过思考之人，一个对于那些与狂欢文化有关联的思想有过宣扬之人，让那些以一个维度看世界的学生们——独白主义者——那些人会急匆匆地忘掉狂欢化的意义——环绕在自己身边,那就不可思议了;要知道,狂欢化,实质上就是一种教唆——将文化看成为叛逆。顺便说一说——我不知道,读者是否对这件事情感兴趣——我当年曾为另外一个在我看来是对巴赫金思想之不可思议的诠释所震惊,那一种诠释是几年前来到我们学校的一位俄罗斯研究者提出来的。他认为,巴赫金有关民间文化的思想——本质上是马克思主义的、共产主义的。此时正值“公开性”时代、大规模的反极权主义的争鸣热火朝天的年代。这位研究者有这样一种感觉——巴赫金在谈论狂欢的、民间的文化之际,只不过是力图调整自己的定位而同共产党的宣传——只是认可民间文化的那种宣传——保持同一个调门。他似乎是以某种“共产化”的方式而力图将陀思妥耶夫斯基与拉伯雷“降格”到民间文化的水平上,消融于大众之中。但是,我们这些人当年对这一切的接受却完全是别样的,因为在西方恰恰存在有能力复活的民间文化。这既不是官方的、教条的文化,也不是平民的、市民的文化,而正是在该词之强有力的涵义上的——作为持续不断的反抗——的文化。因而,我当时十分、十分震惊:这位研究者居然可能有这样的比附。这似乎是一种反一使徒行传,看来,一个人感觉到有必要对“巴赫金崇拜”作出反应,有必要说出“小心”,但在这一情形下没有避免对问题之过分局限的视界;这不是这种崇拜的反面呢?当然,我们之间有许多隔阂,我只举出一个例子。但是,我还是要再一次强调,我们任何时候也不曾在巴赫金有关民间文化的论断中看出某种对于共产主义宣传的暗示。

卡米尔·艾里-穆阿里:您可否更详细地讲一讲您的研究、您现如今的思考之基本的方向?很长时间里,你曾一直在建构“文本”概念,并且在打磨——如果可以这么来表述的话——研究文本与理解文本的工具。可是,近来您却越来越频繁地认为“经验”这一概念最重要,甚至有时候以第三人称的形式来提及自己是一个文本研究者,譬如,不久前在斯德哥尔摩诺贝尔奖委员会的会议上①(具体说,是指您在那里回答约瑟夫·布罗茨基)这究竟意味着什么——进行总结?剧烈地变更航向?请您讲讲这方面的情况。我想,杂志的读者们对这方面是会感兴趣的,

① Julia Kristeva. “Monstrueuse intimite. De la Litterrature comme experience”//L'Infini, NO48, hiver 1994, pp. 55 - 61.

即便您稍稍离开巴赫金这一主题。

茱莉亚·克里斯特瓦:我愿意以下面的方式来回答。您所说的一切——是我对文本的思考之可能有的那些延续之一——这思考本来就源自巴赫金的著作,虽然后来这思考可能同他分离了。如今,在经历如此充实而丰富的道路——结构主义、修辞学、文体学领域里的研究及对文本之内在关联性的探察——之后,在所有可能有的文本间的关系都已得到考察之际——是呀,在某种意义上是可以进行总结了。但这完全不是为了放弃、中断这一思考,而是相反,乃是本着对这一思考加以拓展这一目标,从此不仅仅要把文学作为文本,而且也要把文学作为经验(l'experience)来加以考察。在这种情形下必须要着手予以考察的基本层面将是——主体性与存在。这两个层面决定着两个不同的路向,在我看来,应当将这一问题上之进一步的思考导引到这两个路向。

且让我从主体性开始。在这里必须作出解释:在那些不熟悉弗洛伊德遗产的理论家笔下,"主体性"时常被称为意识之级,而在最好的情形下——也是被称为意识之自我辩护(auto——justification de la consience),或者是行为中的消极性(negativite en action)。这里说的可不是这个。弗洛伊德的经验挤压了意识,将意识由中心位置挤开,意识是在经验之后得到认可。我觉得,当马拉美谈论"主体之言语消失"(la disparition elocutoire du sujet)的时候,他指的正是这个——这一点时常被错误地诠释为主体性之抽空。而这恰恰是在意味着,在意识之主体的内部有空间被洞开,在那里有逻辑的另一些类型在发挥作用:那种在梦中发生的最初的过程,凝结,易位(被相应地等同于隐喻与明喻);但还有——在更深的层面上——感觉性的表现,情感接受的机制,迷恋与陶醉(pulsions),等等。涵义之现象学的视野在这里陷入被挤压的状态,新的视野——它接近于梅洛-庞蒂所称之为"主体的实体"或者"世界的实体"(la chair du monde)——得以洞开。全部问题就在这里。我觉得,如果不去关注意识的这一昏厥,不去关注意识之向潜意识,向感觉性、向感知性的"滑落",就不可能继续提出文学文本的问题。我论普鲁斯特的那部著作[①]就是本着这一目标:要传达出这一立体的——如果你愿意,也可以说——纪念碑式的主体之维度,这一主体,与其说是

---

① Julia Kristeva. Le Temps sensible. Proust et l'sxperience. Paris: Gallimard, 1994.

在历时性的框架中发挥作用,在述语性的结构中展开涵义,毋宁说这是在"往深处伸展"。

与此相平行的是,同历史关联着的整个问题丛将我引向存在这一课题,海德格尔曾因此而指明了这一课题,但是,看来最好恰恰是在文学经验中来听取它——这是由于文学经验会"走向"时间之外(le hors-temps)与无涵义(le non-sens)。现代文学经验(不过,也有宗教的、神话的经验)的许多例子都指明这样的一些维度——时间之外的与无涵义的维度——在其中运作的频繁性与重要性。在这里,我不由得想起阿尔托与乔伊斯这样的作家的创作(而由宗教领域——则是祷告、诅咒、无声嗫嚅、言语模拟那类的举动)。所有这些现象,可以凭借心理分析的钥匙而得到诠释,而在诠释者的想象中引发那种同抑郁状态、同精神变态以及诸如此类的症状的比较;但是,它们也可以——如果站在别样的视角上来看——促成对语言实践这个问题的提出,语言实践乃是先在于形而上学的;也可以促成——形象地说——乔伊思身上的狂欢同赫拉克利特之关联这一问题的提出:仿佛是要做出一个穿越整个形而上学的跳跃,而将某种现代文学经验同非形而上学的语言操练——在古希腊的特定时期十分典型的那种语言操练——联结起来。我觉得这些问题是重要的。我呢,毋庸置疑,并不是企图无论如何也要将巴赫金列入他对之不曾感兴趣的领域,或者,他并不需要了解的领域。可是,我认为,我正是以这样的方式在继续由他开头的对话,并且,我也认为,将他的思想移植到一些新的客体上——带有对新的、当代的问题之思虑的新的客体上,乃是可行的。

但是,顺便说说,还有一个方面,由于同这个方面的关联,巴赫金具有相当迫切的现实意义。这是"景观社会"与由它所产生的"虚拟"(le faux)问题。心理分析家现在在谈论所谓个体之"虚拟的自身"(faux-self de l'individu)。我们在这里,在西方,尤其是通过电视要与整整一连串具有生物学性质的、科学性质的、法律性质的问题打交道,在这些问题上,一些政治权力的杠杆时常得以发挥作用,它们经常使我们遭遇那些可以界定为"不真实"的东西。这"不真实"常常是以与话语相对立的图像、画面的形式呈现出来。当然,图像负载着丰富的信息材料,也不值得去惧怕它,而将之看成某种鬼蜮。可是,有一点是清楚的:它也负载着"假冒伪装的虚像",负载着面具。双重性、多声部——它们在这里参与——会接近于不真实，接近于“虚拟的自身”。这不仅仅对于整个社会——这个社会建立在大众信息传媒手段之垄断的基础之上，这个社会将“画面流”铺天盖地地灌入我们的眼帘——那些画面一个冲洗另一个，而未留下多少有点价值的剩余——而言是正确的。这在个人的经验之范围里也会发挥作用的。从心理分析的沙发上时常会传来人们——而且是最为清醒地思考着的人们——的抱怨：他们简直弄不清楚：他们是谁。他们仿佛是在“派遣”人物为代表，而登上他们自己的活动——其中有激情的、爱情的活动，虽然更常见的还是社会的与职业的活动——的舞台。这是一些没有作者的演员。这里所产生的问题——“画面”与“虚拟的自身”之关联——同巴赫金就双重性与面具而提出的问题可能是相契合相呼应的。我觉得，他在这里曾感觉到某种东西，那种东西原初就已经被植入现代文化之中，可是直到 20 世纪末才成为特别的现象，它带有创造的潜能；这样，虚拟的、伪装的、假象、面具——所有这一切都能成功地被体现出来，并且似乎还能成为未来的意义之担保。可是，现如今呢，我们像是走到了这样的境地：面具之潜能，“虚拟的自身”之潜能，已然被穷竭了。面具之下，什么也没有了。全部的多面性与多态性都烟消云散，就像那一团尘云，也许，正是在这里应当看出对于意义而言的特定的形式在衰亡的标记。如果继续我们的追问——在这“虚象”之下的真相究竟是什么？——那就可能面临这样的情形：通过这一切，我们在经历形而上学枯竭的关头，在经历也许是它的最为危机的阶段。怎样的一个搏击可以使得我们——不，不再重新跌入我们的陈旧的“真理”，而是去找到新的关联（articulation）？对于这个，我们尚不清楚，全部问题的症结正在这里。但是，也许，正是从这一新的问题来看，并在它的影响之下，巴赫金有朝一日是会被人们作为一个对景观、面具、“虚像”加以勘察之思想先驱来看待的。

我清楚，现如今占据主导的是另一种接受：民间文化的辩护士，这一辩护士以这一方式在激活对于个人的作品的解读：将那些作品“接入”狂欢传统，“面具的辩证法”在那里发挥作用。可是，要是仔细而创造性地重读巴赫金著作中那些与之相应的地方，那就很难不得不提出这样的问题：面具是如何被耗尽的，与之相关联的那些现象之未来的发展是怎样的呢？

卡米尔·艾里-穆阿里：如果您允许，我提出最后一个问题：我觉得,自从1966年论巴赫金的那篇文章发表以来,您在基督教上的眼光经历了相当大的演变,变得更为复杂,更加敏锐了。您今天能否十分坚定地谈谈作为独白性话语的基督教话语?记得,您当年曾把基督教话语同巴赫金的对话主义对立起来。那么,现在呢?对于将巴赫金看作是一个"地下的"基督教思想家这一观点,您又是怎么看的呢?

茱莉亚·克里斯特瓦:我那时的看法——乃是争论的表现,就像所有的争论那样,它是片面的而不完全是正确的。其实,在这里批评的对象——与其说是具有这一现象之全部复杂性的基督教,不如说是一定的且已完全被简化了的基督教的意识形态——(在我们这里被称为ideologie saint-sulpicienne的那种东西),这种意识形态将复杂性降格为一组"圣徒的"画像。也就是说,人们容易将三位一体之整个进程、将它在东正教与天主教神学里的不同变体、将那些比对话主义与不可避免的激情与复活之狂欢形象还要复杂得多的宗教制度上的形式,变成教条,而赋予它们独白性的意味——要是采用巴赫金的术语来说。我曾批评的正是这些制度上的形式。但是,您的问题促使我指出某种——以我之见——在现如今是非常重要的东西:有必要重新审读宗教传统,尤其是基督教传统,为的正是要去看出去理解这一复杂性。因为在这里有可能出现的情形是:一种机制将得以运作起来,要对之加以解释,即使是对话主义,也还是不够的。要知道,这可并不简单地是那种非"单一价的"逻辑,而是——如果是严肃认真地着手考察三位一体——一种多元的(已经不是二元的)逻辑。这一逻辑构成那种将东正教同天主教区分开来的真正的类型:用拉丁文与之对应的词语来说,就是filioque与per filium。各种不同的彼此对应的组成部分之位置,在第一种情形中与第二种情形中并不相吻合:这样,在一种情形中[东正教信徒那里,要求的是将圣子与圣父证为同一(因为圣灵是由圣父经由圣子而降临而下凡的)],而这就会限制主体之自治;而在另一种情形中(天主教信徒那里),圣父与圣子之原初就是平等的(圣灵是经由这两者而降临而下凡的),这就相反而会促进主体之自治①。如果我的这一诠释是正确的,那么,也许就该在这里去寻找直到我们这个时代都可以被观察到的思维方式、精神气质、心理状态、行为特性之诸种类型的根基。

---

① Julia Kristeva. Soleil noir. Depression et melancolie. Paris: Gallimard, 1987.

情况正是这样的:从一方面看,是在西方的个人主义(带有其长处与短处)之昌盛,从另一方面来看,则是在东正教世界里个体化(l'individuation)所遭遇的种种困难,它们——譬如说——在民族主义的形式中(不是“我”——“一个”,而是“我们——总是——大众”),在社会向越来越明显的黑手党般的帮派结构之偏离之中,在对于没有贪赃受贿的自由的企业活动之无能之中,以及其他的层面上得以体现出来。然而,有一点是明白的,基督教之宗教逻辑——这可是一个非常不简单的问题。因而,我在想,只有那些同时承受到结构主义、后结构主义的灵感之启示,况且采用心理分析——带有其对主体之复杂而精细化的理解之心理分析——的成就的那些著作,有可能对隐藏于信仰立场之中的,尤其是基督教的信仰立场之中的极为丰厚的内涵,去进行更多的烛照,更为深刻的阐明……巴赫金在这里又有何相干呢?他这人呢——恐怕应该这样来说才是——曾与某种制度上的教条主义进行斗争——我们且假定地将之称为陀思妥耶夫斯基——波别多诺斯采夫的教条主义——这种教条主义曾将自身同那些宗教制度确证为一,而完全拆毁了(或者——怎样来表达才合适呢——袒露出,稍稍揭开)有更多的黑格尔主义色彩的基督教观。因为会自然地想到,“狂欢的场景”,那种毫无疑问可以回溯到梅尼普讽刺与拉丁传统的“狂欢场景”,并未失去同基督教的那些激情之关联。要知道,在信仰的进程中,所有这些复本,这些与对基督的神圣化相伴随的复本:“人—神”,“生—死”,“圣子之复活—与圣灵之联结”——所有这些,并不是封闭的一对东西,它们具有多声部性,它们处于运行之中。故而,在这里也可以来谈论潜在于巴赫金思维中的那种神秘的基督教视界。我呢,也许,在允许自己作出这样的诠释之时,有点儿偏袒自己了。可是,我想再一次强调,这一诠释只是在持以综合的视界之际,才有可能得以实现:对于文本之内在的建构之深刻的透视(结构主义的贡献),后结构主义(尤其是带有对巴赫金的遗产之采用的后结构主义),特别是从心理分析的领悟这一角度对于主体性的揭示,“展开”(depliement)。

克里斯特瓦谈法国对巴赫金著作的接受

——克莱夫·汤姆逊对茱莉亚·克里斯特瓦的访谈*

(1997)

周启超　译

克莱夫·汤姆逊:米哈伊尔·巴赫金与其小组的著作在法国的接受,这是一个非常有趣的题目,可是,这一题目尚未得到详细的研究。① 下面所提的这些问题的目标——就在于来了解巴赫金的那些思想在这个国家之被接受的演变,主要的是,在六十年代里被接受的情形。克里斯特瓦女士,您在自己所接受的那些采访中,已经涉及巴赫金在您的著述中所起的那种作用。② 正在考察您的思想与巴赫金的遗产的研究者

---

* 这是加拿大东渥太华大学教授克莱夫·汤姆逊教授 1997 年 10 月在加拿大渥太华省伦敦城对茱莉亚·克里斯特瓦的访谈录。此时,茱莉亚·克里斯特瓦以客座教授的身份前来东渥太华大学授课,她的系列讲座以"马塞尔·普鲁斯特的创作"为题。这篇访谈录,原文为法文,刊于 Recherches semiotiques/semiotic inquiry, Numero special *Bakhtine et l'avenir des signes /Bakhtin and the future of signs*,1998,vol. 18, NO1 - 2, pp. 15 - 29;俄罗斯学者尤里·普赫里将这篇访谈录由法文译为俄文,刊载于《对话·狂欢·时空体》2002 年第 1 期,第 108 - 133 页。

① 不久前,在法国出版了两本书:

Peytard, Jean, *Mikhail Bakhtine*: *Dialogisme et analyse du discours*. Paris: Bertrand Lacoste, 1995; Deperetto, Catherine, (editeur scientifique), *L'Heritage de Bakhtine*. Bordeaux: Presses universitaires de Bordeaux, 1997.

这两本书只限于指出茱莉亚·克里斯特瓦在发现"这位学者"上的"奠基性作用",对这一发现的细节却并未加以考察。前一本书的作者让·佩塔尔,是执教于贝桑松大学的一位语言学家、符号学家与文学学家。除了《巴赫金与话语分析》这本专著,他还撰写了下列文章:Discours interieur vers discours rapporte chez Volochinov/ Bakhtine(1996); Sur une note de Volochinov (a propos de Le Freudisme). Pour J.-B. Marcellesi, l'initiateue ... (1998);后一本书《巴赫金的遗产》是一部集体专著。它是由米歇尔·蒙田大学的斯拉夫文化研究中心与法语与文学系于 1995 年 5 月联手组织的一次巴赫金学术研讨会的会议论文集。这部书的主编凯特琳·蒂普莱托,是执教于波尔多大学的一位文学学家、俄罗斯研究专家,著有《尤里·蒂尼扬诺夫. 形式论学派与文学史》(1991);《巴赫金的遗产》这部专著中的"导言"、《巴赫金与 20 世纪俄罗斯文化》这篇论文出自她的手笔;她为本书编写了巴赫金的著作书目选,巴赫金生平年谱,巴赫金周边的学者简介;她还是鲍·帕斯捷尔纳克《致帕·梅德维捷夫的信》、莉·金兹堡的《见证》、谢·鲍恰罗夫的文章《关于一次交谈的情形及其他》等重要文献资料的译者。

② Guberman, Ross Mitchell, dir.: *Julia Kristeva*: *Inyerviews*. New York: Columbia University,1996,p. 44;以及 1995 年 2 月底 3 月初,卡米尔·艾里-穆阿里受《对话·狂欢·时空体》杂志编辑部委托,在巴黎对茱莉亚·克里斯特瓦所进行的采访:《克里斯特瓦谈巴赫金》,刊于《对话·狂欢·时空体》1995 年第 2 期。

们，不会放过——在我看来——要详尽地弄清楚这一情形之机会的。至于说到巴赫金学本身，那么，1997 年可是标志着一个重要的日期，因为整整三十年之前您那篇文章《巴赫金，话语与小说》被发表出来了——这是在西方第一篇专题探讨巴赫金思想的文章。作为开始，我提议且驻足于这一节点。您那是在什么样的情形中为自己发现了巴赫金的呢？

茱莉娅·克里斯特瓦：对于巴赫金研究上我的开路先锋地位之更准确的说明，我是看重的，因为我常常有这样一个印象：现如今的巴赫金学专家们会忘却这一点。当年，我开始读巴赫金的时候，那是 60 年代初，我还在保加利亚，我那时属于人们曾将之界定为"不同政见的"知识界，它被分为两大圈子：一方面是斯拉夫主义者，或者说，民族主义者，这些人企图在修复文化记忆的基础上来重新点燃起文化生活与自由思想之火焰；另一方面，则是西方派，这些人认定：要寻找自由就必须转向西方。我那时是一个女大学生，刚刚结束学业，吸引我的是西方派。这两大圈子知识分子的注意力那会儿都被吸引到在莫斯科面世的一本书上——巴赫金的著作《陀思妥耶夫斯基的诗学》(1963)①，而随后便是他论弗朗索瓦·拉伯雷的那部书。② 我的朋友之中的那些年长者——大学教师，或者科学院的研究人员，他们从事文学史与文学理论以及比较文学学研究——他们当时看出这两部著作不仅仅是对形式主义的回应，而且还是一种具有综合性的思想之杰作，这一思想能从俄罗斯人的性格——偏爱走极端而具有多声部性或者狂欢化的性格——这一视角来理解陀思妥耶夫斯基。他们在这两部著作中所找到的，首先是对于俄罗斯人民的认可，与此同时，还有将西方的智识遗产——主要是黑格尔——变成自己的东西的那种才干。巴赫金的那些思想提供出将这些知识改写而适应于俄罗斯文学之特征的可能性。

巴赫金在我们心目中曾是两种重要倾向之综合，这两种倾向是：其一是内在的，它导向自由，它倾听人民的声音；其二是外在的，它向国际

---

① 这部书的法译本是：Bakhtine, Mikhail, *La Poetique de Dostoievski*, traduit par Isabelle Kolitcheff, preface de Julia Kristeva. Paris: Seuil, 1970；巴赫金这部著作的法译本书名为《陀思妥耶夫斯基的诗学》，将俄文原著书名中的第一个词语"问题"省略了。茱莉亚·克里斯特瓦当时参与了巴赫金这部著作的翻译，并为该书的这个法译本撰写了序言。

② 这部书的法译本：Bakhtine, Mikhail, *L'oeuvre de Francois et la cuiture populaire au Moyen Age et sous la Renaissance*, traduit par Andree Robel. Paris: Gallimard, 1970.

性语境开放。我们曾经整夜整夜地围绕着这一天才进行争论,巴赫金在我们心目中可是一个天才,他的著述方式是同时立足于哲学的与文学的知识。与此同时,作者是将整个心灵倾注到他的文字之中。他向我们呈现出来的那种文体,乃是一种既可说是论文随笔也可说是文学作品的跨界现象。巴赫金真的是点燃起了我们那些晚间的聚会。我现在驻足于这一情形而要予以详细地回忆,因为我后来就很少遇到类似的文化热忱的氛围,这一文化热忱会以一些政治事件来潜在地补充养分的。我们那会儿感觉到了对于我们要从共产党体制下解放出来这一愿望的支持。这曾经是一股强大的智性的冲动,同时又是一个死胡同。我倒是愿意类似的情形现在会在东欧诸国得以形成,因为它们现在在经历某种类似于萧条与沮丧的境遇,对于政治的、经济的与精神的变革没有特别的期望。这可是十分可惜的,要知道这些国家拥有潜藏的资源,拥有非常丰厚的文化根基,它们能提供智性的提升,也许,还能提供社会的成长,即使是不得不期待它的出现。

每当我来到加拿大,来到东渥太华大学,还有多伦多大学之时,便在那里遇到一些年轻人——加拿大人与欧洲来的移民。他们当中的许多人都怀有我当年曾体验过的那股对于知识的热忱,这使我十分感动。我不知道,也许我是在潜意识之中将这一情形同六十年代东欧的那个时期关联起来了,或者,我这是在试图复活这一理想……这一点可是事实:我现在感觉到自己置身于更好的环境之中,我受到了比在法国更好的理解。何况,我已经接近这样一把年纪,这时,你会开始给自己提出这样的问题:该怎么处理我自己的那些文稿档案呢:譬如说,我该将自己的这些文稿资料托付给谁呢?我想,这不会是法国,因为在这个国家里我总觉得自己是个外人。这也不会是美国——由于一种对分,一种临时战争——这场战争,眼下正在法国的社会模式同美国的社会模式之间凶猛地展开。可是,加拿大则有可能是这一国家。

您的问题引发了我的一些自由联想。我是在保加利亚开始读巴赫金的。当我 1966 年来到法国的时候,一如我在长篇小说 *Les Samourai*① 中所描述的那样,我立刻就进入巴黎高等与实用研究学校

① Kristeva, Julia, *Les Samourai*. Paris: Fayard, 1990 (1983);也可参见:*Memoire*, in *L'Infini*, N0, p. 44.

里社会学家与符号学家的圈子，该院社会科学部的研究人员那时迷恋俄罗斯形式主义。茨维坦·托多罗夫——他是在我之前来到法国的——已经将俄罗斯形式论学派的著作译为法文，我们俩都确定，结构主义的研究——列维-斯特劳斯在雅各布森的促动下所进行的研究——与这一个形式主义之间，有着一定的亲缘关系。但我个人有这样一种感觉：这一严格的、有局限的形式主义，恰恰是已然被巴赫金所超越。我有心展示这一在东欧，尤其是在保加利亚，已经出现的文学理论。我那个时代的同事与老师都是老一辈人，于是我想让他们了解我的阅读范围。我给热拉尔·热奈特与罗兰·巴特讲了这件事，他们俩都是我的老师。顺便说一句，在我进行学位论文答辩时，巴特曾是答辩委员会委员[①]，而我恰恰是想看到他做我的学术指导，尽管最终成为我的学术指导的是吕西安·戈德曼。巴特进入了答辩委员会，因为我的定位变得是越来越多的结构主义的与后结构主义的取向，而越来越少的哲学的、辩证法的取向——而后者是戈德曼本人的专业。热奈特与巴特在这之前从未听说过巴赫金，他们看出巴赫金的思想是极为有趣而引人入胜的。巴特请我在他那个研讨班的框架里做一个关于巴赫金的报告。正是这样，我写出了那篇文章——它是为杂志《批评》所写，同时又是为巴特的研讨班所写。我在研讨班上的发言是在 1966 年秋天，就在我那篇文章在《批评》上刊发出来前不久。[②]

克莱夫·汤姆逊：您现在还记得，罗兰·巴特对您在研讨班上的发言的反应是怎样的呢？

茱莉娅·克里斯特瓦：是的。我记不准他当时说的话，可是在总体上的反应，用兴奋不已这个词来形容还是不够的。他尤其看中对话主义与互文性这两个概念，它们是我在发言时加以发挥的。至于说，他那

---

① 茱莉亚·克里斯特瓦的博士学位论文《小说文本》写于 1966－1967 年，出版于 1970 年：Kristeva, Julia, *Le Text du Poman*, La Haye-Paris: Editions Mouton, collection 〈Appoahes of semiotics〉, 1970.

② 克里斯特瓦在这里是将时间稍许推前了：她的这篇文章最初刊发于《批评》1967 年 4 月那一期：Kristeva, Julia, 〈Bakhtine, le mot, le dialogue et le roman〉, in *Critique*, 1967, t. XXIII, NO239, avril, pp. 438－465 这篇文章后来被她收入其著作：Recherches pour une semanalyse, Paris: Seuil, 1969, pp. 143－173；莫斯科大学语文系外国文学教研室主任 Г. К. 柯西科夫曾将克里斯特瓦的这篇文章译为俄文，俄译《巴赫金，话语与小说》刊于《对话·狂欢·时空体》1993 年第 4 期，后收入《法国符号学：从结构主义到后结构主义》（译自法文，Г. К. 柯西科夫编选并作序），莫斯科，进步出版社，2000 年版，第 427－457 页。

部以 S\Z 为书名的著作,乃是借助于好几种代码对巴尔扎克的解读,使文本向互文开放这一思想在他的脑子里出现,乃发生于我在研讨班上的那个发言之后。巴特对待这些思想可是要认真得多——譬如说——与热奈特相比。我觉得,这些思想相当大地丰富了他后来的那些著作,其中包括,加快了他从严格的结构主义框框走出来的速度。

克莱夫·汤姆逊:那么,吕西安·戈德曼也曾对巴赫金的思想有兴趣吗?

茱莉娅·克里斯特瓦:且让我们这样来说吧:有兴趣,也没有兴趣。那些思想曾在这个层面上使他发生兴趣:它们回应了他的这一认识:结构主义所推崇备至的结构,不仅仅是语言学的。我之来到巴黎,在某种意义上是将他从这一思索圈子中给解放出来了,因为这使得他有可能来思考——多亏了巴赫金——可以将社会,将历史,固着于语言结构上了。这——就是他在巴赫金的方法中曾经予以欢迎的东西。他曾将它看成是学科之间的一种对角线,而这也正是——在他眼里——我的诠释的价值之所在。巴赫金确实曾对相当奇怪的对象——它横贯于——如果可以这么来表述的话——语言与社会之间——加以思考。我不认为,戈德曼在这之后曾重读巴赫金。的确,我不曾以巴赫金的路径去对戈德曼的所有著作进行一番梳理。他更像是一个黑格尔主义者,在那个年代里,他曾竭力投入于旨在"战胜"萨特的工作。戈德曼乃是萨特的《辩证理性批判》之凶猛的敌手,使他分心的乃是使萨特与黑格尔调和这一任务。这样一来,巴赫金的思想,使得他有可能在对待法国结构主义的关系上去确定自己的位置,可是,它们不曾是戈德曼的主战场。巴赫金主要是在巴特的追随者们当中引起了兴趣。不管怎么说,我从来也不曾有过这样的感觉:在法国,对巴赫金——我的这些学生是个例外——的兴趣曾经是高的。巴赫金研究在这里不曾成为核心的取向之一。

克莱夫·汤姆逊:当年,还在保加利亚的时候,您是用哪一种语言通读巴赫金的呢?

茱莉娅·克里斯特瓦:用俄文。那时,保加利亚文的译本还没有。我们沉浸于俄文之中,用俄文来阅读,顺便说说,我那些老一辈的研究者——朋友当中,有些人就是俄语与俄罗斯文学专家,他们同俄罗斯知识界十分亲近。论陀思妥耶夫斯基那部书在莫斯科刚一面世,他们马上就给我们带来了。于是，我们就用俄文来阅读这部书。后来，我曾把这部书交给了伊莎贝拉·柯里舍夫，让她译为法文。我曾就这部书向罗曼·雅各布森谈了许多，起初，他对巴赫金是持以含糊不明的立场，应该想到，那是基于这一原因：巴赫金是被形式主义者看成对头的，由于巴赫金曾指出他们的方法上的局限性。况且，对于形式主义者来说，巴赫金是那种曾与马克思主义调情的思想家。并不完全是这样，因为，一如您知道的那样，巴赫金思想的自由，曾经被斯大林的体制糟糕地接受。案子的结局是流放。可是，对于巴赫金曾试图反思身体与历史这一点，形式主义者认为那是针对他们的攻击。其实，我觉得，巴赫金的立场是批判性，但那可是善意的批判性的，就像智性的辩论所素有的那样，而丝毫也不是迫害者的立场。他不曾站到斯大林的视角上。这乃是思想的冲突。而且，顺便说一句，他对形式论学派的对抗并不少于对于弗洛伊德主义的对抗。如果我没有记错的话，梅德维捷夫那部论形式主义的书，如果不是巴赫金所写，也是受到了巴赫金的启示。至于说雅各布森，那么，应该看到，起初他是矜持的，他最终还是有了这样的一个思想：论陀思妥耶夫斯基这部书——这是一部十分重要的作品。顺便说说，恰恰是雅各布森的妻子，波末斯卡，几年之后，为在美国传播巴赫金的作品做了不少工作。这一热情这一兴致，乃是在我的强攻之下而孕生的，如果可以这样来说的话。

克莱夫·汤姆逊：与伊莎贝拉·柯里舍夫的译本同时，《陀思妥耶夫斯基的诗学问题》还有一个法文译本，那是吉·维勒[①]译出的。这个法译本，1970 年由在洛桑的一家瑞士出版社推出。[②] 您曾参与这一项

---

① Bakhtine, M., *Problemes de la poetique de Dostoievski*, traduit par Guy Verret. Lausanne: L'Aged'Homme, 1970；吉·维勒——斯拉夫学者，俄译法翻译家。据某些斯拉夫学者之见，维勒的这个译本——在这里，原作者的书名得以原封不动地保留下来——更受欢迎：因为它更为准确地传达出巴赫金的术语。除了巴赫金的这部著作，吉·维勒曾将沃洛希诺夫的《弗洛伊德主义批判》与什克洛夫斯基的《散文论》译为法文。Volochinov, V. N., *Le Freudisme* , L'Aged'Homme, 1980; Chklovski, V. B., *Sur la theorie de la prose*, L'Aged'Homme, 1973；吉·维勒曾将 B. 柯仁诺夫与 C. 孔金所撰写的巴赫金传略、巴赫金生平年谱与著述目录（原文刊于《诗学与文学史问题》，萨兰斯克，1973）译为法文；他还撰写了论文〈Sur le concept du ' genre' dans la poetique de Bakhtine〉，该文刊于集体专著《巴赫金的遗产》// Deperetto, Catherine, (editeur scientifique), *L'Heritage de Bakhtine*. Bordeaux: Presses universitaires de Bordeaux, 1997. pp. 25 – 29.

② 即 L'Aged'Homme 出版社，位于洛桑，1966 年创立，以出版俄罗斯以及其他斯拉夫语言的译著闻名于学术界。譬如 Slavica 丛书系列。巴赫金的《陀思妥耶夫斯基》与沃洛希诺夫的《弗洛伊德》属于这一系列。

目吗?

茱莉娅·克里斯特瓦:没有。你看出来没有,当年我来到法国时,我是带来了一股热忱,对那股热忱,我已经向你作了描述,可是我不曾想成为一个斯拉夫学者,而去在法国的环境中传播俄罗斯文学或者保加利亚文学。我在大学里读的是罗曼语系语文学部,进而,我学的是法国文学与文学理论。因此,我就将俄罗斯文学给放下了,而巴赫金后来就是由斯拉夫文化专家们尤其是俄罗斯文化专家们所开发的,那些专家曾提供出更为准确的描述。我何以放下了这一领域,其理由之一乃是我不曾想以一个斯拉夫学家,或者一个中介,即 go-between,来作为自己的专业。

克莱夫·汤姆逊:伊莎贝拉·柯里舍夫曾是一位在巴黎教俄语的大学教师吗?

茱莉娅·克里斯特瓦:是的。她曾是一位教俄语的大学讲师。按族系说,她是俄罗斯人,在法国出生,既通法语又通俄语,对两种语言的掌握是一样的出色。我向她介绍论陀思妥耶夫斯基那部书时,她很快就喜欢上它了,于是,伊莎贝拉·柯里舍夫就提议将那部书翻译出来,要知道,那时在法国,还没有谁知道巴赫金呢。

克莱夫·汤姆逊:在专门考察巴赫金的创作之被接受的研究著作中,有一点已经是老生常谈:强调您是“发现”巴赫金并将巴赫金引进西方研究者们日常的交流之中的第一人。三十年之后的今天,对这一确认,您有怎样的反应呢?

茱莉娅·克里斯特瓦:对于我的工作被认可,我是非常敏感的。我以为,这是当之无愧的。事情原本就是如此。我满意的是,当年我曾参与对这些文本——如今已经获得如此重大意义的这些文本——的传播。我指的不仅仅是论拉伯雷与论陀思妥耶夫斯基这两部书,而且还有巴赫金的另一些研究著作——后来,在更晚的时候被刊布出来的那些著作。令我高兴的还有:基于这些已经发表的著作,已出现一些比较忠实于巴赫金思想的诠释。我当年的初衷则在于,指出巴赫金的存在,并在法国语境之中来确定他的地位。有必要由这一法国的语境出发,来对巴赫金的思想加以诠释,而使巴赫金成为被法国受众阅读的学者。可以将这看成是一个弱点,因为这一决定使得巴赫金成为被翻译的,成为适应于法国人所接受的。不过,我认为,对于我,当时这可是必需的,对于其他人,这在那时也并不是什么坏事,要知道,要是没有这一"适应",巴赫金的著作就可能以来自俄罗斯民间文学领域的某种东西出现在读者面前,而不会引起现如今所享有的如此广泛的兴趣。

如果说,我所提供的那种诠释确实使得巴赫金为人所知,那么,应该看到,这一诠释首先使得巴赫金成为当代的。这样一来,人们就没有将他归结为民间文学,归结为过去的现象,因为我曾得以揭示出,巴赫金的思想曾参与了当代的辩论。这一解读给他开辟出未来,之后正是这一未来提供了那种将他巴赫金的确想说出的那种东西给识读出来的可能性。我觉得,巴赫金在我的诠释中所承受到的那种现代化,对他巴赫金是有好处的,主要的是,这一现代化使得巴赫金成为60年代与70年代最新理论的一个对谈者,而不是将他变成往昔的一个对象。此外,我现在还认为,我的解读实质上对巴赫金的思想还是忠实的。

克莱夫·汤姆逊:当年,在60年代里,您同俄罗斯的两位巴赫金追随者——谢尔盖·鲍恰罗夫与瓦吉姆·柯仁诺夫,他们在莫斯科出版了《陀思妥耶夫斯基诗学》与《拉伯雷》——是否有过接触,或者,交换过看法呢?自那以后,您是否同俄罗斯的另一些巴赫金学者有过接触呢?

茱莉娅·克里斯特瓦:没有,我与他们完全没有接触过。我只是曾与保加利亚的一些巴赫金读者保持交往,那是我的朋友,诸如通乔·热切夫,一个俄罗斯文化以及斯拉夫文化专家,茨维坦·斯托扬诺夫,如今已经作古了,还有明科·尼科洛夫,当年正是他向我介绍了巴赫金的著作,那是很久很久之前了,我那时不是22岁,就是23岁。正是这些索菲亚的研究者使我接触到巴赫金,给我打开了他的书。我同那些人,譬如,在莫斯科关心巴赫金文档的那些人,完全不认识。在我的文本刊发①出来之后,我再也不曾研究巴赫金。我读过由伽利马出版社推出

---

① 这里所指的应是三个文本:自1967年至1970年间,克里斯特瓦曾写下三种论巴赫金的理论著作:其一是已经提到的文章《巴赫金,词语,对话与小说》,其二是专著《小说文本》,其三是为论陀思妥耶夫斯基那部书法译本所写的序文《诗学的毁灭》。这篇序文由Г. К. 柯西科夫译成俄文,刊于《莫斯科大学学报·语文学卷》1994年第5期。

的《美学与小说理论》[①]与《话语创作美学》[②],巴赫金论时空体、论小说以及其他问题的著作,但我本人已经不再去研究它们了。

克莱夫·汤姆逊:最近十年来,围绕着可以将巴赫金归入我们这个世纪的哪一种哲学传统之中这一问题,尤其是在巴赫金与康德主义之间的关系上,如火如荼地展开了一场热烈的争鸣。人们在重读20年代初巴赫金写下的著作,那时他只是刚刚开始工作,以期来搞清楚:他巴赫金是否曾经是一个新康德主义者,还是一个康德主义者,或者,他更像是对德国哲学的这些传统持有冲突的关系?那么,您会如何界定巴赫金在我们这个世纪里一系列哲学流派之中的位置呢?

茱莉娅·克里斯特瓦:我在那个年代里所发现的那个巴赫金,他让我觉得更接近于黑格尔,而不是康德。巴赫金的思想乃具有新黑格尔主义的层面,而且,根据晚近出现的有关他的教育经历的证据来看,我们知道,他巴赫金曾读过黑格尔以及黑格尔主义者的许多东西。他关于戏剧性的意识——矛盾的与对话性的意识——之全部的思考,同黑格尔的辩证法乃是相兼容的,这不仅仅体现在话语——被他人的话语所质疑的话语——的内在逻辑上,而且还体现在涵义世界与物理世界之间的关系上,不论那是身体还是社会。我觉得,本质之所有的对分与彼此互相关联的回声——从巴赫金笔下所听到的那些回声,都弥漫着黑格尔的气息。

克莱夫·汤姆逊:在您将你研究巴赫金的那些论文发表出来的那个年月里,有一些批评家在其评论里对你的那些文章作出了回应。您能否来谈一谈,现如今您是怎么看待这些评论的呢?譬如,这一段引文:

> 不过,巴赫金是否只对他的本国才具有先知意义呢?致力于在西方传播巴赫金的著作的那些人,他们这样做的同时又往往带

---

① Bakhtine, M. , *Esthetique et theorie du roman*, traduit par Daria Oliver. Paris: Gallimard, 1978.

② Bakhtine, M. , *Esthetique et theorie de la creation verbale*, traduit par Alfreda Aucouturier, preface de Tzvetan Todorov, Paris: Gallimard, 1984.

这个译本中,并未收入1979年莫斯科版原著《话语创作美学》里三篇文章:《陀思妥耶夫斯基创作问题》的片断(第181-236页),《对论陀思妥耶夫斯基一书的修订》(第308-327页),《附录.俄罗斯文学史讲座.维亚切斯拉夫·伊万诺夫》(第374-383页)。

着某种优越感。他们认可巴赫金的预感,巴赫金的直觉,但也责备巴赫金的某些无知和不精确,指责巴赫金拒绝借助精神分析,指责巴赫金的"心理学主义,缺少主体理论,简陋的语言学分析……人文主义的语言"①,历史性过渡;认为巴赫金最主要的功绩在于他是一个后形式主义者,也就是说,在形式主义者看来,文学研究这门科学应该拒绝阐释,只进行冷冰冰的剖析,而巴赫金则试图超越这种拒绝和这种冷冰冰的剖析。②

茱莉娅·克里斯特瓦:法国读者在对待巴赫金态度上的犹疑不定,部分地可归咎为巴赫金的思维形式——太像随笔似的、时常与那种在美洲大陆人们称之为"theory"东西相接近、没有向某个具体的思想流派援引。一开始我曾对读者大众的这份犹疑不定感到震惊。而当我亲自尝试为我的那些法国同行翻译巴赫金的语句之际,他们显得对这一思想之独特的严谨并没有感觉,更确切些说,他们在这一思想中捕捉到不够严谨。他们谈论道,这种思想,已失去准确性的这种思想,是在往四面八方发散开去,尽管他们也认可这种思想有力量,能对想象发生作用的力量。我曾一心想从一开始就去克服这一犹疑不定。这是改变了我的诠释方向的那些原因之一。

另一个原因则在于:我是在那样的一种文化环境中成长起来的,在那种环境中,我这一代人的兴趣一方面是决定于结构语言学,另一方面则是决定于精神分析。我觉得,这两个思潮乃是巴赫金思想之深层的基础,即便是并没有公开地谈论到这两个思潮。首先,这是因为,从时间先后顺序上来看,他是不曾有可能去企及我们所企及的那种思想大厦的,也就是说,他是不曾有可能去企及我们所企及的那些学说的。接着,这是因为,他也许曾有心想去对抗这些思潮,而置身于一种跨学科

① 参见茱莉亚·克里斯特瓦:为巴赫金的《陀思妥耶夫斯基的诗学》法文版所写的导言,巴黎,瑟伊出版社,1970年版,第10页 Bakhtine, Mikhail, *La Poetique de Dostoievski*, traduit par Isabelle Kolitcheff, preface de Julia Kristeva. Paris: Seuil, 1970, p. 10.

② 克洛德·弗里乌:《巴赫金:在我们之前之后》,《文学》1971年第1期,第109页 Frioux, Claude, Bakhtine devant ou derriere nous, in *Litterature*, 1971, No1, p. 109 克洛德·弗里乌(Claude Frioux, 1932-),巴黎第八大学教授,法国俄苏文学专家,1971-1976、1981-1986年间任巴黎第八大学(万森大学)校长。克洛德·弗里乌在这篇文章中同茱莉亚·克里斯特瓦对巴赫金的解读进行争论。——译者注

性之中,那时,这种跨学科性刚刚得以萌生。基于这一点,巴赫金在关于他曾称之为"话语"这一问题上能说出的那一切,便成为语言学家不能明白的东西。他在关于"身体"这一问题上能说出的那一切,便成为作为精神分析学家或心理学家的那些人,抑或从任何一种其他的西方学科的视角来考量身体的那些人,所不可企及。我曾以在我的视界去尝试将自己置于法国读者的位置上,这种读者的头脑已然被语言学与精神分析所"锻造",所"打磨"。我曾有心从这一种思维类型出发,去传递出巴赫金对我们所有人曾能说出的一切。这里说的是将巴赫金译成这一语言。由此而有了我曾提供的那种诠释。不应在我的诠释中读出来自我这方面的抵抗或者偏袒,而要看出这纯粹是预先提醒——提醒以为巴赫金曾从事语言学或精神分析的那些人:事情并不是这样,也提醒那些置身于这两个学科的视角上而认定巴赫金有"弱点"的那些人。与此同时,有必要说一句,巴赫金的思想是既不与语言学相对抗,也不与精神分析相对抗。对于能掌握精神分析与语言学工具的那些人,巴赫金的思想是可以被企及的,是可以明白的。在我的解读之中得到表达的完全不是居高临下的优越感,一如在这一解读之中也没有要漠视巴赫金的思想之意愿。相反,在这一解读之中已然得到表达的乃是要激发法国人去阅读巴赫金的这一渴望,即便我也承认巴赫金是有别于西方思想之主要的流脉的。

克莱夫·汤姆逊:我觉得,要是加以硬性地抽象而图示化,便可以看出,巴赫金及其小组的著作在法国的接受之演变之中有四大特别突出的"亮点":

其一,您在 60 年代的著作;

其二,70 年代里某些马克思主义取向的语言学家的文章(Jean-Louis Houdebine, Jean-Claude Gardin)①;

---

① Houdebine,Jean-Louis, *Langage et Marxisme*. Paris: Klincksieck, 1977;在这部书里,这位法国语言学家、文学学家对《马克思主义与语言哲学》进行了探讨。他的这部著作的解读,受到了克里斯特瓦对巴赫金的那种诠释的很大影响。Gardin, Jean-Claude, " Discours patronal et discours syndical", in *Langages* ,1976, NO41,pp. 13 - 42"Chronique ligguistique Volochinov ou Bakhtine?, in *Pensee*, 1978, NO197, pp. 87 - 100.

其三,茨维坦·托多罗夫(Tzvetan Todorov)1981年的那部著作[①];

其四,80年代里一些从事语用学研究的语言学家的著作[奥斯瓦尔德·迪克罗(O. Ducrot),[②]J. Authiez - Revuz[③]]

那么,对于这一非常具有独特性而与另一些国家对巴赫金著作的接受大为不同的演变,您是怎么看的呢?

茱莉娅·克里斯特瓦:我对这些探讨与构建是熟悉的。确实可以区分出这四种取向,而对它们本身也确实可以予以欢迎。我觉得,巴赫金的贡献主要在两个方向上。第一,这是表述/话语语言学,也许可以说,语用学。这里说的是要去理解文本——那种我称曾称之为"封闭的"[④]文本,不论它是简单的表达抑或文学,要看成是与他者相互作用的产品。正是从这一他者维度出发,语言学家们一打开言语领域,就对含糊其辞的、被暗示的、意图性的东西发生兴趣了——由此而有了迪克罗那群学者的建构。不应当忘记的还有语言学之外的维度——语用学所教我们的那些东西。然而,我以为巴赫金在这一方向上的著作带有相当大的萌芽性而不成熟,这是由于要说他确实给出许多提示,那么,他从未提供出全套工具。因而,可以将他视为先驱,那种我们有办法离开他而前行的先驱。主体间言语(enonciation intersubjective)之具体的方式,或者将他者纳入视野,或者将语词所指对象纳入视野——所有这些都是在巴赫金之后被建构出来的。作为语言学家,他指出了道路,可

---

① Todorov, Tzvetan, *Mikhail Bakhtine: le Principe dialogique*. 茨·托多罗夫1981年的这部著作,后来被法国学者称为"总结性的著作"[Deperetto, Catherine(ed.) *L'Heritage de Bakhtine*, 1997, p. 9]

② Ducrot, O., *Le Dire et le Dit*. Paris: Edition de Minuit, 1984;在该书的最后一章(第171-233页),这位法国著名语言学家发展了巴赫金的"复调"学说。之前,奥·迪克罗在与茨·托多罗夫合编的《语言学百科辞典》(Ducrot, O., Todorov, T., *Dictionnaire encyclopedique des sciences du Langage*, Paris: Seuil)的"文体"、"表述"、"文本"等词条中,已提及巴赫金与沃洛希诺夫;在这部辞典的新版(1995年版)里,"巴赫金小组"的贡献在"诗学"这个条目里得到阐述,巴赫金本人的"对话"与"多声部"以及其他思想,在"文体"与"文本"这些条目的修订版里,得到新的阐述。后来,"对话主义"/"独白主义"、"声音"以及另一些概念,由奥·迪克罗的追随者D. Rabate在其著作里作了发展:Rabate, Dominique, *Vers une litterature de l'epuisement*, Paris: Jose Corti, 1991 *Poetique de la vois*, Paris: Jose Corti, 1999.

③ Authiez-Revuz, Jacqueline, " Heterogeniete montree et heterogeniete constitutive" in *DRLAV* Documentation et recherche en linguistique allemmande contemporaine, Paris Ⅷ, 1982, NO26, pp. 91-151.

④ Kristeva, Julia, " Le Texte clos", in *Langages*, 1968, NO12, pp. 103-125;该文后来被收入 Recherches pour une smanalyse..., pp. 143-173.

是其余的一切应由自己来做。

至于说第二个方向,那种将主体——拥有身体与记忆的主体——这一维度加以突出的方向,我个人觉得它是主要的。恰恰是被列入到这里的,有文本间性,同时也有心理之狂欢化的维度,也就是意识的多阶性,如果我们把潜意识也考虑进来。这一维度是不可能仅仅基于精神分析、主体分析理论——弗洛伊德所构建的那种理论与之后拉康以及其他人所发展的那种理论——而被构建出来的。我在想,巴赫金的思想在法国之所以获得有限的能见度——如果可以这么表达的话——其原因之一就在于这一点:位子已经被精神分析所占据。这就是说,举凡对主体之记忆、主体之多阶性、对他者的关系、对语言与身体之间的关系诸如此类的问题发生兴趣者,就会看到,整个这个进程已经被巴赫金所触及,但是,它最终还是由精神分析流派之临床门诊上的与认识论上的更多的严格性所构建。巴赫金呢——如果你愿意这么来说的话,是被精神分析与其建构者们放干了身上的血而了无生气,被他们肢解了,犹如尤利西斯当年对付那些酒神的女祭司那样。顺便说说,如果在法国有女权主义者和那些对颠覆行为(在巴赫金的"狂欢"之意义上)感兴趣的研究者,那么,这些人是承受弗洛伊德-拉康的理论之指导,巴赫金在这一理论中多少也能找到自己的位置。得以形成的是这样一种印象:他属于这一流派,但他没有创建它,这就意味着,不值得返回到这一点。

剩下来的是文学作品的特征。巴赫金所写的一切,譬如,有关长篇小说的论述,并未受到当代法国的文学理论家们很多的采用。他的长篇小说理论——从某一点来看是独一无二的。我有机会针对我的那些法国同行说出看法。在法国,作为久远的传统之延续,文学理论并不总是走红。许多文学理论家曾被置于媒体界之外。像巴尔特或热奈特这样的人,常常被批评为是过分复杂的个性,几乎被看做恐怖分子。这是媒体化[①],它要么采取经典的形式(类似于通常的文学史,也就是文献史),要么沉醉于大众传播媒体的无拘无束之中,那种无拘无束可是或多或少带有奉承性的与操控性的。遗憾的是,巴赫金为之奠定了基础

① 媒体化——这是交际理论的一个术语,指的是各种不同的社会层面对大众信息传播手段所强加的那些游戏规则的屈从。

的那种文学理论，尚未得到应有的评价。我们与巴黎第七大学、巴黎第八大学以及另一些地方的一些同行一道，力图沿着他巴赫金的足迹前行，如果可以这么来表达的话。然而，我们的人很少，更好地来听取我们的那些人，是在一些外国的大学里：在大不列颠，在美国，在加拿大，在德国，在意大利，而不是在法国。接下来，在我本人的文学理论——这一理论将狂欢概念与复调概念纳入视野——之中，我不需要在将弗洛伊德的理论建构考虑进来之际每一次都返回到巴赫金那里。这是因为我觉得，不论我是对的还是不对——举凡我能够基于门诊临床的病案，从那种在精神分析现场所得以展示的冲突性的心理出发，而加以发展的那些东西，比起巴赫金的直觉要走得更远。譬如，我就“倒错行为”、“自闭症”、热恋状态，或者抑郁症所能说出的那些，我觉得乃是对狂欢化的心理加以考量所必需的根基性的东西。比起我们只局限于经常不断地去重复，这是“狂欢”，这些理论建构给我们提供出更多的实践上的与理论上的准确性。我不认为，我以这样的方式在歪曲巴赫金的思想。我也不觉得，我已将那些思想给忘却了。我更愿意认定，我是在对它们加以发展。我不相信，我们一定得时刻不停地给巴赫金以应有的评价，向他致敬，一如对祖先的崇拜。

克莱夫·汤姆逊：那么，巴赫金是否有主体理论呢？这一理论是什么样的呢？这可是当下在巴赫金学专家当中引发激烈论争的一个问题。面对如下一段引文——在这里，马尼-皮耶列特·马里库津斯基(华沙大学)归纳出自己针对您对巴赫金的解读与对主体问题的诠释之看法——您的反应是怎样的呢：

> 克里斯特瓦诉诸弗洛伊德-马克思主义的混合主义，这种混合主义基于欲论，主张将等级理论化，这种等级之顶部，是无所不能的主体—生产者，是将自己称之为“我”的主体。所有这些，同异质性很少对应很少关联，巴赫金的思想则是凭借复调性引向异质多样性，异质多样性恰恰相反要求的则是去等级化的实践，在那种实践之中，主体—生产者自己是被理解为同另一些社会—文化主体

一起葆有的那种对话化的距离之产品。[①]

茱莉娅·克里斯特瓦:我对巴赫金的述评解读并没有总是被人们很好地理解,您征引的这一段引文——便是这种不理解的一个范例。首先,“我”——这并不是主体;“我”——这是一个被想象出来的单位,而主体——这是在流变的进程。一如在黑格尔的理论之中那样,对于拉康——从黑格尔那里接受“主体”的拉康,意识——这同时也是进程。对于弗洛伊德,“主体”这一概念乃是不存在的。它是被推导出来的,由“超我”、“我”与“它”这一构筑之中推导出来的。这是某种流变的进程之被想象出来的成分。此外,主体—生产者并不是无所不能。它处于经常不断的危机之中,而“进程之中的主体”[②]这一思想——我建构的这一思想,恰恰是要展示,所说的完全不是它的力量,而是说:要想使涵义之创造——由此出发,文化之创造——成为可能,就要对自己的整一持有经常性的怀疑。由此可见,能聚合主体的那种元素——这是基本的元素。换句话来说,主体身上的类妄想狂的品行之存在,是显而易见的。没有这种类妄想狂的维度,就不会有主体。没有这种类妄想狂的维度,也就不会有写作才能。可是,在狂欢的经验中,这种整一性却更像是被认可,因为对于他者的关系、对于上帝的关系,对于已然得以确立之物的关系,乃是在怀疑之中而得以确立的。在狂欢之中,一如在长篇小说里,类妄想狂的思维没有被绝对化,在展示这一思维,也在抗击这一思维。

我在自己晚近的著作中不停地谈论异质多样性,这是由于当年我在发展巴赫金有关狂欢的思想——或者宁可说是直觉——之时,令我经常感兴趣的是“我”与“他者”之间的关系、“意欲”与“涵义”之间的关系。我在自己论普鲁斯特的著作里加以发展的东西——这是“感觉/语言”之间的关系。我没完没了地置身于异质多样性的交织之中。我是针对“他者性”这一概念而引入了“异质多样性”概念,恰恰是为了将涵义上的流变进程加以复杂化。存在着我与他者;也存在着意欲与涵义。

---

① Malcuzynki, M,-Pierette, *Entre dialogues aves Bakhtine ou sociocritique de la (de)raison polyphonique*. Amsterdam: Rodopi, 1992, p. 52.

② Kristeva, Julia, " Le Sujet en proces" in *Tel Quel*, 1972—1973, NO52 - 53, pp. 12 - 30, 2 - 38. 该文后来被收入克里斯特瓦的著作《多元逻辑》(*Polylogue* , Paris: Seuil, 1977, pp. 55 - 106).

我与他者——这是他者性;意欲与涵义——这是异质多样性。在这个方面,没有任何人像乔治·巴塔耶那样——我也曾以精神分析的视界细细地通读他的著作——并没有走出文学框架[①],而写出了一些具有根基性意义的东西,要想让巴赫金有关身体的直觉为西方理智——更具系统性而更为严格的西方理智——所企及,就必须提及乔治·巴塔耶的那些著作。

还有一个维度,对于它我们不曾涉及。这就是巴赫金的话语之被想象的维度,具有假定性的维度,这一维度是他的力量,可是这一维度也会导致窘境。他的话语——是富有内涵的,它会激发出一些投射,对于那些投射可以相对自由地加以建构,可是那些投射也可以导致一些歪曲,那些会起着相当负面的作用的歪曲。举一个例子,并不是那么久远,在柏林墙倒塌之后,我们这儿举行过一次与俄罗斯研究者交换看法的活动。他们当中有一位,在我们巴黎第八大学的文学理论与人文科学组的讨论上发言。我们想用一个晚上专门讨论巴赫金,这可不是经常有的现象。一个年轻的莫斯科人来到那儿,这人是获得奖学金而在巴黎留学的那些人当中的一位,他那时 25 岁。这是在两三年之前的事儿。他作了一个报告——完全是煽动性的——反对巴赫金,他将巴赫金看作那种在其毁灭性涵义上的人民文化的信徒。也就是说,他将巴赫金看成是斯大林那一派的马克思主义的某种秘密武器,这一秘密武器曾被用来同俄罗斯先锋派作战;换句话来说,同所有的为形式实验与创作个性而声张而奋斗的那些人作战。他巴赫金曾借助于人民文化这一神话而同那些人作战。依这位年轻人之见,巴赫金曾有心融入民众,融入共产主义文化,而他那些有关狂欢的思索,就是去对斯大林的人民文化加以装扮而对个人的探索加以抗击的手段,而并不是什么别的东西。这样一来,我们这位俄罗斯朋友,就把巴赫金看成是一个绝对不可被接受的理论家。我曾试图迫使他承认,在斯大林的"人民文化"与巴赫金的"民众"之间存在着断裂,巴赫金的"民众",源自于中世纪和法国文艺复兴时代,它具备那个时代法兰西农民所拥有的那种"海侵般的"自由和拉伯雷的那种带有爆炸性的笑谑。要说服这个人是不可能的。

---

① Kristeva, Julia, " Bataille, l' experience et la pratique ", in Bataille (Actes du Colloque de Cerisy-la-Salle), Paris: U. G. E., 1973, pp. 267 - 301. 该文后来以"L' experience et la pratique"为标题被收入克里斯特瓦的著作《多元逻辑》(*Polylogue*, Paris: Seuil, 1977, pp. 137 - 148).

他确信,巴赫金不过是一个戴上了面具的教条主义者——民粹主义者。这一席发言令像我这样的巴赫金研究行家感到震惊不已而大为不快。不幸的是,他这刻薄责难的言辞对听众发生了负面的作用,听众们提出了这样的问题:归根结底,要是俄罗斯人自己都看出巴赫金是一个混乱一团的、含糊不清而同时又有能力去进行毫不掩饰的政治投机之人,那么,我们又何必还要去研究他呢?最好还是别去管他吧。但是,事实上确有什么是值得担心的?这里说的是否只不过是过度诠释——现如今某些俄罗斯人陷入其中的那种过度诠释吗?他们是不是准备去改变自己的全部历史,以期去贴近西方?这一位莫斯科年轻人——是极端主义之特定的形式之毋庸置疑的见证,但他也能够成为巴赫金的文本之过分的复调的后果之一,这种过分的复调,在鼓励各种不同的诠释,在法国的笛卡尔哲学的语境之中会同这位思想家开一个恶毒的玩笑。

克莱夫·汤姆逊:在我的那些去莫斯科的旅行之中,有一回是在1995年,那是去参加巴赫金研讨会,我觉得,就是在那一次旅行期间,我听到了类似的辩论,可那是以另一种样子被表达出来的。莫斯科的研究者们之间,在巴赫金的"遗产"问题上发生了激烈的论争。谢尔盖·鲍恰罗夫,掌管巴赫金档案与新版巴赫金全集编辑工作的主任,没有参加这一国际研讨会。俄罗斯那些主要的巴赫金研究专家彼此之间并不总是看法一致的。

茱莉娅·克里斯特瓦:那么,这里有什么缘故呢?这是不是因为,一个人在说,巴赫金——这是一个自由的有头脑的人,而另一个则在断言,这是一个乔装的教条主义者,就像在我们那个晚间的研讨会上所曾经发生的那样?

克莱夫·汤姆逊:某些俄罗斯专家一心希冀的是,要让巴赫金首先是作为一位具有俄罗斯传统之精神的思想家而闻名于世。一些西方诠释者则将这一视角视为是对巴赫金的思想加以变形的手段,是背叛这一思想的手段。一方面——这是一些民粹主义者,他们对巴赫金曾想说出的那些东西持有已然形成的观念。另一方面——则是一些更为灵活的研究者,他们的视界已然向在另一些国家里出版发行的那些著作开放了。

茱莉娅·克里斯特瓦:这第一种倾向,或许就是要同全球化进程逆向而行的尝试。某个文本在市场上一旦面世,它就是被开放的了:这就像那个在所有的方向上播撒知识的“Larousse”[①]。我觉得以过分理智的方式对待事物乃是顽固落后的。可以理解要保护巴赫金的俄罗斯性这一愿望,为什么不去理解呢?也许,我会看错,但是现如今在俄罗斯,只要你说出“Народ”这个词,人们就会产生这样的一种感觉:这说的是芸芸众生,说的是平民百姓。可是,巴赫金这样一个有欧洲教养的人,他想象的“Народ”这一概念并不是无定形无组织的俄罗斯群众,我曾力图向那一位年轻的莫斯科研究者说出这一点。每当我们说“Народ”这个词的时候,我们可能是在暗指法国“Народ”。这是在拉伯雷时代出现在集市上的那些人,这是在法国大革命时刻同那种被极权主义所动员的农夫离得很远,但要求“自由、平等、博爱”的那些人。俄罗斯人应当明白,会存在着这样的“Народ”——由自由的个体与最为多样的各种话语所构成的“Народ”,那些话语同时是个性化的与批判性的。我认为,巴赫金曾意欲表达出的正是这一“Народ”的视界,他曾有心要展示即便在群众内部也存在的人之多阶的自由。在他那里,所说的并不是要将群众看成是整块石料般的乌合之众。我理解源自马克思主义的创伤,我也理解,只要一听到令人想起这一幽灵的那一概念,俄罗斯人就会背过身去。但我认为,他们以简单的保守主义的反射来抗击教条主义乃是不正确的。

克莱夫·汤姆逊:正是在这一语境中,狂欢学说变成了一个无以复加的自相矛盾的学说。不久前,在美国,一部严肃而有分量的研究著作已经发表出来了,这部著作毫不含糊地论述:狂欢性、狂欢与论拉伯雷那部书,乃是巴赫金创作中的偏离,因为狂欢性不可避免地要陷入乌托邦。而在每一种乌托邦之中,尤其是在狂欢化的乌托邦之中,则潜藏着暴力危险。[②]

茱莉娅·克里斯特瓦:不读弗洛伊德就不可能去涉及乌托邦。应当提防天使般的与清教徒式的观点,那种观点想象世界没有暴力。这一观点可是与人的真理绝对不相干的。巴赫金的思想——这一思想受到俄罗斯的经验与黑格尔主义的启迪——之力量,就在于他清醒地意识到人的性灵拥有那种负面的权力。如果要对这一层面加以弱化,那

---

① Larousse——法国的一家出版社,以出版《皮埃尔·拉鲁斯大百科辞典》而著称于世。

② Morson, Gary Saul, Emerson Caryl, *Mikhail Bakhtin*: *Creation of Prosaics* Standford: Standford University Press, 1990.

么,就会获得对于问题的清教徒式的—正面的视界,对这一视界感兴趣的只有信徒。我看不出对这一取向加以考量有任何兴趣。狂欢会传播乌托邦,而乌托邦就会去灭杀?且让我们认真地思量:这里说的是作为被想象出来的自由之乌托邦,抑或相反,这里说的是作为向现实的行为过渡的“乌托邦”?随着我们的这个交谈在推进,我心里不断地生出这样一种感觉:我返回来了,我在最近这十年——二十年的期间里重新探讨了一些主题,那些主题之萌芽就包含在巴赫金那里。譬如,**内在的叛逆**[①]这一主题,这种叛逆诉诸过去,对它加以质疑,对它加以讨论,使这一过去成为复数的,将这一过去对话化与复调化。但所有这一切可能成为十分危险的,要是将现实与被想象出来的混淆起来,要是“狂欢”不再是想象力的运作,而是在凶杀的形式之中或者集中营的形式之中得以实现。然而,这样的观点,同巴赫金曾有心想说的,或者,与我们在强调想象领域的自治性之时而力图要说的,已经没有任何共同之处了。精神分析使得我们有可能去进行区分并说出:“小心!要是你将狂欢体现于生活之中,这就会弄出集中营来。”可是,狂欢是不当被体现于生活之中的,这乃是心理生活的流变进程,而且,首先——是自由之源。要是你手中没有精神分析所提供的那一套工具,你就会冒去说蠢话之险。我认为,不去读弗洛伊德的著作,巴赫金之潜在与接近,他的直觉,就可能会给那些错误的诠释与不理解提供位置。

克莱夫·汤姆逊:最后一个关于狂欢的问题,以结束我们这次交谈。您能否对“狂欢”这一词语在您现今的著作中的意义作一个总结呢?

茱莉娅·克里斯特瓦:这是我的那种要回到弗洛伊德之发现的方式,根据这一发现,人乃是一面不可调和的大镜子。这里说的是,要明白,人——这是处于永恒地寻找之中的主体,对不可企及的同一性进行永恒地寻找的主体。然而,在表达这一观点之际,应当去避免那些看上去是病理学的术语,诸如,精神分裂症、倒错行为、抑郁症,这些术语,我有时也使用,但那是在一些更有技术特点的著作里。而每当我应当转向——在这样或那样的思考时刻——转向更为普及的语言之时,以便去认识清楚人的社会活动,也就是将心理体验的这种不可调和性翻译

① Kristeva, Julia, *La revolte intime: discours direct*, Paris: Fayard, 1977.

为社会经验，我就会回到“狂欢”这一词语。“狂欢”这一词语的意义也正在于：在展示不可忍受的分裂也是自由之源、创作之源这一点之后，使用“狂欢”这一词语乃是对于心灵充满矛盾冲突的体验进行去病理化处理的一种手段。在另一些术语被使用时，就会造成门诊临床的印象。的确，我也诉诸这一招，每当我想成为精准的。但是，要是我研究社会实践，“复调”与“狂欢”这些词语就会前来帮助而使得我能够转向更为广大的读者群，转向那种宁可说是社会的而不是私己的经验。

克莱夫·汤姆逊：我要为你的耐心，为您如此精准地回答了我的这些问题，而衷心地感谢您。

《陀思妥耶夫斯基诗学问题》面世 30 周年问卷*

李俊升 译

周启超 校

《对话·狂欢·时空体》编辑部按语：

【及至 1993 年秋，米·米·巴赫金的《陀思妥耶夫斯基诗学问题》第二版之面世，已整整过去 30 个年头。这一事件具有标志性的重要意义，这不仅仅在于其自身，其重要性还在于这一事实：与之同时发生的是——在经历流放与多年贬谪之后——巴赫金回归学术界，这一回归，后来给他带来了世界性的知名度。因而，我们杂志决定出一期专号来纪念这 30 周年。杂志的这一期上所刊发的材料，最好能直接或至少也是间接地与《陀思妥耶夫斯基诗学问题》中所提出的一系列问题相关联，若能直接讨论这部著作——那就更好了。

30 年——这一段时间距离，足以允许进行某种初步的总结。基于这一目标，编辑部向俄罗斯文学——尤其是陀思妥耶夫斯的创作——研究界 20 来位知名学者——寄出一份问卷。期望获得一些十分客观的结果。我们并没有特地挑选复调说、狂欢化学说以及其他学说的追随者与支持者。根本上就是持反对意见的巴赫金的那些论敌，对于他的思想似乎并没有什么特别的热心的学者，也被邀请来参与对话。不仅如此，编辑部还有意识地不让这次问卷调查带有周年纪念所有的那份隆重色彩，要在答卷人身上激发出的宁可不是对于巴赫金的称赞，甚至也不仅仅是与他争论，而更是（在所讨论的问题的语境之中）对自身立场的阐说。第三个问题，首先是其最后一部分之提法，尤其是被指向这一点。也许，从日常生活的——简单地说，形式逻辑的视角来看，这样的提法似乎是没有意义的：任何人没有权利也没有可能去更改巴赫金的书中所写哪怕是一行字。可是，在我们看来，为了使对话（现实的与真正的对话）得以实现，必须强调它的未完结性与不可完结性。尝试

---

* 原载《对话·狂欢·时空体》1994 年第 1 期、第 3 期。——译者注

着对作者的自我意识加以模型化之后，我们便有可能更好地来理解作者，也得以在与他的关系中更好地理解自己……】

问题：

1. 您对米·巴赫金之《陀思妥耶夫斯基的诗学问题》一书持怎样的态度？

依您之见，这部书在俄罗斯思想史上的作用如何，它在巴赫金的理论遗产中占有什么样的位置？

2. 您认为这部书里哪些思想最深刻、最有趣，也最有生命力？这部书对您的工作、对您如何看待陀思妥耶夫斯基的创作、如何理解长篇小说这一体裁的本质，是否产生过某种影响？

3. 您在哪些方面不赞同巴赫金？您觉得他的学说哪些方面是脆弱的，是论证得不够充分的？如果您站在巴赫金的位置上，您会更改（改动、增补）什么，又如何去更改？

问卷之一

H. Ф. 布丹诺娃[语文学博士，俄罗斯文学研究所（普希金之家）研究人员]

1. 基于对天才的语言大师陀思妥耶夫斯基所创造的世界之艺术模型——这一模型又是现实世界的模拟——之研究，米·米·巴赫金得出了一些具有普遍的哲学意义和普遍的人文意义的结论。这样的一些结论，特别是这位学者关于人的话语、意识和文化之对话性质的结论，关于一个独立自在的个性乃是不充分的结论，关于一个个性必需诉诸另一个“我”的结论（巴赫金的一个著名论题：“存在——意味着在对话式交往”就要求“我”在道德上要定位于他人的意识），就是这样的。这位学者不曾有机会详尽地论证自己这一人的存在哲学，但要是根据散见于论陀思妥耶夫斯基那部书里的那些暗示来判断，他的哲学探索乃是朝着聚约性这一方向行进的。

个性受到两种危险的威胁——一种危险是极端的自我中心主义，人神式的自我肯定（对于这一危险，陀思妥耶夫斯基在 19 世纪就预言般地言中了），一种危险则是以“独白式的”集体主义来对个性施加专横的压制（巴赫金与自己的同胞在 20 世纪就亲身感受了这一可怕的压力）。

在严酷的极权体制的条件下,巴赫金勇敢地发声,来张扬个性自由地自我表达的权利——不屈服于来自上面的强制性的“独白”的自我表达,来捍卫那种作为彼此平等具有同等价值的人的“声音”与意识之“复调”的社会。

在我看来,巴赫金的这部书并没有给出一个有关陀思妥耶夫斯基的创作之完整的学说。有些地方它是前后矛盾的,书中有很多未尽之言,甚至是难以猜测的东西——可能,这是故意为之,但更像是出于那年头的审查制度。但是,这本书中已经得到阐说的东西,将会留在学术史上,并将促进学术在各个不同领域——文学学、语言学、伦理学、哲学、文化等领域的——的进一步发展。

巴赫金论陀思妥耶夫斯基的这部书——以我之见——在这位学者的理论遗产中占有核心地位:他的很多思想,是在这部书里首次出现的,或者是得到了进一步的发展。

对我个人来说,这部书——与 H. A. 别尔嘉耶夫的《陀思妥耶夫斯基的世界观》一起,属于杰出的论陀思妥耶夫斯基的哲学著作。哲学上的人格主义和对伦理问题的浓厚兴趣,是巴赫金与别尔嘉耶夫的相通点。我以为,巴赫金的这部书在“白银时代”那一批俄罗斯哲学家的著作中,占有一个当之无愧的位置,尽管恰恰是在宗教哲学问题上挖掘得不够。在继续发展西欧哲学之优秀传统之同时,巴赫金乃是一位在根基上与世界观上深刻的俄罗斯人。

2. 我认为,巴赫金论陀思妥耶夫斯基这部书中最为深刻的,乃是根据陀思妥耶夫斯基的长篇小说而提出的对话主义思想和复调思想,尽管我对这些思想并不完全赞同(关于这一点,参见我对第三个问题的回答)。

巴赫金对于“对话”的宽泛理解,在我撰写《陀思妥耶夫斯基与屠格涅夫:创作性的对话》(1987 年,列宁格勒出版)一书时,曾特别吸引我的关注。这一理解在很多方面对我这部著作的书名作了界说,这一书名曾受到我的一位书评者的辩驳。

恰恰是两种彼此平等有同等价值的艺术意识和“声音”之间开放的对话,没有完结的对话,包含有潜在的辩论的对话——我思想中浮现的主题就是这样的。

巴赫金对于“对话”的宽泛理解,还决定了我的著作的方法论,我的专著立足于这一点:将这两位论敌看成是俄罗斯伟大作家和公民,而对他们持以同等的(尽管我有个人的喜好、偏爱)尊敬;在大量引证和分析这两位作家的艺术文本的同时,我致力于给他们提供平等地自我表达的自由(通过大量征引和分析他们的艺术文本这一途径),而不去"独白式地"干涉他们的"声音"。

对巴赫金这部书的又一次阅读(为了回答问卷调查),成为催发一些新的构思出现——与《卡拉马佐夫兄弟》这部长篇小说相关联——的推动力。我还禁不住要想写这么一篇文章,其题目为"写在巴赫金论陀思妥耶夫斯基一书页边上的批注"。

3. 我基本上不同意巴赫金的这样一个结论:陀思妥耶夫斯基的小说中,作者的"声音"和他的主人公的"声音"是"彼此平等而有同等价值"。在我看来,"彼此平等而有同等价值"仅仅是这种情形下才能成立:作者(陀思妥耶夫斯基)根据自己的艺术定位(不要露出编写者的嘴脸)在任何地方都不以直接"独白式地"的干涉来淹没这些声音,而是为这声音们提供完全的自由。可是,作者的"声音"比他的那些自相矛盾的主人公的"声音"要更为坚定,更有权威。这一话语乃是呕心沥血地熬得的("……我的奥莎娜[①]是经受了怀疑的大烘炉之考验的")。作者的话语之权威性在这种情况下是基于基督教真理的权威性,陀思妥耶夫斯基就是基督教真理的一位自觉的传播者,一位布道者。

显然,只有在就那些关涉存在之"永恒的"、"老大难问题"进行争论的情况下,才能谈论陀思妥耶夫斯基笔下永无休止的、坦诚开放的、不可完结的对话;只有到那时,无论是"赞成"之理由,还是"反对"之理据,都不可能占上风。可是,即使是在这一类情形下,在站到思想上与自己相通的论敌那一边之时,作者还是会占据坚定的道德立场,《卡拉马佐夫兄弟》这部长篇小说之细心的读者会明白,作者最终还是站在阿廖沙和佐西马这一边,而不是站在伊万与宗教大裁判官那一边,尽管伊万手中也有自己的真理。

譬如,巴赫金的以下结论就值得商榷,"……声音之众多〈……〉在长篇小说中应该占上风";在陀思妥耶夫斯基的那些长篇小说中,"一切都是手段,对话才是目的"(《陀思妥耶夫斯基的诗学问题》第三版,莫斯

① 奥莎娜——古犹太教徒和基督教徒颂扬上帝或祈福之词。——译者注

科,1972 年,第 349、434 页)。

对话,衍生为糟糕的没完没了的对话,并不是身为作者的陀思妥耶夫斯基的目标,正如“声音之众多”的圆满展现也并不是他的目标。虽然像巴赫金所公正地指出的那样,作为“永恒的共欢乐、共欣赏、共谐调”(《陀思妥耶夫斯基的诗学问题》第 434 页)的对话——与陀思妥耶夫斯基的宗教世界观相对应的对话,只有在永恒中才是可能的,但是,在长篇小说时间的范围内,作者致力于尽其所能用福音书的话语来调和来照亮敌对的各方。巴赫金用《赞成与反对》这“复调性的”一卷,充满反抗上帝之叛逆激情的这一卷,来对抗《俄罗斯修士》这“独白性的”一卷,在这里,对伊万的问题给出了间接的回答。遗憾的是,巴赫金只是提及这两卷的“对话”,而并没有对它展开分析。要是——根据巴赫金的论题——陀思妥耶夫斯基真的是“从来不曾”为自己保留“实质性的(从要寻求的真理这一角度来看)作者的剩余”(《陀思妥耶夫斯基的诗学问题》第 123 - 124 页),他的那些长篇小说就会丧失那得到清晰地表达出来的思想——哲学观点(请比较:《群魔》和《卡拉马佐夫兄弟》这两部长篇小说里引自圣经的卷首题词)。

不要忘记,作者就像他的那些主人公一样,也是一个“思想家”,也是特定的思想之体现者。他为自己确立的任务就是对于那些虚伪的、抽象的、(以他的观点看来)与“活生生的生活”脱离开来的(无神论的、虚无主义的、革命的以及其他的)思想和理论,加以揭露。而且,他很巧妙地做到了这一点。尤其是拉斯科尔尼科夫和伊万·卡拉马佐夫,正是这样:按照作者的构思,在经受生活的种种考验之后,在经历落到他们头上的那些道德上的磨难之后,他们就当获得这样的结论:“什么都是可以的”这一论题乃是错误的。

在我看来,作为陀思妥耶夫斯基的艺术话语和艺术世界之主要特点,且得到了巴赫金深入研究的对话主义,同陀思妥耶夫斯基的基督教(东正教)世界观乃是紧密关联着的。遗憾的是,巴赫金有意识地或者是故意地(出于要应对书刊审查的考虑)几乎没有触及陀思妥耶夫斯基的世界观问题,而只是蜻蜓点水地提及他的“宗教—理想主义乌托邦”。然而,基督教的世界模式(人对待上帝和亲人之关系)在很多方面既可以解释陀思妥耶夫斯基长篇小说的“复调”,又可以解释作家的艺术世界之“多声部”中作者“声音”的作用。

恰恰是基督教的人的观念——将人看成“上帝的形象与类似物”，人被赋予在善与恶之间进行自由选择的权利；相信人在精神上可能重生，相信人即使是在道德极为沦丧的情况下也会被改变（人永远在途中，人还没有说出关于自己的终结性、完结性的话语）；最后，是基督教对于“内在的人”这一定位（请对比陀思妥耶夫斯基那一著名的提法“在人身上去发现人”）——所有这一切预先注定陀思妥耶夫斯基笔下会出现那些震撼人心的“极富洞见而诚挚感人的话语”，预先注定会出现那种深层的“自白忏悔式的对话”，巴赫金曾提及这一话语与这一对话。

这位学者把作者与普罗米修斯加以比较：普罗米修斯“创造出独立的人（更准确地说，是塑造），他与这些被他塑造出来的人享有平等的权利。他不能完成这些塑造出来的人，因为他发掘出那种使一个个性有别于所有不是个性的东西”。存在对于个性无可奈何（《话语创作美学》，第 309 页）。

是这么回事吗？宁可把作者（陀思妥耶夫斯基）——作为由他所塑造的艺术世界的创造者——类比为造物主—上帝，那个已然以自由的但无形中左右着人们的命运而创造出人类的造物主—上帝（上帝的天意这一思想）。按照陀思妥耶夫斯基的思想，上帝无疑是在支配着米佳·卡拉马佐夫和伊万·卡拉马佐夫的命运：上帝在引领他们经受人生悲剧之后，走向道德的净化，走向信仰。

巴赫金这部书中的“独白主义”——多半是一个消极的概念，而这也是完全可以得到解释的：这位学者所指的是从外部、从上面强制推行的“独白主义”。可是，与“独白主义”这一概念相关联着的，还有永恒的价值、人的宗教—道德取向这样的观念。显然，陀思妥耶夫斯基的“独白主义”值得专门的研究。

对于巴赫金的论题：“陀思妥耶夫斯基的作品——这是诉诸话语的那种话语之话语”（《陀思妥耶夫斯基诗学问题》，第 460 页），我倒想把它改成这样：“陀思妥耶夫斯基的作品——这是诉诸大写的话语的那种话语之话语”（指的是福音书上开头出自约翰的那几句诗？约翰福音开头的那几句诗）。

问卷之二

B. H. 扎哈罗夫(语文学博士,彼得罗扎沃茨克大学教授)

也许,有一些研究者,是巴赫金为他们发掘出陀思妥耶夫斯基。我不属于这些研究者之列。对我来说,更重要的是文本,而不是对文本的阐释。顺便说一下,就像当代很多语文学家一样,我与巴赫金著作的相识是大学时代的事情:在大学二年级——读了论拉伯雷那部书,在大学三年级——读了论陀思妥耶夫斯基这部书。这是在 1969 年,当时我在研究《双重人格》。对于去了解巴赫金这部书,这也并不是一个最好的理由,而且我马上就注意到了一点:对于巴赫金,其认识也是有一定极限的。巴赫金并没有读懂《双重人格》。这样一来,我对巴赫金的这部书从一开始就是持批评态度。也许,这一情形在我对巴赫金论陀思妥耶夫斯基这部书的评价之形成上会有很大的分量。

不仅在对于陀思妥耶夫斯基的研究之中,而且在语文学之中,不仅在俄罗斯语文学中之中,而且在世界语文学之中——这都是 20 世纪最为重要的发现之一。就陀思妥耶夫斯基研究这一层而言——这是有关他的创作的一个独创性的学说,对之可以认同,也可以与之争论。这一学说本身拥有太多的优点,甚至将它称为陀思妥耶夫斯基创作的一种出色的阐释都不足以对之加以概括:这不仅是一个独创性的,而且也是一个新颖的哲学学说——关于创作,关于诗学和伦理,关于人与世界,关于社会与文化的哲学学说。

2. 巴赫金论陀思妥耶夫斯基这部书的主要思想是深刻而引人入胜的:"复调型长篇小说"的学说;自我意识在人的艺术观中的作用;主人公的思想作为描写的对象;对话主义作为陀思妥耶夫斯基之普适性的诗学原则。巴赫金用于专门考察梅尼普体讽刺的历史梳理,十分精彩。这些思想是不是有成效呢?毫无疑问,是的——即使是在生出愿望要与巴赫金争论的那种情形下,也是。

今天,人们时常把巴赫金树为一个不容争议的权威,人们将他的那些主张尊奉为终审级的真理。对于这位俄罗斯哲学家的思想之反教条的天性而言,没有什么比这类推崇还要更加与之格格不入的东西了。巴赫金是具有对话性的。每一位研究者随时有可能成为他的对谈者。正是这样,我也渐渐地开始在巴赫金的这部书中寻找佐证——对自己在陀思妥耶夫斯基诗学之研究中的一些心得的佐证。曾经最为吸引我的是他的这些学说：主人公的思想是描写对象，时空体的体裁构建作用，作为近代体裁的长篇小说，其他体裁之小说化。在我的《陀思妥耶夫斯基的体裁系统》一书中——可以看到这些学说的发展。曾对我帮助特别大的是巴赫金关于长篇小说中时间的体裁构建作用这一思想，巴赫金的这一思想促使我去考量中篇小说这一体裁——至少要把中篇小说与长篇小说区分开来。

3. 巴赫金已然在其学术命运中被定型。这一命运无法变更：既不能删改，也不能增添——可以做的只能是对它阐明或者质疑。请巴赫金迷们不要对我生气，巴赫金在很多层面已属于历史。在一个极权的社会里，他曾一心想自由思考，他也是很偶然地躲过了政治清洗，在学术卫道士们还不善于监控的那些领域，他获得了思想的自由。他曾以对话、多声部、众多的彼此平等而有同样价值的声音，来对抗思想上的教条，他曾教苏联人去看世界的多样性，去看拥有种种丰富多样的表现的生活。身临强大的思想压制，他这人是自由的。没有这一抵抗，他未必会这么具有独创性——作为一位哲学家的独创性。

巴赫金在哲学和语文学中已作出的那种建树，是独一无二的。在那个他在其中耕耘、他对之加以考量的园地，他是十分出色而令人信服的；当他对那种他不想多加思考的东西予以否定之时，他就不是令人信服的了。他深刻透彻地思考了作为描写对象的思想，但否定了作为描写原则的思想——对于作者的思想，他是不感兴趣的(那个对构思过的《大罪人传》中"大主教的思想"之篇幅不大的注解，并不能改变问题的实质)。这种武断是如此的没有理据："陀思妥耶夫斯基的艺术视界的基本范畴不是生成，而是共时并存与相互作用。他多半是在空间上而不是在时间中来观照和思考自己的世界"。诸如此类的武断在另一些场合下也在损害巴赫金："仅仅"、"唯有"、"不是……而是……"，等等。

还有一个问题——巴赫金的总词表问题。如果把巴赫金有关作者所谈论的一切归结为叙述者，那么，"复调型长篇小说"这一学说就未必会引起这么剧烈的争论。但巴赫金对于作者与叙述者是不加区分的。

无论多么吊诡，这位杰出的长篇小说理论家没有理解《穷人》的长篇小说本质——他把这部长篇小说当成了中篇小说。

他在研究上是有自己局限的：他对《作家日记》不感兴趣。

巴赫金将长篇小说看成是一种体裁之学说，是具有天才性的。这一学说并没有得到所有人认可——这一怀疑正透露出流俗之见。在体裁史上,有很多作品处于巴赫金所界定的长篇小说的范围之外。直到现在,很多西欧长篇小说在俄罗斯文学中被当成中篇小说。在我看来,巴赫金谈论的不是长篇小说曾经是什么样子,而是它有可能成为什么样子。而这确实是一种具有无限艺术潜力的体裁,在俄罗斯文学中,普希金、陀思妥耶夫斯基、托尔斯泰曾创建这种体裁。这些作家的艺术发现,将这一体裁提升到长篇小说当年在拉伯雷和塞万提斯笔下已然达到的那种高度。在这方面,俄罗斯长篇小说家们受益其中的,是巴赫金也不感兴趣的体裁——中篇小说,没有这一体裁,就没有俄罗斯文学史。

还有一点。不应当把别人的著作算作是巴赫金的。迄今为止,以B. H. 沃罗希洛夫和П. H. 梅德维捷夫的著作为话题而已然说出的那一切,甚至都没有为确认巴赫金的合著权提供理据(更不要说是著作权了!)——最多是为合著权这一问题的提出而给出一个理由,对于合著权还需要加以证实。接下来的问题是:如果说,他巴赫金并不是一位独斗士式的英雄,而是20世纪20年代一个具有独创性的俄罗斯语文学学派的首领,难道他巴赫金的声望就会受损?须知在20世纪60—70年代,围绕着他巴赫金的思想,在世界哲学界已出现一种新思潮,这也不是偶然的。真理具有对话性,最早感觉到了这一点的,就是这位伟大的俄罗斯哲学家的朋友们和对谈者。

问卷之三

Г. Б. 波诺玛廖娃(莫斯科陀思妥耶夫斯基故居—纪念馆馆长)

1. 诸个整一的世界观立场和真理之间的未完成的、未完结的对话,我,那种只有在诉诸"他人"——那个"他人"对于这个"我"而言正在成为"你"——之时才存在之"我","我"与"他人"正在实现的互相作用与互为定向,作为共同创作(共—在)的生活——这一切,首先让我们联想到哲学家和文学学家巴赫金的主要发现,并且这最先就是在他论陀思妥耶夫斯基的那部书里得到详细考量,得到最为集中的表述的。

陀思妥耶夫斯基当然是巴赫金的模型之最佳材料,但不是为了那些先验的理论样品而备好的毛坯料。这一模型之产生,是基于对艺术特色之深切的沉潜:对陀思妥耶夫斯基的艺术才华所独具的特质的发现，对陀思妥耶夫斯基的作品之具体结构的把握。这是对于那种与作家的艺术世界相等值而准确的阐释所进行的探索，其中既有对于这一艺术世界的认知，又有对于这一艺术世界的评价。巴赫金所发现的对话原则本身，贯穿于陀思妥耶夫斯基的整个一生，也贯穿于他的话语，这一原则在巴赫金的这部书里之被提出，是被赋予深刻的价值的。而由于作家与他的阐释者才气相当精神相通，便出现这样一个十分罕见的现象（只有通过巴赫金，才能感同身受地理解陀思妥耶夫斯基就自己的使命所说过的那句话："……在人身上去发现人"）——看来，可以将他陀思妥耶夫斯看成是距巴赫金最近的一个源头。而从总体上来说，在论陀思妥耶夫斯基的这部书中，俄罗斯思想的那些源头是可以十分强烈地被感觉到的，但还没有得到有条理的道说，再说，也没有得到清理（不过，通往圣者尼尔·索尔斯基的线索已经被梳理出来了）……

开放性对话——推重其中的每一个个性之宗教上被体认的与被反思的不可替代性的开放性对话（巴赫金那复活节般的价值诗学就是这样的），无疑是植根于俄罗斯宗教性的本质之中的，也是植根于俄罗斯思想史之中那个与它不可分割的部分（俄罗斯思想史更多的不是源自逻各斯，而是源自神赐，俄罗斯思想呢，用 И. А. 伊里英的话来说——"心的思想"）。它可见之于鲁勃廖夫的《三位一体》这幅画上那些彼此温柔地俯首相敬的天使的面庞上，它可见之于霍米亚科夫的那个东正教"聚合性"思想——这指的是用善的意志、活的圣灵、天国的教堂，而不是靠法律和权力，来使人们聚合；它当然也在罗扎诺夫那儿得到体现，对他来说，单单灵魂在自身就体现绝对精神，而神性则弥漫于所有活生生而具体的物象之上。毫无疑问，多重世界的、色彩斑驳的罗扎诺夫，譬如说，比起 B. C. 索洛维约夫，是曾为巴赫金所更为接近的。而当巴赫金在处理陀思妥耶夫斯基的长篇小说中的思想这一课题之时——在那里，思想成为借其载体—主人公而得到体现的描写对象（而且，主人公是一边生活着，一边经受着考验，在思想上是"绝对无私的"）——被记起来的则还有一位俄罗斯思想家之杰出的形象，与陀思妥耶夫斯基曾经那么接近的 Ап. 格里戈里耶夫的形象。

对俄罗斯宗教性和思想之实质性的有分量的矫正，是巴赫金论陀思妥耶夫斯基这部书的起源，与此同时，自然也可以触摸到巴赫金与当代实用主义以及其他主义的交汇点，现今某些研究者正热衷于这个话题。但这——只是那种要利用巴赫金来为自己服务的强烈渴望而产生的后果,因为人们越来越在他身上看出思想的巨大源泉,这一思想源泉有助于克服现在所经受的认识危机。而在论陀思妥耶夫斯基这部书中,我们看到的是那些对人格主义观点和真理在生活中加以检验这么一个持续不断的认识真理的过程。

还有一点,也不能忘记:陀思妥耶夫斯基根本不曾为他同时代的批评界所发现——尽管那个年月里还没有出现文学学,要是能被批评界发现,也是好事。当时,除了 B. 迈科夫和 Ап. 格里戈里耶夫的观察透彻而富有洞见的评点和随笔,就很难找到什么值得注意的东西了。H. 斯特拉霍夫之实证的批评,皮萨列夫、杜勃罗留波夫(别林斯基没有看懂《双重人格》)、特卡乔夫、米哈依洛夫斯基等评论家之党派的——如果可以这么说的话——批评,只是稍稍涉及陀思妥耶夫斯基,这些批评总体上并不曾在谈论他,也不曾是为了他……象征主义者与 И. 安年斯基,这些人曾"体悟"陀思妥耶夫斯基,提供出的批评则是要多得多,一如 19 世纪末 20 世纪初的俄罗斯哲学家们那样(在这些哲学家当中,在注意到巴赫金之同时,毕竟还应当突出 B. 罗扎诺夫,作为《大宗教裁判官之传说》注释之作者的 B. 罗扎诺夫)……

于是,在陀思妥耶夫斯基逝世后差不多过了半个世纪之时,巴赫金的书出版了,用他自己的话来说,这部书得以摆脱了"抽象的形式主义"或者"抽象的意识形态主义",这两种主义是另一些论陀思妥耶夫斯基的著作所素有的。

在沉潜于陀思妥耶夫斯基艺术创作之具体材料的过程中,巴赫金从来没有把它表现得苍白无力,更没有让它失去价值,他从来都不曾止于皮相而浅尝辄止,也不曾只凭经验之见而忽视理论根据,而总是会站到问题的制高点。他所揭示的陀思妥耶夫斯基诗学贯穿着问题意识,形式在展示自己真正的生命创造力:形式背后是作家的情感——意志力。巴赫金所构建的是陀思妥耶夫斯基长篇小说的形式哲学,而这一哲学也是绝对有价值。

倾心于具体地考量陀思妥耶夫斯基作品形式的巴赫金,对这一形式进行分析,这一分析,从方法论方面与内涵方面显现出这位作家先前的创作与后来的创作之神经中枢。这是一个典范,能对先前已被提出、后来得到发展的艺术学分析与文学学分析之方法论前提加以直观的实现(参见:《话语艺术创作中的内容、材料和形式问题》、《审美活动中的作者和主人公》)。论陀思妥耶夫斯基这部书,为巴赫金进一步发展对话思想、展开长篇小说的本质之考量揭开了序幕,并为他在道德哲学领域的创作提供了保障(其实,《行为哲学》已为此奠定基础)。

论陀思妥耶夫斯基一书的作者——是一位学者,他有权进行自我矫正,他也有权允许有一些与自己并不吻合之处(譬如,要是将《论陀思妥耶夫斯基的诗学问题》与《审美活动中的作者和主人公》做一个对比,那些不吻合的地方是存在的)。

2. 对巴赫金的学说可以接受,也可以不接受,但是,如果要接受,就不可能把某些东西作为"特别"令人信服的而加以突出。这栋大厦整个儿令人肃然起敬,在这里,整体的各个部分都是有理据的,是彼此谐调的,水乳交融的。对话、复调、狂欢、思想家—主人公,惊险情节、陀思妥耶夫斯基话语的对话性,等等。如果仅仅就论陀思妥耶夫斯基的这部书来说,毋庸置疑,首先要推对话—复调—狂欢这一总体化的思想最富有成效,因为只有这一思想能阐明陀思妥耶夫斯基"长篇小说"世界的整一性,而这一世界同古典美学的标准和范畴乃是不完全相符的。该书第二版中所补写的第四章,在狂欢化的艺术传统之中,对陀思妥耶夫斯基长篇小说作了体裁上的回溯——论证了长篇小说的本质和根基。这之所以率先成为可能,是由于巴赫金完成了一项最伟大的发现——发现了"严肃的一笑"这一不曾为我们所知晓也不曾为我们所把握的世界文化领域。在这一发现之前,陀思妥耶夫斯基一直不曾被理解。并且,一如我们所知道的,巴赫金的这一发现也可从整体上来阐明长篇小说这一体裁——总体而言的长篇小说体裁,这一体裁——在巴赫金之后——开始作为近代的一个主导性体裁而被意识到,作为一个拥有取之不竭的潜力之体裁而被考量。

巴赫金的这部书,当然,对于我们对陀思妥耶夫斯基的认识不能不产生影响。我们开始琢磨一个问题,陀思妥耶夫斯基这一解放我们的精神和思想的力量是怎么产生的呢。陀思妥耶夫斯基——这永远都是解放,是自由,是人的"纵剖面"。在巴赫金看来,陀思妥耶夫斯基在打破任何一种完结性,在冲破死胡同,在击破对真理的垄断。

3. 上面所说的一切,源生于这样一个见解:巴赫金以陀思妥耶夫斯基为专题的这部书——这是一部能不断给人以启迪之书,而不是一部就要落伍过时之书,这是一部具有巨大精神能量丰厚思想蕴涵之书。无论是在五十年代里才得到的第一版(1929 年),还是在 60 年代、70 年代以及以后的那些年代里可以见到的第二版,这部书读起来总是那么引人入胜。我要重申的是,巴赫金的创作,就像总的说来人文领域里所有的创作那样——有别于那些精密知识领域里的创作——从根本上就具有主观性。这么说来,对巴赫金的学说,可以不接受,可以不同意。但是,一旦你接受它(论陀思妥耶夫斯基这部书,可是写得很精彩,我真是想说,富有灵感,她以自己的才情,更多的是——天才,而令人信服),那么,你就会接受其学说的所有层面。至于修改这部书、甚至重写这部书,给这部书补充点什么——那可是只有作者本人才能办到的事。

问卷之四

A. Л. 列朗斯基(国际陀思妥耶夫斯基学会国家协调员,欧洲人文大学,明斯克)

1. 巴赫金的《陀思妥耶夫斯基的诗学》,我觉得,在俄罗斯文学学中是独一无二的。从围绕着这部书而出现的广阔的智力圈来看,就可以将它与《音乐精神中悲剧的诞生》相媲美。甚至这两位作者的方法论原则在一定的意义上都是相近的。读者自己来评判吧。

尼采说:“要用艺术家的视角去看科学,而看待艺术呢——则要用生活的视角……”巴赫金说:“不理解视界(陀思妥耶夫斯基的艺术视界——A. Л. 列朗斯基注)之新形式,就无法正确地去理解那种借助于这一形式而在生活中被第一次捕捉和发现的东西。”

被正确地理解的艺术形式,不再为现成的与已然被找到的内容构形,而是率先促成对内容加以寻找与发现。

有一些书,它们确乎是拥有一种特别的智力上的传染性,巴赫金的这部书就曾引发了一场真正的流行①。

在出版时间上间隔不远,而在人们的记忆中已经融为一部大书的巴赫金这两本著作中,有我们那个年代的生活中所不曾有过的一切:在这两本书里,有清新的空气,有延伸开来的地平线,有美妙的苍穹。这两本书里,还有某种使智力获得解放的自在自发的生命力——她曾摄

① 尽管,上帝在见证:在那遥远的要塞里还曾经有人在抵抗这一场流行。——原作者注

人心魄，她曾令人销魂，她曾使人迷醉。《陀思妥耶夫斯基的诗学》曾经犹如架设在我们的历史和文化构造断裂口之深渊上的一个舷梯。在这部书中，人们听到了拥有其精神探索之种种曲折的那个俄罗斯的声音。但同样清晰地表达出悲剧性沉默的回应、新的人文意识的经验，这回应，这经验，都是后来的岁月里俄罗斯饱经忧患而得到的。

巴赫金论拉伯雷的那本书在苏维埃文化时代，犹如拉伯雷本人的作品在四百年前那样，面对的是类似的人文境遇。这两位作者，每个人都曾用自己的琴弦唤醒历史的传令官比所期待的时间要稍快一拍地吹响历史之新的号角，发出历史之新的呼号。

2. 巴赫金的意识具有对话性这一学说，在很大程度上也确定了我的学术兴趣范围：研究对话结构中辅助语言成分的功能，说的宽泛一些，则是研究非口头交际的整个体系。

陀思妥耶夫斯基对言语的辅助语言成分之悉心关注，促成了记录对话的一种特殊技巧的习得。诸种非口头因素会构成复杂的象征性语言，无意识在这象征性语言的形式中得以结构，而为感受它并对之加以理性化创建出一定的前提。辅助语言学会明显地增强对话的强度与戏剧性，而以超级交际形式来创建新的交流条件，这时，不仅仅是言语，而是一个人的心理—生理反应之全部机能都会参与独特的元文本的构建，这一元文本通过各种交际渠道——表情、手势和发音——而得到传递。这不仅会丰富对话的信息量，而且也会使对话具有一种新的品质，使个性之间的关系具有另一种机制。

3. 对这个问题，我倒想用另一种方式来表述：当代"巴赫金学"有哪些方面显得是脆弱而论证得不够充分的？

今天，巴赫金学中的哲学分支看上去比较富有成效，文学学这一分支却显得有些凋谢、灰溜溜的。甚至巴赫金那些最为珍贵的思想和预言，也开始被人们说来道去而谈腻了，板结而成为套话了，转化成畅销的学术行话了。这些思想和预言，正在经受明显的神话化的危险。这部分地是由于巴赫金那些学说本身具有的总体性所引起的；但是，最主要的还是他晚年的那些信徒的片面的倾向性所导致。巴赫金思想之活的灵魂正在被教条主义的铠甲所遮蔽。尤其会促成这一局面的，是那种颇有苏联特色的对包罗万象的体系的迷恋，是那种一成不变的要将任何一种已然喜爱上的学说同意识形态的教条"订婚配对"的追求（尽管早就有人指出，这类婚姻会有一个傻后代的）。巴赫金对文化的思念，在他的所有文本中可以如此明显地感触到的这份思念，越来越经常地在打消我们对"方法"思念、对意识形态的结构化与图腾式的确定性的思念。当世界又一次受到真理之光的照耀之时，恶魔就一点儿都不会乱了方寸——现在它知道：只需把真理变成体系，真理之光马上又会暗淡失色。

问卷之五

Г. М. 弗里德连捷尔（俄罗斯科学院院士，国际陀思妥耶夫斯基学会名誉会长）：

1. 我非常珍重米·米·巴赫金论陀思妥耶夫斯基的这部书。可是，在我看来，这部书里最主要的还不是它的那些指导性的理论思想，而是贯穿全书的自由的、独立的学术研究精神和对陀思妥耶夫斯基的一系列作品、文本和文体风格的具体分析。此外，给我以深刻印象的，是巴赫金从维亚切斯拉夫·伊万诺夫和（部分地）从别尔嘉耶夫那里所吸收的人格主义思想，也就是他的这一信念：每一个人都拥有其不朽的价值（且拥有一部分真理），世界之真正的财富就在于其多样性——人、民族、文化、思想、形式、个性之感觉和内心感受的多样性。我确信（一如巴赫金那样），个性在与他人同在一个世界之时，在与他人交流之中，才能感觉到自身的生命活力，要考虑他人怎么看自己，他人怎么看世界——这样，个性便有能力同他人进行没有终结的对话，这种对话也注定永远是不可完结的。在我看来，正是这一点确立了巴赫金在俄罗斯思想史上的地位。

2. 与此同时，巴赫金的这部书带有自己时代的烙印。那曾是二分法思想主宰着学术界的时代。在那个时代里，沃尔弗林将文艺复兴同巴洛克风格彼此对立起来，将德意志式的"对形式的愿望"同意大利式的"对形式的愿望"彼此对立起来。施宾格勒将各种不同文化的发展用铜墙铁壁隔离开来；弗洛伊德将无意识同意识隔离开来；马克思的追随者将"资产阶级"和"无产阶级"隔离开来。Н. Я. 马尔创造出"新的"语言学说。ф. 施特利赫和 В. М. 日尔蒙斯基力图论证"古典的"艺术样式同"浪漫的"艺术样式乃是彼此对立的。Г. 卢卡奇认为，长篇小说的形式发展转了一个圈儿，陀思妥耶夫斯基是新艺术（这已**不是长篇小说**）

的奠基者。在20世纪30年代初，奥西普·曼德里施塔姆、我们的诗语研究会学者们以及另一些人，差不多也曾是这么一个思路。巴赫金有关“独白型”小说和“复调型”长篇小说是彼此对立的这一思想——也是这个时代的产物。巴赫金把卢卡奇、Б. М. 恩格尔加尔特和 А. З. 施泰因贝格有关陀思妥耶夫斯基的见解，与维亚切斯拉夫·伊万诺夫的见解融合在一起，而创立了“独白型的”长篇小说和“复调型的”长篇小说二分法的思想——然而，这样的二分法事实上并不存在。大概也只有古希腊罗马时代晚期的雄辩小说和（一部分）中世纪的骑士小说，是“独白型”的，但这些小说也是面向受众（读者）的对话，也曾顾及受众的好恶。Э. 罗德和 А. Н. 维谢洛夫斯基早就查明了这一切。而近代长篇小说（戏剧）从来也不曾是独白型的。它们总是（甚至在宗教艺术中）将独白性的要素和复调性的要素融合在一起，一如欧洲的音乐、绘画等艺术门类那样。顺便说一句，古希腊罗马的雕塑和悲剧（在那里，神话与现实得以交织在一起，它们既回溯到起源，又面向观众）乃是具有“对话性的”（进而，便也是具有“复调性的”）。在进一步的展开中，巴赫金却是比 А. З. 施泰因贝格后退了一步——后者曾准确地看出，陀思妥耶夫斯基笔下不仅有主人公的“声音”，还有一位乐队指挥（作者），在创建艺术作品之完整性的指挥（作者）——而提出了“狂欢化”理论、“梅尼普体讽刺”理论，以及其他的理论（作为长篇小说与讽刺之对立面），把拉伯雷的诙谐所具有的人民性同他的人文主义、他那种人文主义式的热爱生活割裂开来（这是与维谢洛夫斯基相对立）。所有这些思想并没有引起我的共鸣。因而，我认为，巴赫金这部书最好的版本还是其第一版，那一版是在他力图将复调思想、狂欢化思想、怪诞思想（它们是从泽林斯基、皮奥托罗夫斯基等人那里引进的）和梅尼普体讽刺思想人为地捏在一起这个尝试之前而写就的，尽管巴赫金笔下对梅尼普体讽刺之本质的描述、对狂欢化之本质以及其他现象的描述，对于理解这些形式而言，在学术层面上是自有价值的。

3. 巴赫金首先是一位**分类专家**。他的所有著述中最薄弱的方面——就在这里。然而，生活和艺术里里外外都具有辩证性，正像阿波里·格里戈里耶夫早就理解的那样，它们容不得公式化与生硬的分类。后者在布瓦洛、康德和莱辛时代，曾经是有自己的价值的，但不是在我们这个时代。我准备将之确认为经典性的，只有巴赫金两篇文章（《史诗与长篇小说》与《长篇小说中的话语》)。所有其余的文章——都是极有争议的与主观的。所以,我看不出对巴赫金的著作有什么“重写”或“改写”的可能性。它们——学术史的事实,应当为我们所接受——作为学术之总体的、包罗万象的遗产中有价值的一部分来接受。目前,学术应自由地、创造性地往前推进,就要吸纳巴赫金的遗产,一如吸纳他的那些论敌的遗产——什克洛夫斯基、艾亨巴乌姆、托马舍夫斯基、日尔蒙斯基(一部分真理也是属于这些学者)——以及许许多多其他学者的遗产。在肯定陀思妥耶夫斯基的复调主义之同时,巴赫金在他自己的著作中——不论这显得多么不可思议——却是极为独白性的,极为教导性的。作为这一点之佐证的——不仅有他论陀思妥耶夫斯基与论拉伯雷那两部专著,还有他关于迪尼亚诺夫、左琴科等作家的讲座(参见:《对话·狂化话·时空体》1993 年第 1 期,第 97 - 104 页),在这些专著和讲稿中,他出人意外地与 **A. A.** 日丹诺夫紧紧地接合上了。这些讲座,可是给我留下了令人发怵的印象(但愿已发表出来的这些文本是准确无误的)。

问卷之六

С. Г. 鲍恰罗夫(俄罗斯科学院世界文学研究所)

我认为,米·巴赫金论陀思妥耶夫斯基的这部书是一部伟大的著作,它矗立在欧洲思想史的大道上,居于其特别巨大的现象之列。这部书有很深的且在很多方面也是很隐蔽的谱系。看来,作者 1961 年在这部书的修订计划中写下这么一段话,乃是作出了对这一谱系的一个脚注:“替代悲剧式对话而出现的,是苏格拉底式对话——在长篇小说这一新的体裁史上这是第一步。”(《话语创作美学》,1979,第 316 页)他在这里不曾提及尼采的名字,但尼采在《悲剧的诞生》中曾指出这是从古希腊悲剧走向柏拉图对话的一个具有决定性意义的转折,在柏拉图对话中,他看到了欧洲长篇小说的原型。后来,维亚切斯拉夫·伊万诺夫提供出悲剧—小说这一提法,在陀思妥耶夫斯的长篇小说中发现世界艺术的两种形式之综合。也是在那个年月里,乔治·卢卡奇在其“长篇小说理论”(巴赫金对之是熟悉的,而且在 20 年代初甚至还曾翻译过这篇著作)的结尾作出这一声称:陀思妥耶夫斯基作为新世界的诗人已经超越了长篇小说的时代这一范围,在作出这一声言之前,卢卡奇指出:

“只有对其作品的形式加以分析”，才能揭示出陀思妥耶夫斯基之发现的实质。巴赫金（在他之前，则还有Л. 蓬皮扬斯基）曾质疑悲剧—小说这一见解，但他是那么博大地理解了陀思妥耶夫斯基所发起的那场长篇小说的变革，这场变革触及了“欧洲美学的基本原理”，甚至触及了“近代整个思想文化的原则”。他也曾如此广博地把对话现象理解为创作长篇小说的一种力量（尽管他对柏拉图式对话对于陀思妥耶夫斯基的长篇小说的作用，曾作出一个复杂的评价，而且在他的这部专著的两个版本中，这一评价又是不一样的）。

《陀思妥耶夫斯基的创作问题》，正是在20世纪20年代即将过去之际出现的旨在对“其作品的形式加以分析”，而又并不失去其精神实质之一个最为强劲有力的尝试。巴赫金的这一声言（这是在该书第二版中被提出来的，但也在表达该书1929年版的立场）——陀思妥耶夫斯基首先是一位艺术家（的确，是一个特殊的类型），而不是一位哲学家和政论家，只是在表明上才显得是一个毫不新奇的见解。在这部书的创作过程中，这一真理还不那么显然，而且这一立场还要求观点上的变革——对于那种对于陀思妥耶夫斯基的考量上强大的哲学批评传统上的观点加以变革。俄罗斯思想界之关注艺术家陀思妥耶夫斯基这一转折，只是在20年代才开始。难怪卢卡奇曾论及那个尚待面对的任务。在哲学批评传统之背景下研究课题上的这一转折，是1929年这一版中最为重要的。这一转折是重大的：该书作者将哲学批评曾经那么热衷而对之加以紧张地思考的一切——那些著名的思想之被打开的内涵，譬如：是不是一切都是允许的，如果……——从考察视野中统统给排除了。在巴赫金那里，对于这个——只字未提，可是，谁又敢说，陀思妥耶夫斯基之哲学的课题，或者，这么说吧，之存在的课题，在这里没有出现？巴赫金的这部书字里行间都在表现哲学的课题——但该书只是在小说整体的某些其他层面上对它加以洞察，那些层面对于我们之直接的感知还是不那么开放的。对我来说，毋庸置疑的是，巴赫金把对陀思妥耶夫斯基的认识挖掘到了哲学批评不曾企及（当然，维亚切斯拉夫·伊万诺夫是个例外）的那样一个深层。他之所以能够达到这一深度，得力于他仿佛是将内容之外层——那些已得到公开表达的思想——由括弧中移出并撤下来，进而，他就为走进第二序列的内容——蕴藏在长篇小说的那些结构层面的内涵——为走进他曾将之界定为“艺术形式的涵义”的那个世界,而打开了通道。

在对这部书的讨论中,人们通常攻击其主要论题,但却很少有人留意其文本分析,这一分析在这部书里毕竟还是相当多的,并且这些分析全都具有观念性,而有一些分析,甚至可以斗胆称之为在才气上堪与作品相媲美。这些文本分析之直扣心灵的说服力,让我觉得它就是对总体观念的担保,因为正是它赋予作者进行这类分析所需的那种听觉。斯塔夫罗金的忏悔——只是其中的一个例子。斯塔夫罗金“戴着一副一动不动而死气沉沉的面具做忏悔”,他“背对着听众”而说话,“把每个词儿甩给我们之后就扭过身去背对着我们”。所有这些活灵活现的评点同时也是结构上的观察。可以用主人公的心理,由“平常的只考虑直接话语的文体”这一视角来解释主人公的话语特点。然而,在这里还可以清楚地听到一个如此简单的但却是已构成巴赫金在语文学中的一个发现的声音,这就是另一个人在这一孤零零的文本中的现实存在——这另一个人不仅是一个可能的听众,而且也是一个必不可少的听众,这个话语就是被富于张力地诉诸这个听众的,但与此同时这个话语又想对这个听众加以忽视、加以排斥,绕过这个听众而行事——这样便会如此深深地扭曲这个话语,而导致那种“被去组织化而前言不搭后语的文体”现象,Л.格罗斯曼曾发现这一现象并对之加以描述,但巴赫金给出了洞开这一奥秘的钥匙。巴赫金之所有的关于大对话、潜对话——“在他人的话语中已得到反映的”潜在的对话性——之理论思想,在这种微观分析中都能运作起来,而使得人们可以这么破天荒地来倾听陀思妥耶夫斯基笔下这一重要的地方。

这一分析似乎完全没有触及小说所充满的那种思想交锋。这一分析是在另一个层面展开的——在更为形式的层面上,同时也是在更具存在主义的层面上。然而,给我们洞开的是“陀思妥耶夫斯基身上的陀思妥耶夫斯基”。这一分析本身并不是目的:巴赫金的对话学说,在这一具体的例子中以其全部分量而出现。作者所有的重要思想,在这里都被对接被嵌入于文本分析——文本焕然一新了。

论陀思妥耶夫斯基这部书的方法——自我限定。该书作者为表达这一方法用了一个术语:“现象学的描述”。将陀思妥耶夫斯基的长篇小说作为一个审美客体、作为一种内在形式来进行现象学的描述——仅此而已,别无他求。我已在刊物上(《新俄罗斯评论》1993年第2期)

撰文讲述，巴赫金在其晚年(1970 年)的一次谈话中曾回忆起自己的这部旧作。他曾感叹它是一部不能自由地放开来写的书，将其内在的限定看成是不自由的环境所造成:“不得不扼住自己的手……甚至还谴责了教会。”

是呀，当然，只有他本人才清楚，这部书有可能会写成什么样子，来自外部体制的形形色色的限制，在这部书里的很多地方都是可以看出来的。但在那次谈话中，我曾斗胆对巴赫金提出反对意见。我认为，在书中，要重要得多的并不是外部的限制，而是那些根本性的内在的限定。我现在还在琢磨，或许，不自由的环境正成全了这部书所已成其为是的这一发现。或许，不能就“主要的东西”进行直接的哲学思考这一不自由，正促使他得以完成研究课题的转向。那种一以贯之的彻底性——巴赫金就是凭借这种彻底性而能抛开内容的外层，抛开主人公们之间的对话与主人公的思想——是不是曾促使他得以廓清自己的研究对象(在巴赫金的方法论上，这一对象被称之为审美客体)，是不是曾促使得以发现作为长篇小说之内在形式与其中的**思想**之演出的**对话**?是不是正得力于这一点，我们才从巴赫金那里获得了对于陀思妥耶夫斯基长篇小说的一种原则上全新的视界，而并不是以陀思妥耶夫斯基为题的又一种沉思冥想?

然而，恰恰是这一原则上全新的视界在先前总是引发暗中的抵制，在现如今则是越来越公然的抵制。对巴赫金的反驳，已然形成某种范式:这是一种相对主义，它把陀思妥耶夫斯基的世界理解为主人公的意识及其相对真理的世界，而不了解真正的作者——陀思妥耶夫斯基，站得高于主人公而作出最后仲裁的陀思妥耶夫斯基。对巴赫金学说的批评——这令人想起经典性的真理:作者就是作者，主人公就是主人公。仿佛巴赫金本人并不清楚这一层，仿佛巴赫金不曾早在“论陀思妥耶夫斯基一书”之前就以这个题目而写过专论。但让巴赫金心仪的却是作为一个非古典主义之个案的陀思妥耶夫斯基。陀思妥耶夫斯基是“无法被装进任何一种框框的”，是无法屈从于任何一种文学史模式的。这就是巴赫金典型的入思路径，而“无法被装进”这一词语——乃是他最喜欢的词语。他喜欢所有的“无法被装进”的东西。拉伯雷的创作也是欧洲文学中“与什么都不像”的。巴赫金将这样一种对于十分罕见而无与伦比的现象之关注推到了极致。他把陀思妥耶夫斯基笔下的主人公独立于作者这一思想推到了文学作品一般说来有可能拥有的那样一个极限。这一学说一旦超越界限就会变得不可理解了。然而,这一学说看来是恰好符合陀思妥耶夫斯基的诗学。巴赫金将它描述成几乎是一种不可能的学说。“主人公的意识是作为他人的、别人的意识而得到展示的,但与此同时,它并没有被对象化,并没有被封闭起来,并没有变成作者意识的一个简单的客体。”陀思妥耶夫斯基,在巴赫金看来——仿佛就是对于我们的经验上与艺术地描写人、个性、精神之可能性上的那些自然限制的超越,就是对于这些可能性之根本性的拓展,相应地,也就是陀思妥耶夫斯基作品之读者意识的那种积极的拓展,巴赫金在他的这部书里已经精彩地论及这一点。

巴赫金有关陀思妥耶夫斯基的主人公和作者的这一悖论“无法被装进”我们的意识。那么,洛巴切夫斯基那个“相交的平行”能被装进我们的意识吗?无怪乎,在他的书里,有一个地方,作为数学公式之组成的无理数和超限数都被提及了。陀思妥耶夫斯基之作者的构思,会注定主人公要走向自由——这是就在该书的同一页上被道说出来的,这不禁让人想起先于陀思妥耶夫斯基的小说而出现的另一种作者构思:就像 H. K. 博涅茨卡娅所指出的那样,巴赫金的这一主要的论题——曾引起这么多困惑的主要论题,其实乃是对一则教理的套用:人具有(共同)被创造的自由。

为了更好地理解巴赫金,就必须阅读维亚切斯拉夫·伊万诺夫。在维亚切斯拉夫·伊万诺夫的著作里,我们可以找到巴赫金学说的一些极为重要的同时又相当神秘的层面的注脚。例如,这样的一番话:“他的(陀思妥耶夫斯基的)那种对他人之我的洞察体悟,他把他人之我当做一个独特的、无限的、有充分权力的世界来感受来体验,这本身就蕴涵了上帝这一公设,作为现实——比所有的这些绝对现实的本质还要现实的现实,面对来自它们之中的每一个现实,他曾怀着全部意愿与全部智性说:‘上帝,你是无处不在的。’”而且,那同一份洞察体悟,作为爱之行为——伊万诺夫继续写道,“本身就蕴涵了基督这一公设”。这一个,在伊万诺夫那里,陀思妥耶夫斯基之“对世界加以观照的原则”,巴赫金将它理解成了陀思妥耶夫斯基小说的“形式原则”,与此同时却没有接受伊万诺夫对“形式原则”所作出的界定:悲剧—小说。然而,这就产生一个问题:巴赫金本人对伊万诺夫的论题之简练的表达是不是就意味着:“他人之‘我’要作为另一个主体,而不是作为客体来肯定”,他由这一论题得出了一些如此富有远大前景的构筑上的、艺术—结构上的结论——这是不是意味着巴赫金使伊万诺夫的思想世俗化,从其中将“公设”给剔除了,或者,并不是这样,巴赫金的对话之画面,以(没有流露的)画外音的方式要求有公设在场?对此,人们可以作出各自不同的评判。H. Φ. 安齐费罗夫为我们留下一段文字,曾记述 A. Φ. 洛谢夫当年在白海运河(!)时讨论巴赫金的这部书的反应:“要是把基督排除在外,还怎么可能来谈论陀思妥耶夫斯基,还怎么可能来就陀思妥耶夫斯基撰文著书呢!”这是不准确的:基督形象在论陀思妥耶夫斯基的那部书(在论思想那一章)里是存在的,而且是相当可观的。在 1929 年(!),巴赫金都能够将基督的形象作为最高的定向标(“最高的声音”,那种应当给诸多声音的世界封顶结冠的声音)而引入自己的体系之中。然而,身为集中营里劳改犯的洛谢夫当年的这一反应,作为针对最主要的东西之半吞半吐而作出的反应,乃是具有原则性意义的(没有迎合时代)。果真如此吗,巴赫金不曾看到这一主要的东西?不容置疑,他绝对是看到了。在这部书里,并不是简单的半吞半吐;在书里,半吞半吐的氛围是被人为地营造出来的,关于这一点,H. Φ. 布丹诺娃在回答这一问卷时曾相当准确地写道:“书中有很多未尽之言,甚至是难以猜测的东西——可能,这是故意为之,但更像是出于那年头的审查制度。”(见《对话・狂欢・时空体》1994 年第 1 期)如果我们仔细地去阅读,就会发现,所有那些难以猜测的地方,都是与对陀思妥耶夫斯基小说之终极的、最高的统一之界定而相关联着的——“终极的情节之外的统一”、“最后的铆钉”、“超越眼界的统一”、“第二序列之最高的统一”。所有这一切都被意味深长地留在谜中了。但我觉得,在巴赫金的对话之画面上,“公设”无疑是隐而不显地在场的:因为要充分地去肯定另外一个人(把他从影子变成一个真实的现实,一如巴赫金以自己的方式对伊万诺夫的思想加以简练的表达的那样),就意味着去对“最具有现实性的现实”加以设定;在它之外这种肯定便是不可思议的,便是不可能形成的;公设会以(没有流露的)画外音的方式,将故意未曾建筑完的巴赫金的“构筑”盖完。

对于陀思妥耶夫斯基之独一无二的艺术才华的推重,致使这部书里(特别是在该书第二版中)出现一定的自相矛盾。什么是复调性的长篇小说甚或艺术思维的复调类型？这些概括在拓宽这个学说而将之延伸到陀思妥耶夫斯基的长篇小说的范围之外，但与此同时，这一学说被封闭于作为一个罕见现象的陀思妥耶夫斯基的长篇小说研究之中，而也几乎与之是相吻合的。复调性长篇小说的另一些例子，尚不曾见到(有关《浮士德博士》的注释中简短的评点，还不足以说明问题)。这样一来其结果便是，复调性长篇小说——这就是陀思妥耶夫斯基的长篇小说，对这一小说的描述扩展起来了，而增生而繁衍为一个独立的大理论，而淹没了复调性长篇小说的一般理论，复调性长篇小说的一般理论似乎也受到质疑了。

B. H. 扎哈罗夫认为，巴赫金的这部书已经属于历史(见《对话·狂欢化·时空体》1994年第1期)，我对此说持不同意见。我认为，恰恰相反，她还尚未遇到知音。在20年代末，在其第一版面世之际，这本书不曾被识读——时代与她擦肩而过了(H. Я. 别尔科夫斯基这样的作者所写的那篇并不仔细的、漫不经心的书评，便是一个佐证，这篇书评与M. 斯塔列恩科夫的"多声部的理想主义"相比，却更有表现力；与之不同的是，在那年月，在国外的俄侨界，毕竟还是有人读懂了这部书)。在60年代初，这部书的第二版一问世，便在思想界引起了一场大变革——但在我们庞大的"陀思妥耶夫斯基学家"队伍里，她却没有受到太大的欢迎。她在陀思妥耶夫斯基研究中并没有孕育出什么流派，就像巴赫金文学学中并没有孕育出一个完整的学派——但令人遗憾的是，孕育出了巴赫金学。一如他笔下所描述的陀思妥耶夫斯基的长篇小说，巴赫金本人也是一个自足的—封闭的、独一无二的现象。巴赫金的这部书，同我们所有的大量"以陀思妥耶夫斯基为主题的著述"之间，仿佛是没有足够的共同基础，这像是两个不大会发生联通的容器。巴赫金的这部书还没有被吃透被把握，尽管针对她的批评大量出现，她还是无懈可击的：反驳的小舟只能"在浅海区晃悠"。对我来说，最能体现这里已评述的这一不相容性的一个例证——B. H. 扎哈罗夫的这一看法："巴赫金不曾读懂《双重人格》。"或许可以同样粗暴地对之作出回应：B. H. 扎哈罗夫——论《双重人格》之文章的作者——他不曾读懂巴赫金对《双重人格》的分析，这一分析，对我来说乃是这部书中最具有穿透力最富有洞见的文字(顺便说一下，这也是这部书里对陀思妥耶夫斯基的作品之最为展开的专著般的分析)。实际上，只要将论《双重人格》

的这两位作者的文章作一比较，共同点之缺少便显而易见，而这也在或多或少地反映着普遍的境况。

巴赫金论陀思妥耶夫斯基的这部书，尽管拥有其种种世界性的声誉，其命运充满戏剧性。就实质而言，这部书在文学学界是孤独的。这是一种崇高的孤独。最主要的是，她给我们——也给那些对她并不赞同的人们——带来了正是那样一种对意识的拓展，作者谈论它，正是在谈论陀思妥耶夫斯基对我们的影响。而我们要说出的，也正是论陀思妥耶夫斯基的这部书对我们的影响。

问卷之七

И. Л. 沃尔金（高尔基文学院）

1. 对于一个受过“学校里的”那一套文学学之规训，接着——基于对比律——由于学院的训练之比较多样而曾欣喜若狂的人来说，接触到巴赫金的学术遗产大概就是那样一种震撼，犹如对可能存在着完全是另一种世界景观这一事实之突然发现，对于一个牛顿力学之信奉者所产生的那种震撼。也就是说，研究对象本身——话语创作——还是原来那样，可是在巴赫金之后，这一对象就已是某种另样的东西了。因为巴赫金的话语艺术观似乎使文学概念本身都改变了，更准确地说，他发现了它的那样一些天然的方面和特征，那可是我们先前连想都不敢想的。

对这一情形的认可：人的言语这一现象是包罗万象的、自足自立的、不可穷竭的，乃是巴赫金对待人的言语（其中也包括艺术言语）这一现象的态度，是由这种态度而衍生出来的富于启发性的结果。也就是说，人的言语几乎也拥有那样的一些普世性特征，具有宗教情怀的人们有可能会将那些特征归结为存在，归结为话语的“行动方式”（这里面大概也没有什么特别的亵渎，因为内在的联系和某种共同的渊源在这里乃是显而易见的）。可是，与那种起初曾经有过的宗教仪式的冲动不同的是，话语艺术（或者说，话语活动的任何一种形式）毕竟还是能为理性的智力所企及，换句话说——**是可以被有头脑的人所领悟的**：没有人能比巴赫金更好地证实了这一假设的公正性。

巴赫金几乎是最先看透了这一点：与“普通事物”相比，文学这一“事物”一般说来并不是不复杂，陀思妥耶夫斯基的长篇小说这一“事物”则尤其不是不复杂;她那种看上去是触手可及的平易,实在是具有欺骗性的。在巴赫金的著作问世之后,对文本的那种评价性的、趣味式的,甚至是形式—分析的方法,已经变得味同嚼蜡。巴赫金从根本上改动了文学接受的门槛——并没有损害文学本身。另一件事是,时代同他的思想开了一个残忍的玩笑:那些思想,用陀思妥耶夫斯基的话来说,“遗落到了大街上(即便是——学术的大街上),而具有了那副街头流浪的样子。”巴赫金的那些独到发现,成了术语帝国主义的剥削对象,术语帝国主义把它们变成帮会专有的符号,变成了行会小圈子的标记,变成了“圆柱纪念碑下占据一席的入场券”,等等。每一部学术论文中,面对巴赫金的肖像所作的那些学术仪式般的鞠躬致敬,根本不能印证巴赫金的精神之胜利。

2. 我一直最感兴趣的,与其说是巴赫金的那些纯粹文学学的原理,还不如说是他的那些具有普遍世界观意义的原则,它们恰恰是作为文化哲学而显得是卓有成效的。在巴赫金的学术探索中,为他本人那么喜欢的狂欢化元素时常跃然纸上,这使得可以将巴赫金的世界作为一种大游戏来接受。这丝毫也不会贬低巴赫金之天才的禀赋之品质,因为在这种情况下出场的竞争对手是谁,我们心里是有数的。

巴赫金(尽管也许是我错了)对我的著述并不曾有过特别的影响,但他对我本人却发生了强大的影响。

3. 巴赫金的方法论在多大程度上正确的?这个问题在很大程度上是非建设性的,而显得是无聊的。“巴赫金主义”,基于其“对话性的定位”(它本身也是“文化合唱”中的一个声音),也就不可能去奢求普适性。但与此同时,借助巴赫金的思想是可以去描述、去解释,而且还——这也不是不重要的——去“模型化”这样一些艺术思维的范式,那些范式一旦在另一些研究视界下就会在美学上显得比较苍白、比较单薄。巴赫金提供出一把钥匙,用这把钥匙,便得以去打开任何人任何时候都不曾打开过的门(有时在他身后可能会升起一团空虚,那就是另一回事儿了)。譬如,对于物理学来说,原子的物质状态与欧内斯特·卢瑟福的模型究竟是否真的准确地相符,那是完全不重要的。对于他而言,只要这一模型对他的理论建构完全适用,就够了。卢瑟福的“原子模型”会引起形而上的激动。

巴赫金的思想本身拥有极其强烈的激发效应:它是乐于反驳的,也就是说，它乐于共同创作。

我是不会去“补充”，或者去校正巴赫金的学说的——这不仅仅是因为，这一学说在最高程度上是个性的，是主观的。它在精彩地证实这一点：任何科学知识都是相对的。不用去“翻新”他人的屋子，最好是把自己的屋子建起来。巴维尔·弗洛连斯基曾经公正地指出，世界的学术景观理应得到倍增——而完全无损于真理。

巴赫金有一次曾说道：“作者在创造自己的作品之时，不会预想着它是写给文学学家们看的，并不会要求对它一定要有文学学专有的理解，也不会刻意去创造出一群文学学家。”我们要补充一句：他，作者，有可能会对巴赫金作出一个例外。

问卷之八

Б. Ф. 叶戈罗夫（俄罗斯科学院社会学研究所，圣彼得堡）

1.2.3. 我第一次钻研巴赫金论陀思妥耶夫斯基的这部著作，是在做研究生的那个年代，当时（1949 年）我正准备副博士学位考试。那印象，自然是震撼性的。特别令人折服的是，那种善于对作家的文体风格加以精致地勘察同时也是气势恢宏地考察，而且还是那种让人惊叹地辩证分析的本领。

对话主义这一思想，在论陀思妥耶夫斯基的这部专著里中已经得到如此详尽展开的对话主义思想，是最具根基性的，也是最具有前景的。实际上，巴赫金后来出版的著作、发表的文章，都是在从多个层面对这一思想加以展开：须知无论是狂欢化，还是“上层”与“下层”之间的关联—斗争；不论是对他者、关注“他人的”立场加以关注这一激情，还是根本不愿意在该用连接号 и 的地方打上句号，根本不愿意去作出唯一“正确的”终极结论——所有这一切都是对话主义这一不变的“帽子”的各种变体。

有趣的是，还在我第一次阅读之际，就有两种截然对立的感觉潜流般地涌动：一方面，在他对于对话主义的那种几乎是炽热地肯定与张扬之中，巴赫金是不是也有过分独白之嫌呢？真的可以把陀思妥耶夫斯基同所有其他的作家世界对立起来吗？难道普希金、托尔斯泰、契诃夫的笔下就没有“他人的”话语、就没有那种看取世界之独白式的视界之缺席、那种终结性结论之缺席？——而另一方面，巴赫金是不是在过分地撼动世界的图景,而使之几近于模糊的“含混性”(晚年使用的一个术语)?巴赫金是不是有点儿像狡黠的科尔涅伊·丘科夫斯——后者在“儿童诗”和长诗中以令人吃惊的机敏展示出这些伦理原则的脆弱性?对于巴赫金文本、关于他的回忆录、有关的研究资料之进一步的研究,使我确信:这些疑问之中确有相当大的现实成分,巴赫金那信奉基督教的心灵当然具有坚实的道德基础,在他那儿,基座乃是扎根在元水平之上的,但巴赫金毕竟还是有胆识地将含混性都引入了圣经,引入了福音书的(旧约、新约),也就是说,引入了“独白式的”基督教领域。

可是,我又深信这一点:尽管对话主义的统治居于巴赫金的方法之最深层的核心,拥有其极权主义之各种变体的严酷的、专制的“单晶的”20世纪的某些特征,也是会染指于巴赫金的。根据含混性原理,也是有可能的。整个20年代,曾经压制着巴赫金的,自然是唯一“正确的”方法那种马克思主义的钢铁般的刚毅独断之强力。巴赫金曾对它进行了抗击,对它保持了疏远,但就是在这一疏远中也是表现出刚毅独断:可是,在将对话主义、多元主义同独白主义、单一调主义加以对立之时,他“对之着了迷”唯有一个陀思妥耶夫斯基:仿佛唯有一个陀思妥耶夫斯基——是一位对话主义者。

但如果没有这些截然相反的两极,那就不会有天才的巴赫金了!

几年前,彼得堡曾有一群研究古代文化和中世纪文化的青年学者,他们常以独特的评论小组的形式聚会,对一些大名鼎鼎的学者之学术著述的文本展开不留情面的讨论。我知道他们对洛特曼和巴赫金的讨论,我看过那些详细的会议综述,像是一些批评性的书评。无论是洛特曼,还是巴赫金,都遭到了他们的发难,只是每一个人的情况不同而已。那些总体性的方法论上的指责,体现在一个相当长的清单上:这张单子上列出的是,那些不准确之处、错讹之处和值得怀疑的结论。我并不是想驳斥这份清单,有可能,一切还正是如此。但是,这是基于对一些个别性的事实加以集合而作出一个普遍的结论:洛特曼和巴赫金的方法是有问题而有待校正的,甚至几乎就是非科学的(又是——只是每一个人的情况不同而已)。对这种做法,当然不可能赞同。规模宏大的理论建构总是具有总括性而被图示化,包含着一些“取直整平”之处,这样的一些图示与“取直整平”总是有可能导致那种违背个别性的现实之危险。这是无可奈何的事情。

显然，要是能见到在学术著作中有那种融合——将宏大的理论建构同全套的准确事实和现实这两者融合在一起——那可是最理想不过的好事。但在生活中，这样的情形是不会有的。推重于事实，通常便会冲淡体系性和宏大的规模性，反之，推重于体系和总括性的图式，则可能会歪曲一系列事实，或者，将之“移出括号”。巴赫金(就像在另一些领域和另一些方面的洛特曼)选择的是第二种。前景性、生产力、意向，只有在作出这一选择之时才具有可能性。

还不应该忘记，巴赫金那深厚的哲学素养，他那精湛的辩证法，是不允许体系和总括性的图式变得僵化的，变得钢铁般不可撼动的：总括性的图示曾经都是富有弹性而会颤动的，会浮动而流向另一些层面，它们与事实之间的关系渐渐地就变得更为自由，更有可选择性。

关于论陀思妥耶夫斯基这部书的第二版：尽管对第一版的书稿是做了一些“梳理修整”，这一再版曾具有巨大的意义，因为成千上万的大学生、大学教师、全俄罗斯直至最为遥远的角落那些普普通通的感兴趣的人，都已经能够研究这部书了。巴赫金的名字在我们的文化中的复活，正是在那时得以开始了。

问卷之九

А. И. 茹拉夫廖娃(莫斯科大学)

1. 我第一次接触到巴赫金的思想是在大学生年代，先是由《陀思妥耶夫斯基的创作问题》(1929 年版)这部书上了解到，我当时读了这部书，是因为教学大纲上列出了卢纳察尔斯基论这部书的文章，后来则是在 В. Н. 图尔宾开设的“莱蒙托夫讨论班”上，我选了这门课，好像就是因为那时并不通行这一做法：对所批评的文本可以不去了解。我立时就喜欢上这部书，非常喜欢，不过那时多半正是由于对陀思妥耶夫斯基的那种理解，这一理解同我对他的长篇小说之直接的阅读印象，曾深深地相契合。现在，我手头只有第二版，我现在根据这一版来征引，但是，在那个第一版里，这一思想就已经以某种措辞而得到了坚定的有信心的申述：“任何一位陀思妥耶夫斯基的真正读者(……)，都会感觉到自己意识上的这一特别积极的拓展，但这不仅仅指的是对新的客体之把握(……)，而首先指的是那种特殊的、先前从未体验过的那种与享有平等权利的他人意识进行的对话性交流，与那种对于人的不可完结的

深处之积极的合乎逻辑的体悟洞察。”(第二版,第 92 - 93 页)

这部书对于一个语文学家的那种更为普遍的,在某种意义上也是普适的世界观上的意义,是 1963 年的再版本向我敞开的。我好像从未比较过这两个版本,我现在就难以定夺:接受这一拓展,究竟是由于我个人随着年龄增长而成熟,还是由于作者对他的这部著作的修订。对巴赫金学说之熟悉与欣喜若狂的接受之明显的印迹——便是在我攻读研究生期间所发表的一篇文章《莱蒙托夫与陀思妥耶夫斯基》(《苏联科学院院报·文学与语言卷》,第 33 卷 1964 年,第 5 期)。

在对巴赫金这部书之特定的思想之意义这一问题加以回答之前,我想先说一说对这部书的另一些思考。我想,具有绝对意义的,乃是作者那种活生生的、自由的声音,乃是他个人的那种思考经典、谈论经典的方式,乃是他对那种墨守成规的经院式的派头根本就不屑一顾的气势——经院式的派头能那样蛊惑人、尤其能把年轻人的头脑搞糊涂(对于这一点,我在自己后来的大学教学生涯中已经得以多次领略了)。难怪这部书再版之后,曾有那么多的语文学家向巴赫金的“非学术性”(!)发难。“学术的”在这三十年的不同时期是各不相同的:起初是看“方法”、“思潮”和这样的被意识形态化的分类;后来是结构主义(它的魔力曾经得以不断增强,当然,不仅仅是得力于它与马克思主义方法论之间的那种紧张的关系,而且也得力于尤里·洛特曼那生机勃勃的天才与魅力);再后来——便是实证主义的“具体文艺学”之浪涛拍岸的喧哗,如今呢,则是带有由之而衍生出来的种种后果的“作者的死亡”说……

巴赫金——乃是对付种种学术时髦的最强劲的解毒剂,因为他在教人们自由地思考。当然,只是好好地去通读他的著作,也就是说,不是“独白式的”,不是将它当做语文学上的一支新的宗派来接受——那样一来,其结果便会是对所有的诗学问题的立即隔绝,除了时空体之外,而在随时随地随心所欲地去寻找狂欢与含混。的确,这是一个相对安全的后果,因为它是素朴地直线式的而比较容易被常理中性化的。但有一种危险的文学学病,巴赫金本人完全没有什么错儿,可他不经意间却成了这病的病源,也许——还可能是催化剂。这——就是近几十年来流行甚广的一种观念,文学学可以在与自己的对象——活生生的文学——相脱离之中,而极佳地繁荣起来。抽象的理论空谈再加上对作者和文本的全然轻慢漠视,而作为结果——便是自己的那份主宰文学的权力感。巴赫金之巨大的、应得的成就，巴赫金的那种“哲学语文学”——顺便说一句，这一“语文学”曾是立足于陀思妥耶夫斯基和拉伯雷这样的文学之上的，他那种对现代文学的回避——而这一回避之合理性不仅仅已经为研究目的所证明，而且也由众所周知的个人命运的境况所证明，所有这一切一时都成了一个不太得当的仿效样板。

〈……〉①

在论陀思妥耶夫斯基这部书里的那些思想当中，最为重要的一个，可以这么说，能孕育出几乎所有其他思想的那一个——在我看来，乃是对话这一学说。显然，这是巴赫金哲学的基石，在论陀思妥耶夫斯基诗学这部书里，对话说被彻底地应用于艺术现象，在艺术现象中，它——可以这么说——得到了栩栩如生的实现，向人们呈现出其本身的生命。我觉得，这也就是对这部书在巴赫金的创作中的地位是怎样的这一问题的回答：在这里，哲学理念，也就是某种可以被头脑领悟的东西，可以说，在其直接的生命表现之中——在人类最伟大的天才之一的艺术实践之中——得以降临而显现出来。

对话学说对于语文学与文本哲学之后来的发展，具有极为重要的意义，它为这一发展奠定了基础。不久前，我曾有幸从一位确实聪明的人口中听到：尽管对巴赫金有种种赞赏，对他的那些著作怀以尊敬，这一切毕竟已经是早先的事情了，现如今，这世界已经被一些新的理论占据了。但是，这一看法，在我看来，无异于提醒人类：牛顿很早很早就已经发现了他的那个定律……对话学说——这是一个根基性的思想，它植根于人类共同生存的现实之中，植根于人类的智力实践与艺术实践之中，因而，这一学说是不可能过时的。对这一学说之具体的应用，自然，可以得到不同程度的成功而令人信服。巴赫金的思想令我折服。

另一个极为重要的思想（这也不仅仅是语文学的）——乃是具有普适性的体裁学说。这在该书中着墨并不多，其分量却犹如好几部书。

2. 由于充分认识到巴赫金的遗产首先是——哲学遗产，我，自然会理解：我个人对他的思想之采用，完全处于我们民族传统上的那种对待哲学体系的那个航道上：摄取自己看重的，摄取那种为你所需的，而让它服务于自己的那些具体的——如果你愿意，也可以说——实际的

① 原文这里有一段引述，离题太远，予以节略。——译者注

目标。我要重申:对话学说、人的内心深处之不可完结性,存在之“不可封闭性”的所有层面,曾对我发生了直接的世界观上的影响。

多年来在职业上,我最看重的还是巴赫金对体裁的理解,无论是在以俄罗斯抒情诗为主题的那些文章中,还是在论 A. 奥斯特罗夫斯基、论俄罗斯戏剧之所有的著作中,我都是以巴赫金对体裁的理解为出发点。

近几年来,与这一对体裁的理解一样,开放的文本这一学说对我来说越来越重要,但这想必已经超出编辑部所提出的这些问题的范围了。

3. 这个问题——我想说,部分地是以玩笑游戏的形式而提出来的,我也允许自己不要带着学院气而那么认真地来回答它。在童年的时候,我常常翻来覆去地读霍夫曼的《公猫穆尔的人生观》,我暗自期待,这一回这长篇小说该收尾了吧。要是这样的奇迹果真能发生,那我就会想往:在又一次重读巴赫金的这部书之时,会发现:

1) 论戏剧之原则性的独白主义的那一节已扩展为整整一章。我感觉到,在这一谈论中是有自己的逻辑的,但毕竟好多地方还是不够清楚。首先,我觉得,戏剧作为一个门类在这里是仿佛是以静态的、一成不变的样态而被考量的,没有关注到它的历史上彼此有区别的那些阶段;

2) 关于作者的声音与人物的声音之间的对话关系、关于这种对话的意义、关于陀思妥耶夫斯基的长篇小说里诸种声音的价值等级——这一思想已得到更多的展开。

问卷之十

Ю. Г. 库德利亚夫采夫(莫斯科大学)

1. 我对巴赫金论陀思妥耶夫斯基这部书是肯定的。任何有独到见解的、不可赎买的、定位于美好的目标之话语,我都是推重的。这部书完全符合这三点要求。

这部书在唤醒思想,在抗击教条主义、实用主义和蛊惑煽情——这是没有任何个性的思维方式的三大台柱。作者曾以这部书挺身而出,来捍卫思想——那时,在俄罗斯几乎所有的人都已在“无思想”低头。

我不敢对巴赫金的整个创作遗产妄加评说,但我认为,论陀思妥耶夫斯基这部书在他的遗产中远远不会是一个位于最后的,而有可能却是位于第一的。

可是，我觉得（上帝保佑，但愿我是错了），无论是这部书，还是这位大学者的整个创作，现在正受到极为过分的夸大。人文学界如今是将巴赫金追捧成那种借其出场以光门面的退职将军。摆锤从令人耻辱的多年以来的避而不提，一下子如此剧烈地摆到了对面，以致他在那里被无限地推崇，被奉若神明。不论是前者，还是后者——都是畸形。

2. 我认为，这部书最有趣的思想就是复调性这一思想。但我并不认为这一思想是深邃而有成效的。当然，巴赫金向我们提出这一其轮廓已经由前辈们勾勒出来的思想，他使这一思想得以展开，并使之在逻辑上得以完成。然而，陀思妥耶夫斯基的创作和世界观的实质，要通过这一思想而表达出来——以我之见，乃是不可能的。

捍卫多声部，抗击那从上面来对之加以压制的独白主义——这一思想，对于我来说，乃是这部书最深邃、最有趣而有成效的思想。无论是在20年代末的俄罗斯，还是在20年代以后的这几十年里，这一份捍卫，其意义怎么评价都不为过。如今俄罗斯再度面临独白主义的威胁，况且已是厚颜无耻而不讲道德的——因而，巴赫金思想的意义会不断增长。再说，这一思想也不仅仅是在俄罗斯得到播撒……

在我对于陀思妥耶夫斯基的认知上，巴赫金的这部书自然是有影响的——这部书向我展示了：还可以有这样的关于陀思妥耶夫斯基的学说，而这一来也就拓宽了我的视野。

这部书对我的那些以陀思妥耶夫斯基为主题的著述，不曾发生任何影响。我撰写我的那些论陀思妥耶夫斯基的文章之时，我的书桌上——只有陀思妥耶夫斯基的作品，而脑子里——则在孕生着学说。再没有什么别的东西了。至于说我自己的有关陀思妥耶夫斯基创作的学说，那么，它可是绝对独立地被建构出来的，而与巴赫金的学说极少有共同之点。

巴赫金对我来说之所以重要，这与其说是他的理论，还不如说是他的人生经历。在这位思想家身上我最为看重的——那份淡泊，那份坚韧不拔的生活态度。在已然认识到（也还在认识）俄罗斯的陀思妥耶夫斯基学这一世界的全部“美妙”之后，在亲身体验到有组织的诽谤中伤和有组织的避而不提（幸运的是，仅仅是在库斯坦纳这个地方，不曾是这样）之后，我曾从我的一些前辈榜样身上去汲取那堂堂正正问心无愧的操行所必需的力量。巴赫金就是其中的这样一位前辈。

3. 不赞成巴赫金之处。我——这从上面所讲的已经可以推断——不认为复调这一思想是打开陀思妥耶夫斯基创作之奥秘的一把钥匙。我在"多重圈环"这一思想中看出这样的钥匙——这一思想,在我那部《陀思妥耶夫斯基的三个圈环》专著里已经得到陈述[顺便说一下:在我发表于《对话・狂欢化・时空体》1994 年第一期的"巴赫金和他的评论家"这份材料中,编辑部在我的那段有关"多重圈环"的文字(该刊第 113 页)之后,附上一则注释用来介绍。参见《陀思妥耶夫斯基的三个圈环:事件性・社会性・哲理性》,莫斯科,1979,第二版,莫斯科,1991]。我理解编辑部此举的良苦用心:更好地引发读者的兴趣。但对我来说重要的是要指出,在我本人的原稿里却并没有这个介绍。

我觉得,巴赫金的这部书在总体上并不是在谈论陀思妥耶夫斯基。这本书里,对陀思妥耶夫斯基的具体作品和人物形象的依凭,是十分微弱的(也许,《荒唐人的梦》是一个例外)。

就像我觉得的那样,陀思妥耶夫斯基在这里只是他用来表达自己的思想,表达他对这个无人性的制度之态度的一个话由——这是在那样的条件下,那时要直截了当地、从自己的口中来说出所有这些,实际上是不可能的。

在我看来,1929 年版给人的印象要好于 1963 年版。第一版无论是在目的上还是对这些目的的体现上,都更为透明。在第一版中,伦理层面总体上是明晰的,而作者的道德准则尤其清晰。

第二版所做的补充,我觉得大多是画蛇添足。这些补充并没有深化这部专著,而只是让这本书更貌似科学。因而也就遮蔽了很多东西。

我要是处于这部书作者的位置上,会在其中作出哪些改动、重写,怎么来改动、重写呢?

在第一版里——看来,什么都不用:它是浑然一体的,是一气呵成的。

在第二版里(除了上文已说到的那些)——我会删去引论和结语中某些自命不凡的措辞,那些在我看来是过分的措辞。在第一章结尾,我会删去对陀思妥耶夫斯基学家的鞠躬致敬之辞,那些人显然不配受到这类鞠躬致敬。就是他们多年来对巴赫金的这部书固执地视而不见,而且几十年来听不见他的名字。他们对受之有愧的夸赞已然习以为常，其中的一些人利用地位之便，而执意于营造并成功地营造了一个吹吹捧捧的陀思妥耶夫斯基学，现如今陀思妥耶夫斯基学也真的就变成了这个样子。这与巴赫金的精神可是背道而驰的……

问卷之十一

И. Б. 罗德尼亚斯卡娅(《新世界》杂志编辑部)

1. 巴赫金论陀思妥耶夫斯基的这部书(60年代里经过修订而再版)，与索尔仁尼琴的《伊万·捷尼索维奇的一天》实际上是同时出版的，我认为，这是某种历史之象征性的里程碑。无论是巴赫金的这部著作，还是索尔任尼琴的这篇作品，它们都把整整一代文学家和人文学者引导到了**真实性的一个新高度**。当然，这并不意味着，在探索着的思想界在这两部书出版之前曾处于艺术上和理论上的一片真空之中；不是这样的，无论是在刚刚过去的不太久远的年代，还是在20世纪上半期，有很多东西，尽管是处于半禁止状态，但在这种或那种程度上毕竟还曾是可以被企及的。然而，结果就是这样，恰恰是这两部作品成为标尺，而将先前的那些“苏联化的”折中的标准简直是一举就给扫除了，而文学创作与智力创作的成果曾经就是由这些标准来评价的。

至于说，巴赫金的这部专著在一个“长远的时间”(借用他本人的说法)里具有什么地位，这个问题就更为复杂。陀思妥耶夫斯基对哲学问题的思考——相应地，也是不可避免地——对存在之“难以解决的问题”的思考，在近代俄罗斯思想史上，是有着极为丰富的传统的；几乎是整个近代俄罗斯思想史——从B. C. 索洛维约夫、经过H. A. 别尔嘉耶夫、C. H. 布尔加科夫、C. Л. 弗兰克、Л. И. 舍斯托夫、维亚切斯拉夫·伊万诺夫、Л. П. 卡尔萨温，一直到П. 比齐利、A. 贝姆、C. 格森——全都可能被集结于宗教存在主义这个“家园”里，也就是说，可能被汇聚于那样一种思潮，确有不少的根据可以将思想家巴赫金也归入这一思潮。巴赫金本人就曾将维亚切斯拉夫·伊万诺夫、C. 阿斯科尔多夫、Б. M. 恩格尔哈特称为自己的先驱，而对他们的立场与自己的立场之间的异同，作了精细的探察。那么，这是不是就意味着巴赫金的这部专著——不过是“金链”上的一环，而这部书之火爆之走红，乃是与读者在该书获得第二次生命之际却对它知之甚少这一情形相关联？我还是并不这么认为。

巴赫金得以成功地将宗教—哲学思想(它们几乎没有直接发出声音,但却潜在地滋润着全书)与“精确的”文学学连接起来,这“精确”,尽管是以自己的方式,却并不逊色于“诗语研究会”那帮学者,那些人曾傲慢地将其实证性的学问同白银时代的憧憬对立起来。如果说,俄罗斯的哲学家们曾经乐意于将思想立足于——一如常言所说的——陀思妥耶夫斯基的“思想和形象”,而在这样做的同时还常常信誓旦旦地申明跟文学批评的那一套工具毫无瓜葛,那么,巴赫金则依凭他自己的这样一些学说——表述具有人格的本质之学说、话语具有内在的对话性之学说、长篇小说体裁记忆中具有“梅尼普体”的痕迹之学说,以及许许多多其他的学说,而把陀思妥耶夫斯基的基督人格主义变成了**文本上已然得以确定的事实**。有别于哲学上的“陀思妥耶夫斯基学”之领域里那些年长的同事,巴赫金走的是一条归纳法的路子——从诗学与文本出发,而不是从一些笼统的概念出发,不是从十月革命前那些年月里时髦的随笔式的印象主义出发。结果可是惊人的丰厚;宗教性的话题已被移入那种**已然得到直观地展示出来**的领域。我甚至都想说,《陀思妥耶夫斯基的诗学问题》——这是巴赫金著作中最具有哲学性的一部书,而且由该书获得的这一印象,并不曾随着对他的那些哲学美学著作、语言哲学著作以及其他著作有了更多的了解而发生改变。有这么一种观点认为,意识形态方面的挤压将这位天生的哲学家赶进了文学学这一战壕里的壁坑;但我认为,该书第一版之写作,正值对任何哲学思辨都要进行**文化学的具体化**这一工作已经被摆上整个欧洲思想界的议事日程之际,论陀思妥耶夫斯基的这部书的作者当时响应了时代的这一召唤,而不只是简单地在一个不自由的社会里为自己的隐秘思想找到了一个间接的出口(在独特独到的创造性行为已经发生的地方,就不应当去寻找伊索寓言的特征了)。

2. 由我对第一个问题的回答就可以明白,给我留下最为深刻的印象的,是巴赫金之彻底的**人格主义**。这一印象,已经远远超出我的文学兴趣范围,而已成为生活的课堂、伦理的课堂。我好像是已然准备好了来聆听这一类的课——通过对陀思妥耶夫斯基作品本身的阅读,通过对别尔嘉耶夫论陀思妥耶夫斯基的那本小册子的阅读,更不用说,通过对福音书的阅读,而已然做好了准备。尽管如此,巴赫金对重音的标示——这一标示,同作家本人所标出的那些重音乃是相符相配的,并能对之加以强化——已成为我的人生观的源泉。

要是没有巴赫金，我也许还不会留意《白痴》中阿格拉娅那令人吃惊的一句话——这句话说的是，对另一个人的动机之“客观的”分析，是否合理：**“您身上没有温柔，全是大道理，这样一来——可是不公正的。”**而在巴赫金的这部书的语境中将这句话读一遍之后，我几乎是每一天都会想起这句话来，想起这一思想来。对那种“地下的”意识——那种作为受伤的、脆弱的而保持着严密的防御之意识——迷宫之极为细腻的（也是仁慈的）认知，也是这样的——或者说，对于“这些小人物当中的一个”那种将个人的尊严视为主要的价值来加以珍惜之悲剧性努力之解释（对马卡尔·捷乌什金话语行为的诠释），也是这样的——所有这一切真的是让我受益匪浅，直到现在还有助于我去理解命运让我与之邂逅的那些人：这也是一种伦理实习课，或者说，道德神学讨论课。

巴赫金作为这部书的创作者在文学研究上最为主要的贡献——我认为——就在于：他建构了近代叙事体裁中人物的意识（视野、眼界）同作者的意识（视野）之相互关系的类型学。这样，他就把一些极为重要的常数（“作者的视界剩余”的分寸，等等）引进了文学理论，这些常数在架设由诗学通向艺术家世界观的桥梁——而这在我看来，才是阐释的主要问题，才是阐释之极致。譬如说，巴赫金确实得以成功地展示出（无论那些论敌在后来会说什么）：陀思妥耶夫斯基笔下主人公之安排同托尔斯泰笔下主人公之安排有何区别——进而这也就展示出：陀思妥耶夫斯基的人格主义，同托尔斯泰的道德主义，在世界观的层面上有何区别。

如果要涉及（根据调查问卷的问题）我个人的文学研究工作，那么，要是没有巴赫金所策动的对于“作者—主人公”、“作者的话语—主人公的话语”这一配置的思考，我大概也就不会深入到亨利·伯尔、安德烈·比托夫、弗拉基米尔·马卡宁这些作家的创作中去，更不用说走进陀思妥耶夫斯基本人的艺术世界。

3. 对巴赫金之主要的不赞成之点，如今都已变成“老生常谈”了，因而，一旦将它给说出来，我这人，看来，就要随大流了。顺便指出，无论是对于我本人，还是对我经常与之交往的那些对谈者，巴赫金的“迷惘”，如果不是在对论陀思妥耶夫斯基这部书的第一次阅读之后，那也是对它的第二次阅读之后，也就会是一目了然的了。现在，看来，大家都已明白:陀思妥耶夫斯基的**情节编织**,正是那样的一种作者“优势”的区域,作者的——也可以这么说,如果你愿意的话——训导,作者以资训导的那个区域,陀思妥耶夫斯基为了给予人物的个性以“对话式的”尊重,在对主人公的意识和话语加以描写时会放弃这一作者的训导。作者的观点,不是通过“全知全能的”、发自叙述人之口的评点注脚来实现,而是通过主人公的命运来实现,常常是——通过主人公的不可避免的自我折磨来实现。恶,在作者看上去乃是这么一种东西,它是“不会被打上烙印的”,而是像别尔嘉耶夫会说的那样,是在那些内在的道路上被消除的,这一点正在陀思妥耶夫斯基无与伦比的情节编织术中得到了表现。这些长篇小说的创造者,同“天和地”的创造者是相像的:不要剥夺个性的自由,但要洞察要预见到后果,并对那些后果予以关切的反应。我真的不明白,这一点怎么就落到巴赫金的视野之外了,在巴赫金的美学中,与神学的二分法“创造者—创造”的那种类似,可是起了很重要的作用的。

有一种看法认为,巴赫金,在宣称陀思妥耶夫斯基的情节不过是某种冒险的—梅尼普式的假定性之后——这种假定性使得有可能去组织辩论、几个人的对话交流所需的那种舞台场面设计之后,而在所谓的复调型长篇小说中使作者的“真理”与主人公们的那些“真理”平起平坐之后,他这样一来也就狡猾地绕过了当局所不可能接受的意识形态问题和陀思妥耶夫斯基的信仰问题,而掩着这位敬爱的作家去穿过臭名昭著的障碍和刁难。但是,我觉得,对于诸如《陀思妥耶夫斯基的诗学问题》这么一部完整的书,来自外部的、见风使舵这一档次上的那些打算,不可能会发生什么重大的影响。宁可说——这里出现的,乃是巴赫金的人格主义所要支付的费用,这种人格主义不知不觉地倾向相对主义一侧(这已经以不无危险的力量而在论拉伯雷那部书里有所体现:在“狂欢化”之无节制的行为之中,在庆祝“欢快的相对性”的赞歌之中,在面对真理的“完结性”和“绝对性”的恐惧之中)。巴赫金看出,陀思妥耶夫斯基的长篇小说世界里,无条件的真理这一概念毕竟还是存在的,但对这一真理加以衡量的标准不是抽象的,而是具有个性的——基督的个性,在论陀思妥耶夫斯基的那部书之后来的版本之中,作出了修改。

已然可以明白的是,不论是对“主流意识形态”的极权主义之相对主义的抵抗,还是将“笑”文化与官方文化加以对立——所有这一切,对巴赫金来说，都曾经是阻抗形式；但是，对自己的时代持不赞成不附和的态度，也是囿于那个时代的一种表现，这也可能导致那些歪斜，一如消除分歧调和统一而完全一致所带来的那些歪斜，“复调性长篇小说”这一学说，是一个模糊的，并没有经过彻底的深思熟虑的学说，在我看来，这一学说就是针对那个时代之“独白主义的”压制的一种思想上的反拨。可是，如果将这一学说不是应用于陀思妥耶夫斯基的创作，而是应用于契诃夫，特别是应用于他的那些剧作，尤其是那些由于其可见的结局之缺失而显得那么神秘莫测的剧作——那么，这一学说看来是会发挥作用的……

《拉伯雷的创作与中世纪及文艺复兴时期的民间文化》面世30周年问卷*

《对话·狂欢·时空体》编辑部按语：

50年前，1946年11月，米·米·巴赫金在苏联科学院世界文学研究所的学术委员会上对自己的学位论文《现实主义历史上的ф.拉伯雷》进行了答辩。几乎就在30年前，1965年，这部学位论文的修订版得以出版，出版时其书名也更动了，于是《弗朗索瓦·拉伯雷的创作与中世纪及文艺复兴时期的民间文化》很快成为全世界闻名的一部书。这两个日期——一个是"整数"，另一个也几乎是"整数"——给我们提示了这样一个想法：应在1996年的最后一期出一期专刊，专门用来讨论同巴赫金的狂欢说相关联的一系列问题。自对这一学说之第一次公开的讨论之后，已经过去了几十年，而这之后，自读者们对这位学者多年心血之结晶——多年沉潜于自己的具有原创性而无所畏惧的胆识的构思而执著探索的结晶——之迟到的了解之后，又过去了几十年。这几十年时光，使得我们有可能来对狂欢理论的地位与作用——既是它在巴赫金本人的精神演变过程中的地位与作用，也是一般而言在20世纪的学术与文化中的地位与作用。我们向人文知识不同领域里的许多专家一一寄出提出相应问题的问卷。编辑部已收到的问卷的一部分，现在就刊发在这里，另一部分将在1997年第1期刊发，那一期也是以对民间诙谐文化这一观念加以考察与诠释为旨趣。

〈……〉有悖于时不时就针对我们而来的那种对于"宗派主义"的指责，我们不论是先前还是这一次都不曾竭力仅仅封闭于巴赫金的辩护者这一圈子之内，而是将那些以其对所讨论的理论持以原则上的反对派立场而闻名者也邀请来进行对话。我们感谢已对我们的吁请作出回应的这些学者，期待未来能同他们进一步合作，也期待能同那些（基于

---

* 《对话·狂欢·时空体》杂志编辑部组织的这一问卷调查，其规模之大，可谓空前。这份刊物，先后在1996年第4期、1997年第1期、第2期、第3期、第4期上刊发32份问卷，来自不同专业不同国度的学者，就巴赫金的狂欢学说之可信性、思想价值与历史地位、现实意义等等，发表了各自的看法。——编选者注

这样或那样的原因)而暂时决定保持沉默者合作。

问题

1. 您认为,论拉伯雷这部书在多大程度上与米·米·巴赫金理论遗产的总体语境相谐调?在这位思想家的精神演变过程中,这部书在多大程度上是与之有机地融合在一起的(或者相反,它乃是异己的)?

2. 您认为,狂欢理论的源泉是什么?这一理论是西方古代的、后来则是中世纪非官方的文化那些历史特点的概括吗?或者,这就像有时被确认的那样,它在更大的程度上反映着"俄罗斯人对诙谐的态度"(C. C. 阿维林采夫语),而发展着"俄罗斯的聚和性思想"(Л. E. 平斯基语)。

3. 您在多大程度上认为,狂欢的观念是令人信服而正确的,是与人文学科那些晚近的资料相符合的?在您看来,巴赫金的那些追随者或者那些对手中,有谁为使狂欢的观念之完善或者更明确而做下了特别多的建树?

4. 您如何评价《拉伯雷的创作与中世纪和文艺复兴时期的民间文化》一书对世界学术的意义?它在近几十年来的世界艺术中的作用又是怎样的?①

(周启超　译)

问卷之一

M. A. 阿布拉莫娃(莫斯科大学)

1. 论拉伯雷这部书,毫无疑问,同米·米·巴赫金理论遗产的总体语境时是相"谐调"的,这部书首先是与他的长篇小说理论——将长篇小说看成是对话性的、在其结构中引入社会杂语的体裁——有机地关联着的。

2. 我认为,狂欢理论在米·米·巴赫金那里,确实是基于对古代的和非官方的中世纪的文化材料之概括而出现的,但是,这材料在相当大的程度上是透过"俄罗斯人对诙谐的态度"这一棱镜——作为对官方的、被强制推行的意识形态进行对抗之方式的那种棱镜——而被考量的。当然,诙谐在西欧也履行了这种功能,但是,在俄罗斯,由于强大的

---

① 原刊于《对话·狂欢·时空体》1996年第4期。

狂欢节传统之缺失,两种文化的对立凌驾于两种文化的融合之上。至于说官方文化和极权主义政权对于诙谐的利用,C. C. 阿韦林采夫已经就此作过最重要的校正和更明确的阐说,我觉得,对之不可能不认同。

3. 米·米·巴赫金的狂欢理论的价值首先是在于其“激活性”的特点上,在于这一点:像他所有的学术著作一样,这一理论不会让任何人保持无动于衷,它会激活学者的思想而促进学术在未来的富有成效的发展。在我看来,米·米·巴赫金之最为重要的追随者和对手乃是C. C. 阿韦林采夫、A. Я. 古列维奇、M. Л. 加斯帕罗夫、Л. M. 巴特金。

4.《Ф. 拉伯雷的创作与中世纪和文艺复兴时期的民间文化》一书对世界学术,首先是对于西欧的中世纪学,具有巨大的意义。一个鲜明的例证——翁伯托·埃柯的长篇小说《玫瑰之名》,这部小说将中世纪那个时代里的艺术的理解、科学的理解与那个年代的精神气质思维方式糅合在一起。(对于由这部小说改编的电影,我无从谈起,因为我不曾有机会看到这部影片)

(陈爱香 译 夏忠宪 周启超 校)

问卷之二

列夫·安宁斯基(《民族友谊》杂志编辑部)

1. 它是与之有机地相谐调的。倘若果真显得是异己的,那么,倒应当去从异己性出发而去将有机的东西给推想出来。哪一种更为有机呢:究竟是陀思妥耶夫斯基的对话主义——这一对话主义被看成是将世界复调性地分解为“上”与“下”,“是”与“否”,“我们”和“他们”之局部性的情形——还是拉伯雷式的狂欢——这一狂欢被看成是将世界复调性地裂变为“对话”之局部性情形?

2. 哈哈大笑一阵之后,俄罗斯人注意到,笑的人并非只有他们,而与大家一起笑的人笑得好。尽管在西班牙与在英格兰,笑的方式并不相同。或者,如果与理论的渊源更加接近点——在法国与在意大利,狂欢节并不相同。笑过之后回过神来,去想一想某种崇高的东西,这是很好的事儿。例如,去想一想“聚和性”。

3. 我不确定自己掌握“人文学科晚近的那些资料”,因而我倾向于依靠理论之内在的说服力,而以实际经验来对之加以校对。从那些追随者当中,我要举出弗拉基米尔·图尔宾和瓦吉姆·柯仁诺夫。这两人本性上就是浑身充满诙谐的能量；后者即使在 60 年代里也继续展示那种只有借助于巴赫金的狂欢理论才能予以阐释的风格。

4. 对世界学术我不太在行，对世界艺术我甚至都有点害怕。尽管后现代主义风行的几十年来，“世界艺术”那种由别的作品中寻章摘句而成的杂烩拼盘犹如疥疮，刺激人们再度去抓住巴赫金这把手术刀，可要知道这却是另外一种脓疮！后现代主义者们从“全球信息空间”汲取所需，在那里，所有的一切已然被别人嚼过多少次，被他人煮过多少回，而拉伯雷笔下那些人物的恣意妄为，则是在寻找那些未被人咬过而可以大吃大喝的东西，而力求自个儿去烹煮。

我不是在世界语境中，而是在故乡那片山杨林的风景中来接受巴赫金的。巴赫金为我们反抗官方认可的现实而开辟出一块自然的基地（这曾令我们在 60 年代里欢欣鼓舞）。但他也展示出，我们的反抗——还是那一个现实，仅仅是被翻转过来的现实（这曾引发我们去沉思，这沉思的痛苦至今也没有消失，而且似乎已然是永远不会消失）。

“上”与“下”——这是同一个现实的上与下。不管你笑多长时间——都是要以眼泪来收场的。你擦干眼泪——终究又会哈哈大笑起来。

（陈爱香　译　夏忠宪　周启超　校）

问卷之三

B. C. 比布勒尔（俄罗斯国立人文大学）

1. 我觉得，论拉伯雷这部书，与论陀思妥耶夫斯基那部书一样，乃是巴赫金的那些观点所构成的整个理论体系之具体的“焦点”。

对于对话——作为诸种文化之间的对话，与作为文化与其自身的对话（论拉伯雷这部书）——之考量，对于对话——作为内在的思维之基础的对话，与作为人与其自身的内在对话（论陀思妥耶夫斯基那部书）之考量，构成了那样的两个极点，它们的耦合使得有可能去建构巴赫金的那些理论观点之整个复杂的体系——一个惊人地完整而又深刻的体系。

2. 我觉得，“狂欢理论”既不是古代的和中世纪的非官方文化那些历史特点之简单的概括，也不是在反映俄罗斯人对诙谐的态度，而是对中世纪文化的一种理解——在那个关口上的理解，那时，中世纪的文化可以在其官方的断面与非官方的断面上从其自身跳脱出来,进而准备同另一种文化展开对话。

具体说来,巴赫金"狂欢理论"使得有可能在其与近代文化展开对话的那种准备性之中去理解中世纪文化——在那个关口,那时,文化——如我已说过那样——从其自身超脱出来,变成对它自己也是陌生的,而成为有能力用异样的——近代文化的与我们的现代文化的——眼光来凝视自身的文化。

3. 巴赫金的狂欢学说,在由他所发展的整体文化观之语境中乃是绝对必要的和令人信服的。我不知道,学术之往后的发展将面临什么样的情况,学术有时候曾经是在巴赫金那些观点的(航道上)发展的,有时候则背离了巴赫金的那些观点而往后退,但是狂欢文化自身在证实自己是合理的,首先它是以这样的方式来证实自己:狂欢思想在20世纪末的现实生活当中,在20世纪文化——这一文化是如此狂欢般地从其自身中超脱出来,在我们这个世纪的90年代里也已然是这样——进程中的那些文化突变与主要的文化高潮中,具有怎样的现实意义。

凭借这透过狂欢的眼光,我们可以更好地来了解我们本身的文化生活与总体上的我们自身的存在。

4. 我对前面的三个问题的回答,显然,都已经在为读者面对我对第四个问题的理解而做铺垫。

以我之见,巴赫金论拉伯雷这部书,像巴赫金的全部创作一样,具有特殊的涵义,其特殊的意义不仅体现在文化学之发展这一狭隘的矢量线上,还体现在文化本身的发展上。通过滑稽地模仿自己(而这对于世纪末的艺术可是典型的),通过从本世纪初,从白银时代而不断地创造特定的"狂欢节",20世纪,可以这么来说,在很大程度上是"以巴赫金的方式"而在"建构自己",因而,在我们自身的(正如我在回答第三个问题时已说的)生活中,在我们自身的思维与意识中,他的著作具有不可超越而尚未被人彻底到位地加以评价的意义。

(陈爱香　译　夏忠宪　周启超　校)

问卷之四

E. Ю. 格尼耶娃(俄罗斯国立外国文学图书馆)

1. 对于我来说,论拉伯雷这部书,同似乎可称之为米·米·巴赫金的世界观的那种东西不仅仅是完全有机地相谐调，而且也是这种世界观的根基之一——也许，这是因为我走进“巴赫金世界”正是从这部书开始的。据我理解，有机地谐调或异己性这个问题，用到论陀思妥耶夫斯基那部专著的第 1 版要更为适合，虽然即使在这部专著里，同“其余的巴赫金”之关联性的纠结也远远超过那些分离性的差异。

2. 我并不认为我对狂欢理论有专门的认识，我要说的是，编辑部对西方中世纪文化同“俄罗斯人对诙谐的态度”之间的对立这一问题的提法，毕竟让我觉得是有些生硬。我认为，狂欢元素在它的起源上无疑具有超民族的特性，那一特性乃是与文化发展的某些阶段相关联着的。我觉得这才是最重要的，至于那些历史—文化方面的具体细节，那该由专家们来对之加以判断。

3 - 4. 像任何一种美好的学说一样，这一学说自身也隐含着蜕变之危险——由于那些过分热心的追随者之起劲的卖力——而蜕变成那种包治百病的万应药。对于我个人来说，巴赫金的“狂欢性”之主要的意义，就在于它在那个年代曾帮助许多人——也曾帮助我去理解：对于历史的发展，对于话语创作与民间文化在历史发展中的作用，不仅官方的、由官方所指定的那种观点是可能的，也还存在着另一些版本。巴赫金的著作之巨大的然而至今仍未得到充分评价的那种作用，相对于“不可战胜的，因为是正确的”学说所持有的那种反对派的作用，在我看来，就在这里。但是，当我看到，对于巴赫金的思想，正是以其具体的、可明显地感觉到的历史主义而富有吸引力的那些思想，人们开始不假思索地予以应用，根本不顾年代就予以应用，这就不能使我信服，而有时候呢，我不隐瞒，则直让我感到痛心。

（陈爱香　译　夏忠宪　周启超　校）

问卷之五

А. Я. 古列维奇（俄罗斯科学院世界历史研究所）

我容允自己并不依照这些问题在其中被列出来的那个次序，来对它们加以回答，甚或也不对所有的问题一一作出回答。我想表达我自己对于狂欢理论，也许是，很主观的看法。

首先，我想强调巴赫金这部书对于人文知识，特别是在我们这个国家里的人文知识，曾经有过的那种意义。虽然该书出版之后已过去的这三十年,是以涌现出为数不少的专门探讨这一主题的研究为标志的,巴赫金的这部书依然是我们人文学科的发展中最为重要的里程碑之一。我个人现在还清楚地记得这本著作的面世所产生的那种智力爆炸的印象。对于60年代中期的苏联知识分子界来说,这部书曾成为激发思想解放的一个强有力的动因,成为激发新的思考的一种刺激。

至于我,对巴赫金这部著作的研习,对我的思路产生了巨大的影响。恰恰就在这个时候,我着手准备《中世纪文化的范畴》这部书,我现在清楚意识到,这位伟大的思想家所提出的那些见解,对于我曾是多么重要。

这么说并不意味着,我曾自居为他的一位义无反顾的追随者,因为从一开始(对于这一点,从我为这部书所写的那篇书评中就显而易见,那篇书评就在那时刊发于《文学问题》上),我就体验到有必要对巴赫金那种中世纪民间文化学说的某些论点加以质疑。在我看来,巴赫金在他的这一学说上乃是极其片面的,因为他认定中世纪民间文化的本质就在于毫无节制的诙谐与战无不胜所向披靡的活力。对于这一点,我曾有机会不止一次写过(特别是在《中世纪民间文化的诸问题》一书里),而强调中世纪的民间文化(这个概念本身就是成效性与问题性二者兼具)中诙谐与恐惧曾是不可分割地结合在一起,也只有在这种矛盾的共生中,我才能够想象出这个时代的文化。

我现在都已经不去涉及巴赫金给那个时代官方的、教会的文化的评价是那样的片面而不能令人信服这一问题,因为将这一文化传统仅仅评价为那种"不会笑者"的文化、那种"令人害怕而自己也害怕起来的意识"之体现者的文化,乃是毫无根据的。

然而,恰恰是在这一问题的表述之中,在使之极度尖锐化之中,这种片面性成为一种杠杆,巴赫金曾凭借这一杠杆迫使我们以新的方式来对文化史上整整一团问题加以审视。

在这种情形下,我倒想强调一下,将巴赫金的狂欢理论同由民族学家们与民俗学家们所做出的那种对于诙谐传统的勘察相接近相交结,乃是无根据而不合理的。民族学家们与民俗学家们当中的某些人曾急匆匆地将巴赫金揽入自己怀中。尽管诙谐传统之间存在一定的相似之处,"民族学的"文化同中世纪的欧洲文化之间的差异所具有的巨大的重要性,在这一比较之中便会被忽视,这一差异就在于中世纪的欧洲文化之基督教的性质。必须承认，巴赫金正是以奇怪的方式忽视了这一差异。在篇幅长达600多页的这部书里——如果我没有记错——竟一次也没有提及上帝。

我还想简短地驻足于巴赫金的方法论之另一个层面。某些自认为是巴赫金之忠实继承者的研究者，将自己的注意力集中于巴赫金的"文化变革始于文化边界"这一命题；于是，他们便从一些单个作者的创作中寻找文化中的这一类断层。在《文化史研究之两种视界》一文中，Л.М.巴特金将他自己研究精英文化的方法——他声称那就是巴赫金的方法，同致力于精神性灵——在社会中占据主导的思维定式、意识习性与价值体系之大量的表现——之勘探的那些史学家的方法，对立起来。但是，举凡是巴赫金著作之细心的读者就不可能不注意到，巴赫金在拉伯雷的创作中感兴趣的，首先还是拉伯雷的长篇小说里对几百年来非人格化的民间文化传统的发现。换言之，处于巴赫金之注意力中心的，并不是对于思想家和长篇小说家拉伯雷那些不可重复的特点的阐明，而是对于集体的精神性灵的发现。

巴赫金的学说，给国外的人文学也产生了极为强烈的印象。可是，以我之见，近些年来，在学术界，他的一些论断的错误性已然被令人信服地展示出来。特别是将狂欢文化溯源到远古的风习和古代社会，这未必有根据，因为狂欢乃是依据那种经过加工的、复杂的"脚本"而进行的，只是在自中世纪晚期以降的那些史料中才开始得以记录，而在这一年代之前，我也只敢来谈论未来的狂欢节的一些单个的元素，来谈论"狂欢节之前的狂欢节"。巴赫金将民间文化的分析同这一文化曾在其中存在的那种社会的考察割裂开来了。然而，只有在那些条件下——中世纪晚期的城市所曾成其为是的、曾经是那么独特而其实是新的社会机体之存在——条件下，这种狂欢才能找到自己的位置。这一思索引导我得出另一个具有方法论特性的洞见：将诙谐的历史，抑或任何一种别的情感，从无可比拟地要广泛得多的社会—文化语境中给分离出来，这是否可行？

至于说巴赫金学说的起源，我敢断定，如此彻底的对立——一方面，是非官方的文化的自发势力，另一方面，则是官方的意识形态——之所以被提出，之所以被巴赫金提出，与其说是源之于对中世纪和文艺复兴时代那些文本的研究（中世纪的那些文化纪念碑式的文献，并不曾被他——绝大部分——则是完全不曾被他纳入视野),不如说,这是源之于对那种剧烈的断裂——苏联极权主义的意识形态体系同不得不生活在这一系统控制下的人们之现实的意识之间的那种剧烈断裂——之反思,抑或,更像是对这一断裂的感觉。我完全不倾向于将巴赫金的著作归结为某种寓言。他毫无疑问是真诚地竭力以最严肃的方式来考量拉伯雷的作品,将它看成是历经许多世纪的民间诙谐文化传统之表达。然而,即便是最严谨的研究者的笔端,有时也要带入一种情感——被他置身于其中的那个当代所操控的那种情感。

结果是,经历近30年里已得到研究与已得到思考的所有这一切之后,我倾向于将民间狂欢文化这一学说认定为一种学术神话。这样说,一点也不否认这一学说曾经发挥过而且也许还将继续去发挥的那种巨大的智力刺激作用。

至于说到我个人,那么,应该说,巴赫金的另一思想,他以极大的启发性提出的另一概念,对我来说曾是重要的。这就是时空体这一思想(自然,合理地说来,恰恰应是 хронотопос,而不是 хронотоп)。巴赫金曾将这一概念卓有成效地运用于文学史上的一系列现象的分析。我呢,从我自己这方面来说,曾尝试过采用他提出的这一概念与这些方法论上的蕴涵,来研究一些中世纪的文学作品:《尼伯龙根之歌》,一些中世纪的教谕性“例子”(exempla)和彼岸世界的梦幻(visiones)。我觉得,这一有关中世纪的文学文本之时间—空间上是整一的概念,不论是对于了解曾经编写了这些作品的那些人的精神性灵,还是对于了解这些作品所曾经诉诸他们的那个受众的精神性灵,都会提供出一把钥匙。

(周启超 译)

问卷之六

A. H. 热洛霍夫采夫(俄罗斯科学院远东研究所)

1. 论拉伯雷这部书,以我之见,在米·米·巴赫金的理论探索中乃是完全有机的一个构成部分。他的重要发现是,陀思妥耶夫斯基长篇小说的对话性结构,这位伟大的俄罗斯经典作家的创造性思维中的平等权利与二元论,即对于双重性的发现,将双重性看成是作为创作者的一个人、一个个性的创造性思维中的一个元素。这一思想的进一步发展,伴有所考察的客体之转移——由一个创作个性,即便甚至是像

Ф. М. 陀思妥耶夫斯基那么伟大，转移到整个文学甚至整个文化——乃是有机而合乎这一思想之本原的。欧洲文化传统是在古希腊罗马的多神教与基督教这两大对立因素相结合的基础上形成的，对于这一文化传统的双重性、二元性的理解，使米·米·巴赫金得以找到了一把新的钥匙来进入拉伯雷的创作，并正确地指出拉伯雷在欧洲文学发展史上的地位，指出他对整个欧洲文化发展的永恒意义。

2. 在我看来，米·米·巴赫金对古希腊罗马世界与这个世界的民间文化的浓厚兴趣是狂欢理论的源头。这一文化曾遗存在意大利文化、西班牙文化、拉丁美洲文化之中，但却被古典语文学所遗忘。这一活生生的传统在欧洲遭遇了不公正的摈弃。而恰恰是俄罗斯学者米·米·巴赫金认出这一活生生的民间文化传统，这不能不引发深思。为何说"俄罗斯人对诙谐的态度"和"俄罗斯的聚和性思想"这些话是正确的，其缘由就在这里，如果在这些话里看出一种潜能——那种潜能曾迫使米·米·巴赫金对已被学术界所遗忘的东西进行更为仔细地审视。

3. 我认为，狂欢学说是令人信服的和正确的，因为它源自那种对于欧洲文化具有二元主义之总体的理论认识，欧洲文化既有罗马多神教根基也有东方基督教根基。在我们俄罗斯，也曾经是民间—多神教的江湖艺人的传统与希腊—基督教东正教的传统这两种传统并存，也就是说，古代的罗斯文化，依据我的信念，乃是二元性的。现如今，一种游戏理论被构建出来，这一理论源自这样一种认识：游戏一般说来就是人的天性本身不可分割的特征，而并不取决于历史时代和社会条件。(Й. 赫伊津哈，《游戏的人》)

4.《拉伯雷的创作与中世纪和文艺复兴时期的民间文化》同本世纪最大的中国文学史家——胡适(1891—1962)和郑振铎(1898—1958)的兴趣是惊人地吻合，他们曾用中文材料对民间的草台戏的、说唱的传统进行了研究。因此，在 20 世纪的世界学术语境中，米·米·巴赫金既有先驱，也有追随者。我本人的兴趣曾引领我去研究中国中世纪城市的小说——话本，话本源自 11 和 12 世纪的民间说唱艺人的口头创作(专著《话本——中世纪中国城市小说》，莫斯科：科学出版社，1969 年，198 页)。这类文学，孕生于中世纪中国的商业城市里那种集市上的草台戏的口头文学——艺人的创作，正是属于狂欢传统，其意义，在我看来，是全球性的，因为我们不仅在欧洲，而且在中国也会发现这类文学。难道不会由此而出现一个对于将来的研究是新颖而有趣的课题——全人类文化总体基础具有二元性?而全人类文化之变化发展的一个动力,是不是就已蕴含于这种二元性之中呢?

米·米·巴赫金论拉伯雷的创作的这部书,在近几十年来的世界艺术中促成了民间—狂欢传统之名誉的恢复,促成了对这一传统的兴趣之增长——不仅是研究者,而且还有身为创作者的艺术家对它的兴趣大增。欧洲知识界如今认可这一传统的价值,而不害怕它的较为低下—庸俗的外观。米·米·巴赫金不仅曾经影响了学术探究课题的选择,而且曾经影响了我们整个时代的艺术趣味。

(陈爱香 译 夏忠宪 周启超 校)

问卷之七

博古斯拉夫·日尔科(格丹斯克大学,波兰)

1. 米·米·巴赫金是作为一个哲学家而开始了自己富有成效的活动。从1918年至1924年间,他首先从事的是哲学层面上的那些问题的研究。这段时期得以保存下来的那些文本(《论行为哲学》、《审美活动中的作者与主人公》、《话语艺术创作中的内容、材料和形式问题》),曾是采用现象学的方法,集中围绕着“哲学人类学”而写下的,在“哲学人类学”的框架中,巴赫金对“人的具体存在之建筑术”进行了分析,而计划提供出现实的被体验的世界、艺术创作、政治和宗教之建筑术的那种现象学的描述。

在20年代中期,巴赫金曾被迫抛开现象学、解释学以及与之类似的大学而转向社会学的语言。这一转变本身不应当是什么灾难,因为社会学的语言像任何其他真正科学的语言一样,也是好的。糟糕的是,这并不是M.舍勒、M.韦伯、A.舒茨、Ф.兹纳涅茨基、П.А.索罗金以及另一些现象学的社会学(在这一术语的广义上)代表人物的社会学。在苏维埃俄罗斯的条件下,社会学曾(在总体上它尚且还存在着)落入僵化的、教条式的马克思主义的掌控之中。

巴赫金,特别是在那些“戴着面具”而发表的著述里,曾诉诸“坚定”的马克思主义的——甚至是斯大林主义的那类套话。(可参看他为列夫·托尔斯泰的作品所写的序言)

众所周知,学位论文《现实主义历史上的弗朗索瓦·拉伯雷》是在

30 年代极其艰难的流放环境下创作出来的。这部论文当然带有那个时代的印记，不过，它也对应着巴赫金的一个论点，这论点宣称任何一种表述(也包括学术论文)都是它与其中产生的那个特定社会情境的产物。巴赫金的基本范畴——民间文化、民间性、现实主义——容易被联想到斯大林时代的官方"文化政策"(以及社会主义现实主义的口号)那里去。无法排除(M. 雷克林在他的那些文章中指出了这一点)，巴赫金要同自己的时代进行着某种对话，他的著作乃是一个知识分子对于使他遭受创伤的那种境况的反应。

在任何情况下，这篇学位论文都没有显露出同早期的方法论上的定位之间的关联。我们面对的已经不是那种对于作品的条分缕析而形象清晰的品鉴，那种品鉴致力于揭示作品的构筑术，并去描述那些对之加以实现的结构布局形式(论陀思妥耶夫斯基的那部书)。

现在，巴赫金的目标乃是重构作品的历史视野，恢复拉伯雷的长篇小说被"初次阅读"时的那种背景。这已不再是那种同文学作品进行交流的现象学的模式或解释学的模式。"要理解拉伯雷——巴赫金在他的书里这样声称——就应该用他的那些同时代人的眼光而且是在其所代表的长达千年的那种传统的背景下，来通读他的作品"。

在这里，巴赫金展示的乃是那种纯粹历史的——我甚至要称之为那种考古的——视界，这时，这位学者，一位力图使这作品再度成为有心智有性灵的，力图将那种在岁月的"喧嚣"之中已然失去的——原初的"能量"归还给这作品——的学者，会竭力去重建"原生的"语境，会竭力去破译被遗忘的文化符码(大多是与狂欢世界相关联的那些密码)，法国作家的长篇小说所诉诸其上的那些密码。

但是，背景还是不能说，巴赫金的这部学位论文同他以前的那些著述作品没有任何关联。这里，我们来指出两个具有一般意义的情形。

第一，论拉伯雷这部书的基本主题之一——狂欢节和狂欢化——是在与陀思妥耶夫斯基小说的文学史起源之关联中而得到考察的。诚然，在 1929 年出版的那部书里，这一主题没有像 1963 年的版本中那么清晰地浮现出来，但是，这一问题本身，在涅韦尔斯克-维捷布斯克时期的"巴赫金小组"中显然已得到讨论(参阅 Л. В. 蓬皮扬斯基的著作《陀思妥耶夫斯基与古希腊罗马》，1922 年)。

第二，表述问题，曾一向困扰着巴赫金的表述问题，乃是一个有关联性的环节。这个问题在他的那些写于 20 年代后期(始自《生活话语与艺术话语》一文)和 30 年代里(《言语体裁问题》)文本里,以其特有的力量得到了反映。在论拉伯雷这部书里,占据中心位置之一的便是“拉伯雷小说中的街头广场话语”一章,这一章对《街头广场的言语体裁》(“巴黎的叫卖吆喝”!)进行分析,用的就是巴赫金 20 年代里所建构的社会学的(交互作用论的)表述理论的框架。

2. 米·米·巴赫金用的是西欧材料,因此,他考察出来的结论首先关涉的是这一文化的分布区。但是,这并不意味着他的学说不能运用于其本土文化中类似现象的研究。正如 Д. С. 利哈乔夫和 А. М 潘琴科的著作(尤其是《古罗斯的诙谐世界》这本书,1976 年)所证明的那样,巴赫金的著作在这件事上能发挥出巨大的策动作用,而刺激那种对于其本土文化的过去与现在之新观点的产生。巴赫金的这部专论恰恰起到了这样的作用,而有助于去发现俄罗斯文化中先前曾被忽视因而不曾成为文化学探究对象的那种东西。

3. 米·米·巴赫金勾画了一幅理想化的中世纪世界的图景(对于“理想化”,我在这里将之理解为构建模型的科学程序,它是有意识地只考虑到客体的主要特点,而消除次要特征)。正如 А. Я. 古列维奇在论拉伯雷这部书之最早一批书评中的一篇里所说的那样,巴赫金使民间文化同官方文化之间的对立过于鲜明,夸大了差异。但是,在一部在问题域上发现出新大陆而在学术中开辟出新路径的著作里,这可是自然的。

在我看来,巴赫金狂欢理论的那些追随者当中,没有人比 Вяч. Вс. 伊万诺夫做得更多,他在自己的著作和文章中将巴赫金的那些论旨阐述得更明确了,并指出了它们在文化机制和文学机制研究中的启发性意义。

4. 米·米·巴赫金的这部书在人文学科中已经获得经典地位。在国际学术界,这部书已经被作为对历史时代进行“系统的”分析的一个范例而受到热忱的接受。与这部书在思想谱系上关联的一些见解,在当代的史料研究中得到清晰的表现,在那里可以观察到,对历史过程之思维的与心智的这一类精神性构成元素的兴趣,已然增长。

我很难来谈一谈论拉伯雷的这部书给世界艺术以影响的那些具体的例子,但这一影响原则上是可能的,尤其是在诸类“视觉”艺术——电影、戏剧以及类似于戏剧的那些表演活动之中。

（陈爱香　译　夏忠宪　周启超　校）

问卷之八

瓦季姆·柯仁诺夫(俄罗斯科学院世界文学研究所)

1. 论拉伯雷这部书，毋庸置疑，是巴赫金创作道路上一个合乎规律的现象；只需提醒记住下述情形就足矣：对于“狂欢”问题，米·米·巴赫金早在20世纪20年代就开始着手研究了。因而，在他的论陀思妥耶夫斯基那部书的第一版(1929年)序言中，就有这样一句预先说明：“对于所有的历史性论题，我们已经不得不予以排除”(此举曾是——米哈伊尔·米哈伊洛维奇后来告诉我——受制于出版社拒绝增加书稿篇幅：总共不过是十个印张多一点)。这里说的历史性论题，正是陀思妥耶夫斯基艺术世界中所体现的长达千年的“狂欢”传统；在该书第二版中，这个“主题”已经占有5个印张之多的篇幅。后来的世界历史(即20世纪20年代之后)本身，对于论拉伯雷这部书作者所发生的影响——则是另一个问题，一个值得认真关注的问题(那些为我所知的在这一话题上的那些议论，乃是轻率的)。

2. 论拉伯雷这部书的内容，当然主要还是对于西方的存在之“概括”。在俄罗斯，“狂欢性”(就这个词之最为广泛的意义而言)在更大的程度(若是与西方相比较)乃是在精神的领域里得到了体现，除了那些“极为非常的”状态之外(例如，普加乔夫起义或马赫诺叛乱这一类的民众暴动)。然而，我们的确还是有充分理由认为，在俄罗斯，精神世界恰恰具有比西方要多得多的“狂欢性”，特别是在当代(可以说，德米特里·加尔科夫斯基的《无尽的胡同》，当代最为杰出的书之一，在佐证这一点，这本书1989年已经在“私自出版物”之中现身，而目前尚未——除了一些个别的且并不具“代表性”的片段——得以冲杀出来而获得出版)。在这里，易于看出这一悖论得以产生的原因之一：对于西方的存在之“狂欢性”的真正发现，恰恰曾是由一个俄罗斯思想家和学者来实现的。同样重要的还有一点，那是恰达耶夫都已经注意到的。在将俄罗斯同西方相对比之时，他于1835年写道：“……我们是观众，那边则是演员，剧评权是属于我们的。”后来，陀思妥耶夫斯基在思索俄罗斯的“世界性关切”之时，曾更为具体地论及这个问题。

3. 据悉,许多西方的——特别是些——法国的——专家“不接受”巴赫金论拉伯雷这部书,但是,我认为,这部书终究毕竟还是会成为具有普遍意义的。总体看来,目前人们时常是在对这部书进行肤浅的诠释——不仅仅是在国外,在俄罗斯也是如此。例如,在那边在这里都享有知名度的一位作者,Вяч. Вс. 伊万诺夫,就写下(顺便说一句,注意到巴赫金的这部书,只是在它在西方已引起足够高的赞扬与足够好的接纳之后):巴赫金的那些结论,由人类学家利奇不久前的研究结果(指的是已在伦敦出版的那本书——B. K. 注)所佐证……利奇注意到“极端的节庆形式,那种节庆活动的参加者们……试图去扮演那些同他们在现实中原本的身份直接对立的角色:男子扮演女性角色,女子扮演男性角色,国王成为乞丐,奴仆变成主人”。

对于“巴赫金的结论”持以诸如此类的认识,要是以最温和的方式来形容——奇怪,因为这里所说的那种东西,对于狂欢节的每个参与者或观察者来说,完全是显而易见的,并且在任何一种对于狂欢节的描述中已经被记录下来……“巴赫金的结论”,当然有着无法估量的更为深刻而丰富的涵义。

4. 基于上述几“点”,我期待着,论拉伯雷这部书在“世界学术界”中还会发挥出有分量的作用。至于艺术,在西方的那些国家里(这在巴赫金的这部书里也不止一次地被论及)真正的“狂欢”早已“退化”,可是,在亚洲、拉丁美洲和非洲的那些国家里,情况就不同了。而在论及巴赫金这部书的第一篇文章里——那是我在35年之前发表的,也就是还在这部书出版之前(参阅《文学问题》1962年第3期;该文后来被重刊于我的《论当代文学》一书,1990年),我已论述巴赫金的思想对于已提及的这几个大陆的艺术之伟大的意义。后来,自1970年代以来,整整一大批“非西方的”国家的艺术活动家“已确证”了这一点。

(陈爱香　译　夏忠宪　周启超　校)

问卷之九

瓦季姆·利涅茨基(圣彼得堡大学/特拉维夫大学)

1. 不只是“相谐调”,而且是完全有机地与之相谐调。当然是在这一前提下:我们不再将这位思想家看成是对话主义的昭示者。这一问题本身就是有利于视点变更的一个佐证,这一问题所聚焦于其上的只是巴赫金遗产中的许多矛盾之一。巴赫金作为一个对话主义的理论家——在矛盾性这一面向上是独一无二的，作为一个曾主张从独白/对话这种二元主义的限度中走出来的一位思想家，他在相干性这一面向上也是独一无二的。我们在前不久完成的《发现巴赫金》一书（用英语写的）中，正是对巴赫金的后一种形象进行了重构，这本书完全是我们先前的那一本《反—巴赫金》之有机的延续，那本书正是专门用来探讨对话主义理论之所有的死胡同与难题。

2. 既不是这个（指的是问卷中所言“狂欢理论是西方古代的后来则是中世纪非官方的文化那些历史特点的概括”这一视点——译者注），也不是那个（指的是问卷中所言“它在更大的程度上反映着‘俄罗斯人对诙谐的态度’，而发展着‘俄罗斯的聚和性思想’”这一视点——译者注），也不是第三个（我指的是尚未被指称的第三种视点，根据这一视点，狂欢理论——一个反映着斯大林时代之现实的“理论构造”，是那种“双重思考”之自动解构的范例，这么说吧，就是巴赫金之“自传”：巴赫金——可不是海德格尔）。狂欢理论作为基于剩余、冗余、天赋——并不是被基于缺失、损失——的理论，是独一无二的，进而，这一理论能摆脱那些矛盾——那些矛盾能从内部颠覆巴塔耶、德里达等人之类似的理论。在我们下一部专著《夸张的诗学：后结构主义与成人文学的不可能性》里，这一层面将得到更为详细的考量。

3. “人文学科的资料”在这里可是毫不相干：代数——不是用来衡量和谐的尺子。至于说对手或继承者，那么，我首先要特别指出的是 M. 加德纳（Michael Gardiner）那部以作为（社会）批判的乌托邦为专题的杰出著作（值得指出的，M. 加德纳——或许是迄今为止绝无仅有的一个巴赫金学专家，一个可以当之无愧地配称为文学理论家的人，一个其著作在斯拉夫语系之外有分量的学者，一个有独创思想与独到见解的人）；我还要指出的是，K. 克拉夫特·费尔柴尔德［（C. Craft-Fairchild）的那本以《装扮与性别》（*Masquerade and Gender*）］为书名而引人入胜的书，来自印第安纳州里大学的一位年轻的女研究者钦贝利·卡彭特·卡恩斯（Cimberli Carpenter Kearns）那些颇为有趣的著述，专门探讨科幻作品的狂欢层面的（“赛博朋客科幻”）（cyberpunk SF）；最后，还有荷兰学者杰克·范·德·维德（Jack van der Weide）的《侦探与反侦探》（*Detective en Anti-detective*）一书——这本书可以毫不夸张地被称为近年的一个事件:尽管如此命名,这本书对巴赫金学专家们将是有益的。

4. 要低估它(指的是问卷中的"《拉伯雷的创作与中世纪和文艺复兴时期的民间文化》一书对世界学术的意义?它在近几十年来的世界艺术中的作用又是怎样的?")是困难的:巴赫金属于"有绅士本色"的名列,这些人的名字是一本图书编目难以绕过的,巴赫金只是稍逊于德里达、拉康、利奥塔等人。此外,考虑到计算机化、赛博空间(cyberspace)和电子通讯之狂欢层面,巴赫金理论的意义将与日俱增。换言之,正是未来,而不是对过去的重构,将会展示出,当年巴赫金之谈论狂欢曾指的究竟是什么,他的这一理论有多少是正确的,因为计算机化——如果将该领域里的那些理论家们的思想(参阅 G. 兰多和唐尼·哈拉维的著作)推到其逻辑终点——不是什么别的东西,恰恰就是中世纪的狂欢节之电子版,之全球化,恰恰就是它的一个小阳春。

(陈爱香　译　夏忠宪　周启超　校)

问卷之十

В. Л. 马赫林(莫斯科国立师范大学)

〈……〉

0. 为避免误会——要预先说出两点看法:

0.1. 自 1965 年起就为人所知的《拉伯雷的创作与中世纪和文艺复兴时期的民间文化》这部著作的文本,几乎还没有人(研究者)涉足。巴赫金的学说之长达半个世纪的接受史之总结,以"庄谐体"而体现出来的总结,其实就是这个状态。这段历史,更像是那场怪诞—滑稽—怪异的学位论文答辩的延续;半个世纪后,我们看到的结局是,苏联的面具被摘掉之后,许多人的脸孔比戴着面具更糟。如果巴赫金的论文答辩不是在 1946 年,而是在 1996 年举行——诚然,这是在学位论文答辩者缺席,可是其现如今的那些答辩委员们却一一出席,并积极投身于种种文化—意识形态的和学术战线上的公开性之中这样的情形——从谢尔盖·阿韦林采夫到鲍里斯·格罗伊斯——你能想象出,这会意味着什么,这一切又将会如收场呢?……

0.2. 在这样的一种对话化背景下,即"对话化背景"完全缺失这一情形下,《对话·狂欢·时空体》杂志提出的问题,不能不说有点"愚蠢”，不是么？比如说以周年纪念日作为其理由。笔谈问卷上的那些问题中，包涵着一个认真的、系统的“对思想的质询”，因而应抱着负责任的态度来回答这些问题，即有系统性地去回答——但是，这在客观上暂时还是不可能的，而在笔谈问卷中，这也许是不适宜的。因而，以下似乎是回答的这一尝试也不可能不是愚蠢的，或者，至少也是为时尚早的。可是，总应当在什么时候来开始一个真正的、坦诚的谈话。尽管是以笔谈的形式。

1. 论拉伯雷这部书，就像拉伯雷的描写中那样不体面地凸出来，而从巴赫金的遗产中“戳立出来”，这是由于我们没有进入这份遗产整体的视界。

巴赫金的作者身份在 20 世纪文化中的科学—哲学地位之间接的表达，不是偶然的——对于论陀思妥耶夫斯基那部书的中心命题，对于“彻底的全新的作者立场”这一命题——人们是——常言所说的，熟视无睹而十分轻视的：在主人公与“诸种声音”被解放出来这一新形式的条件下，这样的作者身份便显得好像是完全不可思议的了。论陀思妥耶夫斯基那部书，恕我直言，至今也不曾有人（研究者）涉足。

〈……〉

要是我们看不到哲学家巴赫金乃是从整个西方哲学——从柏拉图到柯亨和胡塞尔——而着手研究狂欢化的，那么，要来谈论“狂欢化”则是徒劳无益的。应当强调，这是着手研究“狂欢化”，而不是“分解”（如海德格尔），也不是“解构”（如德里达）。〈……〉

巴赫金论拉伯雷的这部论文，半个世纪之前已经答辩过的这部论文，它在某种意义上到现在也没有得到辩护。〈……〉

2. 狂欢理论的起源，我觉得，不能仅仅在狂欢节中去寻找：要想在狂欢中去看出并理解巴赫金曾看出与理解的那种东西，我们这个时代，20 世纪这一时代之当代性，想必是用得着的。巴赫金的理论——阐释学的（或者，用他的术语，更确切地说，也不是他的术语——对话性的）。〈……〉

如果我们没有先入之见地、仔细地去看一看论拉伯雷这部书的文本，看一看论陀思妥耶夫斯基那部书第四章有关长篇小说起源（源自生活中的那些民间狂欢的、滑稽草台戏的与丑角诙谐的表演领域）的那些文本，那么，我们就会看出，巴赫金感兴趣并非是一般意义上的“狂欢节”,并非是一般意义上的“笑”,并非是那些人际间(社会的—对话的)之经验的特定形式,那些形式在仪式典礼上——象征性的“形象系统”中已然得以成形,“狂欢的街头广场”便是那些形式之极度的外在化。这里说的乃是体验的语言。(巴赫金,一如西方的那些“对话主义者”和“阐释学家”,他一向定位于其中的,并不是那种柏拉图式的,而是“并无诗意的”、福音书上的那种作为“**话语**”而对体验之语言的理解。)况且,狂欢节的语言之涵义会远远超出狂欢节的范围,而不能从那种被“物质地”理解了的狂欢节中推断出来(几乎所有人都掉入这个陷阱之中了)。〈……〉

3. 在0、1、2这三点上所说出的这些,我觉得,会提供出一种基于言语分寸之考虑而去回避第三个问题的权利。在90年代里,我曾有机会读到或听到的关于巴赫金的最具智慧而普遍受益的评说,属于C. C. 阿韦林采夫:1993年1月21日,我曾到他家里去邀请他参加俄罗斯国立人文大学举办的巴赫金研讨会,他说:“我明白了,关于米哈伊尔·米哈伊洛维奇,我应当沉默几年才是。”

4. 巴赫金论拉伯雷这部书对世界学术界的影响不应被夸大:从以上所说的这些来看,这一点是应当被理解的:这一影响不可能不是——总体而言——相当表面的,我甚至要说,是寄生性的。要像巴赫金当年所已看见的那样去看出他所研究的材料,就必须非常客观地想象出那种“外位的”——相对于这一材料而言是“外位的”——20世纪的历史时空体,我们要从那个时空体里来看中世纪和文艺复兴时代——此外,我们还要同样清晰地想象出**这一距离的历史**(在《笑谑历史上的拉伯雷》这一章里,这一历史已部分地得到描述)。〈……〉

(周启超　译)

问卷之十一

E. M. 梅列津斯基(俄罗斯国立人文大学高等人文研究所)

1. 巴赫金论拉伯雷这部书同巴赫金之整体的语境是谐调的,因为巴赫金的狂欢性同梅尼普体讽刺与多声部性乃是相近的。

2. “狂欢性”——这是不仅仅在俄罗斯得以十分广泛流行的、中世纪文化的一种现象。

3. 拉伯雷的“狂欢性”更接近于文艺复兴时代的观念,而不是那些民间传统。狂欢观原则上是完全正确的，它部分地可以追溯到原始文化中的那些 трикстер 形象。

4. 有悖于第三点看法的是，我认为巴赫金论拉伯雷这部著作是非常有价值的，它在学术界已得到广泛认可。

（周启超　译）

问卷之十二

列夫·奥斯波瓦特(莫斯科)

1. 对我来说，论拉伯雷这部著作完全是米·米·巴赫金理论遗产的一个有机组成部分，它与这样的一些著作，诸如《陀思妥耶夫斯基诗学问题》、《长篇小说的时间和时空体形式》、《史诗与长篇小说》以及其他著作，乃是不可分割地相关联着的。这位思想家精神演变过程中所有这些著作的有机性，在刚刚开始的对于这一演变之已然深化的研究过程之中，将会得到充分的阐明。

2. 狂欢理论(或者说，民间诙谐文化理论)之起源，已经由米·米·巴赫金本人作了简要的界说——这既可见之于他论拉伯雷那部书，也可见之于那些与这部书相关联的另一些著作之中。在我看来，这一理论不仅是西方的而且也是全人类的精神文化之浩瀚经验——这一经验之中也含有“俄罗斯人对诙谐的态度”——的一种概括。

3. “狂欢观”所具有的令人信服的可信性与忠于史实的正确性，已经在论拉伯雷这部书面世之后这些年月里人文学科所获得的许多资料中，找到了确证。我不想对这一学说之所有的追随者——我对他们知之不多——已作出的贡献加以评价。我要说只是，像 А. Я. 古列维奇这样的一个巴赫金的对手，为促成这一学说更为明确已经做了不少工作。

4. 再次从个人经验出发，我首先要说的是，米·米·巴赫金这部伟大著作对于所有那些像我这样在“马克思列宁主义的科学”怀抱中长大的人，具有巨大的**解放**意义。而对于拉丁美洲文化研究，这本书则打开了一个全新的视界，使得人们可以在对许多事实加以考量之后去看出一些重要的规律。米·米·巴赫金的这些发现与论旨，也为祖国文学学中这样一些很具有专业性的领域，诸如，这位思想家本人为之奠基的普希金学，而提供了新的可能性。

在我看来,这样的一些作品,诸如维涅季克特·叶罗菲耶夫的长诗《从莫斯科到佩图什基》与阿勃拉姆·捷尔茨(A. Д. 西尼亚夫斯基)的《与普希金散步》,在生动而有力地见证着论拉伯雷这部书在近几十年来的艺术中所发挥的作用。

作为结束,我还要举出一个例证。这就是拉丁美洲当代最杰出的长篇小说家之一,秘鲁人马里奥·巴尔加斯·略萨。在其创作的早期阶段,他不仅曾经断然拒绝采用诙谐形式,而且还曾断言,诙谐——这是化解分歧的工具。可是,当他着手写长篇小说《潘达雷昂上尉与劳军女郎》(俄译本已出版)时,他改变了主意。在同苏联的拉丁美洲学家座谈时,他曾这样讲述道:

> 在我写《潘达雷昂上尉与劳军女郎》的时候,我了解到了苏联批评家米哈伊尔·巴赫金的一本书,这本书不同寻常地帮助了我。这就是论拉伯雷的那本书——一本最有意思的、专门用来探讨创作中的怪诞问题的著作。……巴赫金为我开辟出了那种要把孕生于民间深处的 burlesque①、怪诞给发掘出来之巨大的可能性。

重要的是要注意到,这位秘鲁作家在意识到这些可能性之后,又是如何对它们加以采用的。孕育出叙事的复调类型的"狂欢化的"文学传统,决定了他的长篇小说在情节—结构上的特色:"我感觉到,这是一个有多种声音在交谈的故事,在那里,人物的声音彼此打断对方,而没有任何转换过渡与描述性的铺垫……我,可以说,是把这个故事想象成了一个多重对话,犹如由诸种声音织成的一块布,那些声音彼此交错或者彼此分离,互相吸引或者互相排斥。"……

(周启超　译)

问卷之十三

H. Д. 塔马尔琴科(俄罗斯国立人文大学)

1. 以我之见,所有已为我们所知的米·米·巴赫金的著述,是大

---

① burlesque 法文,指的是那些文体故意与情节不相符的幽默诗、剧本等作品,例如用庄严词句描写滑稽场面,等等。——译者注

约在20世纪20年代中期就已经形成的他那个基本的思想结之一以贯之的与全方位的现实化。在这些著述中，我看出一种整一的诗学概念与美学概念的体系，这一体系的核心，便是作者之“外在于生活”的积极性同主人公在审美事件中的完成之生活涵义上的取向性之间的相互作用。我认为，这一事件的“构筑术”，是由巴赫金受到有关神人的争论——即E. H. 特鲁别茨基同Вл. 索洛维耶夫之间的那场争论[《Вл. 索洛维耶夫的世界观》(1913)与《生活的意义》(1918)]——的影响，而得以缜密地思索出来的。

这一思想与概念的体系，在其创建者之长达半个世纪的活动中自然不可能是完全的一成而不变。问题是，我们是否有权将之同论拉伯雷这部书联系在一起，而来谈论**这一体系之根本性的变化**？

我对这个问题的回答是否定的。在专论(《米·巴赫金与B. 罗赞诺夫：“生育之身”之思想与19世纪至20世纪之交“基督教伦理危机”》//《巴赫金学：研究，译介，资料》，圣彼得堡，1995年)中，我要证实的是，狂欢理论与怪诞的形象性曾是“生育之身”这一传统思想之具有独创性的展开与具体化。在其《阴暗的面容》和《月光之人》这两部书里，有罗赞诺夫对这一思想的诠释，而且在相当大的程度上，含有他同В л. 索洛维耶夫的那部专论《爱的意义》之间的争论。在围绕这一思想的“大型对话”中，看来，尼采(《敌基督徒》)和弗洛伊德(特别是在《超越快乐原则》一书中)的某些表述，对于巴赫金也曾是重要的。

由以上所言显然可见，我们有相当的理由认定《弗朗索瓦·拉伯雷的创作……》的出现，在巴赫金这里，绝非偶然，它的那些源头绝不是存在于20世纪30年代。那么，在巴赫金的学术遗产中这部研究著作之“异己性”这一看法，何以得到如此广泛的流行？以我之见，这原因有二：其一，一如托马斯·曼在论及列夫·托尔斯泰时所写的那样，读者大众普遍喜欢在伟人们的命运中寻找破坏性的剧变与急剧的波折。其二，显现出对巴赫金的创作所进行的研究之不足与人们对这一种模式之习惯：根据这种模式，思想总是在这一或那一时代之环境的作用下而形成而变化。巴赫金本人曾针对类似的企图——要以他那个年代政治上的变化来解释论拉伯雷这部书——而说道，对作家来说，在他身后乃是长达千年的民间智慧，所有这些变化不过是杯中风浪。我以为，在他本人的思想体系背后也曾有某种比30年代的意识形态氛围要更为重要的东西。当然,那个年代的意识形态氛围曾能迫使他去对某种东西保持沉默,去改变某些表达的方式,但不会迫使他去抛弃先前的信念而赶紧去“炮制”新的。

2. 对这些问题,我在某种程度上已经作出了回答。任何一种有价值的理论,当然不可能是通过对于事实加以简单的概括而就得以形成。否则,为此只需掌握逻辑并拥有专门的知识就足矣。需要有假说,那种假说能使人得以以全新的视界去看那些已然为科学所已知的事实。对于巴赫金而言,“生育之身”这一思想就曾是这样的一种假说,对于这一假说,他——有别于罗赞诺夫——进行了深刻的历史地诠释。与此同时,这一假说之**反末世论**的取向得以保留下来了。我要提醒的是,陀思妥耶夫斯基小说里对“卡塔西斯”的那个著名的界说——“……世上还没有过任何终结了的东西,世界的最后结论和关于世界的最后结论,还没有说出来,世界是敞开着的,是自由的,一切都在前头,而且永远在前头”——巴赫金是在同“狂欢式的世界感受”和“双重性的笑”这些概念之直接的关联之中,而做出了这样的表述。

巴赫金的这一学说具有多少民族独特性,我不想判断。我只是要指出,对于C. C. 阿韦林采夫《巴赫金与俄罗斯人对诙谐的态度》一文中的观点之有分量的修正,可以从Б. А. 乌斯宾斯基的《А. Н. 安法纳西耶夫的“代代相传的童话”》一文里找到——该文也刊发于以《从神话到文学》(莫斯科,1993年)为名的那一部文集里。

3. 学术上的一种理论同“晚近的研究资料”之相符或者不相符,这一点未必就能作为对这一理论之正确性加以判断的一种足以令人信服的标准——尤其是在人文学科领域。这里的主要问题——根据巴赫金的见解——乃是对文本的理解深度。从这一视角来看,狂欢说——我觉得——已经证明了并将继续证明自己的成效性。

至于说我们这些同行的功绩,那么,不管他们曾经是如何看待巴赫金的遗产,没有对他们的著作进行认真的分析,没有立足于这种分析的论证,在我看来,乃是不可能的。有必要强调的只是,第一位的任务早已不是对这位作者的这一或那一学说加以“完善”,也不是使之更为明确,而是将他的那些思想和他的那些术语**作为一个体系**来加以研究与考量。

4. 根据世界学术界正经历着的对这部书的兴趣来看,根据三十年来明显在增长而席卷着越来越多的来自不同国家的学者之兴趣来看，这一学说的意义是极为伟大的，甚至罕见的。关于这一学说在艺术中的作用，我只能说，这一问题在我看来是非常有趣的，值得专门研究。

（周启超　译）

问卷之十四

卡瑞尔·爱默生（普林斯顿大学，美国）

狂欢似乎代表巴赫金思想中的一个被推至极限的面向，即**未完成性（未完结性）**，生命、个性、交流与能量能够被无限循环与延展的一种可能性。但是，狂欢是对这一信仰的一种"民俗的"与神话的表征，而在其他阐释中，它则连接着狂欢这个词与尘世生活（比如，在离不开死亡的对话之中）。

在我看来，狂欢理论有数个源头：巴赫金本人对梅尼普式讽刺的兴趣，它源自巴赫金早年在彼得格勒大学在泽林斯基和伊万诺夫门下主修古典文学；马堡学派有关"休息"与"喘息"之价值、有关艺术必须发挥一种"精神假日"之作用的学说，尤其是马特维·卡甘 1920 年代初以降的著作；还有一种，巴赫金的那种对狂欢的理解：它是对非工作日，对人类精神的垂直维度一种前文明的庆祝（这是由格里戈里·波梅朗茨在 1960 年代提出的论点）；当然，接下来便是狂欢时刻之诸种宗教的层面。目前，在俄罗斯的研究者当中，并且不久便会在一些非俄罗斯学术圈中，存在着三种被借以理解狂欢的方式，有意思的是这三种方式彼此相抵牾。第一种，狂欢被视为转世、圣餐、祭祀神话：这派观点是阿维林采夫所追寻（与质疑的）；在美国，亚历山大·米哈伊洛维奇新近完成了一部关于巴赫金与东正教的著作，追溯了巴赫金的拉伯雷研究中的宗教足迹。加拿大学者查理·洛克是该领域的先驱者。第二，有些人更喜欢相反的阐释，认为狂欢实际上是妖魔化与斯大林化：康斯坦丁·伊苏波夫已撰写数篇文章来支持这种观点（狂欢一如伊甸园里的那条蛇），这与洛谢夫对巴赫金的否定观点相符；通过使用狂欢思想来解释装饰莫斯科地铁的恐怖躯体，米哈伊尔·雷克林对这一观点进行了更为后现代的处理。于是有了第三派观点：狂欢既不是神圣的，也不是妖魔化的，而仅仅只是一种文学阐释的手段，在巴赫金思想中等同于对话主义/多声部的手段。马赫林和戈戈基什维利已然借助这一更为不偏不倚、更具历史严谨性的方式探讨了文学类型学。

3. 与其说是狂欢节在政治化的领域里的那些应用让我信服,不如说是狂欢节本身更让我信服。巴赫金把狂欢解释为一个"时刻",一种内心的态度,它让我们摆脱恐惧,让我们无所畏惧地面对某一未知的、具有潜在威胁的力量(一如我们从他 1946 年的论文答辩记录所看到的)。他认为狂欢并非一种"政治的"或者"革命的"策略,可以长期以一种集体的方式被施用;"笑"曾是一种个人选择,它以那种被罗马人用来喂狮子的早期基督徒在角斗场上鼓足勇气的方式,曾赋予人以力量。人们会嘲笑天生的懦夫。人们不会组织一场围绕狂欢节的革命。

巴赫金对弗朗索瓦·拉伯雷的关注,极大地丰富了弗朗索瓦·拉伯雷的思想,但该研究仍然只是单方面的,它没有考虑到文艺复兴人文主义,对拉伯雷这位既笃信宗教又对上帝不敬的作家的信仰也考虑不周。巴赫金用俄罗斯民间价值观丰富了法兰西语境。这是一种具有振奋人心的文学想象力的行为,因此在文学批评的经典上占有一席之地。它会受到且也应当受到更具"语文学气质"的那些学者们的批评。

(陈涛　译　徐德林　周启超　校)

问卷之十五

肯·赫契考普(曼彻斯特大学,英国)

1. 一些巴赫金学者宣称,从某种角度来说,拉伯雷研究不具有典型性,这些说法让我感觉有点匪夷所思。历史资料显示,在巴赫金职业生涯的很长一段时间里,他都在从事拉伯雷与大众—节日文化这两方面的研究;就书面著述而言,内在历史化与小说性的大众文化这一主题萌芽于《小说话语》,发展于研究陀思妥耶夫斯基的那部著作的第二版,成形于《拉伯雷》的出版。不管你对《拉伯雷》的评价如何,你也很难把这样一段具有延续性的研究与思想看作是背离常规。那些人只是不喜欢他们之所见,而不是承认巴赫金很可能支持他们不认同的原则,他们随意地删减巴赫金著作中不符合他们论题的内容。

我认为最起码在巴赫金早期的著作和《拉伯雷》研究之间存在着明确清晰的联系。根据 1920 年代的巴赫金,美学体验旨在让人远离从动的、言必称我的一种**自为之我**观,这种观点只关注当下,而不能够把自己的生命故事叙事化,而后者是获得拯救的前提条件。在 1930 年代,

"小说"承担起了这个美学的"任务",可以说小说赋予了其构成要素——"各种语言"——以一种历史和叙述的形式,把这些语言的直接的物质所指换为其历史意义与目的的**间接**意义。拉伯雷课题只是这一论争的延续而已。狂欢世界是一个美学化的世界,**自为之我**,即个体的自我的观点,于其间让位于文化本身的历史洪流。狂欢的历史性旨在合理地看待特定个体所取得的当下、现世成就,把强权势力作为这些个体的模范。(这一点在涉及莎士比亚的《麦克白》的笔记中是很清楚的。)大众—节日文化把世界变成某种被"设定为任务"(构想的东西)的东西;它看重的不是现世的个体成就,而是对意义的追寻,渴望把个体生命变成一种涵义丰富的叙事、把它变为某种真正具有历史意义的东西。

当然也有新元素。我认为"民众"这个词被假定代表着神圣观点的某种世俗替身。大众文化的匿名性是它避免自身成为被感兴趣的对象或被束缚于当下的保证。但《拉伯雷》被假定要解决的基本问题,即怎么建立一个真正的现代"伦理现实"的问题,与这一解决方案的基本途径是相同的。当巴赫金讨论与笑谑文化朝同一方向推进的**非教条主义**严肃的类型时,他显然涵盖了康德与新康德哲学(一种"严格且科学的严肃"),这种哲学在本质上是"成问题的"和"自我批判的"(巴赫金,1965:133 - 134),对这一事实还有什么别的解释方式吗? 赫尔曼·柯亨的著作同大众狂欢有什么共同之处? 两者所解决的都是"视界的逻辑",即只知道世俗的自以为是的现代"自为之我"的问题。

2. 巴赫金对狂欢的阐释之直接的智力来源是多种多样的。我们知道,讽拟对巴赫金青年时期的"Omphalos"小组的文化案例极为重要,以及泽林斯基和某些德国观点对他解读经典的古代风俗大有裨益。关于巴赫金对大众—节日文化的阐释,最为突出的是其反复出现的尼采主义,"民众"和"生命"价值的联系(在他的研究中,民众比作家**更活跃,更接近**历史,等等)。在我看来,此间的突出在很大程度上是泽林斯基的影响,但也有人建议(汉斯·君特在本刊创刊号上的一篇文章),维亚切斯拉夫·伊万诺夫对尼采的解读是一个重要的源头。

然而,《拉伯雷》真正的"俄罗斯"元素却在别处。因为官方严肃与笑谑文化之间的区隔首先不是意指早期的文艺复兴,而是 20 世纪的欧洲,包括 20 世纪的苏联。不可能不注意到现代"官方严肃"是怎样的:

为之而将一切排除出日常生活的“更高目标”是一种一清二楚的全民自以为是(比如,“一国之内的社会主义”),而不是什么末世论或者来世论的东西。事实上,“官方严肃”是民粹主义的一个称号,而民粹主义乃是那种一旦某些可怕的现代意识形态掌权,全欧洲的右翼分子就会采用的策略(诚然,从这个意义上说,斯大林主义的的确确是右翼)。相反,拉伯雷对大众—节日文化的改造或者现代化呈现出“伦理现实”在二十世纪的欧洲可能采取的形式。虽然我相信巴赫金确实认为欧洲中世纪晚期的官方和非官方两种文化是当下趋势的历史源头,但他所描绘的两种文化选择是现在而不是过去的选择。在其拉伯雷研究中,巴赫金大致描绘了一种现代而非中世纪的对立,或者更为精确地说,一种现代版的中世纪对立,为现代危机所驱动。

毫无疑问,遭遇斯大林主义影响了巴赫金对一场波及全欧洲的危机的反应,而且他的民粹主义的类型也看似很有俄罗斯特色。但是,它是作为欧洲一部分的俄罗斯,作为欧洲社会危机正上演于其间的一个地方,而不是作为有别于欧洲之物的俄罗斯。

3. 历史地看,很清楚的是,巴赫金对大众—节日文化的理解是片面的,因为他的目的就是从狂欢中汲取他所需要的“现代”文化哲学的资源。但是,这种片面性突出地表现在他对这个问题的提出之中。在论拉伯雷这部书里,巴赫金将狂欢与官方严肃作为其中有着不同原则为其基石的两个分立的世界,来使之相平衡,这两个世界之间个体的活动确实有着不同的时间和空间。在他手中,这些文化元素代表的不是这世界内的两种不同的力量,而是世界本身之两个不同的观念,两个其意义和组织之不同的观念,这二者是不可能共存的。“官方严肃”乃是由个体的自我所构成的世界,个体的自我最终必然把这个世界和时间的流逝当作是对其成就与价值的威胁;“笑谑文化”则是由鸟瞰构成的,鸟瞰乃是不朽的“民众”之视野,它看重历史本身的运动,也愿意把每一个体的成就从属于人类奋斗这个事实:“整个人类沿着历史时间的水平方向的向前运动成为所有进化的一个基本标准。”(巴赫金,1965:439)

巴赫金不能解释这两种倾向是如何形成交集,因为这两者没有本体论上的共同基础,而这恰恰是证明了他的解释缺乏某种现实主义。但是,还有另外一个问题。尽管表面上巴赫金看重历史时间,扩展开来就是一个“活在历史中的”生命,他也相信所有社会角色是虚假历史时间前提。历史不是人们以一种抽象的方式负责任地生活的产物，而是人们按特定社会条件负责任的产物，作为家庭的成员，作为国家单位的工作人员，作为政治机构的成员，作为工人、经理，等等。从狂欢的角度来说，每个社会角色和与之相伴而生的世俗权力仅仅只是一种外在假象，实际上与历史相违背。但是，任何历史都不可能没有社会权力，都不可能没有社会角色与身份，再者说，问题的关键在于任何历史都离不开政治。

政治在巴赫金看来整个就是自以为是，只不过是言必称我的个体的观点的延伸。但是政治也是民众和"民族"有意识地使历史意涵丰富的工具。它实际上是一种历史的"美学"，或者是一种"被审美化的"历史。尽管我非常看重拉伯雷研究，但我认为这正好是它的历史运动观。

至于哪本著作对我们理解"狂欢"与狂欢化贡献最大，抛开 E. L. 劳德利等历史学家的著作，答案显而易见。彼得·斯塔利·布拉斯与阿龙·怀特的《政治与越界诗学》是西方已然出现的巴赫金意义上的最有意思与最具原创性的狂欢研究。这部书里关于狂欢压制与现代西方"文学"的出现的描述，是对文化认识当之无愧的贡献，而不仅仅是对巴赫金的概念的一种应用或者阐释。我们也不得不提到卡洛·金斯伯格著作《奶酪与寄生虫》，它精彩绝伦地描绘了大众文化与精英文化在十六世纪的一个意大利磨坊主头脑中的交汇。

4. 以我之见，《拉伯雷》是巴赫金力图对现代文化哲学予以持续阐释进程中重要的一步。从这个角度来说，我认为巴赫金所详尽阐释的文化概念实质上远比他本人所承认或者所希望的更加民主。尽管他把历史美化了，但他也承认一种文化不仅要给予它的民众"公正的"生活，而且还得是有意义的生活，不仅必须为民众提供现世的成功，而且还有"历史上的"地位。要去建构那种忽视问题的这一"文化"面向的民主之任何尝试，在我看来都将注定失败。

但是《拉伯雷》也是第二次世界大战后这段时间里的一种更为普遍的趋势的一个重要部分：逐步阐释"自下而上的历史"。巴赫金揭示了一个丰富多彩、充满创意的文化世界：他论证了大众文化绝不是一个愚昧与迷信的世界，任何一种要去书写好像如此的历史之企图都注定失败。卡洛·金斯伯格（上面提到的那本著作）和 E. P. 汤普森（《英国工人阶级的形成》）等人对过去的大众文化做了类似的事情：用汤普森自己的话来讲,他们已然把民众“从历史之极度傲慢之中”解救了出来。无论是过去的文化还是现在的文化,对文化的任何描述倘若拒不承认我们思考历史方式的这一转变,都将是微不足道的,或者是纯粹的意识形态。从这个角度来说,《拉伯雷》已经无可挽回地改变了人文科学。

(陈涛　译　徐德林　周启超　校)

问卷之十六

维亚切斯拉夫·伊万诺夫(莫斯科大学;加利福尼亚大学/洛杉矶)

1. 论拉伯雷这部书,在我看来,乃是论弗洛伊德主义那部书的自然延续。尽管在战后的年月里更为严厉的审查条件下,提及并认真地分析弗洛伊德的思想已经成为不可能的了。这两部书里,非官方的意识这一概念是相吻合的。如同在论弗洛伊德的那部书里一样,这一意识的那些形象,乃是从它们的集体主体那一视角而被考察的。这一主体——街头广场上的群众——确定了第二部书(论拉伯雷这部书)与在它之前的那一部书相比较而显现出来的许多特点。

2. 我认为,巴赫金本人对他所依据的那些事实与来源已经作了足够清晰的描述。去寻找另一些事实与来源,这未必值得。特别是,果戈理就首先属于俄罗斯方面的源头,人家当时不允许巴赫金将论果戈理的那一章列入已印出的文本之中(那一章是后来单独出版了)。

3. 我认为,这部著作的意义愈来愈在增长。许许多多中世纪文化研究者,都曾经行进在与之相似的道路上,赫伊津哈、雅克·勒·高夫等;顺便说一下,他们的视角,而不是**年鉴**学派在我们祖国的那些追随者或者模仿者的意图,同巴赫金的视角更为接近。勒·高夫将巴赫金笔下——狂欢的或诙谐的——那种特征称之为民间的,但这更像是一个术语称名上的差异。我发现,罗曼·雅各布森的那篇极有才气的文章《中世纪诙谐的神秘剧》,与巴赫金的那些思想尤其有很多相通之处。雅各布森研究古老的捷克那种被改编成戏剧来上演的怪诞的文本,在那种文本里,福音书的母题(拉撒路之复活)受到毫无顾忌而极为放肆的讽拟,被比之以作者那个时代的药品广告以及诸如此类的东西。我曾对巴赫金说过,这篇文章同他的那部书有惊人的相通之处,他对这一点也曾颇感兴趣。有趣的是,雅各布森征引那个年代某些用俄文发表的文章与著作。在那个年代,很多人从事狂欢这一主题的研究:一些民间文学研究家，譬如，普罗普，他在晚年回到滑稽理论上，一些研究古希腊古罗马的古典学专家：什克洛夫斯基曾就此而清楚地回忆起阿德里安·比奥特罗夫斯基——Ф. 泽林斯基的儿子，Ф. 泽林斯基对巴赫金那可曾是一个太重要的人了。要是可以来谈一谈我们30年代的学术界的整个前结构主义思潮的话，那么，对于这一思潮而言，狂欢这一主题便是那些基本的主题之一。在西方和美国曾以这一题目而进行著述的那些学者当中，除利奇之外，我愿特别举出泰纳，他去世之前最后的那些著作中曾提及巴赫金以及他论拉伯雷的这部书。巴赫金的这部书有许多追随者和继承者，在每一本研究著作中都有一些引人入胜的观察，但我目前还没有看出在这一取向上已出现那么有价值的推进。

4. 除了直接的影响(譬如，在对翁贝尔托·埃科那里，对这一点，我曾为《玫瑰之名》在杂志上刊发时所写的那篇后记中论及)，也还有许许多多有可能受到这部书之间接影响的情形。我记得，1966年2月，一到了约瑟夫·布罗茨基的家里(那时，他刚刚从流放中回来)，我就看到他有巴赫金的这部书，他将它称之为唯一真正的语文学著作。在他的那些诗与随笔中，一如在我们所有人的著述之中，都可以找到这部书的回响。这部书出版后不久，在莫斯科，在“文学家之家”这一活动场所，曾举行过一次对它的讨论。阿尼克斯特曾将这部书称为极有才华的，平斯基也曾以这样的基调谈论过，我则以“上层”——“下层”这一对立为话题而进行了与结构主义的一番对比。在大厅里到场的受邀作家并不太多，可是大家的兴致都很高。这部书立刻就成了不仅是学术界而且也是艺术界的一个事件，也会以这样的事件而载入史册的。在艺术中，在文学中，狂欢母题已出现在许多当代作家与艺术家的笔下，这曾是与时代的氛围相投合的；这类母题远非总是(比如说，在爱森斯坦那里)同巴赫金相关联着的。更为重要的是，他将新的(而不仅仅是中世纪的)艺术的主导性倾向之一给捕捉住了，并为我们更好地理解这类母题做出了许多。

(周启超　译)

问卷之十七

Г. К. 科西科夫(莫斯科大学)

从"外位性"到"反叛"

1. 我认为,论拉伯雷这部书在米·米·巴赫金的创作中是完全谐调的,尤其是在20世纪30年代他的那些著作的语境中,诸如《长篇小说中的话语》、《长篇小说话语的史前史》、《长篇小说中的时间与时空体形式》。这是《拉伯雷》得以从中生长出来的那种土壤——这生长,尽管是有机的但却不是直接而不经中间环节的[也许,经验不足的读者不能立即相信,《行为哲学》的作者,这位曾经全力捍卫人的个性之独一无二性的作者,与这位《拉伯雷》的作者,这位虽不无苦涩但却曾弃绝"渴望永生的个体(肉体上的和精神上的)反抗,反对变更与绝对的革新"——这竟然是同一个人],而是在米·米·巴赫金所经历的那种紧张的心智上的戏剧性遭遇过程之中发生的。

米·米·巴赫金创作中的一个原初性母题——乃是个性的**独立性**这一母题,这种个性能感觉到自己"内在的未完成性",因而能抵抗任何"外在化的非当面的界定"和"统一的**无个性的**真理",那种真理不是别的,而是对个体的主权和个体在世界上不可替代的位置的一种侵犯(尤其是对于这样的一些概念,诸如"存在之统一","意识之统一","精神之统一",米·米·巴赫金曾经是那么赶紧地不予接受,正是由此而来)。

可是,对巴赫金来说,难题在另一个层面上——一个个性的意识,究竟是以何种方式而同其周围的所有的其他的众多个性的意识**彼此关联**。

在《陀思妥耶夫斯基的创作问题》一书里,这一问题有两个相位——**本体论的**与**现世论的**(онтическая[①])。

在本体论的层面上(用米·米·巴赫金的表述,在"永恒性"这一界面上),这里说的是意识之"众多性",它们当中的每一个都拥有自身的"真理",那种真理不是在消灭而是在补充另一些意识之"真理";这样的意识不仅不会去实施彼此之间的暴力行为,而是相反,彼此之间会向对方提供"自我敞开"的绝对自由,因而就正好构成"没有被化约被归纳为

---

① 俄文原文为 онтический,现有的《俄汉大辞典》与《俄汉详解大辞典》均未收这个词。译者为此求教于远在彼得堡的一位哲学家,得到的解释是:最好将之译为"日常的","沉入日常生活之中的","并不需要形而上的论证的"。

单一的意识形态之分母的那些中心”之众多性，这样一来，“享有充分权利的”和“享有平等权利的”那些涵义级的整个集成，便得以结合成“最高的”、“和谐的”，“复调性的”统一——而成为“互不相融的诸种声音”之美妙的合唱。

现世论的层面——经验性的现实之层面（“现有”之层面，而不是“存在”之层面）则完全不是这样。在这里，任何一种意识都要承受来自所有的别样的意识那种随时而来的强制性的“外在化”与“物化”之威胁；在这里，占主导地位的是这些意识之间的“相互矛盾”，这种矛盾能弄到那种使概念、见解与评价相互排斥的地步；在这里，所有的“意识”与“声音”都滞留于没完没了的“争论”之中与“任何时候也不能得到解决的较量”之中，这一较量则使得对话性的对立成为“没有出路的”。

这样，在《陀思妥耶夫斯基的创作问题》一书里，从一方面看，有一个本体论的“多声部”原则，或者说，有一个聚和性的理想——无限众多的“互不相融的心灵”之“永恒地共欢乐，共欣赏，共唱和”；从另一方面看，则是对实际生活中的人们“没有出路的对话性对抗”之现世论的描述，在这种情形下意味深长的是，在对于任何一种哲学体系都是核心的问题——本体论与现世论之关联——之处理上，米·米·巴赫金几乎是故意地含糊其辞，他是用相当含混而模棱两可的——（合取的—析取的）——连词“或者”而将这两个层面关联起来：所有的“矛盾和双重性”，以米·米·巴赫金之见，都会分布在“一个平面上，作为并置在一起现象，或者，彼此对立，作为和谐的但并不相融合的现象，或者，作为没有出路地矛盾着的现象，作为不相融合的声音之永恒的和谐，或者，作为它们之间的不可消停的与没有出路的争论”。

从《陀思妥耶夫斯基的创作问题》到30年代里“长篇小说的”著述系列之过渡，至少有三个重要的因素可以被注意到：其一，在《陀思妥耶夫斯基》一书里已经被勾勒出来的本体论问题，现在几乎从米·米·巴赫金的关注范围里完全消失了；其二，由于第一点，几乎所有的存在能量从此都被集中于“我”这一形象上，对于这个“我”而言，还在《陀思妥耶夫斯基》一书里，世界就已经被分解为“两个阵营”：“在一个阵营里，是‘我’，另一阵营里——则是‘他们’，也就是说，不论他们是什么人，毫无例外全都是‘他者’”（用地下室人的话来说：“我可只是一个，他们则是全部”）；其三，从一方面看，会发生这个“我”之急剧的升华与问题化

(“唯一的我”，正如还在《行为哲学》中就已经被道说的那样)，另一方面看，则是对“所有人”的生活，对他们之现世的—非本真的关联那种不友善的注意力之集中：米・米・巴赫金对所有的那些现成的“对话关系”予以总体性的批判，那些关系在《长篇小说话语》中，被描述成对众多构成文化世界的“社会意识形态语言”之残酷的博弈，而且是在最为阴暗的色调中得到描绘。

这些“社会—意识形态的”语言，首先被米・米・巴赫金界说为明显“假定的”、“有局限性的”、“虚伪的”、“有欺骗性的”、“恶意地不与事实相符的”；在这种情形下，如果——根据米・米・巴赫金的界说——“任何一种直义与直接的表达都具有欺骗性”，那么，对于《长篇小说话语》的作者来说，出现“没有欺骗性的直接话语”之极为重要性这一问题，也是合乎规律而理所当然的。

巴赫金的那些“语言”的这种“恶意的不相符性”究竟又是由何处而产生的呢？它——来自于那些语言对**真相**之完完全全的漠视(既是在这个词之本体论的意义上，也是在这个词之客体的——认知意义上；在20世纪30年代的那些著述中，未必能遇到“真相”本身的表达)。如果说，在《陀思妥耶夫斯基的创作问题》中，巴赫金的主人公是一个活在自我意识之“非封闭性”和“未被确定性”之中的人，这样人总是极力去打破“别人论及他这人时所说出的那些话语之令人窒息的框框套套”，那么，在《长篇小说话语》中，占据统治地位的已然完全是另一种“主人公”了——这是已经失去任何独特性的那种个体，已经变成这种或那种“语言”之“自私自利的与持有偏见的私有者”，已经变成这一语言的“思想家”，或者，不过是“被体现的代表”(“被体现的视角”)，况且，重要的是，这些语言本身根本不是活在那些存在层面上的理念之中，而是活在那些纯粹是图生机图生活的利益之中：这些语言已然被生活中实际的自我肯定这一任务所吞没了。

在真相完完全全地缺失那种条件下，这也是不足为奇的：作为“被封闭的话语——意识形态上的视野”，也就是其体现者之“社会地位”与“具体情境”的盲目产物，这些语言当中，没有一种有能力去构建出对于世界的一种完整的观照；这些语言全都不过是被扭曲的“意识形态素”，游移不定的“视角”，转瞬即逝的“视野”，这种视角视野，能容纳的只是“世界的一小块，一个小角落”，本体论意义上并非是对这世界之根深蒂固的“看法”，而只是一些相对的“涵义假设”。

但是，如果每一种语言—意识形态素都建构出自己“有局限的”“涵义假设”，如果这样一来它们当中的每一种都满足于“孤立的自我意识”，而除了它们那些自私自利的“意向性”这一事实本身，它们并没有“共同的界面”，那么，这一点就会成为可以理解的了：为什么恰恰是米・米・巴赫金所描绘的那些离心的“社会力量”在不停地使“社会—意识形态世界”“去中心”，“去区分”，而发生“分层”、“分散”、“分开”，为什么这个世界内部的“沟通”会陷入“无法沟通”、“杂语”、“杂声”的状态，而“对话”——致力于“将人们——**说着不同语言的**人们——彼此之间的不理解推向极限的那种对话”，就会变异为噪音——“巴比伦式的语言混乱”。

不过，巴赫金在 30 年代里的对话还不能被归结为那些自足的语言之消极的“对抗”；那些语言是积极的，但并不是以彼此之间相互敞开的那种能力而显得是积极的，而是以彼此之间的相互对抗能力而显得是积极的；对话被米・米・巴赫金用权力这一术语来描述——而被看成是“为各种不同的话语——意识形态上的视角之主宰”而进行的防御性—侵略性的斗争，而被看成是众多的“言语支配力”之间的“敌意”与“冲突”，这一冲突为它们孕育着“胜利”或者“被奴役”；而被看成是将他人话语“据为己有”的那种“争夺”，他人话语则会对这样的“侵占”以及诸如此类的行径加以顽强的抵抗。这是——“垂死者、生活者、新生者”为生机为生活而进行的斗争，这是那种永无止境的“在生成”对话，那种从无从知晓的过去向不可完成的未来绵延的对话，这是那种终极的胜利在其中是不可能有的对话，那种“不可能被完全领悟的”、“不可能被彻底定夺的”、“没有希望的”、“没有出路的”对话。

巴赫金的“社会—意识形态的沟通”令人想起尼采的“透视主义”——它谈论的是那些众多的“权力中心”，能发动旨在互相毁灭之战争的那些“权力中心”，这并非偶然。对于米・米・巴赫金来说，在文化的整个空间里占据主宰地位的乃是集团的利己主义，意识形态的侵略与暴力：结果便是文化生活的实体性、本体论的基础与价值被剥夺。“整个世界沉没于邪恶之中”——《长篇小说话语》的作者想必会说出这样的话来，但他未必能补充出这一句：“光在黑暗里照耀，黑暗却没有拥抱光”，因为这“光”源——存在着的光之源，对于米・米・巴赫金来说，毋庸置疑,不是位于现有的现实之内部,而是位于现有的现实**之外部**:它被集中于被凝聚于“本真的人”这一形象,这一形象被米·米·巴赫金赋予一种外在于意识形态的特权,而这也就意味着,被赋予一种外在于生活的治外法权:“对于本真的人,全部现有的生活形式均具有假定性与不相符性”——巴赫金的一个轴心提法,一个在他的全部创作生涯中以不同说法出现的这一轴心提法,就是这样的。

这可以解释为什么早期的巴赫金就已经执著于寻求道德—审美的立场,这一立场会使得“本真的人”有可能去抵御敌对的世界,甚至去抗击这个世界。在《作者与主人公……》一文中,他把这样的立场称为“外位性”,将它界定为“外在于理性的”和“外在于生活的”积极性,这种积极性有可能使生活客体化。可是,如果说,在《作者与主人公……》一文中米·米·巴赫金还谈论“充满爱意的外位性”,那么,在30年代的那些著述里,当然就不可能提及什么爱的话题了。在这里,另一种任务被提出来了——就用这个社会杂语世界的武器来同这个社会杂语世界作战:以恐怖来回击恐怖,以审美的反强暴来对抗意识形态的强暴。承担起“本真的人”——能实施这种反强暴的“本真的人”——之功能的,便是“作者”;成为战斗武器的,则是“长篇小说”。

根据米·米·巴赫金的定义,长篇小说乃是“被艺术地组织起来的杂多言语,有时是杂多语言,而且是一个一个的个体所体现出来的杂多声音”。这意味着,“散文作者—长篇小说家”,绝不会满足于消极地放任自发的杂语本然地流动到自己的作品之中,而是要让这自发的杂语之本然地流动去承受积极的“艺术重塑”——要让所有落入他眼中的“语言”、“视野”与“意识形态素”去承受硬性的**客体化**,要将它们分别置于那些同其自身的“意向中心”有着各各不同的价值—涵义距离的位所,而使它们成为**描写对象**,而去建构这些语言之被奇异化了的形象,最大限度地——“去将它们展示为独特的言语物品”,也就是说,去对它们加以审美地制备,“完成”,而这一事实本身就已经使它们“瘫痪”与“疏离”。

当然,米·米·巴赫金对于这种艺术客体化是清楚的——这是任何一种“审美活动”必不可少的与不可避免的条件(“作为暴力之变体的艺术的完成”),也正是基于这一点,他致力于论证“长篇小说的”自身暴力的特征,而为身为长篇小说家的作者去寻求特殊的、只有这种作者才具有的那种对于社会—意识形态材料保持疏离性的距离之方式。

米·米·巴赫金将这种方式同“长篇小说的作者”之立场相关联,他在“傻瓜”、“骗子”与“小丑”这类原型性人物形象中看出未来的长篇小说作者之雏形。傻瓜之“难以理喻的愚蠢”,骗子之“快乐开心的诓骗”与小丑之“讽拟性的嘲弄”——这是历来就有的用以站到“外位性”姿态上的三种手段。骗子、小丑和傻瓜——这是“生活的演员”,他们拥有米·米·巴赫金心目中那种珍贵的“成为这个世界上的他者”之权利,拥有那种“对生活保持不参与”之特权;作为“本真的人”,“对这个世界上任何一种现存境况,他们都不会表示赞同,那些境况中的任何一种,都不会使他们称心,他们会看出每一种境况的背面与虚伪”,那种相符而等值的“人——对生活保持不参与的参与者,生活之永恒的窥视者与反映者——之存在的形式”,在他们身上被寻找到了,这正是“在描写的意识”之“外在于生活的”与“外在于理性的”积极性的那种形式,这种积极性的唯一目标——“抗击”它所描写的那一切。

可要知道,如果说,任何“直接话语”都是在说谎,如果说,任何一种社会语言——不过是“面具”而已,这样一来,“本真的与不容置疑的语言的面孔”便不会存在,如果说,无所不能的“社会杂语”环境在强行将一个一个的个体变成其“被体现的代表”,而“本真的人”得不到机会去穿越这一“异己的话语与杂多的重音”环境而达致“自己的涵义与自己的表现力”,那么,本真的人便别无选择,只有去占据“散文作家—长篇小说家”(小丑—骗子—傻瓜)的立场,而千方百计地着手去折断这些语言:借助于讽拟、讽刺性模拟文体、“反讽性标出重音以示强调”、“言语、语言与视野之边界游戏”以及诸如此类的手法,他会创造出对所有这些语言的“诙谐的与批判性的校正”。这样的“长篇小说”——已然不单是“杂语之微观世界”,这是杂语之“无情地—批判性的”与“冷静地—嘲弄性”的“镜子”——在这面镜子里,那些语言要承受“被外表化”与“被物品化”,除此之外还要承受一个屈辱性的手术——“被嘲弄”与反讽性的“被阉割”。巴赫金的“散文作家—长篇小说家”的这一“彻底的怀疑主义”,源自于“对原本意义上的人类话语之极深的不信任”,“几近于对原本意义上的话语之根本性的批判”,而被深化,被推至“对于整个语言思维进行讽拟”这一地步。

的确,在 30 年代里,米·米·巴赫金是千方百计地提升“长篇小说”的地位,但他这样做完全不是基于这一“在生成中的体裁”体现——

一如有时有人所以为的那样——诸种语言之“高尚的多元主义”,而是基于这一体裁使得这件事成为可能:以同样的一份幸灾乐祸的口吻去嘲弄对这些语言之集合,去嘲弄其中的每一个,而将这些语言的非本真性摆出来示众,使它们(一如在“集市广场”上那样)彼此交接。

“无家可归”的作者——并不拥有自身之“直接的”语言,感觉到自己对于现实具有一份反讽式的优越,诙谐之体现者——“能同这世界上的一切事物进行游戏”——这就是巴赫金的“长篇小说”的“意向中心”,这一中心放射出一种能量,这种能量毫无保留投向那种对于诸种社会语言之毫无怜悯的“揭露”与“揭露性的摧毁解构”。

社会对话主义之“没有出路的”世界与无家可归的“作者”——孤独地“抗击”折合世界的作者——米·米·巴赫金在30年代里所建构的“长篇小说”之深层的冲突,就是这样的。这个“作者”可不知道什么是人间的温暖与同情,他可是不怜悯人也不爱人(因为每一个爱都可能透过这已然意识形态化的世界而成为“被体现出来的代表”?);他甚至都不会真正地爱自己,而只是喜爱自己的批判主义,喜爱自己(不过也是“没有出路的”)**反讽**。

反讽,“没有终点的绝对的否定性”(黑格尔),“对于所有现象都有加以沉思审视对于所有的事物都要加以摧毁解构之观点”(佐尔格)——米·米·巴赫金之真正的“主人公”就是这样的,这种主人公早就由德国浪漫派培养出来了。可是,众所周知,除了可提供“否定性自由”之感觉的这份欣快,反讽也隐含着极为严重的危险:认定自己是“最高的意识”与“摧毁性解构性灵感”之体现者(佐尔格)之际,反讽者——用克尔凯郭尔的话来说,便不再感觉到自己是“总链条中的一环”,不再会“去尊重那些与之相邻的环节”,而基于这一点,那种摆脱了“现实的悲哀与痛苦”的反讽,也就会摆脱“它的快乐,它的祝福;须知对于它而言,没有什么高于它自身,而且也没有人来祝福它,因为小孩总是受到大人的祝福”。

米·米·巴赫金不仅没有躲避这种危险,而且,由种种迹象可以看出,他是与这一危险相向而行。不仅如此,在赞美反讽之际,他已然在内心里不满足于它了,他觉得它还是一个不够激进的否定世界的手段。难怪巴赫金在论拉伯雷的这部书里将反讽作为一个“**已退化的**”的笑来谈论,反讽之圆满的形态乃是“双重感情的—亵渎性的”狂欢的笑。

由巴赫金30年代里的"论长篇小说的"系列著作到《弗朗索瓦·拉伯雷的创作……》一书之转变，在我看来，乃是由对于世界在口头上的（讽拟的—反讽的）那种"外位性"态度，走向对于那种针对这世界的挑衅性的反叛之辩护，况且这里所说的与其说是一种量变，宁可说更像是一种质变。

其一，反讽本身在这里蜕变为"对一切都要加以亵渎的"纵情嘲笑。这种嘲笑准备去加以嘲笑的不仅是世界的非本真性，而且还有世界的本真性——任何一种真诚的信念、英雄主义、利他主义与热忱、诚实、认真、良心与羞耻、对亲人的责任，人间的温情、团结和善良。当然，米·米·巴赫金从来也不曾否定上文提及的这些正面的生活元素，但是，要知道，他大概也没有将这些元素作为他的任何一种哲学建构的基石。在他的著述里，明显占据主宰地位的乃是"否定精神"，而其原因之一可能就在于，这世界大多是以其权力的强制性与镇压性这一面呈现在他面前：绝非偶然的是，不仅仅专横霸道的（强暴式地得以硬性强加的）话语，而且有威信的（"内在地有说服力的"）话语，在他那里所引发的只是单一的纠结不已的愿望——"要获得自由"，将同这类话语进行"客体化的斗争"，"要去揭露这类话语之脆弱的一面，要寻摸到它的边界，要感受它的客体性"。

其二，如果说，"浪漫主义的反讽"一向曾经是同对于"绝对"、"理念"、"精神"——这种精神面对自己的那些"有终点的"现世论的体现，而能感觉出自身之本体论的丰富——那种信念相耦合着的，那么，这种反讽之极端化——它由米·米·巴赫金在"拉伯雷的时空体"中已然实现，而构成论拉伯雷这部书的神经中枢——就不是什么别的东西，而正是一种绝望的、由"精神"立场降至"肉体"立场这一义无反顾的下滑。作为高尚的生活元素的那种自由的与具有主权的精神，并不是米·米·巴赫金在论拉伯雷的这部书里所描写的世界戏剧的正面主人公；相反，精神之威信因其同"虚假的彼岸的理想性"之关联，因其同那些值得"毁灭"的"理想的夹层"之关联，而受到千方百计的贬损，如果说，精神也获得部分的辩护，那么，也只是在精神被卷入"物质的—肉体的行列"之时，那时，不是肉体受到精神的照耀，而是精神受到肉体的照耀！

在米·米·巴赫金的创作中，不难辨析出一个一以贯之的轴心母题——针对外部世界之强制性的权力，个体之浪漫的—颓废的恐惧与抗击。

〈……〉

一涉及反叛,那么,通常至少可以区分出它的两个种类:(1) 理性的精神针对外在的(社会禁忌、社会规范,以及诸如此类的东西)强制性与内在的("生命"、机体的"冲动"与个体的"嗜好")强制性而进行的反叛;(2) "生命"针对所有的举凡要迫使它去节制其本能的那些东西而进行的反叛("一个有精神操守的人",被赋予理性与目标明确的意志,他要实现举凡他的**"我"所想要**的,与此同时,作为"一个有活力有生机的人",承受着本能的驱动,承受着"自身的那些欲望之真理"的驱动,他会做举凡他的机体所欲求的)。反叛的这两个种类,既拥有自己的"真理",也拥有自己的"非真理"。"生命"作为能量与永不满足之不可枯竭的源泉而弥足珍贵,那些能量与永不满足在保障着确保"生成"之无止境,但是在这种情形下,可惜,生命所知道的只是"起因"与"欲望",而根本不知道"目标"或者"理想",因而,生命基于无道德性,对于道德价值乃是盲目的,不假思索就会制造出对道德价值的强暴。"精神",恰恰相反,它具有理性,它是自由而清醒的,可是,精神偏爱自我满足与保守主义;正是精神会创造出权威与传统——它们对任何一种自发性加以抗击。

"精神"与"生命"是彼此所不可或缺的,它们需要相互扶助,可是,在创作论拉伯雷这部书之时,"独一无二的"米·米·巴赫金并不想让这两者平等合作,结果便作出了一个痛苦的牺牲:以报复性地享受——这一享受是由那种放荡不羁的游戏所提供的:同"一切最为神圣而重要的东西"进行游戏,同"对于这世界之严肃的态度之所有形式"进行游戏——这一名义,他不仅将自己的"独一无二性"也将自己清醒的理性奉为牺牲品,而自觉自愿地弃绝自身作为一个个性之形而上的中心,这样做的时候,他是在想象:仿佛他这就得以拯救了,仿佛他这是以最后一搏而挣脱令人可憎的"虔敬与严肃之桎梏",而得以摆脱"这样的一些阴郁而沉重的范畴——诸如'永恒'、'牢不可破'、'绝对'、'不可变更'——的压迫",这样做的时候,他是在以为,他终于发现了对付"这个世界"之虚伪"真理"的一付万能的解毒剂,实际上呢,他却沦为无主体的生命"自发力"的奴隶,成为那种怪诞的集体性"肉身"的一个肢体,这种"肉身"知道的只是"使个性丧失的整体之智慧"。

2. 在俄罗斯并不为人知的“狂欢节”——没有动用什么花招而就被人家同“人民性”理论（这一理论，恰恰是在 30 年代里，由 Д. 卢卡契与 M. A. 里夫希茨在那场反对“彼列韦尔泽夫习气”的斗争中所创建出来的）耦合到一起的这个“狂欢节”，而且受到那时尚未翻译过来的拉伯雷这一享有很好口碑的名字所照耀的“狂欢节”，成了米·米·巴赫金进行哲学构造的合适材料，虽然在这一构造同历史上实际存在过的狂欢节之间重要的缝隙这一话题上的那种具有根本性的看法，已经由 A. Я. 古列维奇还在 1966 年就提出来了，自此之后已然得到深化与扩展。至于说到“俄罗斯的聚和性思想”，那么，一种理论——一种“围绕着肉体的人”来建构“世界之全部图景”的理论，未必有可能去奢求与这一思想之相通。这一学说同拉伯雷本人的关系上也是相去甚远。拉伯雷乃是一个基督徒与文艺复兴时代的一个人文主义者；他相信的并不是“人这一种类之失落了个性的肉身”之恶魔般的增长，而是人类精神的增长，这种精神有能力自个儿去将自己变成举凡他可能会成为的且应当成为的那样子，也就是说，这种精神有能力去实现作为理性的—道德存在之人的那些类属潜能。在米·米·巴赫金笔下，战胜社会生活之非本真性，战胜死亡的，乃是“物质的—肉身下部”的无穷无尽的生理性强力，在弗朗索瓦·拉伯雷笔下——则是人类精神的无穷无尽的潜力。谁不但读了米·米·巴赫金论拉伯雷这部书，而且也读了拉伯雷本人的那部作品，谁就会清楚地看出这一点，一如也会清楚地看出，拉伯雷并不曾是一个描写“民众之大合唱的巨匠”，而是一个学者—人文主义者，一个文艺复兴时代的知识分子，这种知识分子绝不会将自己的声音融合于“街头广场上的笑声”，而是让这种笑声承受精致的加工，对它进行精巧精湛精彩的**模拟**，而使之服务于那些既是同巴赫金的目标也是同历史上本有的狂欢节的目标绝对大相径庭的目标。

3. 在其准确意义上的米·米·巴赫金的“追随者”，以我之见，没有。有的是他的创作之研究者、注释者、解释者，这些研究者、诠释者与解释者在干着重要的事情而值得感谢。原则上与巴赫金有分野的“论敌”（在其著作为我所知的那些作者当中），我可以想象出来的是 C. C. 阿韦林采夫，Г. C. 巴季谢夫，H. K. 鲍涅茨卡娅，M. Л. 加斯帕罗夫，A. Я. 古列维奇，Ю. H. 达维多夫，A. Ф. 洛谢夫，B. E. 哈利泽夫。

4. 论拉伯雷这部书，不仅仅对祖国的哲学—文学学思想，而且对西方的哲学—文学学思想都产生了推动性的作用（对欧陆的哲学—文学学思想之作用程度要小一些，对盎格鲁撒克逊的哲学—文学学思想之作用程度则要大得多）。

（周启超　译）

问卷之十八

С. И. 皮斯库诺娃（莫斯科大学）

1. 完全有机地与之“相谐调”，可以作为其佐证的是——《陀思妥耶夫斯基的创作问题》与《弗朗索瓦·拉伯雷的创作……》由米·米·巴赫金本人在《陀思妥耶夫斯基诗学问题》一书中，在专门讨论这一体裁——说得具体些，梅尼普体裁之历史诗学那一章里，联结起来了。对于米·米·巴赫金著作的那些读者——那些赞同《诗学问题》第四章的基本观点的读者，对于同该书的那些“概念”打交道的那些研究者，首先是同其中最有争议性的概念（例如，在 С. С. 阿韦林采夫的眼中），而在我们看来却是非常富有成效的：梅尼普体——米·米·巴赫金这两部“主要的”著作之间的“亲缘关系”，乃是毋庸置疑的。这两本书都基于下一个问题中所提及的“聚和性”思想，但不一定是俄罗斯的。西欧中世纪的“聚和性”，其中也包括西班牙的“聚和性”（我现在写的是我更为了解的东西），它是围绕着神秘的“基督之身”的那些隐喻——神话素而得以建构起来的，它在民众的意识中获得了那种已得到清晰表达的身体的色调（天主教的狂欢节在其鼎盛期，首先就正巧被安排在“克里斯蒂之身躯”节——基督之身节，这个节日专门献给圣餐仪式之神秘举动，这绝非偶然）。在文艺复兴时代，神秘的“基督之身”在那些“基督教人文主义者”的诠释中成为一种象征——人类在基督身上的**精神上的**整一之象征，不过，这并不曾取消民间的“解读”。像《愚人颂》或《堂吉诃德》这样的书，就是将两种传统糅合于自身之中。米·米·巴赫金在论拉伯雷这部书里“附带地写了写”第一种传统（可惜的是，这是在已然忽视法国作者笔下的形象性之“基督教——人文主义”的色调之后），而仿佛是在论陀思妥耶夫斯基那部书里续写第二种传统，可要知道陀思妥耶夫斯基不是白白地认定塞万提斯的长篇小说乃是“人类思想之终结性的……话语”。

2. 狂欢理论的哲学美学起源是众所周知的：尼采，维亚切斯拉夫·伊万诺夫，整个俄罗斯象征主义文化之游戏的、“创造生活”的氛围。我想强调的只是，论拉伯雷这部书与O.M.弗赖登堡的《情节和体裁诗学》(1936年)一书里的许多论点有着直接的关联。我这已经是部分地回答了下一个问题，因而，我现在就来简要地总结一下：巴赫金的狂欢理论既能概括那一个西班牙之中世纪文化的历史特征(这已为西班牙的研究者们所认可)，也能反映“俄罗斯人对笑的态度”，一个并不排斥另一个。借用何塞·奥尔特加·伊·加塞特的语言，可以说，西欧的狂欢节之某种“真相”只有在俄罗斯的哲学文化与俄罗斯的历史经验的“配景”之中才能够被发现。

3. 上述所言并不会取消这样一些工作的必要性与可能性：要对米·米·巴赫金的理论建构加以许许多多旨在使之更为确切的说明，要用那些在总体在整体上曾落在他的视野之外的诸种文化的经验(西班牙的、拉美的，以及其他的)来丰富这些理论建构，这样做的前提是，狂欢理论的一些基本论点是完全适应于那些资料——我且说得具体些吧——西班牙的民族志，这就使得专治西班牙学的学者们(我在这里要举出的首先是A.雷东多，Э.克罗，Ф.拉萨罗·卡勒泰的著作——更多细节，请参阅我的文章《塞万提斯之笑的起源和意义》//《文学问题》，1995年，№2)有可能颇有成效地对这一理论加以运用和发展。在米·米·巴赫金的那些追随者当中，我倒是想特别提出Л.Е.平斯基，他所承继的正是《弗朗索瓦·拉伯雷的创作……》一书作者之哲学—美学的(而不是诗学的或符号学的)思考路径。

4. 我以为，对这一条的第一个问题我已经作出了回答。至于第二个问题，那么，对于“近几十年来的世界艺术”是无法作整齐划一的等量齐观的。众所周知，米·米·巴赫金的狂欢思想，对于好些极为重要的拉美作家的创作产生了影响，例如，M.巴尔加斯·略萨(И.А.捷尔捷良对此已有过论述)。我不太熟悉当代西欧与北美的艺术。但在我看来，它同解构主义者们的思想更为相投合，后者同米·米·巴赫金——“一个基督教人文主义者”——的思想，外表上相似，但实质上却是有着原则性对立的。我再次征引奥尔特加的一句话：“魔鬼——这是等级与前景之缺失。”而它在当代“世界的”艺术中乃是存在的。巴赫金的狂欢，拥有其全部具体的—历史的与乌托邦式的激情的狂欢，则正是以“等级”——可以对之颠覆、摧毁、重新构建的“等级”——存在着这一前提而存活着。

（陈爱香　译　夏忠宪　周启超　校）

问卷之十九

鲍里斯·施奈德曼,热罗莎·皮雷斯·费雷拉(圣保罗大学,巴西)

1. 我们认为,论拉伯雷的这部书同巴赫金的创作道路是相应合的。他的所有创作都得到了对话式的发展,因而有时似乎是他的某本书与另一本书之间的一些学说存在着很大差异。可是,作为对话性思维,他的所有著作都是有机地关联着。

2. 从理论视角来看,我们没有思索源头,而是研究文本结构与文本之间的关联。对我们来说,西方古代的与中世纪的文化元素和"古罗斯的诙谐世界"有着相同的意义。这一切在巴赫金的这部书里都得到特别丰富的揭示,这部书从新的视角展示出拉伯雷的复杂世界。

3. 狂欢学说完全令人信服。它有助于理解那些与生命力相关联的、通常是被压制的许多文化事实。狂欢节本身会创造出那种自由而越界的、对于日常生活的典礼习俗加以颠覆而使公共生活极为流变不居的领域。

我们认为,已经出现的反驳——那些反驳要求对"阶级归属"这一概念同中世纪的文化事实之间的关联加以更为确切的说明,还有不能将全部文化生活都归结为市民的这一提醒,都是十分正面的。对巴赫金的那些论断的讨论,甚至是对它们加以质疑,只会有助于更好地理解这位俄罗斯思想家所研究的问题。

4. 我们看中这部书,将之看成当代对文化的思考上的主要亮点之一。这部书有助于我们去考量那些同巴西民间传统相关联的许多问题,我们也深信,这部书会在不同民族的文化研究中开辟出新的可能性。

（陈爱香　译　夏忠宪　周启超　校）

问卷之二十

克雷格·巴兰蒂斯特(谢非尔德大学,英国)

1. 依我看,认为巴赫金的《拉伯雷》与他的其他著作不具连贯性似乎是可能的,只要我们不要去考虑他的思想体系之整体发展,假定他的早期著作以某种方式代表他的各个时期的思想。当然，这些文本的论证风格与方法存在着很大差异，但这并非不符合巴赫金从伦理哲学的概念性问题，总体转向更加历史化的文化概念。当巴赫金在1930年代初开始利用卡西尔的观点的时候，他吸收了大部分的黑格尔方法，尤其是关于文化形式的历史演变的方法。卡西尔关于神话与批判的"象征形式"的辩证法，被巴赫金嫁接到了对社会组织的官方与大众形式的一种民粹主义反对之上。在1930年代以来论小说的那几篇核心论文里，这种辩证法得到了详细阐述，但在拉伯雷研究中达到了极致，在那里，中世纪晚期的人被证明要么生活在神话世界中，要么生活在批判世界中。小说家被证明消融了中世纪世界的分歧，听任构成文艺复兴时代文化的批判性入世态度。自早期著作以来，巴赫金一直在此保持着一种伦理的立场，一种对逻辑因果关系的怀疑，坚持开放的存在、人类的自由而有意义的行为之能力，以及在这样做的过程中，自由地创造未来。因此，黑格尔式历史主义被重重地赋予见诸巴赫金最早期著作的一种伦理开放性。

2. 巴赫金的狂欢概念之智识源头可以追溯到德国的唯心主义哲学，尽管人们必须注意到，巴赫金对这些理论源头的挪用极具俄罗斯特色。巴赫金早年对舍勒和马堡新康德主义的现象学的关注，为其思想注入了一种对存在的开放性，以及社会理念在道德行为中的重要性的执著。然而这恰恰与俄国民粹主义者们早期的"主体社会学"相吻合，这些人通过坚持基于农民公社的农村社会主义的可能性，将俄国从"原始积累"的发展逻辑中拯救出来。尽管拉夫罗夫和米哈伊洛夫斯基仍然坚持社会主义在形塑社会行为中的伦理价值，但他们依然在很大程度上依赖于早期的新康德主义哲学家。这一传统即是巴赫金的挚友马特维·卡甘在1921年所注意到的与柯亨和纳托普的联系，我敢肯定这种联系直接影响了巴赫金借以对斯大林在第一个五年计划里所发起的"原始积累"的集中化过程做出反应的方式。巴赫金作品中的民粹主义转向似乎与此非常契合。正如前面所提到的，到拉伯雷研究的时候，卡西尔已然对巴赫金思想影响重大。在卡西尔基于语言哲学捍卫"极端怀疑主义"的批评力量与笑谑在文学中的"现实主义的"影响的地方，巴赫金将通过狂欢节找到这些哲学睿见的仪式性对应物。毫无疑问，卡西尔的民粹主义观点对巴赫金的相关概念助益良多，但是正如伊万诺夫所断定的那样，人们不能排除尼采早期著作的影响。巴赫金似乎以一种民众精神把彼此相异的哲学思想融合到了一起。《巴赫金全集》第五卷中有关这一主题的零散之作发表，证明巴赫金肯定未曾幻想，无需严格的限定，狂欢节的概念便可应用到俄罗斯文学。很明显，它并非旨在批评俄罗斯文化（尽管巴赫金认为考察俄罗斯文学时某些方面很有用），它是带着民粹主义倾向透过德国唯心主义哲学的棱镜，分析欧洲文化的某一特定阶段。

3. 当然，巴赫金对大众动力主义的颂扬，突显了在他那个时代（与我们这个时代）时常被忽视的大众文化与文学的方方面面。虽然我们很难把巴赫金论述中的中世纪晚期的人的精神分裂性接受为时代心理状况的范畴，但是它确曾引起了我们对大众意识矛盾性的关注。在我看来，A. 古列维奇对时代社会意识中各种矛盾概念混杂的坚持，帮助我们逾越了巴赫金为我们提供的简单化的二元对立。尽管平日与节日之间的分歧有时可以调和，但是对中世纪农民栖居于其间的两个“世界”的呈现只是一种辩证的建构而已。卡洛·金斯伯格的著作已然大有作为，证明了在某一时刻身处社会边缘的人如何尝试批判性地融合书本文化与口头文化，以及在某些情况下，公开表达与正统观念迥异的种种见解。这种分析也曾得到过爱德华·汤普森在另一语境下的提倡。在那里，英国工业革命时期的都市劳工被证明通过考察狂欢式娱乐活动借以变成反抗性政治行为的方式，保护了他们传统的守灵与盛宴习俗。一如在斯塔利布拉斯和怀特的狂欢研究中，在这里我们看到狂欢并非在本质上是对抗性的，而是可能在某些场合下变成对立性思想与行动的焦点。詹姆斯·冯·戈尔登和卡垂奥娜·科里对俄罗斯与苏联的集体庆典做了细致入微的分析，其中吸取了巴赫金著作的思想，以突出这些节日庆典活动的多义性，但是对节日可能发挥的保守作用之觉察使他们的热情有所缓和。在这些著作中，狂欢节不再凸显为社会力量本身，而是某种必须基于其历史与体制语境予以理解之物。这就包括了“民众”本身这一概念，它是一个相对而言未建构的现象，需要进一步分类才能帮助我们在维持巴赫金研究的批评价值的同时，超越其局限。

4. 拉伯雷研究已经贡献良多，重新定位了左翼文化历史学家与批评家，从对文学经典的迷恋转向对大众文化价值的再认识。马克思主义批评尤其注重文学经典，以一种极度的优越感对待大众文化，这在卢卡契与法兰克福学派的著作中清晰可辨。虽然已有它曾导致了某种极端重组的场合，但它很快便稳定了下来，毕竟精英主义历史的势力太过强大，不容易被推翻。罗伯特·斯塔姆讨论巴赫金思想在电影分析中的重要性的著作已然大显身手，让该领域向更具唯物主义色彩的分析，而不是流行于1970年代与1980年代的受结构主义支配的方法敞开大门。事实上，就像巴赫金的大部分著述一样，《拉伯雷》这部书确实让话语的特殊性在足以抵制许多“后现代的”理论之泛滥的相对主义的这一个思想主体之内，得到了更为准确的阐释。在上述的每一例证中，拉伯雷研究的影响即使不能被视为具有进步意义也是无害的。

（陈涛　译　徐德林　周启超　校）

问卷之二十一

奥古斯托·蓬佐（巴里大学，意大利）

1. 论拉伯雷这一文本，是巴赫金的著作——包括他曾以沃洛希诺夫与梅德维捷夫之化名所发表的那几本书——的有机组成部分。《弗洛伊德主义》（沃洛希诺夫，1927年）一书里中所做出的官方意识形态与非官方意识形态之间的区隔，在《拉伯雷》一书里被置于人文主义时代与文艺复兴时代的文学的关联之中而得到了发展，而对文艺复兴时代的考察，则是通过它与中世纪喜剧——大众文化之诸种低级体裁之活生生的关联来进行的。《马克思主义与语言哲学》（沃洛希诺夫，1929年）中所表现出来的对一般符号，而不只是对词语符号的兴趣，在《拉伯雷》一书里的发展，见诸对欧洲高雅文学中的词语的与非词语的狂欢符号之转化的分析。此外，值得注意的是，当巴赫金为1963年修订版重拾他论陀思妥耶夫斯基那部书的时候，他整合之以一个专章，讨论陀思妥耶夫斯基复调小说的起源，这一根源可以追溯至大众文化的那些亦庄亦谐的体裁。

复调小说被认为是“狂欢化的文学”之最佳表达。就《拉伯雷》而言，巴赫金致力于小说文字的史前史，他认为它见诸大众文类的喜剧性与讽拟。此外，符号是杂语性的，而就词语符号而言，符号表达语言生命的各种离心力，巴赫金的这一符号概念在《拉伯雷》中通过他对公共空间语言的分析，在对粗俗表达同时褒贬的双重属性的分析中得到了肯定与发展。例如,巴赫金之提及陀思妥耶夫斯基笔记中由一个带着不同含义而被使用的俗词所构成的一段活泼对话(沃洛希诺夫,1929年),同他在《拉伯雷》一书中对于怪诞身体及其残留物之语言意识的延展性和含混性的分析之间存在着密切联系,这让人不免想起他所称之为狂欢的那种复杂现象。

总而言之,在巴赫金的整个观念的形成中,《拉伯雷》占据着一个核心的位置。不同于对马克思主义进行过分简化与令人窒息的诠释解读与具体实现,相反,巴赫金发展了马克思的这一思想:人类乃是在必然王国终结之处而得到充分实现的。因此,一个有效地替代资本主义制度的社会制度,乃是将自由时间——为一个人自身之他者性所需也为他人之他者性所需的非工作时间:在巴赫金所讨论的那种同文学的"长远时间"有着密切关联这一意义上的"节庆时间"——视为真正的社会财富的那种制度。

2. 在《拉伯雷》中,巴赫金告诉了我们狂欢对他本人之意谓。他使用该术语意指这一复杂现象:它存在于所有的诸种文化之中,由定位于喜剧性与快乐生活的态度、观念和词语与非词语符号体系构成。因此,狂欢不仅仅关涉西方文化,也不仅仅关涉俄罗斯精神,而且关涉世界范围内举凡关乎人的任何一种文化。现今,我们正在见证生产性的与效率性的意识形态通过全球通讯的传播,它同狂欢化视界形成鲜明的对照。这一差异也关涉已然恶化的那种已被竞争逻辑所贯穿的生产主义的个人主义。与之相对的,是基于身体间性、基于自身之身体与世界、与他人身体之纠缠的怪诞肉体观。然而,即便这占据主导地位,生产主义的逻辑、个人主义的逻辑、效率主义的逻辑并未成功消除人向往非功利性这一构成性的倾向。人类是非功利性的。基于人的这种使命狂欢化便会一直持续下去。这一点已由文学写作所佐证。所有文学作品无一例外地在表达人类拥有非功利性这一不成文的权利。事实上,在奥维尔的《1984》一书中,它所描绘的那种对生产性的与效率性的社会制度的最终抵抗,由文学进行了表征。在这个意义上,我们可以说,文学现在是并且将来也永远会是狂欢化的。

3. 我相信,人文科学之所以可以被叫做人文科学,其原因超越了人文科学关注人这一事实。我希望"人"依旧可以被视为一个价值性而非描述性的形容词。"人文"科学乃是认可人类的非功利性权利的科学，而这一权利将构成理解人类所生产的符号、文本与作品的基础，并不存在那种一丝一毫的非功利性、某种反常且百无一用的细节于其间均无迹可寻的人文产品。通过对非功利性的这般坚持，人类证明其存在便是其目的本身。在如今的文化里，这只能是一种个人的表达，单个艺术家的表达。反之，在往昔的文化体系中，功利性之缺失、无节制而超越、对目的就在于自身的人类及其产品的维护，乃是在狂欢节中找到了集体的表达。

在那些论文与学术著作的作者当中，找不到巴赫金式的视界之继承者，然而在作家当中，尤其是小说家当中，却是能找到的。不是在这个或者那个国家的作家当中，而是在世界文学的作家当中。例如，叙事在复调方向上的最大发展就不仅见诸西方作家（佩索阿、卡尔维诺、昆德拉、布尔加科夫，等等），而且尤其见诸拉美小说家。要诠释巴赫金（就要看到）巴赫金不曾邀请科学家、评论家或者是符号学家来庆贺他的重生，而是邀请作家。

4. 基于上述种种理据，可以看出，巴赫金论拉伯雷这部著作在当代文化中具有核心的重要性。甚至巴赫金自己也曾明白他的思想体系基于论拉伯雷这部著作所取得的发展成就。事实上，《陀思妥耶夫斯基》1963年的第二版就包括有关对话、小说、狂欢化之间关系的一些增订内容。我相信，巴赫金的这部书已经并且将继续直接或间接地影响人文科学，尤其是在文化逻辑学研究之中，一如在文学理论与文学批评领域之中。可是我也相信，巴赫金的《拉伯雷》已经直接或间接地激发了文学创作。很难说出作者是从何处获得其灵感，除非身为人之作者做出明确的说明，而说明依旧需要通过将这样的说明与身为作家之作者的作品本身加以比对来进行证实。不过就意大利这个范围而言，可以断言的是，翁贝尔托·埃柯的《玫瑰的名字》、达利奥福的《小丑的秘密》，也许还有伊塔洛·卡尔维诺的一些作品，可能至少都曾呼吸过巴赫金的这部杰作所创造出来的那种气息。*

（陈涛　译　徐德林　周启超　校）

---

* 本文由意大利学者苏珊·彼得里利由意大利文译为英文。

问卷之二十二

加林·吉汉诺夫(牛津大学,英国)

1. 巴赫金对生活与文化(形式)之间关系的关注,将早期、中期与晚期巴赫金的那些看似零散的著述连接在一起。在其早期作品《作者与主人公》中,巴赫金就已经满怀激情地警告过,“生活总是退缩并深藏于自身之中,总是退居到自己内在的无限之中,害怕边界。”(转引自 V. 利亚普诺夫译本,第 203 页)他主张艺术的存在不仅仅是一个哲学悖论问题的努力,而且推动了对艺术的社会地位的探索(1920s),以及对文化形式(小说,狂欢)可以挪用生命而不破坏其多样性和能动性的途径的探索(1930s)。

我认为,《拉伯雷》的直接先驱见诸沃罗希洛夫的《马克思主义与语言哲学》。在那本书中,他将不同层面的生命—意识形态等同于意识形态本身。然而与此同时,他坚持认为这些层面本质上是统一的,通过语言的运作而结合到一起。正是源于这一区隔,才出现了巴赫金后期对于官方文化与大众文化的区分。如果人们认真研读 1920 年代后期“巴赫金小组”的论著,就可能明白为什么随着时间的流逝,巴赫金变得如此专注于褒扬非经典的(个体的和大众的)文化的力量,来创造看似避免了形式的无情桎梏与僵化(小说)的常新开放的艺术作品,或者培养和表现乌托邦的但有约束力的生命行为原则(狂欢)。巴赫金的《拉伯雷》没有偏离,反而是非常有机地延续了“巴赫金小组”关于意识形态与语言的工作。

这部著作不仅受到马克思主义方法的启发,而且也受到马克思主义与新康德主义生命哲学之融合的启发。我不倾向于认为,一如 H. 鲍涅茨斯卡娅所断言,在巴赫金撰写《拉伯雷》一书的那个时候,“马克思主义取代了对于新康德主义的定位”,在 1930 年代巴赫金的那些文本中,马克思主义,或者宁可说是黑格尔主义,没有取代,也没有废止或者抹去新康德主义。一如我在其他地方所主张的那样,黑格尔主义仅仅是让新康德主义成为一种原画复现,依旧清晰与积极地活跃于表面之下。有鉴于此,应当设法以全新而不同的术语来重新描述《拉伯雷》一书在巴赫金的经典中的地位。巴赫金的著作,不是在每个特定元素应当与其他元素匹配于其间这一“系统”的意义上,而是在由稳定的(而非静态的)哲学假设所支撑的那种持续流动的意义上,呈现出一致性。

2. 巴赫金狂欢理论之来源这一问题，一如关涉其智识背景的任何其他问题一样复杂。卡瑞尔·爱默生已经描绘了一幅广阔的图景，挑选出了狂欢概念之几个不同的来源。在我看来，这里有三组重要的来源。首先，俄罗斯与德国有自成一体的位居领先的或者与别的学科共享边界的学术研究与文学批评，这一点应当得到考虑：维亚切斯拉夫·伊凡诺夫有关“通俗艺术”的著述、奥尔加·弗赖登贝尔格论讽拟的著作、Л. 蓬皮扬斯基和 И. 拉普申对陀思妥耶夫斯基小说中的闹剧/喜剧层面的研究、卢纳恰尔斯基有关笑谑的文章、卢卡契与别尔科夫斯基有关现实主义的著述(1940年版的《拉伯雷》含有与别尔科夫斯基的长篇辩论，提及卢卡契的“现实主义史论”)，福斯勒、斯皮策和另一些学者有关文体学、法语语言史与文化史——其中包括拉伯雷——的那些文章与著述。其次，有一组可以谓之为哲学的源头。其中，最为突出的是尼采的《悲剧的诞生》、西美尔论文化哲学的著作、罗扎诺夫论肉体重要性的著述、柏格森的《物质与记忆》与《笑谑》等著作、利普斯论笑谑的著述，最后同样重要的是，黑格尔的《精神现象学》、卡西尔的《象征形式的哲学》以及他论文艺复兴对于人的理解的那部专著：最后，有一组在我看来研究还不够深入的源头：它就是俄罗斯与西方文学，尤其是德国浪漫主义(E. T. A. 霍夫曼、L. 提克，等等)，果戈理、曼德什塔姆、古米廖夫、瓦吉诺夫和马雅可夫斯基(在他和杜瓦金的谈话中，巴赫金自己就曾提到古米廖夫对“记忆”这一理念的重要性。)俄罗斯的大众戏剧与鲍加兑廖夫这样的学者对大众戏剧所做的研究，也属此列。人们一般认为，巴赫金的《拉伯雷》提供出对艺术的洞见，但同时我们却忘记了一点：这部书的写作曾是为了回应本源于艺术的那些刺激与那些挑战。

我相信，这就间接地表明：认定巴赫金是一个典型的(或纯粹的)俄罗斯的——或者就此而言也是西方国家的——那些狂欢与笑谑观点的鼓吹者——乃是不成问题的。

3. 不论是俄罗斯的还是和西方以往的研究都显示出，巴赫金所勾勒出的中世纪大众文化图景有很大的局限性，有一定程度的片面性之瑕疵，一如他对文艺复兴哲学的理解那样。我们不能指望《拉伯雷》能为我们提供一个中世纪日常生活的精确描述。在俄罗斯，早在1966年，古列维奇与巴特金便对这个问题做了详尽的说明。此后，谢尔盖·阿维林采夫曾警惕人们要提防《拉伯雷》之潜在危险的政治意涵。在西方,对于举凡依旧确认巴赫金这部书对文化哲学之颇有价值的贡献,同时希望与之保持一个批判性距离的那些人,卡洛·金斯伯格、斯塔利布拉斯与怀特等人的著述尤其具有吸引力。

4. 巴赫金的《拉伯雷》对学术的影响,在好几个领域里均可被感觉到。在西方的文化研究(尤其是电影与大众文化)之初始与发展阶段,它发挥了十分正面的作用:事实上,《拉伯雷》一书的美国译本(1968年)的面世,同伯明翰大学的文化研究之首个研究生专业项目之开展几乎是同步的——这肯定不只是一种偶然。此外,正如A.潘琴科,Д.利哈乔夫和维亚切斯拉夫·伊凡诺夫在近几十年里的研究所展示的一样,巴赫金这部书对民间文学研究——这也许与他本人当初的愿望相左——与符号学探索中的考察,已具有巨大的影响力。最后,巴赫金这部书为文学研究工作者们提供出这样的一种准备,一种训练:由较为传统的讨论项目转向小说的情节原理、构架原理与文体原理之分析。"魔幻现实主义"与拉丁美洲文学,已成为巴赫金的狂欢理论于其间正享有近乎神圣的真理之地位的一个领域。

(陈涛　译　徐德林　周启超　校)

问卷之二十三

A. П. 邦达列夫(莫斯科国立语言大学)

1. "与之相谐调"——这话说得有点儿过于微妙,甚或是说得闪烁其词。论拉伯雷这部书——这是米·米·巴赫金哲学人类学的一个**不可分割的**组成部分。应当这样来思索:"狂欢/对话"这一对分在这位思想家的意识中早就形成了。至少,还在为我们所知的第一篇已刊发的论著——篇幅不大的《艺术与责任》(1919年)一文中,"生活/艺术"这相关的一对("艺术与生活不是同一回事情,但在我身心应当成为整一的东西,在我的责任上的统一")就暗含狂欢与对话这两个概念,因为负责任的表述——会转化为行为的表述,只能是作为对话性的,而对话本身也是其实质乃是狂欢式的共在之口头言语上的存在。

在《陀思妥耶夫斯基诗学问题》一书里,在第四章《陀思妥耶夫斯基作品的体裁特点和情节布局特点》中,整整一节被专门用来论述狂欢问题,论述"那些狂欢式象征的语言",论述将这一语言向那种"在具体的—感性的性质上与之相近的(……)文学的语言"转化(按照巴赫金的表达，则是“移调”）之方式。也就是说，对话概念在这位学者的意识中一向是同狂欢概念彼此相关的。

狂欢在概念上说明流变性之先验的面向，也就是它对于意识的功能。还是在论陀思妥耶夫斯基那部书里，巴赫金写道：“狂欢节庆祝的是更替本身，更替过程本身，而非那种被更替的东西。狂欢节——这样说吧——它是功能性的，而不具有实体性的，它不把任何东西绝对化，而高扬所有的东西都具有令人开心的相对性。”

但是，如果说，狂欢节的功能——流变性，那么，思想的功能——复调性长篇小说的对话：“重要的是揭示陀思妥耶夫斯基的复调世界的思想**功能**，而不仅仅是它们的**独白性的实体**。”——巴赫金在论陀思妥耶夫斯基的那部书里这样写道。

这样，巴赫金之总体的思想，保障着狂欢与对话在功能性的涵义场里的相遇，标志着20世纪遭受破坏的存在与思维之合乎规律的彼此关联之恢复。历史形象同思想形象在功能上乃是同质的。

然而，以巴赫金之见，狂欢同复调之间究竟是通过什么中间环节而得以关联起来的呢？自然，这就是人，就是教育小说里在成长的主人公。在已被丢失的《教育小说及其在现实主义历史上的意义》（1936至1938年）那部书稿之残存的那些片断中，巴赫金将主人公的成长分为四个阶段，这些阶段对应于相关的体裁变体而得到考察：1）漫游小说；2）考验小说；3）传记小说；4）教育小说本身，其范例，在巴赫金看来，便是歌德的小说，这一小说被巴赫金界定为“最为普遍的意义上的写人之成长的小说”，况且，那是这样的一种成长，在其中，主人公“**与世界一同成长，在其自身反映着世界本身的历史成长**”。这种成长是在什么方向上得以实现的呢？在经由“身为建设者之人”、生活建设者——能在其所获得的价值立场上将话语与事业等同起来的生活建设者——而实现的将现在同过去相接合的那种方向上。

在我看来，在《审美活动中的作者与主人公》这篇论著中，巴赫金之未来的三部书轮廓就已经被勾勒出来了。

事实上，《主人公的空间形式》这一章生成了论拉伯雷一书，《主人公的时间整体（内在之人——心灵问题）》这一章生成了论歌德的教育小说一书，而《主人公的涵义整体》这一章则生成了论陀思妥耶夫斯基的复调小说一书。

要成长为复调小说的主人公——那种有能力就“终极问题”进行对话的主人公,要成长为漫游小说的冒险主人公,就得要先成为一个个性,也就是能持有那种为完成行动所必需的独立的价值立场之个性。要做到这一点,他的意识在“成长”过程中就应当获得那种相对于事件的外位性 трансгредиентность,也就是要化为历史意识。而作为历史意识,它便会获得成长为自我意识——能将自身作为对话之物而加以客体化之自我意识——之可能性。巴赫金在《论行为哲学》这篇论著里,并非强制地对人所提出的那些蕴涵式的要求,看起来就是这样的。在作为一个负责任的活动(口头言语的或世纪经验的)之“行为”中,涵义的功能与事件的功能会同时得以实现。这种“两方面的责任”,使得作为“唯一的整一”之行为有可能以狂欢—对话之资格而进入历史。巴赫金本人对这一在他看来具有根本性的论点作出这样简练的表达:“行为应当获得整一的面向,以期在两个方面——在自己的涵义上与在自己的存在上——来反省自己,以期获得两方面的责任之统一……”不言而喻,行为之“整一的面向”只能是在个性的自我意识之中才能获得。

有理由认为,哲学人类学之所有这些具有根本性的构成,总是被巴赫金同狂欢式的文化这一问题扭结在一起。狂欢化/个性/对话在构成老的认识论问题——意识对存在之关系——之三段式。狂欢的层面对于米·米·巴赫金之革新性的思想观念曾经是那么重要,以至于在对对话之具体的历史生存条件这个问题加以回答之时,这位思想家就注定要写出一部论拉伯雷的书:如今,在这位学者之已为我们所企及的全部遗产的语境之中,这部著作之面世乃是被作为一种绝对必要的东西而接受的。

2. 在我看来,对于狂欢理论之源头之更富有能产性的探寻,与其说是要在一个民族(俄罗斯的,法兰西的或者其他民族的)之对于笑谑的态度上来进行,甚至是在那为现代意识提供了双重性的文化之经典范例的中世纪与文艺复兴时代的历史特征之中来进行,不如说是在巴赫金——不论是就其学术兴趣而言还是就其个性品位而言都具有深厚的国际性的一个学者——对于长远的历史时期文化之功能的普遍规律之这一问题的回答之中来进行。那种幼稚的推断——根据这一推断,拉伯雷的创作,反映出中世纪民间文化之世界观的某些方面,乃是一个局部的现象,它仍然一直处于那种在寻找自己在世界文化中地位的状态——曾不止一次地受到巴赫金的质疑。对于一个当代研究者来说，对于"拉伯雷现象"之考量与把握的难度，并不在于要将拉伯雷整化到"正宗文学"的整体之中，而在于要在拉伯雷式的文化—哲学的多样性体系中，去为这个"整体"找到其应有的位置。为了对这一点加以说明，我且从《弗朗索瓦·拉伯雷的创作》一书的《导言》中征引一个表述："如果说，在过去四个世纪历史上'正宗文学'的代表人物之中，拉伯雷显得如此形单影只，同任何人都不相似，那么，从民间创作得以正确揭示的背景上看，情况正好相反，倒是这四个世纪的文学发展很可能显得有点特殊，与什么都不相似，而从**民间文化数千年的发展来看，拉伯雷的那些形象则像是如鱼得水。**"

狂欢，在论拉伯雷这部书里是以人与世界之平等对话这一形象而出场的，是以混合性的演出而出场的——这一演出的参与者同时有演员、导演、剧作家和观众，是以那种前瞻性—回顾性兼具的演出而出场的（那时，提前就为人所知的那个被削去王冠这一结局，向现实投射出特殊的反光，而弱化这现实之绝对而不容置疑的价值，而现实以其就是在此地就是在此时这么流动着的这一资格，则是有权去追求那种绝对而不容置疑的价值的），是以那样的演出而出场的：那种演出能双重性地重铸（也就是既毁灭又复活）因果关系，空间关系（上/下，大/小，等等），人际关系（荣誉/诽谤，加冕/脱冕，发誓/诽谤，等等），能挑起对照法与引发法（синкриза и анакриза）之间的冲突以及诸如此类的冲突。总之，狂欢理论是以二十世纪对于不断得到复兴的"此在（现有的存在）"哲学的问题之启发式的回答而出场的，是以巴赫金式的"存在—反抗—死亡"这一方案而出场的。

3. 狂欢学说作为迄今为止所有已被建构出来的历史模型之概括，乃是令人信服的。这些历史模型是：将永恒轮回这一神话纳入其中的周期论模型，与其病源学（解释与处方）相关联的神话学模型，被远古的人们作为对拘泥传统墨守成规者的文化之毁灭而体验的（圣灵显现 теофаническая）模型（M. 伊利亚德），天命论模式（莱布尼茨，沃尔夫以及另一些学者），末世论模型，进化论模型，退化论模型，等等。巴赫金的狂欢学说——乃是具有特别大的容量的、有综合力的、有动力而流变不居的世界模型。这一学说，可以（在文本间的多阶性这一层面上）被用来与一些理论学说进行对话式的对比。这些理论学说是：A. 爱因斯坦之时空相对论,В. И. 维尔纳茨基之智力圈学说,已受到如今多数天文学家赞同的"脉动宇宙"之假说,过去与未来的"黄金时代"之乌托邦,以及 20 世纪所有的乌托邦和反乌托邦。在确认这一点——无论哪一个模型都没有能力对 20 世纪的历史所呈现出的这一极为复杂而矛盾的、多层次、多方面、多取向的历史过程加以等值地重建——之际,应该认可,巴赫金的这一学说堪称是对于"感觉学意义上的灾难"之最为详尽而彻底到位的描述,我们能感觉到自己是其参与者的那种存在之事件,就是在这一学说的标志下而得以完成的。

与 60 年代下半期 70 年代初期所降临的那种言必称狂欢而文必论诙谐文化之时尚的溅涌相对,巴赫金论拉伯雷的这部书,不曾让一个任何严肃的研究者绕过——不论是那些本身就是专攻中世纪学的学者(А. 古列维奇、Е. 梅列津斯基、Д. 利哈乔夫,等等),只要他们在这之后要与巴赫金相关联而来论狂欢,要与狂欢相关联而来论巴赫金,还是那些为探索现代文化之谜而绞尽脑汁的人文科学家——理论家(Л. 巴特金,В. 伊万诺夫,В. 托波罗夫,Ц. 托多洛夫,Ю. 克里特瓦娃,М. 霍奎斯特,等等)。这部书的那些论点并没有得到多大的完善与确切的修正,这在文化学之现如今的状态下实际上是不可能的,而且也远非是很快就会有这种可能——除非是到了那个时候,那时候,岁月"这一个伟大的好简单化者"(用 А. Н. 维谢洛夫斯基之天才的表述)会行使自己的权力——而是多少也得到一些发挥,它们被应用于(通常是颇有成效地)20 世纪的俄罗斯文化、欧洲文化与拉美文化之现象的分析。

4. 哲学人类学早就在进行对人的寻找——寻找已然迷失于无个性之中的"大写的人",寻找已然被消融于"代码"、"传统的主题与形象"、"千篇一律的套话"、"书写"所构成的那些社会—神话系统之中以及诸如此类的"假定性"之中的人,寻找原本意义上的人,这样的人乃是拥有真实的本体之主体,这样的人能置身于所有那些限制他而奴役他的(社会心理的、政治的、体裁的以及诸如此类的)界说之外。而这究竟又有什么结果呢?由文学所孕生出来的那些寓言性形象——从认识论的观点来看则是现象学还原之无价的结果——出现在我们面前的,不是杰克·梅里杜这一类变得野性的儿童(威廉·戈尔丁的《蝇王》),这些儿童放纵那种奔向解构主义之活生生的冲动,就是默尔索这一类的"新亚当"(А. 加缪的《局外人》),它们是 С. 贝克特笔下那些没有思想也没有话语的主人公之始祖，最后，或是萨特笔下那些执拗的赫罗斯忒拉特，早期 M. 海德格尔的那些学生，那些不能对抗而再度去重构“形而上学”的革命者。

论拉伯雷这部书——对 20 世纪哲学人类学之贡献，与巴赫金的前辈和同时代人——A. 叔本华、C. 克尔凯郭尔、Ф. 尼采、M. 海德格尔、A. 纪德、A. 马尔罗、A. 加缪、Ж. П. 萨特、Г. 马塞尔、还有 M. 布伯、Ф. 埃布纳、Ф. 罗森什托克-修斯，以及其他的“对话论者”——在这一领域已经做出的那种非常可观的全部建树相比，更显得是深思熟虑而精细推敲的，在方法论上则是备受反思而更具内省性。巴赫金在拉伯雷笔下寻找社会—本体的人的原型，这样的人有能力成为那种在狂欢—对话的世界之中去完成“个体的—负责任的行为”的主人公，在其内部那种对传统的忠实会转变成模仿，而炽热的自由并未转变成为所欲为；对此在的参与并未降格为调和主义的那种对恶的姑息纵容，而崇高的浪漫主义的激进主义并未蜕变为解构主义。

论拉伯雷这部书能帮助“能梦幻的艺术家”去反思，也就是说，去使自己先前的自生自发的活动之许多层面以间接的方式表现出来，就像这样的情形——譬如说，翻译理论更像是会帮助而不会损害一个天才的翻译家，音乐理论与音乐史更像是会帮助而不会损害音乐家。

世界之狂欢模型，在当代艺术家的心目中一向就曾是现实(显在的或隐在的现实)。这一模型，曾内在地决定着这样一些作家的创作。他们是：Х. Л. 博尔赫斯、K. 卡斯塔涅达、Г. 加西亚・马尔克斯、M. 图尼埃、Б. 维安、Д. 福尔斯、A. 默多克、Э. 海明威、T. 瓦尔德、Д. 塞林格，以及许许多多的另一些作家。不论这些作者曾经如何看待狂欢思想，要解读他们所创作出来的这些作品，不用那一套工具——米・米・巴赫金在他的这部书——这部被冠之以一个如今已然习惯而仿佛是百年之前就已给出的书名《弗朗索瓦・拉伯雷的创作与中世纪和文艺复兴时期的民间文化》——书里，曾对之如此精彩地予以论证与分类的这一套工具，一个当代读者简直就不会拥有得多少也是与那些作品相符的视界。

(周启超　译)

问卷之二十四

Н. К. 鲍涅茨卡娅(斯列坚斯基修道院出版社,莫斯科)

1. 狂欢说是合乎逻辑地(在巴赫金的哲学思想之逻辑上)延续并完成对话说;曾被巴赫金所考量的那一类对话(没有第三者——最高立场的、没有对象的对话)不可避免地要被“狂欢化”。我现在看出这一点乃是巴赫金在哲学社会学领域里的一个主要的(大概也是不由自主的)发现。在佐证着巴赫金的对话同狂欢之深刻的内在的亲缘,有这样的一个事实:这两个学说终究是被巴赫金在论陀思妥耶夫斯基那部书的第二版里联结起来了。

2. 鉴于要讨论巴赫金的“狂欢”之来源这一复杂问题,我在这里要列举出 Б. 普尔的一篇颇有说服力的文章《巴赫金与卡西尔·巴赫金之狂欢式的弥赛亚主义的哲学来源》。这篇文章的作者不仅仅是直观地而且是原原本本地展示出,巴赫金的一系列结论,那些曾让我们觉得是那么独特独到的结论,事实上不过是对 Э. 卡西尔的著作之直接的借用(有时简直就是征引):这篇文章里还有着某种未曾得到阐明的深度……出于自身的领悟我要说,我看出论拉伯雷这部书的源头也在于巴赫金的生活情境——在他的那些正面的情绪之中,应当考虑到,他是在 20 年代里曾遍及俄罗斯城市的那些反教会的“狂欢节”这一形态之中来体验那些情绪的:狂欢说之整个评价体系,狂欢说之全部激情,正是由这些情绪所决定……在宗教—哲学的(而首先是神学的)语境中的“聚和性”这一词语——几乎就是“教会性”的同义词;而“狂欢”呢,一如巴赫金对它的设计——这乃是反教会,是带有反面标记的教会。在论拉伯雷这部书里,对这一点已经作出毫无歧义的论说。“聚和性”这一崇高的词语用于狂欢乃是不适宜的——在这里,确切的术语将是“撒旦的聚会”(启示录 2,9)。试问有谁说过,这一现象之本性就是俄罗斯的?它可完全是一个国际性、世界性的现象。

3. 这个问题,是对专治中世纪学的学者—专家提出的,对于它,我不回答。

4. 凭借论拉伯雷这部书,我们学会了来看自身文化中的那些“狂欢的”现象;来自不同国家的巴赫金专家都将自己的著作用来专门探讨这些现象。身为哲学家的巴赫金,论陀思妥耶夫斯基一书与论拉伯雷一书的作者,在帮助我们——尤其是在帮助理解俄罗斯的当代境况并对未来作出预测。对话性的平衡，在一个多元的民族中原则上就是不稳固的，尤其是在我们这里。一个已失去上帝的民族——终究是一座火山，迟早等着它的乃是疯狂之爆发。巴赫金向我们揭示出对话蜕变为狂欢这一劫运般的不可避免性，他的创作之主要的意义正是在这里。现如今的俄罗斯生活之每一步都在迫使我们想起巴赫金：这么说吧，这样的一种撒旦主义的根源，如宗派主义——乃是对那些乌托邦式的爱好自由的方案付诸实现的一个直接后果。最近给我个人留下这一类强烈印象的，便是 9 月初在莫斯科的那个狂欢的"城市节"——这个节日展示出它那已然完全是赤裸裸的纯粹恶魔的"演出"。

（周启超　译）

问卷之二十五

M. Ю. 列乌金（俄罗斯人文大学高等人文研究所，莫斯科）

1. 我认为，论拉伯雷这部书同米·米·巴赫金的创作之总体语境的谐调是不够严密的。要将狂欢的讽拟学说与对话学说关联起来，不得不将巴赫金本人并不曾标明的某些思维程序付诸实现。对巴赫金的思想进行这样的"修补"决不会同他的理论建构相抵牾；这类修补，采用中世纪文学那些喜剧性体裁的材料会使那些理论具体化，而对它们加以补充。我曾在论中世纪的日耳曼民间文化一书（莫斯科：俄罗斯国立人文大学，1996 年）中，运用那些诙谐故事、谢肉节期的戏剧以及其他材料，而着手进行了这样的修补。

对话理论同中世纪的讽拟理论，乃是两个分立的，尽管也是相互关联的"思想丛"，可以印证这一点的有这一事实：П. 弗洛宁斯基神父曾经——并不取决于巴赫金也不取决于狂欢——发展了对话主义学说，基于俄罗斯的宗教祭祀绘画的材料而发展了这一学说。他那些"正向的"和"逆向的"透视理论，简直是连细枝末叶都对应于巴赫金有关"独白型的"与"复调型的"长篇小说的那些考量结果。弗洛宁斯基的对话主义立足于东正教的那一套宗教典礼仪式，巴赫金的对话主义（在论陀思妥耶夫斯基那部专著后来的版本里）则是——立足于狂欢节。他们俩人的对话思想，如果不是全然相吻合，那么也是相似相通的，所予以概括的材料——自是不同的，进而可以看出，在世纪之交可以感觉到的对话思想——乃是自主自治的，而准备立足于任何一种材料之根基来确立自身。

2. 不论许许多多的文化理论家会说什么（尤其是德国的实证主义的 Д.-Р. 莫泽尔学派那些代表人物，他们认为狂欢节是天主教的祭祀之延续——虽说是悖论而离奇的然而毕竟还是其直接的延续），我深信，狂欢理论是立足于西方中世纪的典礼仪式的—民俗传统而对这一传统的概括。当然，这并不排除存在于这一传统之中的神话化的元素。这一元素部分地源自于这一理论之总体上的那种原初的不成熟性，部分地则源自于这一理论之可以被明显地感觉到的那种"补偿器似的"负荷：让我们来回忆一下，论拉伯雷这部书乃是写于斯大林恐怖那种条件下。在理论建构的这一层也可以发现 С. С. 阿韦林采夫所看出的"俄罗斯人对笑的态度"和 Л. Е. 平斯基的"聚和性"。有可能，所有这些是存在的，而且所有这些是与那占上风的理性的—分析性元素并存在一起。

3. 不幸的是，对论拉伯雷这部书之非常热烈的与极度的非批判的态度，竟然给米·米·巴赫金的创举帮了一个倒忙。这部书曾被当作一部自足的而不需要进一步发展的艺术作品而被接受，那些次要的、被神话化的因素则获得了发挥而淹没了这部书之健康的研究意向。对巴赫金的这一理论，有必要平静地、将之作为一种工作假说来予以接受。那时候才可以与这一理论打交道：去对之加以发展，使之具体化，而将那类对普适性的错误的奢求予以断除，而不是对诅咒这一理论，也不是将这一理论做成信仰之符号。我不清楚，在我们俄罗斯，有谁曾是这样同论拉伯雷这部书打交道，我只知道，我本人曾是这样与之打交道的，并曾在这部书的基础上而尝试去对狂欢之复杂而精致的指号过程进行充分而详细的描述。

4. 我认为，论拉伯雷这书，不仅仅使学术界将注意力转向了中世纪的民间文化——А. Я. 古列维奇将这一作用给予这部书——（尽管这一点当然也存在），而且为进一步的更为严谨的因而也许就不那么富有灵感的研究，创建出某种原初性的—科学基础。

就我之目力所及，我可以作出判断：米·米·巴赫金论拉伯雷这部书在西欧已广为人知。我本人手中所持有的该书之译本就不止一种，而且我与之做过交谈的大学教授也不止一位。然而，悖论而吊诡的是：作为一种强有力的精神启示，作为一种绝对有风格的作品，俄罗斯这位语文学家的这部书——它被西方世界以不可思议的艰难而加以把握，而在西方学界却几乎没有引起任何结果。自然——也不会引起任何结果。人们在崇拜这部书而不知道如何对待它。这部书同Ю. М. 洛特曼与У. 埃科那些颇为流行的著作并不是处于同一序列,那些著作与其说是拥有强大的精神能量储备,不如说是拥有强大的智力能量储备,它们之被掌握则要容易得多,而且它们会引发更加可观的成果。

(周启超 译)

问卷之二十六

И. К. 斯塔夫(俄罗斯科学院高尔基世界文学研究所,莫斯科)

1. 在这个问题上未必会出现很大分歧:《弗朗索瓦·拉伯雷的创作……》是《弗洛伊德主义》——在许多方面也是《马克思主义与语言哲学》(В. Н. 沃洛希诺夫)之合乎规律的延续。至于论陀思妥耶夫斯基的与论长篇小说话语的那些论著呢,这部书则与之仿佛构成那种可折叠的双连画的两个扇面,它们经常要融合为一个整一的文本,一个完整的文化哲学的(而并不是历史的,也不是诗学的)学说曾经成其为是(也会成其为是的)的那种文本。

2. **哲学上**的狂欢理论之源头,毫无疑问,乃是众多的。从一方面看,这是黑格尔主义的(在其起源上——则是浪漫主义的)两种文化之思想,这一思想被苏联的意识形态运用于"剥削者的"社会形态而被奉为经典了,因而它曾拥有那种对于苏联的半官方刊物本身之在的揭露性的力量;从另一方面看——这是俄罗斯哲学的传统,从巴维尔·弗洛宁斯基神父到罗扎诺夫,都具有这一哲学传统那种令人折磨的渴求:以各种路径去超越"上"与"下",人身上的精神性与肉体性这种永恒的二元主义。论拉伯雷这部著作,同与之同时代的整整一系列杰出的研究——论神话的原型与民俗的原型、论意识之远古的结构(雅各布森、鲍加兑廖夫、弗莱登贝尔格、普罗普等人的著作,爱森斯坦的部分札记)是相谐调的。至于说现实的狂欢节——古希腊古罗马的与中世纪的——还有"古罗斯的笑谑世界",那么,巴赫金的学说对于它们所具有的则是相当间接的(也就是说,最低限度上也需要进行**历史**本身的间接化)关系——基于这一点就已经要这样做:历史上的那些狂欢节,恰恰曾是"官方的"文化之一部分,曾经是受到严格规定约束的,而同巴赫金所认为它是具有的那种绝对的自由是相去甚远的,那种绝对自由在集体的“民众的”宗教仪式的框架内乃是先验地不可能被实现的(一般而言,也外在于一个孤零零的从事于哲学思考的意识)。对于狂欢理论同历史现实之不相符,在论拉伯雷这部书之第一批书评里(А. Я. 古列维奇,Л. М. 巴特金)就已经被论及。可以认为古列维奇本人的著作、法国的“年鉴学派”那些历史学家(Ж. 勒高夫以及另一些人)的著作,Й. 赫伊津哈的著作,在某种意义上是以科学的“夹层”为中间环节,这一间接化使得有可能去创建那种将巴赫金的学说运用于具体时代的机制。

3. 在这里仍然需要将学说之内在相干性同将它运用于历史材料之可信性(在这种情形下则是运用于拉伯雷的创作)给区分开来。作为一种文化哲学理论,巴赫金的狂欢终究是学术思想之卓越的成就之一。但在这一层面,“人文科学之晚近的资料”并不能对它的地位发生什么影响,因为从来也不曾允许去**证明**哲学思想;在那些哲学思想的主宰之下——渐渐地形成某种**另类的**哲学**语言**,这种语言要奢求普适性,而要同先前的那些语言进行较量式对话,但理论之意义未必会因此而减少。一旦运用于拉伯雷这位16世纪的医生—人文主义者的《高康大和庞大固埃》,巴赫金的这部著作以悖论的方式而具有双重性。Л. М. 巴特金当年曾以他这人素有的对于格言警句的擅长,而对巴赫金这部著作在文学学上的一个主要的缺陷作出这样简练的表达:“拉伯雷在《拉伯雷》中被遗忘。他已消失在狂欢节的喧闹之中。”的确,作者拉伯雷首先要陪伴他的那些人物去进行体裁上的漂泊历险——从民间的编年史到乌托邦——而绝不拒绝直接而鲜明地陈述自己的立场。这完全是一个独白型的造物主式的作者,这样的作者同叙述者“亚尔戈佛列奈埃”[①]其笑谑的身份没有丝毫的吻合。然而,通过将拉伯雷这部小说——世界文学中最为神秘的作品之一——用作自己的理论之材料,巴赫金已从根本上改变了我国学术界还有世界学术界对这部小说的接受。人们已经不止一次指出,狂欢理论描述出当代文学和文化的一个相当重要的层面;也正是如此得力于巴赫金,《高康大和庞大固埃》才由一部早就成为过去的那个时代的一部古老的而在许多方面又是深奥莫测的纪念碑式文献,变成一个与20世纪相合拍的文本,一个能引起活生生的而远

① “亚尔戈佛列奈埃”——这是拉伯雷的笔名,由法文中“弗朗索瓦·拉伯雷”这一原名的16个字母颠倒排列而成。——译者注

非是纯学术之兴趣的文本。

4. 巴赫金的学说对世界学术无疑起到了重要的推进作用。在这种情形下一个颇能说明问题的(尽管也是值得遗憾的)现象是,直到今天,西方哲学和人类学也不曾提供出在其品位上可以与之等量齐观的任何东西:巴赫金的那些直接的模仿者,一如用马克思主义的钥匙或结构主义的钥匙来对巴赫金所进行的那些过度诠释,看上去并不那么令人信服,至于那些争论呢,通常是在具体的—历史事实之层面上进行,它们并没有形成这样一种完整的而对当代意识具有吸引力的图景。可以说得尖锐一些,世界学术界没有企及“反巴赫金的”巨人—拉伯雷,而作为**文学**作品的《高康大和庞大固埃》则会为它的创建提供根据。在我看来,在我国学术界,巴赫金思想乃是总体上与整体上完全不等值地被接受着,其缘由就在于——苏联时代在民族的哲学传统这一位置上留下了一个巨大而露出来的空洞。现在没有人能用巴赫金的语言来回应巴赫金(反驳也好,支持也罢)——因而,顺便说说,他并没有现实的继承人或现实的对手,尽管有大量的来自历史学家和文学学家之深切而准确的与富有内涵的反驳。由此也出现一个自然的后果:从一方面看,巴赫金这个人物的重要性与其独一无二的不可替代性为那些来自极为不同的学派与思潮的学者毫无条件地认可(难怪在那部著名的《萨兰斯克文集》里,这样一些第一眼看上去并不相容的人,诸如 Ю. М. 洛特曼、Г. Д. 加切夫、С. С. 阿维林采夫、В. В. 柯仁诺夫、Д. С. 利哈乔夫、В. Н. 图尔宾,居然都汇集在一起);从另一方面看,则是要把巴赫金变成“我们的一切”的那种渴求,则是追求“言必称巴赫金”的那种时尚,则是滥用那种被建构于一些空洞无物的伪术语—信号——它们类似于曾被当作杂志名称的“东正教—专制制度—人民性”之三位一体——之上的伪学术话语。我还想补充一句,巴赫金本人对这一类现象终究也是要负有一点责任的。

我不觉得巴赫金这部书对近几十年来的艺术产生了直接的影响。不止一次被征引过的翁贝尔托·埃科及其《玫瑰之名》——毕竟是一个例外,因为兼作家与符号学家—学者为一身并不是经常可以遇到的。至于这一事实:20 世纪下半叶出现一些适宜用巴赫金的狂欢理论的那些概念来加以描述的文化现象(首先,这当然是拉美的“魔幻现实主义”),这是狂欢理论之富有成效性与具有现实性——对于当代意识与当代文化所具有的那种成效性与现实性之又一个佐证。

(周启超　译)

问卷之二十七

M. Л. 安德烈耶夫(俄罗斯人文大学高等人文研究所,莫斯科)

第 2 点—第 4 点。狂欢文化理论并不缺批评,而且应该说,至少在两个层面上这批评乃是具有其充分理据的。其一,诙谐文化之普适性与全民性这一论题并没有找到事实上的佐证(按照巴赫金的表达,“最为广泛的民众”创造了这一文化,结果它却形成了一种讽刺剧,必然伴随着历史的悲剧之每一个行动的那种讽刺剧):就像现如今已经出现的对于各种各样的亚文化之许许多多的研究所展示的那样(其中也包括 A. Я. 古列维奇专门探讨中世纪文化之非官方层面的那些论著),民间文化绝不能归结为诙谐文化。此外,尽管诙谐文化之宗教庆典仪式的(进而,也是“民间的”)起源是无可置疑的,其本身的那些文化表现之“民间性”却是很成问题的。绝非偶然的是,每当原则上的匿名性这一面纱从诙谐文化上被摘下来,那样的一些人便会浮出水面:那些人作为这一文化的体现者与创造者,并没有严格的社会的与阶层的确定性,他们从孕生他们的社会小天地里挣脱出来,可是他们要么不去寻求,要么就是还没有找到生活中与社会上新的稳固的位置(中世纪西欧那些进行反教权反教会演唱的流浪艺人——最为明显的例子)。此外,诙谐文化不单对高雅的或就像巴赫金所称的“官方的”文化表现出侵犯性,而且它对那些底层文化——从根本上讲是非官方的文化——譬如说,乡村文化,也表现出侵犯性。所谓的“反农民的讽刺”这一体裁也是由流浪艺人所创造出来的,而要在以这一体裁而得以实践的诙谐中,去发现巴赫金的那种矛盾而含混的双重性之一丝一毫的特征,乃是困难的——这一诙谐绝不会赐予生命,它只会扼杀生命。

还有一个批评取向,这是同巴赫金曾给狂欢节保留的那种在文学体裁生成过程中的——首先是长篇小说生成过程中的——作用相关联着的。根据最近的考察,长篇小说在民间文学中最为接近的类似物乃是童话,而与之相应的在庆典仪式上最为接近的原型——并不是按日历牌的指定而进行的宗教的或习俗的庆典仪式(狂欢节型的庆典仪式也属于这一类),而是成年典礼与结婚仪式。长篇小说之生成的主要线路，是由骑士小说到骗子小说，而巴赫金曾将这一体裁之起源上的关键性意义赋予其上的那些作品（首先是《高康大和庞大固埃》)，竟是在它的并非最近的边缘上。

不过，尽管这样的一些以及与之类似的批评性修正具有全部的公正性，巴赫金的学说丝毫也没有失去其启发性的力量——不仅如此，随着时间的推移，恐怕它甚至反而还得到好处了。失去了“全民性的”地位，狂欢的文化绝没有成为边缘的；不是作为长篇小说的体裁形成之直接的发生器，并没有失去对于原本意义上的体裁起源之重要的参与（尤其可以肯定的是，以其“僧侣的”形式出现的狂欢的庆典仪式——“愚人节”——在中世纪的戏剧之生成中发挥了关键性的作用）。巴赫金的学说仿佛是比其事实史料的基础要宽广些（因而，任何一种无论多么令人信服的事实史料上的批评都不会降低这一学说的真理性，它拥有纯然是别样的认识论的地位）；这一学说与其说是在描述具体的历史—文化现象（“民间的”文化，或者“诙谐的”文化），不如说是在描述文化构建——文化之更新与文化之再生产——的那些深层的机制。这一学说在总体上是以某种方式而与那些深层机制相耦合着的——因而，在可以预见的未来，这一学说是不会遭遇急剧老化而迅速过时这一对人文科学园地里大多数思想见解而言是如此典型的威胁。

（周启超　译）

问卷之二十八

Г. Д. 加切夫（俄罗斯科学院斯拉夫学与巴尔干学研究所，莫斯科）

在这份问卷上的四个问题之中，第二、第三与第四个问题涉及巴赫金论拉伯雷这部书在世界学术语境中的地位，对它们我不准备发表议论（我在这里感觉不出自己有什么把握），但是，第一个问题能让我有兴趣而能引发思索（思索倒是可以的——尽管对自己的学识也不是有把握……）。对于问题的回答，我是不会将它给排列出来，而是要在一个自然的连贯的顺序之中给出：看看被播入我身心的问题的种子曾经是如何在我的生命的（若干个）日子里开始发育而生长的。因为我坐下来书写码字形成文本是在 1997 年 12 月 16 日，而开始思索则是在 11 月 17 日。H. A. 潘科夫是在这个日子的前一天寄来刊载这份问卷的那一期杂志（1997 年第 1 期），我看那些材料看入了迷，米・米・巴赫金的形象便在我心中重新开始活起来,我真想要重新打开他的那些文本……这会儿呢,我暂且先着手循着旧日的记忆来考量。

埃罗斯[①]

1997/11/17。哦,下雪了!——真叫人高兴。神赐的一片白净——我们的吗哪[②],天赐的,北国的吗哪——这白净的雪花就这样洋洋洒洒飘下来,在对污浊进行覆盖,在对罪孽进行漂白——更赐予心灵新生活!——新元伊始!——这神赐的白净在允诺,在施予,在致敬。可以——她就这样在意味在标志……

呵,我们的冬日同夏天在进行怎样的对话——以存在之**狂欢化**的权利——在四季之周期里!这里究竟是哪一种——从严肃性与责任性之中解放出来的课间休息:夏天抑或冬日?似乎是:冬日——寒冷,可怕,它——严肃性与官方性。然而,一旦第一场雪降临——犹如神,犹如春天的他——在雨泪连绵的秋季之非常的严峻与泥泞污浊之后,一旦你已然因沮丧之蜗居于身而鄙视自己,因被逐进一己之内心而鄙视自己。而突然间——一个白净的世界敞开了,天穹低低地下垂而显得和蔼。初雪之于秋季——犹如狄奥尼索斯[③]之于春天:解脱解放而轻松清爽。

我这是来了兴致要回答《对话·狂欢·时空体》这本专门研究巴赫金的杂志之问卷所提出的问题。

"1. 您认为,论拉伯雷这部书在多大程度上与米·米·巴赫金理论遗产的总体语境相谐调?在这位思想家的精神演变过程中,这部书在多大程度上是与之有机地融合在一起(或者相反,它乃是异己的)?"

问题这样来提出,这就要求我的观点体系、评价体系与理解体系——是绝对的有机体,而这个"对象":在这种情形下便是巴赫金的一生、他的发展,他的创作——则是问题之下的有机体。事实上呢——恰恰相反:生命——以及作为生命之元素的创作、器官(大脑,肝脏……)——这才不成问题的有机体,在这机体里无论发生了什么——都是自然而然的;而这是我,我们,需要扩展我们的体系(机制),以期去对这些活生生的东西加以把握,将它们接合到我们自身,将它们转换为

---

① Эрос——希腊神话中的爱神。

② манна——吗哪,犹太教、基督教圣经故事中的"天赐的食物"。

③ Дионис——狄奥尼索斯,希腊神话中的酒神。

我们的语言：用体系来把握有机体。因而“在多大程度上‘与之相谐调’……”这已是**我们的**问题，已是我们对巴赫金与其创作之完整性的认识。不过，我们的困惑也是自然而然的：怎么会这样——论陀思妥耶夫斯基那部书之后，整个儿都是非常道地的唯灵论的，基督教的（在长篇小说的作者在场的情形下，主人公被看做自己意识的作者——况且这已然是一个在同造物主的对话中拥有自由意志之人！）——而突然间，论拉伯雷这部书里竟是这样一种多神教的肉体性之放纵？……

在这里，**补充律**是有助于弄清其中的原委的，要是从逻辑出发的话。而要是简简单单地来说——这是发育，这是成长，作为变化，作为更替，作为对已得以实现的东西之疏远—否定，作为对我之所为其是与我之所懂之厌腻的那种成长——这是对别样的东西之向往，对他者之向往：要对之加以容纳—掌握。

这就是我现在巴赫金这一事情上所能设想出的情形。

他长成为蝌蚪那样，长成为一个“植物学家”（就像现如今学校里称呼一位成绩优秀的聪明学生所用的黑话那样），长成为一个长头人，被一个劲儿地牵引而在智性与精神上疯长。他曾是沉浸于非常的严肃性与责任性之中的那种思维的领袖，他曾组织起维捷布斯克小组与宗教哲学研讨班以及语文学研讨班，并且他立时几乎对一切都超越了，对一切都作了重新理解……于是，他甚至曾将思维本身也理解为一种行为。这也就是说，根据先前的那种人文的——自康德以降的——那种人文思辨的传统，曾经是由纯粹理性领域所要确定的那些东西，他将之转移到了实践理性的区域：你心中的一个念头，甚至是还没有得到表述的念头，就已然是行为，是对存在的干预，是与之共在，是介入。一如宗教中的“念头”：寻思了＝实施了。一如基督所言“凡带着欲念看了一眼的＝这就已是在通奸了……”

巴赫金的《行为哲学》——这是一个发现，在人类的哲学发展中迈出了新的一步，这一步乃是苏联现实本身带来的，那时人们就因为有思想而曾被囚禁而被处之以绞刑，契卡[①]工作人员曾能凭“第六感觉”而辨认出，在你身上有某种“不是那么回事的”，“不是我们的”东西隐藏

---

① чекист——肃反工作人员。这个词语源自 Чека“契卡”——肃清反革命与怠工之非常委员会。

着——而能将它给嗅出来。而巴赫金对于这个,对于时代的空气中所弥漫着的东西,也捕捉到了并将它表达出来,表述于(他曾就像一个矿工那样,艰难地挖掘掏槽而开采着:这一工作以一种笔法曲折的文本而得以刻录下来)那篇论述思想——作为行为,要承受审判的行为之思想——的专论之中:在他那里——要承受的审判是内心的,是良心,而在党和政府那里——要承受的则是契卡的审判,那个委员会也是"非常的"而不是"寻常的",并且它的工作不是在**羞耻**这一亵渎区域里,而是也在**良心**这一神圣区域里——"面对党和人民"要对灵魂进行清洗的那个区域里……

就这样(就像我感觉到的这样)——青年巴赫金曾经是那样地将自己的灵魂与思想拧紧在严肃性上与责任性上,以至于他这人的智性智能智慧对于他自己成了——官样性与官方性之暴君。在他的身心里,对于这一桎梏,对于这一自己给自己揽下的"宗教上的惩罚"之愤懑与反叛,自然而然地得以积累下来。超我(若是用心理分析的术语……)之专横的意识便开始在他身上神气起来,这在论陀思妥耶夫斯基那部书里已开始有所显现了,在那里,作者="暴君"、"父亲"、独白者,而与之对峙的则是——人物、他者、儿子,拥有自己的话语与自由的意志——地下人,拥有那"来自暗道的孔洞"之话语的地下人……

在他身上长期被挤压着的那股活生生的生命之流一下子全掉落到这种缝隙—暗道的孔洞中去了,非常智性而思辨的生活与创作之水坝一下子决口了——于是,他这人身体上的生机活力便孕育出论拉伯雷这部书。

〈……〉

(周启超 译)

问卷之二十九

Г. С. 波梅兰茨(莫斯科)

从狂欢到对话

在米·米·巴赫金论拉伯雷这部书面世之前,我就已经对它进行了通读。我的老朋友,列昂尼德·叶菲莫维奇·平斯基,给我们捎来了这部书稿——装在好几个公文夹子里的打字稿。我与妻子(已故的伊琳娜·穆拉维耶娃)还有她的儿子一起,如醉如痴手不释卷地阅读了这些文稿。那时,这可不仅仅是一种新人耳目的不同凡响的欧洲中世纪文化的学说。它充满着当代的激情,这一激情同已然得以开始的那种反文化乃是接近而相通的:这是对阴沉的虚伪的道貌岸然的严肃性(这种严肃性,在类型上看,乃是同晚期的苏联风格有着内在的亲缘)之史诗般强劲有力的摧毁,连带着——也是对所谓的马克思主义的历史进程学说之最为根本的基础的打击。巴赫金的著作在当时读起来,就像地下出版物,就像一首讽拟性歌曲之巨大的类似物,这样的歌曲把马克思与列宁所喜爱的经典作家——托尔斯泰和莎士比亚——变成了狂欢式的人物。

革命曾经同先锋派有过友好的交情;斯大林主义的政治制度曾经以古典主义的外衣来打扮自己,力图让人们看起来像一个不可撼动的古希腊罗马雕塑般的躯体。巴赫金使这个躯体头朝下地倒立着,而将其物质—躯体的下身敞露开来。很难想象,米哈伊尔·米哈伊洛维奇不曾理解与不曾感受到我们——他的第一批读者——当时已经理解的与已经曾感受到的——这部著作,这部专门探讨一个早已逝去的时代的著作所具有的那种当代的、而完全不是纯学术的那种意蕴。我以为,他当年可是带着双重的激情——一个学者的激情与一个针砭时弊的时文作者之激情——来著书立说的。

苏联的各个级别的官员们无疑是感受到了这种令他们不快的邪味。然而,那已是解冻的年代,这部书还是给印出来了。它并不曾具有直接的政治危险性。它的材料距当下大家关注的问题过于遥远了,要去弄明白怪诞的缩影——“文艺复兴时代的巨人们”被陈列于其中的那个缩影——同苏联的“现实的人道主义”(卡尔·马克思语言)的结果之间的联想之链,则要求拥有太渊博的学识。对于广大的劳动者,这是那种并不需用任何特藏档案库终究也是封闭性的东西。但对于知识分子精英们,这部书曾成了一个事件。所有射出的箭,均一一命中了目标。在长达 10—15 年的那个年代里,任何一个有头脑的研究生都曾熟悉过这新的概念体系。苏联语文学之狂欢化开场了。新的语言流通起来了。既可以将阶级性,也可以将人民性抛到一边去了——整个苏联那一套弥漫着经院习气的理论知识已处于不受重视的地位上,占据了前台的乃是狂欢与严肃之对峙,怪诞与古典之对峙。在这一领域里已经没有任何定向——没有马克思的,没有列宁的,也没有日丹诺夫的。同针对阿赫玛托娃与左琴科的那场令人乏味但旷日已久的迫害相隔开的,曾是这场学术研究上的“白菜会”[①]的空间。

米哈伊尔·米哈洛维奇曾观看了这一切,“就像灵魂从高处俯瞰已被它们抛弃的躯体”(丘特切夫的诗句)。他巴赫金早已成为另一个人了。已故的艺术家谢利维尔斯托夫曾讲述道,巴赫金曾许久许久不能着手为自己的一部旧文集作序,人家问他为何要拖延,他曾回答道:“我现在就是这般不事思索了。”他难以回到多年之前曾让他倾心的那些题目上去了,他已经对此尽力了。那些旧的论著曾经是自觉自愿地完成的,也就没有必要对它们加以修正,加以改写。而创作意志、创作兴趣都变了。要是用一两句话来说——兴趣已深入到内心,已深入到心灵深层了。我曾去过巴赫金在那里度过了自己最后的日子的那个养老院,他与那些老态龙钟健忘昏聩有好几次都在房间里说起胡话来的老头老太们居住在一起——我现在还能葆有我那时获得的鲜活的印象。那份对于争鸣论战的热情在巴赫金身上已经完全不见了。一切争鸣性论战性的东西都已经令他反感了,他甚至都不反驳了,而一味地沉默,并不作出回应。曾引起了回应的便是这样的一种尝试:要往深处探索,要在可以为智力所企及的所有的结构与形式之背面,去对陀思妥耶夫斯基的长篇小说之深层进行探查。

对于曾兴奋而欣喜地接受了他的那些结构主义者,巴赫金曾是持以嘲讽态度的。用他的话来说,我们的〈结构主义〉还有鲜活的思想在闪现,法国结构主义则是枯燥透顶乏味得要命。我感觉到了注意力转向深层,如果不是完全转向科学的背面,那么,至少——也是转向跨界的领域,在那里智识会关涉到完整的精神生活——会关涉到“完整的理解”,一如那些早期的斯拉夫主义者曾经所表述的那样。狂欢同这样的一种心灵状态已然是相去甚远。统摄了他之兴致的,已经不是对虚伪的严肃性之摧毁,而是对别样的、真正的严肃性之探寻。

这并不曾意味,巴赫金抛弃了他的狂欢学说。但是,它,这一学说已不再是“存在论的”,有活力的,而是已成为一个学术上的开拓性建树。在学术曾于其中继续令他倾心那种程度上——在从等级上看并不

---

① 白菜会——演员或大学生等自编自演滑稽节目的娱乐晚会,来自收白菜时举行娱乐晚会这一旧风俗。

是高级的层面上——他曾能够用一些新的章节来补写来充实自己的著作(例如,在论陀思妥耶夫斯基创作中那部书里对狂欢的论述)。但我觉得,在那些旧日的开拓性建树之中,比起别的学说,为他所更为珍视的乃是他的对话学说——那样的一种对话:在那里,整体的精神要高于每个单个的对白;在那里,两个人之间的交谈背后还有与上帝的交谈。对于我对陀思妥耶夫斯基的主人公之忏悔所作出的这样一种诠释,巴赫金曾鲜明地给予了支持。

如今一旦要来谈论狂欢:我想应对两个题目作出区分:作为历史事实的狂欢,与作为现代的一种智力游戏的狂欢。在文化史上,狂欢这一题目是永远也不会被穷尽的。可以在这个题目上发现越来越新的层面。对非洲学的接触,曾促使我形成这样一个见解:狂欢节——这是较为古老的轮舞[①]文化的一种遗存,那种轮舞文化曾有着完全“严肃的”意义。对于许多部落(如果不说是所有的部落)来说,轮舞也曾是活生生的圣像,精灵世界的形象,在多种精灵之中形成的那种整一的形象。狂欢理论曾帮助我理解 Л. С. 森戈尔这样的一句话:“黑人以舞蹈来思考。”每个轮舞参与者都会感受到自己具有真实的双重身份:既作为单独的一个,又以一个整一的旋转而出现,以一个整一的聚和性的整体而出现。在那种情形下——那时,轮舞参与者一个个戴上了庆典的仪式所用的面具,那些面具则使将他们一个个变容而成了精灵——这一同圣灵降临节的圣像之类似,就并没有让我觉得有什么被勉强的生硬之处。在轮舞之整一中,人类第一次找到了一与多之不可分离性,这种不可分离性乃是逻辑所不可企及的。而对庆典仪式上的这些人物与面具的摧毁,在我看来也是一种负面神学,它能取代正面神学。只是在这之后,“对诸神对上帝对圣书圣物之污言秽语”才成了笑谑文化。

那样一种对狂欢的重新理解——在后现代主义之通行的话语中已经获得的那种重新理解,由赫胥黎的《男女滑稽圆圈歌舞》、赫伊津哈的《游戏的人》、黑塞的《玻璃球游戏》所准备的那种重新理解——则是另一码事。通过对过去与现在都加以狂欢化,那些玻璃球游戏高手精英将自己同“以报纸杂志上发表时评小品来针砭时弊”之媚俗之举脱开干系,从对待“以报纸杂志上发表时评小品来针砭时弊”之政治热情的那

---

① 轮舞——又称为环舞,圆圈歌舞。一种民间集体舞,参与者唱着歌围成圆圈转着跳。

种严肃的态度中解放出来,就便同时也摆脱了任何一种激情,摆脱了任何一种能够裹挟能统摄大众心灵而振奋其精神的热忱,而成为一种破坏性颠覆性的力量。20世纪已经表明,那种贬损另一些思想而迷恋于一种思想之极其狂热的信念,之极其狂热的被裹挟被统摄——会摧毁文化的完整性而为形成“目的就可为手段辩护”这一原则打开方便之门。由此便有了对**任何一种**激情的恐惧,对**任何一种**信念之严肃性的恐惧。信仰之可能性,立足于爱而确立的信仰之可能性,从澡盆里连同脏水一起被泼掉了。它甚至都不被看做为一个特别的事情。

精神之涣散性与意志之软弱性,便是这一心境思绪(或者,一如现今人们所说的那样,处世之道)的后果。每当对意志之特别的紧张也并不要求之时,精神与意志便会消逝,在西方它们则可以相当长久地被保持下去——历史之河水一时还没有进入临界点。然而,我们这个国家今天已经位于临界点上,已经位于漩涡里,不用心尽力,没有意志之紧张,就不能从容平稳地航行出去,而这也就意味着,对航行出去之可能性并没有极其狂热的信仰。后现代主义的那些游戏,在这里令人想起:土耳其人都已经向城墙发起攻击了,这时君士坦丁堡还在进行马戏表演。

巴赫金之与对狂欢这第二种理解——以我之见——乃是不相干的,这也就像他之与聋子之间的对话那样。他最重要的遗产——乃是我在与他的活生生的交流中曾经感受到的那种东西:那是这样的一种理解——对话精神、对话之完整性高于任何一个单个的独白——某种新的整一形式,在陀思妥耶夫斯基的长篇小说之整一中得以发现的那种整一,就具有这种精神。然而,同样的那种整一,也曾存在于古老的轮舞之中。人类的认知史被描绘为——透过巴赫金这些著作之棱镜——被描绘为一种运动——穿过那些独白,能摧毁整一的那些独白——而走向对话,走向那种有预见性的独白之间的对话。

(周启超　译)

问卷之三十

O. A. 斯维特拉科娃(圣彼得堡大学)

1. 也许,在我们对巴赫金的思想加以掌握的某个阶段上,他的这部书“尚未能挤入形象”,就像 В. Л. 马赫林就此而反驳 К. 爱默生与 Г.

C. 莫森时所曾表述的那样。接受之碎片化在滋生巴赫金的一些幻影：他——是一个东正教的正统派，他——是 20 年代德国—犹太哲学的一个追随者，他——一个结构主义者，他预示了解构主义，他——是一个冷漠的相对主义者——凡此种种弄到了这样的地步，以至于他的杰作竟不能与他本人的遗产相谐调。可是，在话题涉及巴赫金这样的品位之现象的时候，在宣称他的创作之一部分对于他自己乃是“异质的”之前，先好好思考一下才是适宜的。“不是有机的”或者“不是典型的”，有可能是意料不到的与巨大影响的结果，那种影响曾诱使作者脱离了自己的道路（巴勃罗・聂鲁达，在 40 年代里放弃自由诗转而去写押韵的诗句，以期让大众更好地理解；在政治见解的影响下对美学之高尚的背叛），有可能是寻找信念与体裁的结果（莫里哀的“盛名剧团”之最初的悲剧，陀思妥耶夫斯基的早期诗歌，萧伯纳的五部长篇小说），最后，也可能是失败的结果，完全败北的结果。论拉伯雷这部书——乃是一个学者的成熟之作，该书的立场首先就是强有力的。力量在支撑着整一性，而容不得那些来自外部的并未掌握真谛的干涉，而会保障着不遭受失败。在论陀思妥耶夫斯基与论拉伯雷这两部专著中得以展示的巴赫金的文化哲学，在巴赫金之最初的文本中就已经初见端倪了，这一文化哲学的根基可以见之于理性之“死亡—复活”这一狂欢的—双重性的逻辑——B. Л. 马赫林的这一论题，在我看来乃是公正的。

2 - 3. 带有其语境之全部复杂性的民间诙谐文化理论，在这部书的导言里终究得到了陈述，这部书的具体内涵，对中世纪法国的材料的这一分析，就我之目力所及，不论是在我们这里还是在法国从来也不曾遭到有分量的反驳，更遑论那种出自这一分析而令人信服的反驳。我所知晓的新近出现的对巴赫金的反驳[譬如，Г. 利纳雷斯・冈萨雷斯 1996 年就“一部论美好的爱情之书”所发表的评论，或者，B. Ю. 希留纳斯 1996 年就（西班牙的）加泰罗尼亚的中世纪戏剧所发表的评论]，像先前一样，涉及乃是西方文学史进程上那些具体的情境之中的官方性与狂欢性彼此关联的程度与相互作用的方式，而并不是民间诙谐文化之存在本身，或者，这一文化对于西方的异己性；而且，对近些年来最为引人注目的用法语—西班牙语出版的那些论著（A. 雷东多、M. 舍瓦利耶、M. 杜兰、T. 布勃诺瓦，И. 扎瓦拉），也应当作如是观。如果说，西欧中世纪的诙谐文化理论具有更为广阔的语境（当然，这是对的；我们还能找到其话语根本上不具有双声性的那种时代吗?)那么,虽然如此但仍然可以说,这种文化同这些语境的关系,有没有可能就是寓言之关系,面具之关系,几近于欺骗之关系?在自己的研究之框架中,巴赫金乃是精细而具有严谨的历史性的。在 Д. С. 利哈乔夫与 A. M. 潘琴科于 1976 年出版的论古罗斯的笑谑诙谐世界的那部书里——该书题献给对巴赫金的纪念,而且它似乎是迄今为止——将巴赫金的思想创造性地实现于俄罗斯的材料之上的一部最具分量的著作——西欧的笑谑诙谐与古罗斯的笑谑诙谐乃是各行其道彼此分离的,它们仅仅是作为同属于一个共同的笑之类型——中世纪之笑,而被连接到一起。我并没有发现对于 С. С. 阿韦林采夫与 Л. Е. 平斯基——我在学生年代里曾读过他们的那些书——之见解的那种坚实的外位性,我也不为他们的那些假设发表评论,可是我认为,巴赫金曾经是恰恰诉诸西欧的材料,这一事实,这绝非偶然而是重要的。论拉伯雷这部书的意义远远超出具体的文学史考察这一范围,这一点有时会遮蔽一个明显的事实:这部书原本的所成其为是。

4. 在语文学领域里,民间诙谐文化理论已显得是可以与维谢洛夫斯基的理论或波捷布尼亚的理论等量齐观的,但是,巴赫金的思想不是语文学就可以容纳下的。我们一时还相信语言,我们就会相信上帝——尼采曾这样说道。结构主义,譬如说吧,曾激进地但却负面地反思语言之无所不能——而力图从语言的牢笼之中挣脱出来。巴赫金写下了一部探讨会笑谑会诙谐的民众之“独特而难懂的”语言之书,一部论述民众等同于自己的语言之书,进而以此进行了一场奋不顾身而意志决绝的斗争——一个现代人为使那些超越个体的而不那么绝望的存在之可能性获得再生获得复活而进行的斗争。

(周启超 译)

鲍·托马舍夫斯基对米·巴赫金《论拉伯雷》一书的评阅书*

鲍·托马舍夫斯基　著

周启超　译

巴赫金的这部研究著作，是一部篇幅已达25个印张内容渊博而颇有分量的学术著作。这是对拉伯雷的长篇小说进行的历史—语文学的研究，以那些传统——而这部作品就是在那些传统的氛围中被创作出来的——为视角，而进行的研究。

这一研究的对象，是讽拟性的现实主义的命运与中世纪文学里和文艺复兴时代里的笑之传统。作者令人信服地证实，现实主义风格的诸种元素所由之构成的那一套观念与母题，根本不是资产阶级意识的产物，具体而言，文艺复兴时代的现实主义传统，文艺复兴时代的幽默，要回溯到另一些源头，比起晚期的现实主义文学，它们具有更多的民主的起源。拉伯雷笔下那些形象的基石是哥特式现实主义的传统，对于这一传统，作者进行了始自古希腊罗马世界现象的梳理，尤其驻足于晚期的中世纪。"哥特式现实主义"的基石是民间的—节庆的(狂欢节的)形式与自发的—唯物主义世界观。生与死的观念，崇高与卑贱的观念，身体与宇宙的观念，反映于民众集体的节庆的笑之中，反映于街头的景观中，反映于宴筵的形象之中，反映于集市上的叫卖之中，反映于民众在其劳作与休息的生活的各种表现之中。怪诞的形象——在那些形象中，过分夸张的笑元素与庞大无比的丑元素被糅合在一起，智慧与极度的犬儒主义被混杂在一起——获得其历史主义的解读——从民众的生

---

* 鲍里斯·托马舍夫斯基(1890—1957)，苏联杰出的文学学家。"诗语研究会"重要成员，著有《俄罗斯作诗法·韵律学》(1923)《文学理论》(1925)、《诗学简明教程》(1928)等；著名的普希金专家，著有《普希金创作中的语言问题》(1953)、《普希金》(1956)等。其学术生涯的起点与终点都与法国文学相关联，1915年在《阿波罗》上发表论法国18世纪诗歌的文章，1957年去世前，留在书桌上的一本书是《普希金与法国》。1944年，鲍·托马舍夫斯基给米·巴赫金《论拉伯雷》这部书稿写下的评阅书，是应国家"文学"出版社编辑部之需——当时，在准备出版巴赫金《论拉伯雷》这部书的过程中，该出版社向鲍·托马舍夫斯基提出这一要求。这份评阅书，由尼古拉·潘科夫发现，最初刊载于《对话·狂欢·时空体》1993年第2/3期。

活、民众的夙愿、它们的外在表现之民间的形式这一角度而进行的解读。

作者对所研究课题之多种语言的文献有相当的了解。对于拉伯雷的创作与生平之研究者们的那些著作,他相当熟悉;对于16世纪的文学,对于拉伯雷同时代人当中的那些思想流派,他十分清楚;他基于文献、民间文学的手抄本、研究著作,而对于哥特式现实主义传统有出色的把握。他的诠释,总是得到历史的对比与参照之很好的支撑。在有些情形下,读者以其第一印象会觉得作者是将深刻的哲理意义强加到并无恶意的幽默形式上,随着对书中所征引材料的渐渐深入理解,就会不由自主地同意作者的论述,而放弃我们现代的接受心理,而使拉伯雷笔下的形象同他的同时代人与前辈的心理相适合。

拉伯雷的幽默的特点之一在于不可节制的天真朴素的犬儒主义。那些大量的与出生与受孕、与吞吃食物、与粪便排泄相关联的形象与露骨的表达,对街头叫骂之广泛的采用,使得拉伯雷的作品变得不可译。没有任何书面语言的形式能体面地传达出作者毫无节制的“下流话”。米·巴赫金是以一个语文学家与历史学家所具备的完全的客观主义与无所畏惧来处理这一题材的。在“哥特式现实主义”时代里民众的世界观之总的体系之中,这些元素几乎构成主体。那些道德上的禁忌——将这些表达与这些题材挤压到“犬儒主义的”,“肮脏的”与“令人恶心的”领域,乃是后来才有的以我们所接受的传统而有的那些评价之产物。因而,无法隐瞒的是,所考量的材料之露骨性甚至是下流性可能会令没有准备的读者反感。但是,这一元素从任何一部严肃认真的拉伯雷研究著作里都是完全不可消除的。只需去回想那一段对话——在那里,一个下流的词语竟然带着300个不同的形容词而重复了300次——就足够了。要是想方设法千方百计地去遮蔽去掩饰这些题材与这些表达,那倒是显得伪善,而不配称之为学术著作了。

在对这些问题的研究上作者的这份严肃认真,使他得以摆脱以这一借口对他的任何指责。然而,从另一方面,这份严肃认真赋予这部书一种语文学著作——科学院的研究水平上的,而不是通俗作家那种复述水平的——之性质。

作者的观点是有胆识而具有原创性的。它们构成对拉伯雷的作品进行解读的一个完整的系统。在结尾部分作者展示出,他的这些结论对于后来的文学现象(其中包括,对于果戈理)也具有多么大的价值。

任何一位有意愿认真地、以历史的客观性来对拉伯雷以及他那个时代的现象加以研究者,都有必要了解米·巴赫金的这部著作。可以确信,在西方,尤其在法国,这部书会是引起关注的,并会在那些内行的学者圈子中产生印象的。拉伯雷——只是一个无法穷尽的题目,在法国已经建立了一个围绕着拉伯雷的文学学的独特分支,这有点像我们的普希金学。毫无疑问,对于"拉伯雷学专家"来说,这部书的面世将是一个很大的事件。然而,它的意义,由上文所征引的作者对这一课题的述评可见,比一部专著式的拉伯雷研究,却是要广阔得多。这是一部扎实而有分量的著作,专门用来探讨文学与艺术之中的民主主义流脉之传统,探讨世界文学中现实主义风格的民间形式。

在任何情况下本书都是值得出版的。

鲍·托马舍夫斯基

1944 年 12 月

米·阿列克谢耶夫对巴赫金学位论文《现实主义历史上的拉伯雷》的评阅书*

米·阿列克谢耶夫　著

周启超　译

米·米·巴赫金以上述标题为书名的这部著作，以我之见，乃是我们的学术著作中一个不平凡、独一无二的现象。就其思想的勇敢性、新鲜性与原创性，就其结论之富有成果性，就其分析之精细，以及许许多多的其他真正卓越的品质而言，这部研究著作，在近十年来我有机会通过审读其手稿或者从已发表的书评中所了解到的那些博士学位论文当中，乃是出类拔萃的。对于米·米·巴赫金的这部学位论文，我不能不称之为一部**杰出的**，一旦它出版，它就不能不成为中世纪与文艺复兴时代的文学研究史上一个真正的事件。何况它几乎是在一块空地上被创建出来的，作者几乎是没有先驱，而在拉伯雷的创作中发现了这样的一些层面，它们或者不曾成为关注对象，或者就是遭到歪曲地与错误地诠释；何况作者这是为自己的研究挑选了世界文学中一个最有难度的作家，要研究这样的作家，可是要求有特殊的与多方面的准备的：所有这些情形本身，就已然迫使你应当对他的著作持以充分的尊重。可是在这种情形下，最为重要的乃在于：作者看来是找到了去破解拉伯雷创作之“谜”的一条准确路径，他的著作善于充分有力地去论证一种新方法的可证实性——这种新方法能对拉伯雷的长篇小说就位于其中心的那巨大的文学事实链去加以解读，这样一来，米·米·巴赫金的研究便具有科学发现的意义。如果同意作者的观点，拉伯雷的创作会向欧洲文化发展之好几百年的前期其最少得到研究的那些层面投射出“反向的”光芒（要在这一点上对他提出什么反驳则是一件困难而又没有必要的

* M. П. 阿列克谢耶夫（1896 - 1981），苏联著名的英国文学专家、比较文学学者，自 1958 年被选为苏联科学院院士。早年曾是《A. H. 魏谢洛夫斯基文选》（列宁格勒，1939 年版）一书的注释者，该书收入《拉伯雷与其长篇小说·起源解释之尝试》一文。M. П. 阿列克谢耶夫 1948 年写下的这篇评阅书，对于米·巴赫金学位论文的命运以及学位之获得，曾具有决定性意义。这篇书评，系 H. A. 潘科夫发现，初刊于《对话·狂欢·时空体》1999 年第 2 期。

事情),那么,他的论文就获得那种远远超越对一个即便是"有难度的"作家的创作加以解读的意义。事实上,这部论文的确以充分的方法论上的明晰与异常广阔的历史透视的框架,提出并解决许多极为重要的理论问题。我就不用说,阅读这部论文会提供真正的享受。每一页都是独立思考之成熟的果实,其中没有从他人的著作里机械地搬过来的现成论断;它整个儿都在抗击任何一种老生常谈与老套套旧框框,而在开辟自己的路径。作者之渊博的学识并没有妨碍——一如常有的那样——观点的原创性,也没有妨碍这部鸿篇巨制之构架上的精美,在这部著作里,没有任何地方会让人感觉到未完成性,叙述上的呆板沉闷,叫人厌倦。我要重申,以我之见,米·米·巴赫金的这部著作乃是一部杰出的论文。

这部书有八章,用打字机打出的文稿共 673 页。对于自己的任务,作者是相当谦逊地用下面这段话来表达的:"尝试着勾勒出拉伯雷的创作中得以展示出来的那种类型的现实主义之历史的——系统的品格之主要的特点。"(第 150 页)我认为,这一尝试是可以被认定为完全成功的,而且这部论文提供出的比它承诺的还要多。从拉伯雷的长篇小说应当成为"打开那很少得到研究而受到很糟糕地理解的民众的现实主义之宝库的一把钥匙"——这一点出发,作者一方面,通过对于拉伯雷长篇小说的分析,另一方面则是通过对于中世纪民众的——民间文学的传统(这可是我们知之甚少的,也是借助于拉伯雷的那部长篇小说而得以被重新建构出来的),尝试了去寻找它们所共有的元素,进而揭示出——这么说吧——"官方的中世纪"的反面,那种怪诞的、民众的——节庆的世界观念与生活观念,那种观念曾同封建的——教会的压迫相对立,而在其自身隐藏了文艺复兴的萌芽。在其论文里,通过《拉伯雷小说中的广场话语》、《筵席形象》、《怪诞的人体形象》、《拉伯雷小说中的形象与话语》等一章一章的分析,作者获得了对于那种乐观愉快的、清醒的—现实主义的,充满着自发的唯物主义的世界观与中世纪那个时期人民群众的艺术加以诠释的可能性,这一艺术,在民间的节庆活动中,在丑角行当中,在讽刺中,在游戏中,在娱乐消遣中,在那些"低级体裁"的艺术作品以及诸如此类的形式中,丰富多彩地展现了自己。更不用来谈论,为什么在有关中世纪文化的那些著作里,所有的这一系列现象得到了如此糟糕的研究与歪曲的诠释:所有这些"民间的诙谐创作”——用作者的术语来说,就像拉伯雷的长篇小说,“要获得对它的理解,就要对于我们的艺术的意识形态的接受进行根本性的改造,就要善于去抛开许许多多对于我们的文学趣味之根深蒂固的要求,就要对许多概念进行重新审视”(第 3 - 4 页),等等;研究者们之所以对于所有这些上文已指出的、具有深刻的规律性的中世纪文化进程之不理解,其主要的原因就在于——在西方一直得以延续的对于这一文化的那种“教会式的”理解之影响,只有站在科学—唯物主义世界观与方法论立场上的苏联学者能与这种影响相抗衡。研究中世纪的丑角行当,研究它的那些若以现代资产阶级的观点去看有时便是“恬不知耻的”的形式,在很长时期里一直曾被视为是“不体面的”与“不值得的”事情,尤其是这一研究触及了中世纪的宗教性的背面,涉及了中世纪人的生活之“物质的—肉体的内容”。所评审的这部论文的作者不仅仅是坚执地同这一传统相决裂了,而且还勇敢地、鲜明地、极有才华地肯定:不论是这一民众的世界观,还是由之所孕生的艺术现象、民间文学、仪式典礼等,对于理解这个时代,具有根本性的重要意义。不仅如此,作者还做出一个从方法论上看是相当重要的观察:民间创作上的中世纪的现实主义(拉伯雷的创作属于这种现实主义并在相当大的程度上使之终结)所素有的那种“通过向物质的—肉体的层面之过渡而实现的向世俗的降格”,并不以其自身为目标,而似乎是以双值性而为其特色:它——用作者的话来讲——“不仅仅具有毁灭性的、否定性的意义,而且也具正面的、复活性的意义:它是含混的,它否定同时又肯定。”(第 17 页)如果这种“双值性”并不是一个偶然的特点,而是整个系统的一个有机特征,那么,就完全可以理解并完全可以解释:为什么拉伯雷的创作立基于中世纪这一系统而能够成为文艺复兴时代的文化之极为重要的纪念碑之一。将拉伯雷的艺术同民间创作上的——中世纪的现实主义,同民众的、“非官方的”中世纪的那些传统紧密地关联起来,作者与此同时也就给我们开拓出许多新的可能性——为对文艺复兴时代的这样一些作家——诸如,薄卡丘、塞万提斯、莎士比亚以及许许多多的其他作家——创作中的那些中世纪的“化石”进行类似的解读,而开拓出新的可能性,或者,最好这样来说,为对这些作家同民众的艺术的紧密关联,同渐渐地然而是注定不变地在孕育着文艺复兴这一时代本身的紧密关联而进行类似的解读,而开拓出新的可能性。米·米·巴赫金这部研究著作极为重要的总结之一就是这样的。这部论文另一个也同样重要的结果是这一论断:没有对于拉伯雷的创作专有的特色与他所呈现的那些民众的——现实主义传统之考量,"一种多少富有能产性而深刻的现实主义历史与现实主义理论,都是不可能的"。

这部论文的意义,以我之见,是如此巨大而毋庸置疑,以致它都不会引起对论文里所存在的尚有争议的论断,或者是完全不重要的疏忽加以指出的意愿了。以我的趣味,譬如,被作者时常使用的"哥特式现实主义"这一术语,是一个不成功的、不能覆盖他所要指称的那种现象的术语,因为那种现象更深地延伸到世界历史之中,延伸到通常意义上的中世纪之外;与"哥特式现实主义"这一术语相比较,我倒是宁愿用"民间创作上的—中世纪的现实主义"或者大致这样的某个另外的表述。但这只不过是用词上的争议,而并不关乎这一现象之实质,这一现象已然得到清楚而明晰的界说。作为个别的情形,我倒是可以指出一些偶然的疏忽或是失察;譬如,让我觉得遗憾的是在论文的第 634 页,在论及卡冈都拉这个名字的词源学时没有提及 B. ф. 希什马廖夫院士的那篇专论,该文曾刊于那本在列宁格勒出版的由 H. Я. 马尔院士所编的《雅弗语研究文集》上。在某些情形下,我倒是随时准备向作者提供一些类似的补充。但是,对于所评阅的这部具有如此这般风格与规模的论文,这一类文献书目上的校正,就有可能显得是微不足道了,是不太得体地拘泥于细节了。这部研究著作里所提出来的那些具有根本性的问题是如此重大,对它们的讨论最好是在书里进行,而不是在书评里;书评未必能对作者这相当坚固的理论构架进行什么撼动,而这部著作的意义未必就由于其中某些有争议的细节被指出来了而受到缩减。故而,我认为有可能别在这里陷入到这些细节之中。米·米·巴赫金的这部研究著作,首先是定位于那些本身是欧洲文学专家的读者。只有对拉伯雷是熟悉的、对研究拉伯雷的学术著作是熟悉的、对中世纪与文艺复兴时代的文学与艺术之当代的研究现状是熟悉的那些读者,才能够对这部著作作出正确的评价。顺便说一句,也只有他们会明白,作者是带着怎样的目标而对拉伯雷的长篇小说里的"广场元素"进行了精准的科学分析,作者又是为何激烈地反驳那些对"拉伯雷式的淫词秽语的"仅仅表示出"宽容"(第 161 页)研究者。该书以坦然的、勇敢的、逻辑上是合理的、能通向明确目标的研究,那种直面这部长篇小说的原本，没有审查机构之删节的那个原本——之科学的研究，来抗击这样的“宽容”的时候了。正是由于作者并不惧怕那些认定这种分析是无益的或者是具有“双重性”的指责，而已然做出了这样的研究，他才达到了如此出人意料而真正具有很大价值的结果。

具有科学发现之意义的著作，以其大量幸运地获得的洞见、丰满而充实的新鲜思想与富有成效的结果而令人震撼的著作，不应当获得不公正的评价。授予作者副博士学位，而不是博士学位，我——以我之深刻的信念，会认为这不仅仅是对作者的一种侮辱，也是对苏联的学术评论界之尊严的一种侮辱，苏联的学术评论界，我认为，是有能力将杰出的研究同普通的编纂给予截然地区分开来的。

从另一方面来看，授予作者的不是博士学位，而是副博士学位，就会如此过分地提高对于副博士学位的要求，就会使得未来的大多数副博士学位的答辩变成不可能的事儿。我认为，授予米·米·巴赫金语文学博士学位是完全**公正的**，也是他完全**受之无愧的**。我从自己这方面来看，我无法做出另一些其他的提议，我能允许自己的，正是对这一决定的坚持。

列宁格勒大学教授

苏联科学院通讯院士

M. П. 阿列克谢耶夫

1948 年 3 月 1 日①

---

① 在 20 世纪六十年代初，《论拉伯雷》一书准备出版之际，阿列克谢耶夫院士又写过一份评阅书，在那里，他对自己的看法做了确认：

“在 1938 年或是 1939 年(这是他记错了——H. П. 注)，基于最高学位评定委员会的评审委员会——我那时是这个委员会成员——的提议，我提交了一份对米·米·巴赫金的《拉伯雷的创作》这部论文的一份篇幅甚长(近 20 页的打字稿)的评阅书，并在其中详细地论证了要授予作者*语文学博士*学位(斜体系 M. П. 阿列克谢耶夫所强调——H. П. 注)。这份评阅书的复印件，我没有保留下来，但我现在能清晰地回忆起这部学术论文之高超的学术品质，这部论文，我那时就觉得，是有必要出版的。在这部论文里，我曾看出有作者学识上的渊博，又有叙述上的精彩，而主要的是有在这一类论文里并不能经常遇到的那种令人惊讶的、令读者折服的理论上的原创性，这种原创性得到了广泛的论据与坚实的论证之支持。

“即便是现如今，我对这部论文的看法也没有改变。我现在还认为，基于这部论文，作者完全应当被授予语文学博士学位才是，而他并不曾及时获得这一学位，只是出于一时的错误。”

M. П. 阿列克谢耶夫院士

列宁格勒

1963 年 1 月 15 日

〈……〉

——H. A. 潘科夫　注

图书在版编目(CIP)数据

剪影与见证 ：当代学者心目中的巴赫金 / 周启超编选.
— 南京 ：南京大学出版社，2014.11
（跨文化视界中的巴赫金丛书 / 周启超，王加兴主编）
ISBN 978-7-305-13652-8

Ⅰ.①剪… Ⅱ.①周… Ⅲ.①巴赫金(1895～1975)
—人物研究②巴赫金(1895～1975)—文学评论—研究
Ⅳ.①K835.125.1②I512.065

中国版本图书馆 CIP 数据核字(2014)第 171135 号

出版发行 南京大学出版社
社 址 南京市汉口路 22 号 邮 编 210093
出 版 人 金鑫荣

丛 书 名 跨文化视界中的巴赫金丛书
丛书主编 周启超 王加兴
书 名 剪影与见证:当代学者心目中的巴赫金
编 选 周启超
责任编辑 姚 徽 潘琳宁

照 排 南京南琳图文制作有限公司
印 刷 南京爱德印刷有限公司
开 本 635×965 1/16 印张 22.75 字数 347 千
版 次 2014 年 11 月第 1 版 2014 年 11 月第 1 次印刷
ISBN 978-7-305-13652-8
定 价 49.80 元

网址：http://www.njupco.com
官方微博：http://weibo.com/njupco
官方微信号：njupress
销售咨询热线：(025) 83594756